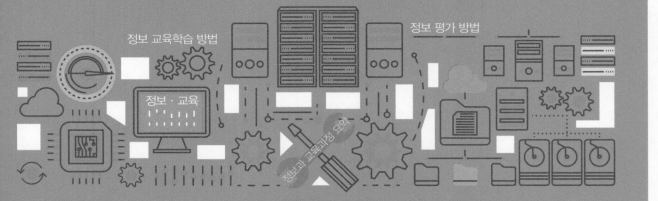

정보 · 컴퓨터 중등교사 임용시험을 위한

교과교육학

강오한 지음

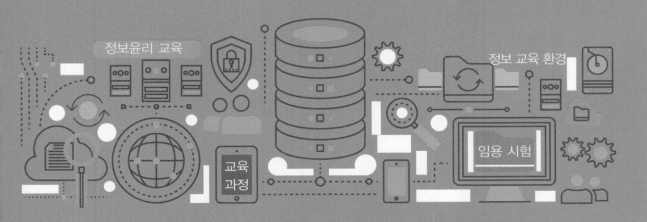

PREFACE

이 책에서는 정보·컴퓨터 표시과목의 중등교사 임용시험에서 교과교육 영역의 기출문항을 풀이하고 핵심개념을 정리하였다. 이와 함께 모의문항 풀이를 통해 개정된 교육과정을 이해하고 심화학습이 가능하도록 하였다.

정보·컴퓨터 표시과목의 임용시험에서 교과교육 영역은 3개의 필수 영역과 기타 영역으로 구성된다. 필수 영역은 교과 교육론, 교과 논리 및 논술, 교과 교재연구 및 지도법으로 구성되며, 선택 영역으로 교과 교수법, 교과 평가방법 등이 있다. 임용시험의 전공에서 교과교육 영역의 점수 배점 비율은 25~35%로 높게 배정되어 있다. 교과교육 영역에서 가장 큰 변화는 2022년 12월에 발표된 2022 개정 교육과정이라고 할 수 있다. 따라서 기존 2015 개정 교육과정과 함께 새로운 교육과정에 대한 학습이 병행되어야 한다.

임용시험에 대비한 체계적인 학습을 위해서는 기출문항의 풀이를 통한 출제 경향 파악이 매우 중요하다. 임용시험의 교과교육학 문항에서는 교과교육 영역에 대한 지식, 교육과정의 변화, 교수·학습 및 평가 방법, 변화된 교육 환경을 올바르게 파악하고 있는지 확인한다.

이 책에서는 정보·컴퓨터 표시과목의 교과교육 영역의 문항 출제 경향을 파악할 수 있도록 기출문항 풀이를 상세히 기술하고 관련 개념을 요약하여 정리하였다. 그리고 모의문항으로 구성된 연습문제 풀이를 통해 심화학습과 최근 교육과정에 대한 학습이 가능하도록 하였다. 이 책의 내용은 교육과정, 교수·학습 방법, 평가 방법, 교육 환경, 정보윤리 교육, 교육과정 요약으로 구성되어 있다. 교육과정은 2015 개정 교육과정과 2022 개정 교육과정을 중심으로 문항을 구성하고 내용을 요약하였다.

교과교육학 임용시험 준비를 위해서는 교과교육 영역의 주요 개념을 요약하여 정리하고, 모의문항 풀이를 통해 실전 능력을 키워야 한다. 이 책을 사용하여 학습함으로써 개정된 교육과정과 함께 교과교육학 지식을 함양할 수 있기를 기대한다. 이를 통해 예비교사들이 교직의 꿈을 실현하는 데 도움이 되기를 바란다.

2023년 10월

저자

※ 컴퓨터(정보)교육론 과목의 평가 영역 및 평가 내용 요소

평가 영역	평가 내용 요소
정보(컴퓨터) 교육의 본질	교육의 필요성 및 역할
	교과 역량의 분류와 정의
정보(컴퓨터) 교육과정	교육과정의 변천
	성격
	목표
	내용
	교수학습 및 평가의 방향
정보(컴퓨터) 교수·학습 방법	교수·학습 이론 및 실제
	교수·학습 방법의 유형 및 특성
	교과 역량별 교수·학습 방법 및 유의사항
정보(컴퓨터) 평가 방법	평가 방법의 유형 및 특성
	평가 활용 방안
	교과 역량별 평가 방법 및 유의사항
정보(컴퓨터) 교육 환경	교육 환경 특성
	교육환경 구성 및 수업 설계
	교구의 종류 및 특성
	교구 선택 및 활용 방안
	교재의 종류 및 특성
	교재 선택 및 활용 방안
정보윤리교육	정보사회의 특성 이해와 정보윤리의 필요성
	개인정보와 정보보호
	저작권 보호 및 활용
	사이버 문화와 공동체의 이해
	사이버 윤리의 이해와 실천

※ 임용고사 교과교육학 기출문항의 내용

학년도	문항 내용	학교급
2016	정보과 교육과정 영역	중
	정보윤리 관련 저작권 위반	중/고
	수업설계-교수학습방법-교육과정 내용 연계	중
	순서도의 논리 오류 찾기, 교사의 피드백	중
	2009 개정 교육과정에 근거한 교수학습 지도안 작성(논술식 문항) • 전개 단계의 학습 진행 과정 및 교수학습 설계, 각각의 타당성 설명	중
2017	정보과 교육과정의 내용 체계	중/고
	교과용 도서의 종류	중/고
	수업자료 관련 저작권-CCL	중
	교육과정의 내용 체계와 내용 요소	중/고
	정보과 교육과정에서 지도상의 유의 사항	중
	교수학습 지도안에서 협동학습에 대한 교수학습 활동 작성	중
	정보과 교육과정의 성취기준, 평가방법 및 유의사항(논술식 문항) • 평가기준 설정이 필요한 이유, 성취기준에 대한 평가기준 설정, 컴퓨팅 사고력 신장	중
2018	평가도구 개발 및 적용 – 채점 기준표	고
	순서도 적용에 대한 과제 평가 및 피드백	중
	정보과 교육과정 변화-내용체계	중
	실습수업 교수학습 방법	고
	2015 개정 교육과정 총론 및 정보과 교육과정(논술식 문항) • 정보과 교육과정 변화, 교과역량 하위요소, 정보교육 강화 방안	중/고
2019	교육과정의 내용 체계	
	교육과정의 성격-수업활동	중
	추상화, 알고리즘, 프로그래밍 연계 학습활동	고
	교육과정의 교수·학습 방법 및 유의사항(중), 교수·학습 및 평가 방향	중/고
	교수·학습 지도안과 관찰평가 채점 기준표, 활동지를 활용한 평가 및 피드백	중
	교육과정의 내용 체계, 성취기준, 교과역량 • 교육과정 재구성, 학습주제에 맞는 학습경험 제시, 정보과 교육역량	중

학년도	문항 내용	학교급
2020	중학교 정보과 교육과정의 내용체계에 따른 영역 기술	중
	중학교 정보과 교육과정의 성취기준 및 교수학습 활동	중
	고등학교 교수학습 방법의 명칭 및 특성	고
	중학교 정보과 핵심역량 및 하위 능력	중
	고등학교 성취기준 및 저작권	고
	중학교 평가 기준	중
	중학교 핵심 개념	중
2021	중학교 정보 교육과정 내용 요소, 수업방법(협동학습, 브레인스토밍)	중
	중학교 정보 교육과정 영역, 교수학습 방법, 피드백	중
	저작권 보호 조치, 저작물 이용 허락 표시(CCL)	중/고
	교육과정 총론(정보 과목의 교과(군))	중/고
	가네 9단계 수업, 켈러 학습 동기 이론	중/고
2022	정보 교육과정(인공지능 기초)	고
	알고리즘 평가기준 및 성취기준	고
	인공지능 기초 과목의 수업 내용	고
	교육과정 재구성(컴퓨팅 시스템, 프로그래밍)	중
	정보과 교육과정의 변화	중/고
	프로그래밍 시범실습 수업(켈러)	고
	프로그래밍 수업 설계(페퍼트의 구성주의)	중
	프로그래밍 영역 수업에 대한 평가와 피드백	고
2023	정보 교과의 성격	중/고
	인공지능 기초 과목의 핵심개념 및 교수·학습 방법	고
	인공지능 기초 과목의 내용 요소 및 성취기준	고
	정보과 교육과정의 내용 요소 및 성취기준	중
	정보 교육과정에서 정보문화 영역의 성취기준	고
	정보 과목의 수업 평가	중
	인공지능 기초 과목의 성취기준	고
	정보 교육과정에서 내용 체계의 영역 및 성취기준	고

CONTENTS

CHAPTER 5 정보윤리 교육 323

CHAPTER 6 정보과 교육과정 요약 347

CHAPTER 1

교육과정

1.1 교육과정 총론

1.1.1 기출문제 풀이

다음은 정보과 교육과정에 대한 교사들 간의 대화이다. 2015 개정 교육과정(교육부 고시 제2020-225호)에 근거하여 괄호 안의 ㉠, ㉡에 해당하는 내용을 순서대로 쓰시오.

> A : 선생님, 선생님들은 중·고등학교 시절에 정보 수업에 참여한 경험이 있나요?
> B : 저는 제7차 교육과정이 운영되던 시기에 중·고등학교를 다녔어요. 그때는 '컴퓨터' 과목이 중학교에 있었어요. 고등학교에서는 '정보사회와 컴퓨터'를 배웠고요. 2007 개정 교육과정에서부터 중학교와 고등학교 보통 교과의 컴퓨터 관련 과목 명칭이 '정보'로 통일되면서 과목 목표나 내용 영역이 동일하게 설정되었어요.
> C : 맞아요. 2015 개정 교육과정에서부터는 중학교 '정보' 과목이 (㉠) 교과(군)에 편성되었고, 중학교 3년간 34시간 이상 이수해야 하는 필수 과목이 되었어요. 고등학교 '정보' 과목은 보통 교과의 일반 선택과목으로 변경되었고, 중·고등학교 '정보' 과목과 연계해서 교육할 수 있는 다양한 전문 교과 과목들도 있어요. 과학계열 고등학교에는 전문 교과Ⅰ에 '정보과학' 과목이 편성되어 있고, 특성화 고등학교와 산업 수요 맞춤형 고등학교에는 (㉡)의 17개 교과(군) 등에 다양한 관련 과목들이 기초 과목과 실무과목으로 편성되어 있어요.

풀이   ㉠ : 과학/기술·가정/정보

〈2015 개정 교육과정 중학교 편제와 시간 배당 기준〉
1) 편제
나) 교과(군)는 국어, 사회(역사 포함)/도덕, 수학, 과학/기술·가정/정보, 체육, 예술(음악/미술), 영어, 선택으로 한다.

㉡ : 전문교과Ⅱ

<특성화 고등학교와 산업수요 맞춤형 고등학교 단위 배당 기준>

		교과 영역	교과(군)	공통 과목(단위)	필수 이수 단위	자율 편성 단위
교과(군)	전문 교과Ⅱ		17개 교과(군) 등		86	28

다음은 2015 개정 교육과정에 따른 초·중등학교 교육과정 총론(교육부 고시 제2015-80호)의 일부와 2015 개정 교육과정에 따른 정보과 교육과정(교육부 고시 제2015-74호)의 일부이다. 〈작성 방법〉에 따라 서술하시오.

1.　ⓐ<u>추구하는 인간상</u>

… (중략) …

이 교육과정이 추구하는 인간상을 구현하기 위해 교과 교육을 포함한 학교 교육 전 과정을 통해 중점적으로 기르고자 하는 핵심역량은 다음과 같다.

가. 자아정체성과 자신감을 가지고 자신의 삶과 진로에 필요한 기초 능력과 자질을 갖추어 자기주도적으로 살아갈 수 있는 자기관리역량

나. <u>문제를 합리적으로 해결하기 위하여 다양한 영역의 지식과 정보를 처리하고 활용할 수 있는 지식정보처리 역량</u>

다. 폭넓은 기초 지식을 바탕으로 다양한 전문 분야의 지식, 기술, 경험을 융합적으로 활용하여 새로운 것을 창출하는 창의적 사고 역량

… (하략) …

1.　성격

… (중략) …

정보 교과에서 추구하는 교과 역량은 '정보문화소양', '컴퓨팅 사고력', '협력적 문제해결력'으로 역량별 의미와 하위 요소는 다음과 같다.

　'정보문화소양'은 정보사회의 가치를 이해하고 정보사회 구성원으로서 윤리의식과 시민의식을 갖추고 정보기술을 활용하여 문제를 해결할 수 있는 능력을 말한다. '정보문화소양'은 '정보윤리의식', '정보보호능력', '정보기술활용능력'을 포함한다.

　'컴퓨팅 사고력'은 컴퓨터과학의 기본 개념과 원리 및 컴퓨팅 시스템을 활용하여 실생활과 다양한 학문 분야의 문제를 이해하고 창의적으로 해법을 구현하여 적용할 수 있는 능력을 말한다. '컴퓨팅 사고력'은 '추상화(abstraction) 능력'과 프로그래밍으로 대표되는 '자동화(automation) 능력', '창의·융합 능력'을 포함한다. 추상화는 문제의 복잡성을 제거하기 위해 사용하는 기법으로 핵심요소 추출, 문제 분해, 모델링, 분류, 일반화 등의 방법으로 이루어진다. 추상화 과정을 통해 도출된 문제 해결 모델은 프로그래밍을 통해 자동화된다.

　'협력적 문제해결력'은 네트워크 컴퓨팅 환경에 기반한 다양한 지식·학습 공동체에서 공유와 효율적인 의사소통, 협업을 통해 문제를 창의적으로 해결할 수 있는 능력을 말한다. '협력적 문제해결력'은 '협력적 컴퓨팅 사고력', '디지털 의사소통능력', '공유와 협업능력'을 포함한다.

… (하략) …

> **작성방법**
> (1) 2015 개정 교육과정에 따른 정보과 교육과정의 주요한 변화를 서술할 것.
> (2) 밑줄 친 ⓐ의 '지식정보처리 역량'을 기르는데 필요한 정보 교과 역량의 하위 요소를 선정하고, 그 이유를 서술할 것.
> (3) 위에 제시된 정보 교과의 역량이 다른 교과(과목)의 문제 해결에 필요한 이유를 1가지 예를 들어 서술할 것.
> (4) 정보 교육 강화를 위한 개선방안을 (2), (3)의 내용에 근거하여 서술할 것.

풀이 (1) ① 2015 개정 교육과정에 따른 정보과 교육과정은 다양한 전문분야의 지식, 기술, 경험 등을 융합적으로 활용한 창의적 사고 역량과 사회의 구성원으로서 요구되는 가치와 태도로 자신이 속한 공동체 발전에 적극 참여하는 공동체 역량을 강조하는 변화가 있었다.

② 이전의 교육과정은 계산적 사고를 통한 문제해결력 강화를 강조하고, 정보 윤리적 소양을 기를 수 있도록 구성되었다. 2015 개정 교육과정에는 소프트웨어 교육 중심의 정보 교과를 필수 과목으로 지정하여 소프트웨어에 대한 기초 소양을 충실히 갖출 수 있게 하고, 고등학교 정보 과목을 심화 과목에서 일반 선택 과목으로 전환하였다.

(2) ① 추구하는 인간상의 '지식정보처리 역량'을 기르기 위해 정보 교과 역량의 하위 요소인 '컴퓨팅 사고력'의 '추상화 능력'이 필요하다. 왜냐하면 문제를 합리적으로 해결하기 위해 다양한 영역의 지식과 정보를 처리하고 활용하기 위해서는 필연적으로 문제를 정확하게 파악해야 한다. 이를 위해서는 문제의 복잡성을 제거하여 핵심요소를 추출하고, 문제를 분해하고 모델링, 분류, 일반화 등의 방법으로 이루어진 추상화 능력을 갖추어야 한다. 이를 통해 문제를 정확히 이해하고 합리적인 해결 방안을 도출할 수 있다.

② 추구하는 인간상의 '지식정보처리 역량'을 기르기 위한 정보 교과 역량의 하위 요소는 창의·융합 능력이라고 할 수 있다. 이것은 다양한 발상을 할 수 있게 하며, 도전을 통해 새로운 것을 창출하는 창의적인 사람이 되도록 한다. 창의·융합 능력이 다양한 영역의 지식과 정보를 처리하고 활용하는 것이 된다면, 기초지식을 바탕으로 다양한 전문 분야의 지식, 기술, 경험을 융합적으로 활용하여 새로운 것을 창출해 낼 수 있다.

(3) ① 정보 교과에서 제시된 교과 역량이 정보가 아닌 사회 과목에도 필요할 수 있다. 사회 교과에는 실생활 뿐 아니라 다양한 분야에서 해결해야 할 문제가 제시되어 있다. 우리 사회의 가치를 이해하고 한 구성원으로서 윤리의식과 시민의식을 갖추어 문제를 해결하는 문화 소양이 필요하다. 또한, 사회 문제 해결을 위해 창의적인 해법 구현으로 문제의 복잡성을 제거하고 분해하는 등의 능력이 요구된다. 그리고 사회 환경에 기반하여 공동체의 한 구성원으로서 공유, 협업 등을 통해 문제를 해

결하는 능력 등이 모두 사회 과목에 필요한 역량이다.

② 정보 교과 역량 중 컴퓨팅 사고력 능력은 수학 과목의 문제 해결에 필요할 수 있다. 해결이 힘든 수학 관련 복잡한 문제를 컴퓨팅 사고력 능력의 하위 요소인 추상화 능력을 사용할 수 있다. 핵심요소를 추출하고, 문제를 분해하고 모델링 작업을 통해 분류하여 마지막에 일반화 과정을 거쳐 해결한다. 복잡한 수학 문제를 더 세부적이고 체계적으로 분석해서 해결하는 능력을 기를 수 있으므로 수학 과목의 문제 해결에 필요하며 도움이 된다.

(4) ① 정보 교육을 강화하는 방안으로 문제를 창의적이고 합리적으로 해결하는데 필요한 소프트웨어 교육의 필수화를 들 수 있다. 또한, 지능정보사회로 발전하고 있는 지역, 국가, 세계의 성장에 발맞추어 창의적 사고 역량과 공동체 역량을 기르는 프로그래밍 구현 능력과 피지컬 컴퓨팅 등의 분야에 더욱 힘써야 한다.

② 정보 교육 강화를 위해서는 단순히 소프트웨어에 대한 교육만을 하는 것이 아니라 소프트웨어 교육을 기반으로 하여 타 교과에 대한 문제 해결과 다양한 영역의 지식, 기술 등을 융합적으로 활용할 수 있는 교육을 실시해야 한다. 그리고 활용으로만 끝나서는 안 되고, 새로운 것을 창출하고, 이전의 것을 개발·보완할 수 있는 능력들을 기를 수 있게끔 개선되어야 한다.

1.1.2 요약 : 교육과정 총론

1 교육과정의 의미

(1) 교육과정의 종류

① 교과 중심 교육과정 : 학생들이 배우고 익혀야 할 교과목들을 모아놓은 교수 요목
② 경험 중심 교육과정 : 학교의 계획에 따라 학생들이 가지게 되는 모든 경험
③ 학문 중심 교육과정 : 교과의 기본 구성인 지식의 구조와 지식탐구 과정의 조직, 나선형 교육과정, 발견학습 및 탐구학습 강조
④ 인간 중심 교육과정 : 아동의 성장에 영향을 주는 모든 경험을 중시함
⑤ 공식적 교육과정 : 공적인 문서 속에 담긴 교육 계획
⑥ 영 교육과정 : 공식적인 교육과정에 편성되지 않았거나, 편성되어 있어도 학교에서 가르치지 않는 교육 내용
⑦ 실제적 교육과정 : 교사들이 수업시간에 실제로 가르치는 내용이나 시험 문제와 같이 학생들의 학습에 직접 영향을 미치는 내용
⑧ 잠재적 교육과정 : 학교가 의도하지 않았으나 학교생활을 하는 동안 은연중에 지식, 태도, 가치관에 영향을 미치는 학교환경과 교육실천 과정
⑨ 국가 수준 교육과정, 지역 수준 교육과정, 학교 수준 교육과정, 교사 수준 교육과정
⑩ 기타 교육과정 : 계획 중심 교육과정, 결과 중심 교육과정, 의도된 교육과정, 전개된 교육과정, 실현된 교육과정

(2) 교육과정의 주체

① 교육기본법과 초·중등 교육법에 따라 운영
② 교육부 장관이 초·중등학교 교육과정을 결정
③ 시·도 교육감이 지역 수준의 교육과정 편성·운영지침을 작성
④ 학교에서 교육과정을 운영

(3) 교육과정의 요소

① 우리나라 국가 교육과정 : 교육목표, 교육 내용(선정과 조직), 교수·학습 방법, 평가

② 타일러(Tyler) : 목표, 학습경험의 선정, 학습경험의 조직, 평가
③ 타바(Taba) : 목적 및 목표, 내용 및 학습경험, 평가
④ 제키엘(Zechiel) : 교육목표, 교과, 방법과 조직, 평가
⑤ 글레이저(Glaser) : 교수 목표, 출발점 행동, 교수 절차, 성취도 평가

2 교육과정 연구 개발, 편성 운영

① 국가 : 국가 수준 교육과정, 국가 수준 평가 기준, 교과서
② 시·도 교육청 : 편성 및 운영지침, 실천 중심의 장학 자료, 지역 교과서 및 학습 자료
③ 학교 : 학교 교육과정, 교육 자료
④ 교사 : 연간 교수·학습 계획, 교수·학습 자료, 교사가 개발한 평가 문항과 평가 도구

3 교육과정 편제

가. 2015 개정 교육과정

- 초등학교 1학년~중학교 3학년 : 공통 교육과정
- 고등학교 1학년~3학년 : 선택 중심 교육과정

(1) 중학교

① 편제
- 중학교 교육과정은 교과(군)와 창의적 체험활동으로 편성
- 교과(군)는 국어, 사회(역사 포함)/도덕, 수학, 과학/기술·가정/정보, 체육, 예술 (음악/미술), 영어, 선택으로 구성
- 창의적 체험활동은 자율 활동, 동아리 활동, 봉사 활동, 진로 활동으로 구성
② 시간 배당 기준
- 1시간 수업은 45분을 원칙
- 과학/기술·가정/정보 교과군으로 680시간 배당
  (시간 배당은 연간 34주를 기준으로 3년간의 기준 수업 시수)
- 정보 과목은 34시간(최소시간)을 기준으로 편성·운영

③ 교육과정 편성·운영 기준
- 자율적으로 교과(군)별 20% 범위 내에서 시수를 증감하여 편성·운영할 수 있음 단, 체육, 예술(음악/미술) 교과는 기준 수업시수를 감축하여 편성·운영할 수 없음
- 학기당 이수 교과목 수를 8개 이내로 편성(단, 체육, 예술 교과는 이수 교과목 수 제한에서 제외하여 편성)
- 자유학기에는 지역사회와 연계하여 진로 탐색 활동, 주제 선택 활동, 동아리 활동, 예술·체육 활동 등 다양한 체험 중심의 자유학기 활동을 운영
- 자유학기에는 협동 학습, 토의·토론 학습, 프로젝트 학습 등 학생 참여형 수업을 강화함
- 자유학기에는 중간·기말고사 등 일제식 지필평가는 실시하지 않으며, 학생의 학습과 성장을 지원하는 과정 중심의 평가를 실시함

(2) 고등학교

- 교과(군)은 보통 교과와 전문 교과로 구분
- 보통 교과의 교과 영역은 기초, 탐구, 체육·예술, 생활·교양이 있음
- '정보' 과목은 생활·교양 교과 영역의 기술·가정/제2외국어/한문/교양 교과(군)에서 기술·가정 교과의 일반 선택 과목임
- 고등학교 보통교과의 진로선택 과목으로 '인공지능 수학'과 '인공지능 기초'를 적용
- 정보과학은 전문교과 I의 과학 계열 교과(군)에 있는 과목임
- 선택 과목의 기본 단위 수는 5단위, 204단위/3년(1단위: 17회 수업)
- 일반 선택 과목은 2단위 범위 내에서 증감하여 편성·운영
- 전문교과 I : 특수목적 고등학교 교과
- 전문교과 II : 특성화 고등학교 및 산업수요 맞춤형 고등학교 대상 교과

나. 2022 개정 교육과정

(1) 개요

① 국가교육과정정보센터(ncic.re.kr), 교육부 고시 제2022-33호(2022.12)
② 추구하는 인간상
- 자기주도적인 사람, 창의적인 사람, 교양있는 사람, 더불어 사는 사람

③ 핵심역량
- 자기관리 역량, 지식정보처리 역량, 창의적 사고 역량, 심미적 감성 역량, 협력적 소통 역량, 공동체 역량

④ 적용 시기

(● : 시작 시점)

년도 \ 학년	초등학교						중학교			고등학교		
	1	2	3	4	5	6	1	2	3	1	2	3
2024	●	●										
2025	○	○	●	●			●			●		
2026	○	○	○	○	●	●	○	●		○	●	
2027	○	○	○	○	○	○	○	○	●	○	○	●

(2) 교육과정 편성·운영의 기준

1) 중학교

① 편제
- 교육과정은 교과(군)와 창의적 체험활동으로 편성
- 교과(군)는 국어, 사회(역사 포함)/도덕, 수학, 과학/기술·가정/정보, 체육, 예술(음악/미술), 영어, 선택으로 함
- 창의적 체험활동은 자율·자치 활동, 동아리 활동, 진로 활동으로 함

② 시간 배당 기준
- 1시간 수업은 45분을 원칙
- 과학/기술·가정/정보 교과군은 680시간 배당, 창의적 체험활동은 306시간 배당 (시간 배당은 연간 34주를 기준으로 3년간의 기준 수업 시수)
- 정보는 정보 수업 시수와 학교 자율시간 등을 활용하여 68시간 이상 편성·운영

③ 교육과정 편성·운영 기준
- 교과(군)별 및 창의적 체험활동의 20% 범위 내에서 시수를 증감하여 편성·운영할 수 있음. 단, 체육, 예술(음악/미술) 교과는 기준 수업 시수를 감축하여 편성·운영할 수 없음
- 학기당 이수 교과목 수를 8개 이내로 편성함. 단, 체육, 예술(음악/미술) 교과 및 선택 과목과 학교 자율시간에 편성한 과목은 이수 교과목 수 제한에서 제외하여

편성할 수 있음

- 선택 과목을 개설할 경우, 2개 이상의 과목을 동시에 개설하여 학생의 선택권을 보장함
- 학교 자율시간을 활용하여 선택 과목을 개설할 수 있음. 학교 자율시간은 연간 34주를 기준으로 한 교과별 및 창의적 체험활동 수업시간의 학기별 1주의 수업시간을 확보하여 운영함
- 학교는 자유학기와 진로연계 교육을 편성·운영함

2) 고등학교

■ 일반 고등학교와 특수목적 고등학교

① 편제

- 교과(군)와 창의적 체험활동으로 편성
- 교과는 보통 교과와 전문 교과로 구분
- 보통 교과의 교과(군)는 국어, 수학, 영어, 사회(역사/도덕 포함), 과학, 체육, 예술, 기술·가정/정보/제2외국어/한문/교양으로 함
- 보통 교과는 공통 과목과 선택 과목으로 구분
- 선택 과목은 일반 선택 과목, 진로 선택 과목, 융합 선택 과목으로 구분
- 전문 교과의 교과(군)는 국가직무능력표준을 기준으로 하며, 전문 교과의 과목은 전문 공통 과목, 전공 일반 과목, 전공 실무 과목으로 구분
- 창의적 체험활동은 자율·자치 활동, 동아리 활동, 진로 활동으로 함

② 학점 배당 기준

- 일반 고등학교와 특수목적 고등학교(산업수요 맞춤형 고등학교 제외)에서 기술·가정/정보/제2외국어/한문/교양 교과(군)의 필수 이수 학점은 16이며, 창의적 체험활동 학점은 자율 이수 학점을 포함하여 18(288시간)임
- 1학점은 50분을 기준으로 16회를 이수하는 수업량임
- 1시간의 수업은 50분을 원칙, 공통 과목의 기본 학점은 4학점이며, 1학점 범위 내에서 감하여 편성·운영할 수 있음. 단, 한국사1, 2의 기본 학점은 3학점이며 감하여 편성·운영할 수 없음

■ 특성화 고등학교와 산업수요 맞춤형 고등학교

보통 교과의 기술·가정/정보/제2외국어/한문/교양 교과(군)의 필수 이수 학점은 8이며,
창의적 체험활동 학점은 자율 이수 학점을 포함하여 18(288시간)임

3) 보통 교과의 과목 구성

• 선택 과목의 기본 학점은 4학점. 선택 과목은 1학점 범위 내에서 증감하여 편성·운영
할 수 있음

교과(군)	공통 과목	선택 과목		
		일반 선택	진로 선택	융합 선택
기술·가정/정보		정보	인공지능 기초, 데이터 과학	소프트웨어와 생활

• 특수목적 고등학교 선택 과목은 과학, 체육, 예술 계열에 관한 과목으로 함
• 정보과학은 과학 계열의 진로 선택 과목임

계열	교과(군)	선택 과목	
		진로 선택	융합 선택
과학 계열	정보	정보과학	

4) 전문 교과의 과목 구성

교과(군)	선택 과목			기준 학과
	전문 공통	전공 일반	전공 실무	
정보·통신		통신 일반 등	네트워크 구축 등	통신과, 정보컴퓨터과, 소프트웨어과

1.2 정보 교육과정

1.2.1 기출문제 풀이

다음은 정보 교사가 작성한 수업 자료 및 그에 대한 설명이다. 2015 개정 정보과 교육과정(교육부 고시 제2020-236호)에 따른 '인공지능 기초' 과목에 제시된 괄호 안의 ㉠, ㉡에 해당하는 내용을 순서대로 쓰시오.

> 지난 10월 △△은 2014년부터 개발해 온 인공지능(AI) 채용 시스템을 폐기했다고 밝혔다. 프로그램을 테스트해 본 결과, 특정 성별을 상대적으로 높게 평가하는 현상이 나타나 자체 폐기한 것이다. 그동안 IT 기업 지원자 중에 특정 성별이 압도적으로 많았기 때문에, 이런 데이터를 학습한 AI가 문제를 일으킨 것이다. 또 다른 예로 재판에 사용하는 AI인 ◇◇는 특정 인종을 잠재적 범죄자로 잘못 분류할 확률이 2배 가량 높다는 사실이 밝혀졌는데, 이는 사람이 입력하는 데이터에 따라 (㉠)이/가 생길 수 있음을 입증하는 결과이다.
>
> – ○○신문, 2018년 ○○월 ○○일자

> 위 수업 자료는 '인공지능 기초' 과목의 내용 체계 중 '인공지능의 (㉡)'영역에 속한 내용 요소인 데이터 (㉠)에 관한 자료로, 성취기준에 올바른 데이터 활용의 중요성이 포함되어 있어요.

풀이 ㉠ : 편향성
㉡ : 사회적 영향

〈인공지능 기초 내용 체계〉

영역	핵심 개념	일반화된 지식	내용 요소
인공지능의 사회적 영향	인공지능 영향력	인공지능은 개인의 삶과 사회에 긍정적·부정적 영향을 미친다.	• 사회적 문제 해결 • 데이터 편향성
	인공지능 윤리	인공지능 윤리는 사회의 구성원이 인공지능을 올바르게 활용하기 위해 갖추어야 하는 가치관과 행동 양식이다.	• 윤리적 딜레마 • 사회적 책임과 공정성

다음은 고시 연도가 서로 다른 정보과 교육과정의 설명 자료를 순서 없이 제시한 것이다. 물음에 답하시오.

(가)	정보 교과에서 추구하는 역량으로 '정보문화소양', '컴퓨팅 사고력', '협력적 문제해결력'이 제시되었고, '정보문화소양'의 하위 요소는 '정보윤리의식', (㉠), '정보기술활용능력'이 있다.
(나)	중학교와 고등학교의 과목 명칭이 처음으로 정보(Informatics)로 통일되었고, 교과의 학습 내용이 컴퓨터 과학의 기본 개념과 원리로 구성되었다.
(다)	인공지능의 기본 개념과 원리, 기술을 활용하여 실생활 및 다양한 분야의 문제를 창의적으로 해결할 수 있는 기초 소양을 기르기 위한 선택 과목이 고시되었다.
(라)	중학교 과목의 목표에 계산적 사고(computational thinking)가 제시되었고, 이전의 내용 요소 1단계, 2단계, 3단계가 하나의 단계로 통합되었다.

(1) ㉠에 들어갈 용어를 쓰시오.

(2) 교육과정이 고시된 순서대로 (가)~(라)를 배열하시오.

풀이 (1) 정보보호능력

(2) (나), (라), (가), (다)

〈정보 교과 역량 및 교육과정 변화〉
정보 교과 역량 : 정보문화소양, 컴퓨팅 사고력, 협력적 문제해결력
(가) : 2015 개정 교육과정, (나) : 2007 개정 교육과정
(다) : 2015 개정 교육과정(2020-236호), (라) : 2009 개정 교육과정

다음은 교육과정 재구성을 통해 [9정01-01]과 [9정02-02]를 블록 타임으로 계획한 교수·학습 지도안과 '집에서의 팀 활동'을 안내하기 위해 교사가 만든 자료의 일부이다. 2015 개정 중학교 정보과 교육과정(교육부 고시 제2015-74호)에 근거하여 〈작성 방법〉에 따라 서술하시오.

학습주제	나만의 직업·진로 맵을 완성하라!	
교육과정 성취기준	[9정01-01] 정보기술의 발달과 소프트웨어가 개인의 삶과 사회에 미친 영향과 가치를 분석하고 그에 따른 직업의 특성을 이해하여 자신의 적성에 맞는 진로를 탐색한다. [9정02-02] ⊙인터넷, 응용 소프트웨어 등을 활용하여 문제 해결을 위한 자료를 수집하고 관리한다.	
단계	학습 과정	교수·학습 활동
도입	흥미유발	… (중략) …
	학습목표	정보기술의 발달과 소프트웨어의 특성을 조사·분석하여 나만의 직업·진로 맵을 완성할 수 있다.
전개	탐색하기	• 학습 주제 이해하기
	토의하기	• 직업·진로 맵을 그리는 방안에 대해 팀별로 토의하기
	역할 나누기	• 수집·정리할 자료와 정보의 양을 고려하여 역할 분담하기
	조사·정리하기	• 검색을 통해 자료와 정보를 수집하고 스프레드시트로 정리하기
	맵 그리기	• 각자의 직업·진로 맵을 손으로 그리기
	… (하략) …	

집에서의 팀 활동 안내지
… (중략) …
• 4단계 : 학교에서 개인별로 그린 직업·진로 맵의 사진을 찍어 팀별 SNS에 공유하고 서로 피드백합니다.
• 5단계 : SNS를 활용하여 팀원들과 토의하여 직업·진로 맵을 완성하고, 학급 홈페이지에 올려 다른 팀과 서로 공유합니다.
• 6단계 : 다음 시간에 발표할 팀 보고서를 작성하여 학급홈페이지에 올립니다.
… (하략) …

작성방법

(1) 2015 개정 중학교 정보과 교육과정(교육부 고시 제2015-74호)에 제시된 교과 역량의 하위 능력 중 ㉠과 직접 관련 있는 하위능력을 쓰고, '전개' 단계의 '교수·학습 활동' 중에서 그 하위능력과 가장 밀접한 활동을 찾아 쓸 것.

(2) A 교사는 중학교 정보과 교과 역량 중 하나인 '협력적 문제해결력'의 하위 능력을 길러줄 의도로 활동 안내지의 4단계와 5단계를 설계했다. A 교사의 의도와 4·5단계 활동의 특징에 기초하여, 이 활동에 참여하여 학생들이 갖게 되기를 기대하는 2가지 능력을 서술할 것.

 (1) ① 하위능력 : 정보기술활용능력

② 활동 : 검색을 통해 자료와 정보를 수집하고 스프레드시트로 정리하기

〈2015 개정 중학교 정보과 교육과정〉
'정보문화소양'은 정보사회의 가치를 이해하고 정보사회 구성원으로서 윤리의식과 시민의식을 갖추고 정보기술을 활용하여 문제를 해결할 수 있는 능력을 말한다. '정보문화소양'은 '정보윤리의식', '정보보호능력', '정보기술활용능력'을 포함한다.

(2) 공유와 협업 능력, 디지털 의사소통 능력

중등교사 임용시험 2017-A-10

다음은 중학교 정보 교사가 컴퓨팅 시스템 영역의 수업을 위해 작성한 〈동기 유발 자료〉와 〈지도상의 유의 사항〉이다. 2015 개정 교육과정에 따른 중학교 정보과 교육과정(교육부 고시 제2015-74호)에 근거하여 물음에 답하시오.

〈동기 유발 자료〉

움직임 감지
↓
마이크로 컨트롤러 동작
↓
현관등 점등

현관등

〈지도상의 유의 사항〉
• 컴퓨팅 시스템 영역의 핵심 개념은 컴퓨팅 시스템의 동작 원리와 (㉠)이므로, 핵심 개념 간의

> 연계를 고려하면서 지도한다.
> • 수업에서 (㉠) 장치의 구성보다는 제어를 위한 동작 설계와 프로그램 작성 과정에 중점을 두고 지도한다.
> • 프로그램을 작성할 때에는 주변 환경의 빛, 소리 등을 감지할 수 있는 (㉡)을/를 이용하여 입력되는 값을 조건에 따라 처리하여 결과를 출력하거나, 입력 값에 따라 장치의 동작을 제어할 수 있도록 한다.
> • 학습자의 흥미와 동기를 부여할 수 있는 실생활 문제를 선정하고, 이에 따라 (㉡)의 종류와 개수를 결정하여 지도한다.
> • ㉢프로그래밍 언어는 가급적 이전 영역에서 학습한 언어를 선택하도록 한다.

(1) 괄호 안의 ㉠, ㉡에 해당하는 용어를 쓰시오.

(2) 밑줄 친 ㉢의 이유를 서술하시오.

풀이 (1) ㉠ : 피지컬 컴퓨팅, ㉡ : 센서

(2) 교육 내용의 연계성(계속성)을 확보해야 하기 때문이다. (교과 내에서의 영역 간 연계성을 고려한 학습경험을 제공함으로써 융합적 사고력을 기를 수 있도록 한다.)

<중학교 정보 내용 체계>

영역	핵심 개념	일반화된 지식	내용 요소
컴퓨팅 시스템	컴퓨팅 시스템의 동작 원리	다양한 하드웨어와 소프트웨어가 유기적으로 결합된 컴퓨팅 시스템은 외부로 부터 자료를 입력받아 효율적으로 처리하여 출력한다.	• 컴퓨팅 기기의 구성과 동작 원리
	피지컬 컴퓨팅	마이크로컨트롤러와 다양한 입·출력 장치로 피지컬 컴퓨팅 시스템을 구성하고 프로그래밍을 통해 제어한다.	• 센서 기반 프로그램 구현

1.2.2 요약 : 정보 교육과정

1 정보 교육과정 모형

(1) 변천 과정

인식모형, 프로그래밍 모형, 응용 소프트웨어 모형, 멀티미디어 모형, ICT 활용 모형, 정보과학 모형

(2) 정보과학 모형 (2007~현재)

- 정보과학의 기본 개념과 원리, 법칙 등이 실생활 문제를 효율적으로 해결
- 학습자의 창의적인 논리적 사고력 향상에 기여
- 컴퓨팅 사고력

2 정보 교육의 편제방식

(1) 독립 방식의 편제

- 별도의 교과목 신설, 7차 교육과정(중학교 정보, 고등학교 정보사회와 컴퓨터), 2007 개정 교육과정(정보), 2009 개정 교육과정(정보)

(2) 흡수와 분산 방식의 편제

- 2009 개정 교육과정(흡수 방식 : 초등학교 5, 6학년 실과, 중학교 기술·가정)

(3) 침투 방식의 편제

- 모든 교과의 운영 또는 학습 활동을 통하여 관련 지식과 능력 배양
- 초·중등학교 정보통신기술교육 운영지침(모든 교과 수업에 10% 이상의 정보통신기술활용 제시)

3 정보 교육과정의 변천 과정

	중학교	고등학교	특징	주요 변화
6차 (1992) 교육과정	컴퓨터	정보산업 (유지) 컴퓨터과학 I II (신설)	• 중학교 필수 교과인 기술·산업에 컴퓨터 단원 포함 • 컴퓨터 관련 독립 과목 최초 신설 • 일반고 선택교과인 기술에 정보 통신 단원, 상업에 컴퓨터 단원 포함	• 지방분권적
7차 (1998) 교육과정	컴퓨터	정보사회와 컴퓨터	• 중학교 컴퓨터를 교과 재량활동의 우선 배정과목으로 설정 • 일반계고에서 '정보 사회와 컴퓨터'를 기술·가정 교과의 일반선택과목으로 설정	• 구성주의 • 재량활동 • 모든 과목 IT 적용

	중학교	고등학교	특징	주요 변화
			• 컴퓨터 관련 독립 과목 선택 가능성 증가	
2007 개정 교육과정	정보 Ⅰ Ⅱ Ⅲ	정보, 정보과학 Ⅰ Ⅱ	• 교과 이름을 정보로 통일 • 중학교 3단계 체제 • 단계적 내용 설계 • 컴퓨터 과학 교육의 강조 • 정보윤리 반영 • 정보과학원리&문제 해결능력 • 연계성	• 과목 명칭을 정보로 바꿈 • 정보윤리 강화 • 정보과학 모형 • 성취평가제(A-E) 도입
2009 개정 교육과정	정보	정보, 정보과학	• 계산적 사고 교육 강조 • 융합 교육의 기초 과목 강조 • 학습 내용요소 절감 적정화 • 연계성 유지	• 정보윤리 소양교육 도입 • 창의적 체험활동 시작 • 교과(군), 집중이수제 도입
2015 개정 교육과정 (2016.9)	정보 (필수 34시간)	정보, 인공지능 기초, 정보과학	• 교과군 도입 • 컴퓨팅 사고력의 구체화 • 피지컬 컴퓨팅 도입 • 초·중고 체계성 유지 • 핵심역량 제시 • 중학교 정보를 필수 교과 지정 • 고등학교 정보를 일반 선택과목으로 변경 • 인공지능 교육 강화	• 34시간 이상 필수 • 핵심역량에 협력적 문제해결력을 추가 • 컴퓨팅 시스템에 피지컬 컴퓨팅을 추가
2022 개정 교육과정 (2022.12)	정보 (필수 68시간)	정보, 인공지능 기초, 데이터 과학, 소프트웨어와 생활, 정보과학	• 정보 교과 교육과정의 재구조화 • 중학교 컴퓨팅 사고, 인공지능 윤리를 강조 • 고등학교의 맞춤형 정보 역량 강화 • 고등학교에 일반 선택(정보), 진로 선택(인공지능 기초, 데이터 과학), 융합 선택(소프트웨어와 생활) 과목 개설	• 68시간 이상 필수 • 교과 역량으로 컴퓨팅 사고력, 디지털 문화 소양, 인공지능 소양을 지정

(1) 제7차 교육과정

1) 특징

• 국민공통 기본교육과정의 도입(10학년까지 국민공통기본교육)

• 인문계 고등학교의 일반 선택과목으로 '정보사회와 컴퓨터' 신설

  (11~12학년 선택 중심 교육과정에서 기술·가정 교과의 일반 선택과목 4단위)

- 중·고등학교에서 서로 다른 교과 명칭

  주요 학습 내용이 소프트웨어 활용 교육에 치중, 내용이 중복됨

2) 의의

- 중·고등학교에서 컴퓨터 관련 교과가 독립 교과로 편성되었다는 점

(2) 초·중등학교 정보통신기술 교육 운영지침(2000년, ICT 교육 운영지침, 정보교육 악화 시기)

1) 특징

- 초등학교 1학년부터 컴퓨터 교육을 필수화
- 재량활동 등을 활용하여 연간 34시간 정보 소양 교육을 실시
- 모든 학교의 교과 수업에 10% 이상의 정보통신 기술 활용
- 수업 방법은 ICT의 기능을 익히는 수업보다 활용 위주의 수업이 대부분임

2) 의의

- 모든 교과에서 자연스럽게 학생들의 정보소양을 함양시킴
- 일상생활의 문제 해결 과정에서 ICT를 효과적으로 활용하도록 함

3) ICT 소양 교육

- 정보통신기술 자체에 대한 교육
- 정보의 생성, 처리, 분석, 검색 등 기본적인 정보 활용 능력을 기르는 교육
- 초등학교 실과, 중학교 컴퓨터, 고등학교 '정보사회와 컴퓨터' 과목

4) ICT 활용 교육

- 학습 및 일상생활의 문제 해결에 정보통신기술을 적극적으로 활용
- 정보통신기술을 도구적으로 활용하여 학습자의 학습 동기를 유발하고 자기주도적인 학습 능력을 신장

(3) 초·중등학교 정보통신기술 교육 운영지침 개정
(2005년, 지금의 정보과 모습, 정보교사 신규 채용 없음)

1) 특징

- 소양교육과 교과 활용교육으로 분류함
- 정보통신윤리 교육 강화
- 창의력, 문제해결력, 논리적 사고력 등 고등 사고능력 함양
- 정보통신기술에 대한 원리, 개념 등 컴퓨터 과학 측면의 교육 강화
- 교육 내용 간의 연계성과 계열성 확보
- 교과 교육과정과 밀접하게 연계될 수 있는 교과 활용 교육 유형과 예시 제시

2) 의의

- 컴퓨터 과학 교육과 정보통신윤리 교육 강화

(4) 2007 개정 교육과정

1) 교육과정 특징

- 단위 학교의 교육과정 편성·운영 자율권 확대
- 교과 집중이수제 도입
- 과학과 역사 교육 강화
- 고등학교 선택과목군 조정, 주5일 수업제 월 2회 실시

2) 정보 교육과정의 특징

- 중·고등학교 교과 명칭을 정보로 통일, 학습 내용을 컴퓨터 과학의 기본 개념과 원리로 구성, 위계가 있는 체계적인 교육 내용으로 구성
- 정보과학 모형 반영
- 정보과학의 원리와 문제해결력 중시, 컴퓨터 활용 교육을 지양하고 실생활의 여러 문제를 창의적·합리적으로 해결하도록 함
- 정보 윤리 내용 강화
- 학교급 간 학습 내용의 체계성 유지

- 중학교와 고등학교의 목표를 통합하여 제시
- 내용 체계와 단계별 학습 내용을 구분하여 제시, 중학교-고등학교-정보과학 1-정보과학 2

(5) 2009 개정 교육과정

1) 교육과정 특징

- 교과군과 학년군 도입, 집중이수제, 학기당 이수 과목 8과목 이하로 축소
- 창의적 체험활동 강화
- 고등학교에서 기초교육은 반드시 이수, 나머지 교과는 선택·집중
- 학교의 특성화된 교육과정 운영할 수 있도록 자율성 확대
- 국민공통 기본교육과정 → 공통 교육과정, 선택중심 교육과정 → 선택 교육과정, 기준 수업시수 개념을 적용(학교 재량에 따라 20%까지 증감)

2) 정보 교육과정 특징

- 중학교에서 선택 교과에 속하며, 204시간 이내에 선택하여 이수
- 고등학교에서 생활·교양 영역의 기술·가정 교과군에 심화 선택과목
- 알고리즘적 문제 해결 능력, 정보화 기기 및 정보 윤리의 고취 등을 반영
- 교과 내용의 양과 수준을 적정화, 학교급 간의 연계성 강화
- 계산적 사고 교육을 교과 목표로, 정보 윤리 교육을 구성하여 정체성 반영
- 유사 교과와의 연계 교육 및 융합 교육
- 일상생활과 관련된 내용이면서 문제해결력을 기를 수 있는 내용으로 구성
- 과학 계열의 전문 교과에 있던 정보과학이 과학과 심화 선택과목에 포함됨
- 정보과학 1, 정보과학 2가 정보과학의 한 과목으로 축소됨

3) 정보 교육과정의 의의

- 교과명을 동일하게 정보로 유지
- 계산적 사고 교육을 교과 목표로 제시하여 정체성 표현
- 타 교과와의 융합을 위한 기초 학문으로서의 중요성 강조
- 단계적 학습이 가능하도록 체계성 유지

- 2007 개정의 중학교 정보 1, 2, 3단계로 통합하여 교육 내용의 적절성 완성
- 정보과학에 대한 소개와 정보 윤리의 중요성 부각

(6) SW 교육 운영지침

1) 기본 방향

- 학습자들이 미래 사회에서 살아가는 데 필요한 컴퓨팅 사고력을 기반으로 문제를 해결하는 역량을 기르도록 함

2) 특징

- 정보 윤리의식과 태도를 바탕으로 함
- 실생활의 문제를 컴퓨팅 사고로 해결할 수 있도록 함
- 지식 위주보다는 수행 위주의 소프트웨어 교육
- 컴퓨팅 사고력의 의미와 중요성을 학습자 스스로 인식하고 그 가치를 확인할 수 있도록 함

(7) 2015 개정 교육과정

1) 교육과정 특징

- 공교육 정상화를 위해 창의융합형 인재 양성을 목표로 핵심역량 설정
- 중학교 한 학기를 자유학기로 운영, 체험 중심의 교과활동 탐색
- 소프트웨어에 대한 기초 소양을 갖추도록 정보 교과를 필수 과목으로 지정
- 고등학교는 공통 과목과 선택과목으로 개설
  특성화고 교육과정은 전문교과를 공통과목, 기초과목, 실무과목으로 개편

2) 정보 교육과정 방향

- 실생활의 문제들을 컴퓨터 과학의 원리를 활용하여 효율적으로 해결하도록 함
- 창조경제 사회의 구성원으로서 정보 윤리의식을 함양할 수 있도록 함

3) 정보 교육과정 특징

- 중학교 교과 편제는 과학/기술·가정/정보 교과(군)으로 개편
- 고등학교 정보 과목은 생활·교양 교과 영역의 기술·가정/제2외국어/한문/교양 교과(군)에서 기술·가정 교과의 일반 선택과목임
- 고등학교에서 정보 과목은 심화 선택과목에서 일반 선택과목으로 전환됨
- 과학 계열 고등학교에서 이수하였던 정보과학 과목은 기존 같이 과학 계열의 전문교과 1에 편성
- 특성화고에서 이수하는 전문교과 2에 정보·통신 교과(군)에 여러 기초 과목과 실무 과목으로 편성

4) 정보 교육과정 의의

- 컴퓨팅 사고력의 개념을 명확하게 기술
- 핵심역량을 정보문화소양, 컴퓨팅 사고력, 협력적 문제해결력으로 규정
- 중·고등학교 체계성 유지
- 피지컬 컴퓨팅을 추가

5) 내용 영역

- 정보문화 영역과 '자료와 정보' 영역은 정보사회 구성원으로서 갖추어야 할 기본 소양 증진에 중점
- '문제 해결과 프로그래밍' 영역과 '컴퓨팅 시스템' 영역은 컴퓨터 과학을 토대로 한 실생활 및 다양한 학문 분야의 문제 해결 능력을 신장하는 데 중점

6) 역량

① 정보문화소양
  - 정보사회의 가치를 이해하고 정보사회 구성원으로서 윤리의식과 시민의식을 갖추고 정보기술을 활용하여 문제를 해결할 수 있는 능력
  - 정보윤리의식, 정보보호능력, 정보기술활용능력
② 컴퓨팅 사고력
  - 컴퓨터과학의 기본 개념과 원리 및 컴퓨팅 시스템을 활용하여 실생활과 다양한

학문 분야의 문제를 이해하고 창의적으로 해법을 구현하여 적용할 수 있는 능력
- 추상화 능력, 자동화 능력, 창의·융합 능력
③ 협력적 문제해결력
- 네트워크 컴퓨팅 환경에 기반한 다양한 지식·학습 공동체에서 공유와 효율적인 의사소통, 협업을 통해 문제를 창의적으로 해결할 수 있는 능력
- 협력적 컴퓨팅 사고력, 디지털 의사소통능력, 공유와 협업능력

7) 정보과학

- 전문교과 1에 속해있음
- 프로그래밍, 자료 처리, 알고리즘, 컴퓨팅 시스템 영역으로 구분
- 고등학교 정보과학은 중학교의 정보와 고등학교 정보의 심화 과목으로서 내용체계의 연계성을 가짐

(8) 2022 개정 교육과정

1) 교육과정의 특징

- 자기 주도성, 창의와 혁신, 포용성과 시민성을 강조
- 중학교의 자유학기(1학년) 편성 영역 및 운영 시간을 적정화함
- 고등학교 교육과정을 학점 기반 선택 교육과정으로 명시함
- 고등학교 교과를 공통 과목과 선택 과목으로 분류하고, 선택 과목의 종류를 일반 선택 과목, 진로 선택 과목, 융합 선택 과목으로 재구조화함
- 지향하는 인간상으로 자기 주도성(주도성, 책임감, 적극적 태도), 창의와 혁신(문제 해결, 융합적 사고, 도전), 포용성과 시민성(배려, 소통, 협력, 공감, 공동체 의식)을 제시 (자기주도적인 사람, 창의적인 사람, 교양있는 사람, 더불어 사는 사람)
- 핵심역량으로 자기관리 역량, 지식정보처리 역량, 창의적 사고 역량, 심미적 감성 역량, 협력적 소통 역량, 공동체 역량을 제시

2) 정보 교육과정의 특징

- 중학교 정보는 과학/기술·가정/정보 교과(군)에 속하며, 이 교과(군)에 배당된 시간은 1~3학년에 680시간임

- 정보는 정보 수업 시수와 학교자율시간 등을 활용하여 68시간 이상 편성·운영
- 일반 고등학교 보통 교과인 정보는 기술·가정/정보/제2외국어/한문/교양 교과(군)에 속하며, 이 교과(군)에서 이수할 최소 필수 이수 학점은 16학점임
- 정보 교과는 초·중학교 정보 과목의 수업 시수를 확대하여 교육과정을 재구조화함
- 중학교에서는 컴퓨팅 사고 과정 이해와 실생활 중심의 인공지능 윤리 등 가치 · 태도를 인식하도록 함
- 고등학교의 편제는 보통 교과와 전문 교과로 구분되며, 보통 교과의 과목은 공통 과목과 선택 과목으로 구분함. 그리고 선택 과목은 일반 선택 과목, 진로 선택 과목, 융합 선택 과목으로 구분함
- 고등학교 보통 교과의 기술·가정/정보 교과(군)에서 일반 선택 과목은 정보가 있고, 진로 선택 과목에는 인공지능 기초, 데이터 과학이 있으며, 융합 선택 과목에는 소프트웨어와 생활이 있음

3) 교과 역량 및 내용 체계

- 정보 교과 역량을 컴퓨팅 사고력(추상화 능력, 자동화 능력, 창의·융합 능력), 디지털 문화 소양(디지털 의사소통·협업 능력, 디지털 윤리의식, 디지털 기술활용 능력), 인공지능(AI) 소양(인공지능 문제해결력, 데이터 문해력, 인공지능 윤리의식)으로 지정함
- 정보 과목의 내용 체계에서 영역을 컴퓨팅 시스템, 데이터, 알고리즘과 프로그래밍, 인공지능, 디지털 문화로 구성함

4 교육과정 변화에 따른 운영지침

	특징	주요 변화
ICT 교육 운영지침 (2000)	• 초·중등학교 컴퓨터 교육의 필수화 • 모든 교과에서 ICT 활용 교육 강조	• ICT 소양 교육 • ICT 활용 교육
ICT 교육 운영지침 (2005)		• ICT 소양 교육(컴퓨터 과학 강화, 통신윤리 강화) • 교과 활용 교육
소프트웨어 교육 운영지침 (2015)	• 컴퓨팅 사고력 기반의 문제 해결 역량 강화 • 생활과 소프트웨어, 알고리즘과 프로그래밍, 컴퓨팅과 문제 해결	• 소프트웨어 교육

1.3 정보 교과의 성격 및 목표

1.3.1 기출문제 풀이

중등교사 임용시험 2023-A-1

다음은 2015 개정 정보과 교육과정(교육부 고시 제2020-236호)에서 '정보' 교과의 '성격' 중 일부이다. 밑줄 친 ㉠, ㉡에 해당하는 정보 교과 역량을 순서대로 쓰시오.

> 따라서 정보 교과는
>
> … (중략) …
>
> 다음과 같은 기능을 가진다.
> 첫째, ㉠정보사회 구성원으로서 갖추어야 할 정보윤리, 정보보호를 실천하며, 정보를 효율적으로 관리하고 생산하는 능력과 태도를 고취한다.
> 둘째, 컴퓨터과학의 기본 개념과 원리를 습득하고 컴퓨팅 시스템을 활용하여 문제를 창의적으로 해결하는 능력을 신장한다.
> 셋째, ㉡문제 해결을 위한 해법을 컴퓨터과학의 관점에서 설계하고 이를 소프트웨어로 구현하는 프로그래밍 능력과 태도를 함양한다.
> 넷째, 과학, 인문학, 예술 등 다양한 학문 분야의 문제를 컴퓨터과학의 관점에서 재해석하고 창의·융합적으로 해결하는 능력을 함양한다.
> 다섯째, 네트워크 컴퓨팅 기반 환경의 다양한 지식 공동체, 학습 공동체에서 협력적 문제 해결을 위한 지식과 정보의 공유, 효율적 의사소통, 협업 능력을 함양한다.

풀이 ㉠ : 정보문화소양
㉡ : 컴퓨팅 사고력

<정보 교과의 성격>

- '정보문화소양'은 정보사회의 가치를 이해하고 정보사회 구성원으로서 윤리의식과 시민의식을 갖추고 정보기술을 활용하여 문제를 해결할 수 있는 능력을 말한다.
- '컴퓨팅 사고력'은 컴퓨터 과학의 기본 개념과 원리 및 컴퓨팅 시스템을 활용하여 실생활과 다양한 학문 분야의 문제를 이해하고 창의적으로 해법을 구현하여 적용할 수 있는 능력을 말한다.

다음은 역할놀이 교수·학습 모형을 바탕으로 작성한 '인공지능 기초' 과목의 교수·학습 지도안과 지도안의 정리 단계에서 교사가 제공하고자 하는 수업 자료이다. 〈작성 방법〉에 따라 서술하시오.

핵심 개념	인공지능 윤리		
내용 요소	사회적 (㉠)와/과 공정성	차시	1/2
학습 목표	1. 인공지능 사회의 구성원으로서 인공지능 윤리의 중요성을 인식할 수 있다. 2. 인공지능 윤리에 대한 사회적 (㉠)을/를 위한 실천 방안을 제시할 수 있다.		
단계	교수·학습 활동		
도입	• 동기 유발: 자율주행 자동차 사고 사례 영상 • 학습 목표 확인		
전개 · 준비	• 문제 상황 인식 자율주행 자동차 사고의 후속 조치에 관한 모의 상황을 시연해 보고, 인공지능 사회의 구성원 입장에서 사회적 (㉠)을/를 위한 실천 방안을 생각해 봅시다. • 학습 진행 과정 및 활동 설명		
전개 · 역할놀이 시연자 선정	• 역할 소개 및 시연자 선정 역할: 인공지능 운영·관리자, 인공지능 (㉡), 인공지능 (㉢)		
전개 · 활동 준비	• 역할별로 문제 상황에서 행동 계획 수립, 시연 연습 • 관찰자는 활동에 참여하도록 준비, 필요한 경우 무대 준비		
전개 · 시연	• 시연자는 상황 속에서 각자의 역할에 따라 행동하고, 관찰자는 시연을 관찰하며 역할을 맡은 사람들이 느끼는 감정 및 관점 등을 생각하는 활동 진행		
전개 · 토론 및 성찰	• 시연자는 시연을 통해 경험한 내용을 토론하고, 관찰자는 시연을 관찰한 후 생각한 내용 공유 • (㉣)을/를 하고, 그 결과에 대한 재토론을 통해 새롭게 생각한 내용 공유 및 평가		
전개 · 경험의 일반화	• 활동지를 통해 인공지능 사회의 구성원으로서 사회적 (㉠)을/를 위한 실천 방안 찾기		
정리	• 학습 내용 정리 • 차시 예고 －인공지능의 공정한 활용 방안		

수업 자료	
인공지능 사회의 구성원별 사회적 (㉠)을/를 위한 실천 방안	
인공지능 (㉡)	• 신뢰할 수 있고 편향되지 않은 데이터를 사용하여 공정한 인공지능 서비스 제작하기 • 제품과 서비스 출시 이후에도 지속적으로 모니터링하기 • 예외 상황에 대한 종합적인 검토를 통해 방지책 마련하기
인공지능 (㉢)	• 인공지능 서비스를 올바르게 활용하기(악용하지 않기) • 이상 현상과 부작용 등을 공유하기
인공지능 운영·관리자	• 공공의 이익을 위한 인공지능의 활용 상황을 관리 · 감독하기 • 이용 정보 습득을 통해 타인의 권리 침해에 악용되는지 여부를 관리 · 감독하기

작성방법

(1) 2015 개정 정보과 교육과정(교육부 고시 제2020-236호)에 따른 '인공지능 기초' 과목의 '내용 요소'에 근거하여 괄호 안의 ㉠에 공통으로 들어갈 용어를 쓸 것.
(2) 2015 개정 정보과 교육과정(교육부 고시 제2020-236호)에 따른 '인공지능 기초' 과목의 '성취기준' 및 '성취기준 해설'에 근거 하여 괄호 안의 ㉡과 ㉢에 각각 공통으로 들어갈 용어를 순서대로 쓸 것.
(3) 참여 학생을 대상으로 역할에 대한 새로운 참여 기회를 부여하고, 문제 상황에 대한 새로운 관점과 시사점을 도출하기 위해 괄호 안의 ㉣에서 역할놀이 교수·학습 방법과 관련하여 실시할 수 있는 활동을 서술할 것.

풀이 (1) 책임

(2) ㉡ : 개발자, ㉢ : 사용자

(3) 역할을 바꾸어서 재시연하기

〈인공지능 기초 과목의 내용 체계〉

영역	핵심 개념	일반화된 지식	내용 요소
인공지능의 사회적 영향	인공지능 영향력	인공지능은 개인의 삶과 사회에 긍정적·부정적 영향을 미친다.	• 사회적 문제 해결 • 데이터 편향성
	인공지능 윤리	인공지능 윤리는 사회의 구성원이 인공지능을 올바르게 활용하기 위해 갖추어야 하는 가치관과 행동 양식이다.	• 윤리적 딜레마 • 사회적 책임과 공정성

〈인공지능 기초 과목의 성취기준 해설〉

[12인기04-04] 인공지능의 활용에 따른 윤리적 쟁점을 인공지능 개발자, 사용자, 운영·관리자 관점에서 살펴보고 사회적 책임과 공정성 추구를 위해 노력해야 하는 실천 방안들을 제시할 수 있어야 한다.

다음은 2015 개정 중학교 정보과 교육과정(교육부 고시 제 2020-236호)의 '성취기준'
과 '성취기준 해설'의 일부를 순서 없이 제시한 것이다. 그리고 수업에서 시범·실습을 위
해 준비한 수업 자료의 일부이다. 〈조건〉을 고려하여 〈작성 방법〉에 따라 서술하시오.

성취기준	성취기준 해설
㉠	실생활의 다양한 문제 해결을·위한 소프트웨어를 협력적 프로젝트 수행을 통해 설계하고 개발한다. 이러한 과정을 통해 다양한 알고리즘과 프로그램의 동작 원리를 이해하고 비교·분석할 수 있어야 한다.
㉡	변수의 필요성과 역할을 이해하고, 문제 해결을 위해 필요한 변수를 만들고 연산자(ⓐ)를 사용하여 변수의 값을 활용할 수 있어야 한다. 또한, 변수를 정의할 때, 변수명과 초깃값의 역할과 중요성을 이해할 수 있어야 한다.
㉢	순차, 선택, 반복 구조의 명령 실행 과정이 어떻게 다른지를 이해하고, 이러한 제어 구조를 이용해 효율적인 프로그램을 작성한다. 이때 변수, 연산자, 입력, 출력, 제어 구조를 종합적으로 활용할 수 있어야한다.

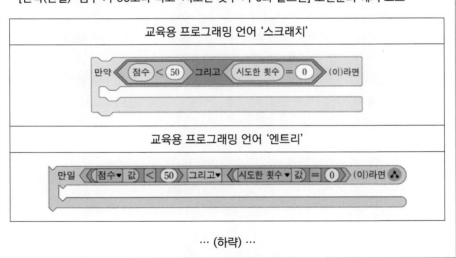

수업 자료

* [만약(만일) '점수'가 50보다 작고 '시도한 횟수'가 0과 같으면] 조건문의 예시 코드

… (하략) …

조건

• A 교사는 2015 개정 중학교 정보과 교육과정(교육부 고시 제 2020-236호)의 '내용 체계
및 성취기준'에 제시된 '성취기준'의 순서대로 수업 운영 계획을 수립하고자 한다.

> **작성방법**
> (1) ㉠에 해당하는 2015 개정 중학교 정보과 교육과정 (교육부 고시 제2020-236호)의 '내용 체계'에 제시된 '내용 요소'를 쓸 것.
> (2) 〈조건〉을 고려하여 A 교사의 수업 운영 계획에서 ㉠, ㉡, ㉢이 적용되는 순서를 쓸 것.
> (3) 2015 개정 중학교 정보과 교육과정(교육부 고시 제2020-236호)의 '성취기준 해설'에 제시된 ⓐ에 근거하여 수업 자료에 포함된 '연산'의 종류 2가지를 쓸 것.

풀이 (1) 프로그래밍 응용

(2) ㉡, ㉢, ㉠

㉠ : 프로그래밍 응용, ㉡ : 변수와 연산자, ㉢ : 제어구조

(3) 논리 연산, 비교 연산

〈중학교 정보 교과의 내용 체계〉

영역	핵심 개념	일반화된 지식	내용 요소	
문제 해결과 프로그래밍	프로그래밍	프로그래밍은 문제의 해결책을 프로그래밍 언어로 구현하여 자동화하는 과정이다.	• 입력과 출력 • 제어 구조	• 변수와 연산 • 프로그래밍 응용

<중학교 정보 교과의 성취기준 해설>
- [9정04-03] 변수의 필요성과 역할을 이해하고, 문제 해결을 위해 필요한 변수를 만들고 연산자(산술, 비교, 논리)를 사용하여 변수의 값을 활용할 수 있어야 한다. 또한, 변수를 정의할 때, 변수명과 초깃값의 역할과 중요성을 이해할 수 있어야 한다.
- [9정04-04] 순차, 선택, 반복 구조의 명령 실행 과정이 어떻게 다른지를 이해하고, 이러한 제어 구조를 이용해 효율적인 프로그램을 작성한다. 이때 변수, 연산자, 입력, 출력, 제어 구조를 종합적으로 활용할 수 있어야 한다.
- [9정04-05] 실생활의 다양한 문제 해결을 위한 소프트웨어를 협력적 프로젝트 수행을 통해 설계하고 개발한다. 이러한 과정을 통해 다양한 알고리즘과 프로그램의 동작 원리를 이해하고 비교·분석할 수 있어야 한다

다음은 2015 개정 중학교 정보과 교육과정 성격에 제시된 내용의 일부와 정보과 수업에서 수행된 활동이다. 〈작성 방법〉에 따라 쓰시오.

… (상략) …

정보 교과에서 추구하는 교과 역량은 '정보문화소양', '컴퓨팅사고력', '협력적 문제해결력'으로 역량별 의미와 하위 요소는 다음과 같다.

'정보문화소양'은 정보사회의 가치를 이해하고 정보사회 구성원으로서 윤리의식과 시민의식을 갖추고 정보기술을 활용하여 문제를 해결할 수 있는 능력을 말한다. '정보문화소양'은 '정보윤리의식', '정보보호능력', '정보기술활용능력'을 포함한다.

'컴퓨팅 사고력'은 컴퓨터 과학의 기본 개념과 원리 및 컴퓨팅 시스템을 활용하여 실생활과 다양한 학문 분야의 문제를 이해하고 창의적으로 해법을 구현하여 적용할 수 있는 능력을 말한다. '컴퓨팅 사고력'은 '추상화 능력'과 프로그래밍으로 대표되는 '(㉠) 능력', '창의·융합 능력'을 포함한다. 추상화는 문제의 복잡성을 제거하기 위해 사용하는 기법으로 핵심 요소 추출, 문제 분해, 모델링, 분류, 일반화 등의 방법으로 이루어진다. 추상화 과정을 통해 도출된 문제 해결 모델은 프로그래밍을 통해 (㉠)된다.

'협력적 문제해결력'은 네트워크 컴퓨팅 환경에 기반한 다양한 지식·학습 공동체에서 공유와 효율적인 의사소통, 협업을 통해 문제를 창의적으로 해결할 수 있는 능력을 말한다. '협력적 문제해결력'은 '협력적 컴퓨팅 사고력', '디지털 의사소통능력', '공유와 협업능력'을 포함한다.

… (하략) …

2015 개정 중학교 정보과 교육과정의 내용 체계에 제시된 '제어구조'의 학습 요소인 '순차 구조', '선택 구조', '(㉡) 구조'가 적용된 실생활 사례를 탐색하기 위해 <u>㉢개인별로 스마트 패드나 노트북을 활용하였다.</u>

작성방법
(1) 위에 제시된 내용을 참고하여 괄호 안의 ㉠에 해당하는 용어를 쓸 것.
(2) 괄호 안의 ㉡에 해당하는 용어를 쓸 것.
(3) 밑줄 친 ㉢에 해당하는 정보과 교과 역량을 쓰고, 그 역량의 하위 요소 중 ㉢과 가장 관련 깊은 1가지를 쓸 것.

풀이 (1) 자동화
(2) 반복
(3) 정보문화소양, 정보기술활용능력

<중학교 정보 교과의 성취기준 해설>
[9정04-04] 순차, 선택, 반복 구조의 명령 실행 과정이 어떻게 다른지를 이해하고, 이러한 제어 구조를 이용해 효율적인 프로그램을 작성한다. 이때 변수, 연산자, 입력, 출력, 제어 구조를 종합적으로 활용할 수 있어야 한다.

1.3.2 요약 : 정보 교과의 성격 및 목표

1 정보 교과교육의 이해

(1) 교과교육학 요소

1) 교과의 목표

① 교과를 왜 배워야 하는가?
② 인간상, 초·중고 교육목표, 학교급의 교과 목표, 학년 목표

2) 교과의 내용구조

① 학습자가 학습해야 하는 학습 내용
② 교과 내용의 수준과 양, 체계화·구조화, 순차적·계열화

3) 교과의 교재

① 교실에서 사용하는 다양한 자료
② 효과적으로 전달하고, 효율적으로 이루어지도록 구성

4) 교과의 학습지도

① 교사 : 어떻게 가르칠 것인가?
② 학생 : 어떻게 배우게 할 것인가?
③ 학습 동기를 높일 학습자 중심 교수·학습 방법

5) 교과의 평가

① 학생들의 학습결과에 대한 평가와 교사들의 자기 평가
② 목표, 내용구조, 교재, 학습지도 등을 돌이켜보고 자신과 교육활동을 반성

(2) 컴퓨터 교육의 정의

1) 컴퓨터에 관한 교육

① 컴퓨터 소양 교육 : 컴퓨터를 이해하고 활용할 수 있는 능력
② 컴퓨터 과학 교육 : 컴퓨터 관련 학문의 원리와 개념 등에 대한 이해

2) 컴퓨터를 활용한 교육

① 교수·학습에 활용 : 학습 과정이 컴퓨터와 함께 진행됨
② 교육관리에 활용 : 컴퓨터로 교육행정 업무를 관리
③ 테일러(Taylor)의 컴퓨터 활용 모형(컴퓨터의 역할)
  • Tutor : 컴퓨터가 학습 내용의 전달을 담당하는 교사의 역할, 이러닝 콘텐츠 학습
  • Tool : 컴퓨터를 수업의 도구로 활용하는 것, 컴퓨터와 컴퓨터 관련 프로그램이 수업 도구로 사용됨
  • Tutee : 학습자가 컴퓨터를 이용해 문제를 해결하는 것으로 학습자가 스스로 가르치는 형태의 학습, 시뮬레이션을 통한 학습

(3) 컴퓨터 교육의 필요성과 역할

1) 컴퓨터 교육의 필요성

① IT산업 발전의 원천
② 사회 문화 경제적 발전에 기여
③ 학습자 발달에 기여
  • 일상생활 속에서 자신의 업무를 처리하고 정보를 찾아서 활용하기 위한 도구의 사용을 익히면서 동시에 고차원의 문제해결력을 키움
  • 컴퓨터의 원리, 알고리즘 등에 대한 컴퓨터 과학 학습으로 논리적 사고력, 문제해결력 등 고차원적 사고능력 향상

④ 교수·학습의 도구로 활용

2) 컴퓨터 교육의 역할

① 인재 양성 교육 : IT 전문가 교육, 정보 영재의 육성 교육
② 문제해결력 교육 : 실무에 활용되는 IT 유창성
③ 컴퓨터 활용 교육 : 국민의 기본능력

(4) 교수 내용 지식(PCK : Pedagogic Content Knowledge)

① 교수 내용 지식, 교수법적 내용 지식, 교수학적 내용 지식, 내용 교수법
② 특정 교과 내용과 수업 방법을 학습자의 특성에 알맞게 조직하여 적용하는 지식

1) 슐만(Shulman)

① 특정 내용을 특정 학생들의 이해를 촉진할 수 있도록 가르치는 방법에 대한 교사의 지식
② 내용 제시 방법 : 설명, 비유, 묘사, 사례, 과제, 질문 등
③ 교사가 갖추어야 할 지식기반요소 : 교과 내용 지식 + 교수 내용 지식 + 교육과정 지식

2) 그로스만(Grossman)

① PCK에 영향을 주는 교사 지식의 구성요인
② 교과 내용 지식, 일반 교수법적 지식, 상황 지식(구체적인 상황, 일반적인 교육상황)

3) PCK를 갖춘 교사

① 학생들의 잘못된 이해를 방지하면서 심층적인 이해를 촉진할 수 있는 능력
② PCK의 특징 : 전문성, 경험적·실천적 지식, 고유성

4) 교사가 갖추어야 할 전문지식

① 교과 내용 지식 : 가르칠 내용에 대한 지식
② 교수 방법 지식 : 일반 교육학 지식, 모든 교과에 적용되는 교수 방법에 대한 지식
③ 교과 내용 지식과 교수 내용 지식을 활용하여 잘 가르치는 것

5) PCK 수업 요소

① 교과수업 방향 : 교과 수업을 바라보는 관점 및 인식
② 교과 교육과정에 대한 지식 : 학습 내용, 학습 필요, 교수 자료
③ 학생의 교과 내용 이해도에 관한 지식 : 선개념, 난개념, 오개념, 선호도, 태도와 습관, 적성, 동기
④ 표상(표현)에 대한 지식(교수학적 변환) : 설명, 질문, 논증, 연습, 매체, 과제
⑤ 교과수업 전략(교수법)에 대한 지식
⑥ 교과 평가에 대한 지식

6) PCK 수업 컨설팅의 필요성

① 교사가 아는 것과 주는 것의 불균형
② 내용과 방법의 불균형
③ PCK가 반영된 수업 설계
   • 교과 내용을 학생발달 수준에 맞게 재구성하여 제시
④ PCK가 적용되었는지 판단할 수 있는 질문
   • 학생이 지닌 오개념과 난개념을 파악하고 있고 도울 준비가 되어 있음
   • 다양한 설명 및 시범기법을 사용하여 학습 목표나 내용을 설명하거나 시범을 보임
   • 학생발달수준에 맞는 용어를 사용하여 학습 목표나 내용을 설명

7) 테크놀로지 교수 내용 지식(TPCK)

① 슐만(Shulman)의 교수 내용 지식(PCK) 모형에서 발전
② 교수 지식(PK) + 교과 내용 지식(CK) + 테크놀로지 지식(TK)으로 구성

1.3.3 요약 : 정보과 교육과정 개요

1 2015 개정 정보과 교육과정

(1) 교육과정 개요

교과(교육)의 필요성		21세기 지식·정보사회의 인재는 정보와 정보처리기술을 올바르게 활용할 뿐만 아니라, 새로운 지식과 정보, 기술을 창의적으로 생성하고 협력적으로 문제를 해결하는 능력을 갖추어야 한다. 정보(Informatics)는 컴퓨터과학의 기본 개념과 원리 및 기술을 바탕으로 실생활과 다양한 학문 분야의 문제를 창의적이고 효율적으로 해결하기 위한 학문 분야이며, 정보 교과는 컴퓨터과학적 지식과 기술의 탐구와 더불어 실생활의 문제 해결을 위해 새로운 지식과 기술을 창출하고 이를 통합적으로 적용하는 능력과 태도를 함양한다.
교과 (교육)의 역할	본질과 의의	정보 교과는 지식·정보사회를 올바르게 이해하고 정보사회 구성원으로서의 정보윤리의식, 정보보호능력, 정보기술활용능력 등 정보문화소양을 갖추고 컴퓨터과학의 기본 개념과 원리를 바탕으로 실생활 및 다양한 학문 분야의 문제를 창의적으로 해결하는 컴퓨팅 사고력 및 네트워크 컴퓨팅 기반 환경의 다양한 공동체에서 협력적 문제해결력을 기른다.
	기능	① 정보사회 구성원으로서 갖추어야 할 정보윤리, 정보보호를 실천하며, 정보를 효율적으로 관리하고 생산하는 능력과 태도를 고취한다. ② 컴퓨터과학의 기본 개념과 원리를 습득하고 컴퓨팅 시스템을 활용하여 문제를 창의적으로 해결하는 능력을 신장한다. ③ 문제 해결을 위한 해법을 컴퓨터과학의 관점에서 설계하고 이를 소프트웨어로 구현하는 프로그래밍 능력과 태도를 함양한다. ④ 과학, 인문학, 예술 등 다양한 학문 분야의 문제를 컴퓨터과학의 관점에서 재해석하고 창의·융합적으로 해결하는 능력을 함양한다. ⑤ 네트워크 컴퓨팅 기반 환경의 다양한 지식 공동체, 학습 공동체에서 협력적 문제해결을 위한 지식과 정보의 공유, 효율적 의사소통, 협업 능력을 함양한다.
교과의 내용 영역		정보문화, 자료와 정보, 문제 해결과 프로그래밍, 컴퓨팅 시스템
교과의 역량		• 정보문화소양 : 정보윤리의식, 정보보호능력, 정보기술활용능력 • 컴퓨팅 사고력 : 추상화(abstraction) 능력, 자동화(automation) 능력, 창의·융합 능력 • 협력적 문제해결력 : 협력적 컴퓨팅 사고력, 디지털 의사소통능력, 공유와 협업능력
학교급별 특성 및 연계성	중학교	초등학교 5~6학년군 실과에서 이수한 소프트웨어 기초 소양 교육을 바탕으로 이수하며, 고등학교의 일반 선택 과목인 정보 및 과학계열 전문 교과 Ⅰ 과목인 정보과학의 선수 과목으로서의 연계성을 갖는다.
	고등학교	중학교에서 이수한 정보 교과 교육을 바탕으로 이수하며, 과학계열 전문 교과 Ⅰ 과목인 정보과학의 선수 과목으로서의 연계성을 갖는다. 인공지능 수요에 부응하기 위해 보통 교과의 진로 선택 과목으로 인공지능 기초를 적용하였다.

(2) 교육과정 목표

수준		목표 진술
총괄 목표		정보윤리의식, 정보보호능력, 정보기술활용능력을 기르고 컴퓨터과학의 기본 개념과 원리, 컴퓨팅 기술을 바탕으로 실생활 및 다양한 학문 분야의 문제를 창의적이고 효율적으로 해결하는 능력과 협력적 태도를 기르는 데 중점을 둔다.
세부 목표		① 정보사회의 특성을 이해하고, 정보윤리 및 정보보호를 올바르게 실천할 수 있는 태도를 기른다. ② 정보기술을 활용하여 정보를 효율적으로 관리하고 생산하는 능력과 태도를 기른다. ③ 컴퓨팅 원리에 따라 문제를 추상화하여 해법을 설계하고 프로그래밍 과정을 통해 소프트웨어로 구현하여 자동화할 수 있는 능력을 기른다. ④ 컴퓨팅 시스템의 구성 및 동작 원리를 이해하고 실생활의 문제를 해결할 수 있는 창의적 컴퓨팅 시스템을 구현할 수 있는 능력을 기른다.
학교 급별 목표	중학교	기초적인 정보윤리의식과 정보보호능력을 함양하고 실생활의 문제 해결을 위해 정보기술 활용능력과 컴퓨팅 사고력, 협력적 문제해결력을 기르는 데 중점을 둔다. ① 정보사회의 특성을 올바르게 이해하고 정보윤리를 실천할 수 있는 태도 ② 정보기술을 활용하여 문제 해결에 필요한 자료와 정보를 수집하고 효율적으로 구조화하는 능력과 태도 ③ 컴퓨터과학의 기본 개념과 원리에 따라 실생활의 문제를 추상화하여 해법을 설계하고 프로그래밍 과정을 통해 소프트웨어로 구현하여 자동화할 수 있는 능력 ④ 컴퓨팅 시스템의 구성 및 동작 원리를 이해하고 다양한 입·출력 장치와 프로그래밍을 통해 문제해결에 적합한 피지컬 컴퓨팅 시스템을 구성하는 능력.
	고등학교	정보윤리의식을 바탕으로 정보보호를 실천하기 위한 역량을 강화하고 실생활의 기초적인 문제뿐만 아니라 다양한 학문 분야의 복잡한 문제 해결을 위해 정보기술활용능력과 컴퓨팅 사고력, 협력적 문제해결력을 기르는 데 중점을 둔다. ① 정보사회에서 정보과학의 가치와 영향력을 인식하고 정보윤리, 정보보호 및 보안을 실천할 수 있는 태도 ② 정보 활용 목적에 따라 효율적인 디지털 표현 방법을 이해하고 정보기술을 활용하여 자료와 정보를 수집, 분석, 관리하는 능력과 태도 ③ 컴퓨터과학의 기본 개념과 원리에 따라 다양한 학문 분야의 문제를 추상화하여 해법을 설계하고 프로그래밍 과정을 통해 소프트웨어로 구현하여 자동화할 수 있는 능력 ④ 컴퓨팅 시스템의 효율적인 자원 관리 방법을 이해하고 다양한 학문 분야의 복잡한 문제 해결을 위한 피지컬 컴퓨팅 시스템을 창의적으로 구현할 수 있는 능력

2 2022 개정 정보과 교육과정

(1) 교육과정 개요

교과 역량	중·고	• 컴퓨팅 사고력 : 문제를 발견, 분석하여 실생활과 다양한 학문 분야의 문제를 해결하기 위한 새로운 방법론을 제시할 수 있는 능력 • 인공지능 소양 : 사람 중심의 인공지능 윤리의식과 데이터에 대한 이해를 기반으로 인공지능을 통해 문제를 해결할 수 있는 능력이며, 총론의 지식정보처리, 창의적 사고 역량과 연계함 • 디지털 문화 소양 : 윤리의식과 시민성을 갖추고 디지털 기술을 기반으로 의사를 소통하고 협업할 수 있는 능력이며, 인공지능 소양과 더불어 총론의 협력적 소통, 공동체 역량과 직접 연계됨
영역	중	① 정보 교과의 영역은 컴퓨팅 시스템, 데이터, 알고리즘과 프로그래밍, 인공지능, 디지털 문화임 ② 초등학교 5~6학년 실과(정보)는 디지털 사회와 인공지능 영역으로 구성되었고, 중학교 정보와 연계성을 갖도록 함 ③ 컴퓨팅 시스템을 구성하는 기본적인 요소에 대한 이해와 인공지능의 기초가 되는 데이터에 대한 문해력 형성을 기반으로 알고리즘과 프로그래밍, 인공지능을 통해 문제를 해결하도록 함
	고	① 일반 선택 과목 • 정보 : 중학교 정보와 동일한 영역으로 구성하여 일관성을 유지하며, 진로 선택 과목의 기초 공통이 되도록 내용을 구성함
내용 체계	중·고	① 정보 교과의 핵심 아이디어는 교과의 역량을 고려해서 구성한 영역의 목표를 달성하고, 학습자가 깊이 있는 학습을 통해 습득, 일반화하여 학습의 전이를 도모할 수 있는 내용을 선정함 • 지식·이해 : 교과 지식 중 핵심이 되는 내용을 선정 • 과정·기능 : 절차적 지식이 중요하게 고려되는 교과의 특성을 고려함 • 가치·태도 : 디지털 사회의 핵심역량을 기르는 정보 교과의 전 과정을 통해 내면화되는 내용을 선정

(2) 교육과정 성격

중학교	① 정보(Informatics)과는 데이터와 정보로 인한 디지털 세상의 변화를 인식하고, 정보의 사회적 가치를 탐구하며, 정보를 처리하는 다양한 원리와 기술에 기반한 컴퓨팅 사고력을 바탕으로 실생활 및 다양한 학문 분야의 문제를 해결하는 능력과 태도를 기르는 교과임 ② 정보의 학문적 기저는 컴퓨터에서 처리되는 데이터와 정보의 원리, 컴퓨팅 시스템을 설계하고 구현하는 기술과 방법, 정보를 다루는 인간 사회에 대한 이해 등을 포괄함 ③ 정보는 학생들이 미래 사회가 요구하는 컴퓨팅, 디지털에 대한 역량과 자기주도성을 갖춘 인간으로 성장하게 함. 컴퓨팅 사고력에 기반한 지식정보처리, 창의적 사고, 타인과 협업하고 공유하는 협력적 소통 역량과 공동체 역량 등을 갖춘 디지털 민주시민으로 성장하게 함 ④ 컴퓨팅과 인공지능 기술 및 디지털 문화에 대한 이해를 기반으로 미래사회의 문제를 해결하는 데 필요한 기초적인 능력과 태도를 함양하도록 함

	⑤ 중학교 정보는 초등학교 실과 내의 디지털 사회와 인공지능 영역 및 고등학교 정보 교과의 모든 과목과 연계성을 갖고 있음
고등학교	① 정보(Informatics)과는 데이터와 정보로 인한 디지털 세상의 변화를 인식하고, 정보의 사회적 가치를 탐구하며, 정보를 처리하는 다양한 원리와 기술에 기반한 컴퓨팅 사고력을 바탕으로 실생활 및 다양한 학문 분야의 문제를 해결하는 능력과 태도를 기르는 교과임 ② 정보의 학문적 기저는 컴퓨터에서 처리되는 데이터와 정보의 원리, 컴퓨팅 시스템을 설계하고 구현하는 기술과 방법, 정보를 다루는 인간 사회에 대한 이해 등을 포괄함 ③ 정보는 학생들이 미래사회가 요구하는 데이터에 대한 이해를 기반으로 소프트웨어와 인공지능에 대한 기본 역량과 자기주도성을 갖도록 함 ④ 컴퓨팅을 통한 문제 해결을 전제로 문제를 발견, 분석, 해결해 가는 컴퓨팅 사고력에 기반하여 지식정보처리, 창의적 사고, 타인과 협업하고 공유하는 협력적 소통 역량과 공동체 역량 등을 갖춘 디지털 민주시민으로 성장하게 함 ⑤ 중학교 정보와 연계해 불확실한 미래 사회의 문제를 해결하기 위한 사고력을 강화하고, 정보 과목의 내용이 필요한 분야의 진로를 탐색하여 자신을 성장시키는 데 도움이 되는 능력과 태도를 함양함

(3) 교육과정 목표

중학교	중학교 정보는 컴퓨팅 사고력을 기반으로 인공지능을 포함하는 컴퓨팅 기술을 활용하여 미래 사회에서 다양한 분야의 문제를 발견하고 해결할 수 있는 기초적인 능력을 함양하도록 하는 데 중점을 둠 ① 디지털 세상의 데이터와 정보를 다루는 컴퓨팅 장치를 이해하고, 실생활에서 정보를 다루는 시스템에 의해 처리된 결과의 영향력을 판단하는 능력 ② 컴퓨터로 처리되는 정보의 원리를 이해하고, 다양한 현상의 의미를 해석하는 데 도움이 되는 데이터의 중요성을 고려하여 데이터의 수집 및 분석, 처리를 위한 능력 ③ 컴퓨팅을 활용한 실생활의 문제 해결을 위해 문제를 발견, 분석, 추상화하여 해결책을 구상하고, 프로그램을 설계·구현하는 과정에서 자동화의 필요성과 중요성을 이해하고 실천하는 태도 ④ 인공지능으로 인한 세상의 변화를 이해하고, 기초지식을 기반으로 인공지능을 활용한 문제 해결의 가능성을 탐색하는 태도와 능력 ⑤ 정보를 다루는 디지털 사회에 대한 특성을 이해하고, 미래 사회에서 디지털 기술의 영향력을 탐색하며, 디지털 사회를 살아가는데 필요한 디지털 윤리를 실천할 수 있는 태도
고등학교	인공지능과 더불어 살아가게 될 미래 사회에서 독립적으로 살아가는 데 필요한 정보 관련 능력을 함양하여, 다양한 학문 분야 및 실생활에 필요한 컴퓨팅 장치, 정보처리, 인공지능 등과 같은 정보과의 전문지식을 기반으로 컴퓨팅 사고력을 함양할 수 있도록 하는 데 중점을 둠 ① 디지털 세상을 연결하는 컴퓨팅 시스템 간의 연결 원리를 파악하고, 정보를 다루는 시스템에 의해 처리·생성된 결과가 공유되도록 하는 시스템 제어 능력 ② 컴퓨팅을 활용한 문제 해결을 위해 목적에 맞는 데이터를 수집하고, 데이터 간의 관계를 파악하여 구조화하고, 빅데이터를 처리하고 시각화할 수 있는 능력 ③ 다양한 학문 분야의 문제 해결에 필요한 데이터의 관계를 모델링하고 알고리즘을 효율적으로 설계하여 프로그램으로 구현, 평가, 개선하는 과정에서 협력과 공유의 문화를 실천하는 태도 ④ 지능 에이전트의 관점에서 인공지능을 이해하고, 기계학습을 통한 인공지능으로 문제를 해결하는 방법을 체득하고 적용하는 능력 ⑤ 디지털 기술로 인한 사회의 발전과 변화를 이해하고, 정보보호와 정보보안의 중요성을 인식하여 실천하는 태도와 능력

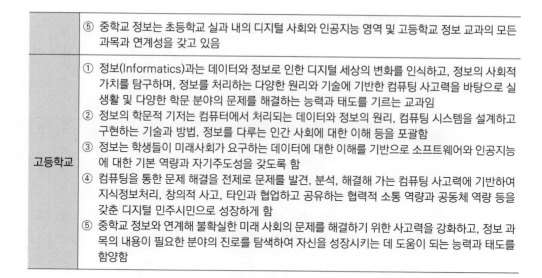

1.4 정보 교과의 내용 및 성취기준

1.4.1 기출문제 풀이

 다음은 2015 개정 정보과 교육과정(교육부 고시 제2020-236호)에 따른 '인공지능 기초' 과목에서 '인공지능의 원리와 활용' 영역의 수업에 대한 정보 교사들의 대화 내용이다. 그리고 '인공지능의 원리와 활용' 영역의 수업 자료이다. 〈작성 방법〉에 따라 서술하시오.

A : 다음 차시에는 어떤 내용의 수업을 진행해야 하나요?

B : 지난 차시에는 기계학습이 문제 해결 모델을 데이터로부터 자동으로 생성하는 과정임을 이해하고, 기계학습의 주요 학습 방법인 (㉠)와/과 (㉡)의 차이를 비교하였습니다. 다음 차시에는 교육과정 성취기준 '[12인기02-08] (ⓐ) 등 기계학습의 활용 분야를 탐색한다.'를 학습하게 됩니다.

A : (㉠)와/과(㉡)의 차이를 어떻게 설명하셨나요?

B : (㉠)이/가 입력과 대응하는 출력을 데이터로 제공하고 대응관계의 함수를 찾는 과정이고, (㉡)은/는 입력 데이터만 주어진 상태에서 유사한 것들을 서로 묶거나 확률분포를 나타내는 과정이라고 설명했습니다. 수업을 마친 후 학생들은 수업 내용을 이해하기 힘들었다는 반응을 보였습니다.

A : 저희 반 학생들도 비슷했던 것 같습니다. 그래서 이번 시간에는 교육과정에서 안내하고 있는 것과 같이 교육용 도구를 활용하여 (㉢)을/를 통해 기계학습의 활용 분야를 이해하고, 구분하여 설명할 수 있도록 해야 할 것 같습니다.

수업 자료

1. 스프레드시트를 활용하여 다음과 같이 제시된 데이터를 입력하고, 시각화하여 봅시다.

일조량	과일의 당도
2000	10.2
2050	10.4
2100	10.5
2150	11.0
2200	11.3
2250	12.0
2300	12.5
2350	12.6
2400	12.8

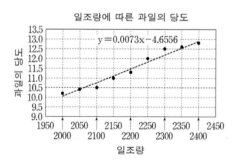

일조량에 따른 과일의 당도

$y = 0.0073x - 4.6556$

2. ⓑ1번의 결과를 바탕으로 일조량이 2450일 때 과일의 당도는 얼마가 될지 생각해 봅시다.

작성방법

(1) 2015 개정 정보과 교육과정(교육부 고시 제2020-236호)에 따른 '인공지능 기초'과목의 '성취기준'및'성취기준 해설'에 근거하여 괄호 안의 ㉠과 ㉡에 각각 공통으로 들어갈 용어를 순서대로 쓸 것.

(2) 2015 개정 정보과 교육과정(교육부 고시 제2020-236호)에 따른 '인공지능 기초' 과목의 '성취기준 해설'에 근거하여 괄호 안의 ㉢에 적절한 활동을 서술할 것.

(3) 2015 개정 정보과 교육과정(교육부 고시 제2020-236호)에 따른 '인공지능 기초' 과목의 '성취기준'에 제시된 ⓐ에 근거하여 밑줄 친 ㉣에 해당하는 기계학습의 활용 분야를 쓸 것.

풀이 (1) ㉠ : 지도학습, ㉡ : 비지도학습

(2) 기계학습의 활용사례를 체험하는 과정

(3) 예측

<인공지능 기초 과목의 성취기준>

[12인기02-07] 기계학습의 개념을 이해하고, 지도학습과 비지도학습의 차이를 비교한다.

[12인기02-08] 분류, 군집, 예측 등 기계학습의 활용 분야를 탐색한다.

<인공지능 기초 과목의 성취기준 해설>

[12인기02-08] 교육용 도구를 활용하여 기계학습의 활용 사례를 체험해 보는 과정을 통해 분류, 군집, 예측 등 기계학습의 활용 분야를 이해하고, 구분하여 설명할 수 있어야 한다.

다음은 고등학교 '정보' 수업을 위해 교사가 작성한 수업 자료와 이를 활용한 수업의 활동지 중 일부이다. 그리고 2015 개정 고등학교 정보 교육과정(교육부 고시 제2020-236호)의 '성취기준' 중 일부를 나타낸 것이다. 〈작성 방법〉에 따라 서술하시오.

수업 자료

초음파 센서	LED	빛 센서(조도 센서)

서브 모터	LCD(터치 기능 없음)

활동지

학습 목표	1. 문제 해결에 적합한 (㉠). 2. 문제 해결을 위한 피지컬 컴퓨팅 장치를 구성할 수 있다.

※ 다음과 같은 문제 상황을 해결하기 위한 피지컬 컴퓨팅 장치를 구성하고자 한다.

안전상 적정 거리 확보를 위해 현재 위치에서 대상이 있는 곳까지의 거리가 얼마나 되는지 출력해 주는 피지컬 컴퓨팅 장치를 구성해 보자.

… (중략) …

2. 문제를 해결하기 위한 피지컬 컴퓨팅 장치의 구성 방법을 그림으로 표현해 봅시다.

… (하략) …

[12정보05-01] … (생략) …
[12정보05-02] … (생략) …
[12정보05-03] (ⓐ)
[12정보05-04] 피지컬 컴퓨팅 장치의 동작을 제어하기 위한 프로그램을 작성한다.

(1) 수업 자료와 활동지를 적용한 수업과 가장 관련 깊은 2015 개정 고등학교 정보 교육과정 (교육부 고시 제2020-236호)의 '내용 체계'에 제시된 '영역'의 명칭을 쓸 것.
(2) 수업 자료에 제시된 5가지의 하드웨어를 입력장치와 출력장치로 구분하여 서술할 것.
(3) 활동지의 학습 목표 1과 2는 제시된 성취기준 ⓐ를 바탕으로 진술되었다. 괄호 안의 ㉠에 들어갈 내용을 서술할 것. (단, 행동동사를 활용하여 '~할 수 있다.' 형태로 제시할 것.)

풀이 (1) 컴퓨팅 시스템
(2) ① 입력장치 : 초음파 센서, 빛 센서
② 출력장치 : LED, 서브 모터, LCD
(3) 마이크로컨트롤러와 다양한 입출력장치를 선택할 수 있다.

〈고등학교 정보 교과의 내용 체계〉

영역	핵심 개념	일반화된 지식	내용 요소
컴퓨팅 시스템	컴퓨팅 시스템의 동작 원리	다양한 하드웨어와 소프트웨어가 유기적으로 결합된 컴퓨팅 시스템은 외부로부터 자료를 입력받아 효율적으로 처리하여 출력한다.	• 운영체제 역할 • 네트워크 환경 설정
	피지컬 컴퓨팅	마이크로컨트롤러와 다양한 입·출력 장치로 피지컬 컴퓨팅 시스템을 구성하고 프로그래밍을 통해 제어한다.	• 피지컬 컴퓨팅 구현

<고등학교 정보 교과의 성취기준 해설>

[12정보05-03] 문제 해결 목적에 적합한 피지컬 컴퓨팅 구성 장치(마이크로컨트롤러, 다양한 입·출력 장치 등)를 선택하여 연결할 수 있어야 한다.

다음은 정보과 교사들 간의 대화이다. 그리고 A 교사가 컴퓨팅 사고력을 기반으로 '데이터와 기계학습' 영역에 대한 인공지능 기초 수업을 재구성한 것을 나타낸 것이다. 〈작성 방법〉에 따라 서술하시오.

> A : 인공지능 기초 수업을 컴퓨팅 사고력 중심으로 재구성하려면 어떻게 해야 할까요?
> B : 인공지능 기초 과목의 교과 역량인 컴퓨팅 사고력 중 (㉠)은/는 문제의 복잡성을 제거하기 위해 사용할 수 있습니다. (㉡)은/는 (㉠)에서 사용하는 기법 중 하나입니다.
> C : 자동화도 컴퓨팅 사고력 과정에서 중요한 요소이며, (㉠) 과정을 통해 도출된 문제 해결 모델을 프로그래밍을 통해 구현할 수 있습니다.
>
> … (중략) …
>
> A : 인공지능을 활용한 문제 해결의 과정에서 적용할 수 있는 기계학습 모델은 어떤 것이 있나요?
> B : 인공지능 기초 과목의 내용 체계에서 기계학습 모델의 내용 요소로 (㉢)을/를 제시하고 있습니다.
> A : ㉣기계학습 알고리즘에 관한 수업은 어떻게 설계해야 할까요?
> C : (㉤)

■ 차시별 지도 계획

학습 목표		1. 문제 해결에 필요한 자료를 수집하고 알고리즘을 설계할 수 있다. 2. 기계학습의 모델을 활용하여 프로그램하고 문제를 해결할 수 있다.
컴퓨팅 사고력 과정	학습 과정	수업 내용
㉠	자료 수집 및 분석	데이터를 수집하고 분석하기
	데이터 전처리	문제 해결에 불필요한 속성을 제거하고 필요한 속성으로 정제하기
	알고리즘 설계	(㉢)의 개념을 활용하여 문제 해결의 과정을 작성하기
자동화	프로그래밍	프로그래밍 언어를 활용하여 (㉢)을/를 구현하기
	적용	다양한 분야에서 수집된 데이터를 적용하여 문제 해결하기

(1) 2015 개정 정보과 교육과정(교육부 고시 제2020-236호)에 제시된 괄호 안의 ㉠, ㉡, ㉢에 해당하는 내용을 순서대로 쓸 것.
(2) 2015 개정 정보과 교육과정(교육부 고시 제2020-236호)에 따른 '인공지능 기초' 과목의 '교수·학습 방법 및 유의 사항'에 근거하여 밑줄 친 ㉣에 대한 대답으로 괄호 안의 ㉤을 서술할 것.

풀이 (1) ㉠ : 추상화

㉡ : 핵심 요소 추출, 문제 분해, 모델링, 분류, 일반화

㉢ : 분류 모델

<2015 개정 정보과 교육과정의 교과 역량>
컴퓨팅 사고력은 추상화 능력과 프로그래밍으로 대표되는 자동화 능력, 창의·융합 능력을 포함한다. 추상화는 문제의 복잡성을 제거하기 위해 사용하는 기법으로 핵심 요소 추출, 문제 분해, 모델링, 분류, 일반화 등의 방법으로 이루어진다. 추상화 과정을 통해 도출된 문제 해결 모델은 프로그래밍을 통해 자동화된다.

〈인공지능 기초 과목의 내용 체계〉

영역	핵심 개념	일반화된 지식	내용 요소
데이터와 기계학습	데이터	데이터는 기계학습 모델 구현에 사용되며, 정형 데이터와 비정형 데이터로 구분된다.	• 데이터의 속성 • 정형 데이터와 비정형 데이터
	기계학습 모델	기계학습 모델은 지능적 문제를 정의하고, 문제 해결에 필요한 데이터를 준비하여, 모델의 훈련과 테스트 과정을 통하여 구현된다.	• 분류 모델 • 기계학습 모델 구현

(2) 기계학습 구현의 전체 과정을 경험해 보고 이를 통해 기계학습의 동작 원리를 이해할 수 있도록, 알고리즘에 대한 설명은 최소화하고 실습을 중심으로 수업을 구성한다.

<'데이터와 기계학습' 영역의 교수·학습 방법 및 유의 사항>
기계학습 구현의 전체 과정을 경험해 보고 이를 통해 기계학습의 동작 원리를 이해할 수 있도록, 알고리즘에 대한 설명은 최소화하고 실습을 중심으로 수업을 구성한다.

다음은 4명의 학생이 중학교 정보과 수업에서 프로젝트 결과물을 제작하기 위해, 입력장치 또는 출력장치를 활용할 계획을 발표한 내용이다. 2015 개정 중학교 정보과 교육과정(교육부 고시 제2015-74호)의 '내용 체계 및 성취기준'에서 학생들이 활용하기로 한 장치와 가장 관련 깊은 '영역' 명을 쓰고, 밑줄 친 장치에 대한 활용 계획이 <u>잘못된</u> 학생을 쓰시오.

A : 빛의 밝기에 따라 주변이 일정한 값보다 어두워지면 LED가 켜지는 장치를 만들기 위해 <u>조도 센서</u>를 사용할 계획입니다.
B : 주변 소리의 크기에 따라 LED의 색깔을 바꿔주는 장치를 만들기 위해 <u>적외선 센서</u>를 사용할 계획입니다.
C : 각도에 따라 정확히 움직이는 자동차의 조향장치를 만들기 위해 <u>서보모터</u>를 사용할 계획입니다.
D : 버튼을 누르면 경고음을 들려주는 장치를 만들기 위해 <u>스피커</u>를 사용할 계획입니다.

풀이 ① 영역 : 컴퓨팅 시스템
② 학생 : B

〈중학교 정보 내용 체계〉

영역	핵심 개념	일반화된 지식	내용 요소
컴퓨팅 시스템	컴퓨팅 시스템의 동작 원리	다양한 하드웨어와 소프트웨어가 유기적으로 결합된 컴퓨팅 시스템은 외부로부터 자료를 입력받아 효율적으로 처리하여 출력한다.	• 컴퓨팅 기기의 구성과 동작 원리
	피지컬 컴퓨팅	마이크로컨트롤러와 다양한 입·출력 장치로 피지컬 컴퓨팅 시스템을 구성하고 프로그래밍을 통해 제어한다.	• 센서 기반 프로그램 구현

다음은 A 교사가 중학교 정보과 수업을 위해 준비한 가상 로봇의 '기능'과 '연산 조건'에 대한 설명과 A 교사가 수업 아이디어를 구상한 내용을 나타낸 것이다. 〈작성 방법〉에 따라 서술하시오.

기능	• 입력 : ○, □, △, ☆ 기호로만 구성된 입력 카드를 2장 읽음 • 출력 : '연산 조건'에 따라 연산하여 결과 카드에 출력함
연산 조건	• 연산(◉)은 2장의 카드를 입력받아 동일한 위치의 셀끼리 연산함 예) 입력 카드 1의 (1, 1) 셀의 값 ◉ 입력 카드 2의 (1, 1) 셀의 값 = 결과 카드 (1, 1) 셀에 이진수로 출력 • 연산 결과는 입력 카드와 동일한 크기의 결과 카드에 이진수로 출력됨 • ○, □, △는 같은 기호끼리 연산되면 1, 아니면 0이 출력됨 • ☆은 다른 기호와 연산될 때 ☆의 규칙이 우선 적용되며 다음과 같은 규칙을 따름
학습 주제	• 로봇이 실행되는 규칙을 이해하고 알고리즘 설계하기

활동 아이디어

| 문제 이해 | • 로봇이 다음과 같이 처리할 때, 로봇이 처리하는 규칙 찾아보기

 (입력 카드 1)　　　 (입력 카드 2)　　　 (결과 카드)

| △ | ○ | ☆ | ○ |　　 | △ | ○ | △ | ☆ |　　 | 1 | 1 | 1 | 0 |
| ○ | ☆ | ☆ | ○ | ◉ | ○ | □ | ☆ | □ | = | 1 | 1 | ㉠ | 0 |
△	□	☆	□		☆	☆	○	△		0	0	1	0	
문제 분해	• 작은 문제로 분해하기 | △	◉	△	=	1	,	○	◉	○	=	1	, ⋯,	□	◉	△	=	0	

규칙 찾기	• 불필요한 요소를 제거하여 핵심 요소를 추출하기
	 … (중략) …
	• ㉡가상 로봇의 '연산 조건'에 포함된 모든 규칙 찾기
	 - ○, □, △는 같은 기호끼리 연산되면 1, 아니면 0이 출력됨
	 - ☆는 다른 기호와 연산될 때 ☆의 규칙이 우선 적용되며 다음과 같은 규칙을 따름
	  1) 첫 번째 입력 기호 ☆이 두 번째 입력 기호☆을 만나면 0을 출력
	  2) (㉢)
	  3) (㉣)

알고리즘 설계	… (하략) …

작성방법

(1) 2015 개정 중학교 정보과 교육과정(교육부 고시 제2015-74호)의 '문제 해결과 프로그래밍'영역 중 '활동 아이디어'에서 고려하지 않은'핵심 개념'이 무엇인지 서술할 것.
(2) ⓛ을 완성하기 위해 필요한 ☆에 대한 규칙 ⓒ, ⓔ을 서술할 것.
(3) 활동 아이디어의 결과 카드에 있는 ㉠에 출력되는 값을 쓸 것.

풀이 (1) 프로그래밍

(2) ① 첫 번째 입력기호 ☆가 두 번째 입력기호로 ☆가 아닌 기호를 만나면 1을 출력
 ② ☆가 아닌 첫 번째 입력기호가 두 번째 입력기호로 ☆를 만나면 0을 출력

(3) 0(△ ⊙ ☆ = 0, ☆ ⊙ △ = 1, O ⊙ ☆ = 0, ☆ ⊙ □ = 1, □ ⊙ ☆ = 0)

〈중학교 정보 내용 체계〉

영역	핵심 개념	일반화된 지식	내용 요소
문제 해결과 프로그래밍	추상화	추상화는 문제를 이해하고 분석하여 문제 해결을 위해 불필요한 요소를 제거하거나 작은 문제로 나누는 과정이다.	• 문제 이해 • 핵심요소 추출
	알고리즘	알고리즘은 문제 해결을 위한 효율적인 방법과 절차이다.	• 알고리즘 이해 • 알고리즘 표현
	프로그래밍	프로그래밍은 문제의 해결책을 프로그래밍 언어로 구현하여 자동화하는 과정이다.	• 입력과 출력 • 변수와 연산 • 제어 구조 • 프로그래밍 응용

중등교사 임용시험 2019-A-1

다음은 2015 개정 정보과 교육과정 내용 체계의 일부이다. 제시된 핵심 개념, 일반화된 지식, 내용 요소를 참고하여 괄호 안의 ㉠, ㉡에 해당하는 용어를 순서대로 쓰시오.

영역	핵심 개념	일반화된 지식	내용 요소	
			중학교	고등학교
(㉠)	정보 사회	정보사회는 정보의 생산과 활용이 중심이 되는 사회이며, 정보와 관련된 새로운 직업이 등장하고 있다.	• 정보사회의 특성과 진로	• 정보과학과 진로
	(㉡)	(㉡)은/는 정보사회에서 구성원이 지켜야 하는 올바른 가치관과 행동 양식이다.	• 개인정보와 저작권 보호 • 사이버 윤리	• 정보보호와 보안 • 저작권 활용 • 사이버 윤리

풀이 ㉠ : 정보 문화
㉡ : 정보 윤리

다음은 중학교 정보 수업을 위한 활동지와 정보 교사들이 나눈 대화이다. 2015 개정 교육과정에 따른 정보과 교육과정(교육부 고시 제2015-74호)에 근거하여 괄호 안의 ㉠, ㉡에 해당하는 용어를 순서대로 쓰시오.

---

1. 자료를 수집해 보자.
   기상청 웹사이트에서 지난 일주일간의 최고/최저 온도를 수집하였다.
2. 수집된 자료를 표 형태로 표현해 보자.

	월	화	수	목	금	토	일
최고 온도	7	10	12	8	9	10	9
최저 온도	2	6	2	2	1	2	2

3. 스프레드시트로 수집된 자료를 처리해 보자.

B2	▼	f_x	7				
	A	B	C	D	E	F	G	H
1		월	화	수	목	금	토	일
2	최고 온도	7	10	12	8	9	10	9
3	최저 온도	2	6	2	2	1	2	2
4	일교차	5	4	10	6	8	8	7
5								
6	일교차가 가장 큰 요일		수요일					
7	일교차가 가장 작은 요일		화요일					

4. 처리된 자료를 그래프로 표시해 보자.
   … (하략) …

중학교 교사 : 위 자료는 중학교 정보과 교육과정의 내용 체계에서 (㉠) 영역에 제시된 '자료의 수집'과 '정보의 구조화'라는 내용 요소를 가르치기 위해 작성한 것입니다. 중학교에서는 스프레드시트와 같은 응용 소프트웨어를 사용하여 자료를 분류하고 정보를 관리하는 실습 수업을 할 수 있습니다.

고등학교 교사 : 좋은 활동지입니다. 고등학교 정보과 교육과정에 제시된 내용 체계에도 (㉠) 영역의 내용 요소에는 '자료의 분석'과 '정보의 관리'가 포함되어 있습니다. 고등학교에서는 (㉡) 관리 시스템을 사용하여 자료를 효율적으로 저장, 삭제, 수정, 검색하는 실습 수업을 할 수 있습니다. 실습수업도 중요하지만, 이 영역의 학습 요소인 (㉡)을/를 가르칠 때, 데이터 일관성 유지의 필요성을 실생활 예와 함께 설명해야 합니다

풀이 ㉠ : 자료와 정보

〈중학교 정보 교과의 내용 체계〉

영역	핵심 개념	일반화된 지식	내용 요소
자료와 정보	자료와 정보의 표현	숫자, 문자, 그림, 소리 등 아날로그 자료는 디지털로 변환되어 컴퓨터 내부에서 처리된다.	• 자료의 유형과 디지털 표현
	자료와 정보의 분석	문제 해결을 위해 필요한 자료와 정보의 수집과 분석은 검색, 분류, 처리, 구조화 등의 방법으로 이루어진다.	• 자료의 수집 • 정보의 구조화

〈고등학교 정보 교과의 내용 체계〉

영역	핵심 개념	일반화된 지식	내용 요소
자료와 정보	자료와 정보의 표현	숫자, 문자, 그림, 소리 등 아날로그 자료는 디지털로 변환되어 컴퓨터 내부에서 처리된다.	• 효율적인 디지털 표현
	자료와 정보의 분석	문제 해결을 위해 필요한 자료와 정보의 수집과 분석은 검색, 분류, 처리, 구조화 등의 방법으로 이루어진다.	• 자료의 분석 • 정보의 관리

㉡ : 데이터베이스

<고등학교 정보 교과에서 '자료와 정보' 영역의 성취기준 해설>
[12정보02-04] 수집한 자료를 체계적으로 관리하기 위해 데이터베이스의 개념과 필요성을 이해하고 적합한 응용 소프트웨어를 활용하여 자료를 효율적으로 저장, 삭제, 수정, 검색할 수 있어야 한다.

1.4.2 요약 : 정보 교과의 내용 및 성취기준

1 2015 개정 교육과정

■ 중학교 정보과 교육과정의 영역별 성취기준

영역		성취기준
정보 문화		• 정보기술의 발달과 소프트웨어가 개인의 삶과 사회에 미친 영향과 가치를 분석하고 그에 따른 직업의 특성을 이해하여 자신의 적성에 맞는 진로를 탐색한다. • 정보사회 구성원으로서 개인정보와 저작권 보호의 중요성을 인식하고 개인정보 보호, 저작권 보호 방법을 실천한다. • 정보사회에서 개인이 지켜야 하는 사이버 윤리의 필요성을 이해하고 사이버 폭력 방지와 게임·인터넷·스마트폰 중독의 예방법을 실천한다.
자료와 정보		• 디지털 정보의 속성과 특징을 이해하고 현실 세계에서 여러 가지 다른 형태로 표현되고 있는 자료와 정보를 디지털 형태로 표현한다. • 인터넷, 응용 소프트웨어 등을 활용하여 문제 해결을 위한 자료를 수집하고 관리한다. • 실생활의 정보를 표, 다이어그램 등 다양한 형태로 구조화하여 표현한다.
문제 해결과 프로그래밍	추상화와 알고리즘	• 실생활 문제 상황에서 문제의 현재 상태, 목표 상태를 이해하고 목표 상태에 도달하기 위해 수행해야 할 작업을 분석한다. • 문제 해결에 필요한 요소와 불필요한 요소를 분류한다. • 논리적인 문제 해결 절차인 알고리즘의 의미와 중요성을 이해하고 실생활 문제의 해결과정을 알고리즘으로 구상한다. • 문제 해결을 위한 다양한 방법과 절차를 탐색하고 명확하게 표현한다.
	프로그래밍	• 사용할 프로그래밍 언어의 개발 환경 및 특성을 이해한다. • 다양한 형태의 자료를 입력 받아 처리하고 출력하기 위한 프로그램을 작성한다. • 변수의 개념을 이해하고 변수와 연산자를 활용한 프로그램을 작성한다. • 순차, 선택, 반복의 개념과 원리를 이해하고 세 가지 구조를 활용한 프로그램을 작성한다. • 실생활 문제 해결을 위한 소프트웨어를 협력하여 설계, 개발, 비교·분석한다.
컴퓨팅 시스템		• 컴퓨팅 시스템을 구성하는 하드웨어와 소프트웨어의 역할을 이해하고 유기적인 상호 관계를 분석한다. • 센서를 이용한 자료 처리 및 동작 제어 프로그램을 구현한다.

■ 고등학교 정보과 교육과정의 영역별 성취기준

영역		성취기준
정보 문화		• 정보사회에서 정보과학의 지식과 기술이 활용되는 분야를 탐색하고 영향력을 평가한다. • 정보과학 분야의 직업과 진로를 탐색한다. • 정보보호 제도 및 방법에 따라 올바르게 정보를 공유하는 방법을 실천한다. • 정보보안의 필요성을 이해하고 암호 설정, 접근 권한 관리 등 정보보안을 실천한다. • 소프트웨어 저작권 보호 제도 및 방법을 알고 올바르게 활용한다. • 사이버 공간에서 발생하는 사회적 문제를 예방하기 위한 제도를 이해하고 사이버 윤리를 실천한다.
자료와 정보		• 동일한 정보가 다양한 방법으로 디지털로 변환되어 표현될 수 있음을 이해하고 정보 활용 목적에 따라 보다 효율적인 방법을 선택한다. • 컴퓨팅 환경에서 생산되는 방대하고 복잡한 종류의 자료들을 수집, 분석, 활용하기 위한 컴퓨팅 기술의 역할과 중요성을 이해한다. • 인터넷, 응용 소프트웨어 등 컴퓨팅 도구를 활용하여 문제 해결을 위한 자료를 수집하고 분석한다. • 정보를 관리하는 데 적합한 컴퓨팅 도구를 선택하고 이를 활용하여 정보를 체계적으로 관리한다.
문제 해결과 프로그래밍	추상화와 알고리즘	• 복잡한 문제 상황에서 문제의 현재 상태, 목표 상태를 이해하고 목표 상태에 도달하기 위해 수행해야 할 작업을 분석한다. • 복잡한 문제 상황에서 문제 해결에 불필요한 요소를 제거하거나 필요한 요소를 추출한다. • 복잡하고 어려운 문제를 해결 가능한 작은 단위의 문제로 분해하고 모델링 한다. • 순차 구조, 선택 구조, 반복 구조 등의 제어 구조를 활용하여 논리적이고 효율적인 알고리즘을 설계한다. • 다양한 알고리즘의 성능을 수행시간의 관점에서 분석하고 비교한다.
	프로그래밍	• 텍스트 기반 프로그래밍 언어의 개발 환경 및 특성을 이해한다. • 자료형에 적합한 변수를 정의하고 이를 활용한 프로그램을 작성한다. • 다양한 연산자를 활용한 프로그램을 작성한다. • 표준입출력과 파일입출력을 활용한 프로그램을 작성한다. • 순차, 선택, 반복 구조를 활용한 프로그램을 작성한다. • 중첩 제어 구조를 활용한 프로그램을 작성한다. • 배열의 개념을 이해하고 배열을 활용한 프로그램을 작성한다. • 함수의 개념을 이해하고 함수를 활용한 프로그램을 작성한다. • 다양한 학문 분야의 문제 해결을 위한 알고리즘을 협력하여 설계한다. • 다양한 학문 분야의 문제 해결을 위해 설계한 알고리즘을 프로그램으로 구현하고 효율성을 비교·분석한다.
컴퓨팅 시스템		• 운영체제의 개념과 기능을 이해하고 운영체제를 활용하여 컴퓨팅 시스템의 자원을 효율적으로 관리한다. • 유무선 네트워크의 특성을 이해하고 사용하는 컴퓨팅 시스템의 네트워크 환경을 설정한다. • 문제 해결에 적합한 하드웨어를 선택하여 컴퓨팅 장치를 구성한다. • 피지컬 컴퓨팅 장치의 동작을 제어하기 위한 프로그램을 작성한다.

■ 고등학교 정보과학 과목의 영역별 성취기준

영역	성취기준
프로그래밍	• 변수와 상수를 활용하여 프로그램을 작성한다. • 다양한 연산자를 활용하여 프로그램을 작성한다. • 기본 자료형과 사용자 정의 자료형을 활용하여 프로그램을 작성한다. • 다차원 배열을 활용하여 프로그램을 작성한다. • 순차, 선택, 반복 구조를 활용하여 프로그램을 작성한다. • 중첩 제어 구조를 활용하여 프로그램을 작성한다. • 함수를 정의하는 방법을 이해하고 문제 해결을 위해 필요한 함수를 모듈화하여 프로그램을 작성한다. • 변수의 적용 범위를 이해하고 효율적인 모듈화 프로그램을 작성한다.
자료 처리	• 선형 자료구조의 종류와 특성을 이해하고 프로그래밍을 통해 구현한다. • 비선형 자료구조의 종류와 특성을 이해하고 프로그래밍을 통해 구현한다. • 다양한 정렬 알고리즘을 구현하고 효율성을 비교·분석한다. • 순차 탐색과 이진 탐색 알고리즘을 구현하고 효율성을 비교·분석한다. • 깊이 우선 탐색과 너비 우선 탐색 알고리즘을 구현하고 효율성을 비교·분석한다.
알고리즘	• 문제를 계산 가능 문제와 불가능 문제로 나누고, 계산 가능 문제는 결정 문제, 탐색 문제, 계수 문제, 최적해 문제 등으로 분류한다. • 알고리즘을 자연어, 의사코드 등으로 표현하고 알고리즘의 수행시간을 측정하여 다양한 표기법을 이용하여 나타낸다. • 전체 탐색 방법을 이용하여 문제를 해결하는 알고리즘을 설계하고 프로그래밍을 통해 구현한다. • 탐욕(욕심쟁이) 알고리즘을 이용하여 전체 탐색 방법의 효율을 높일 수 있는 알고리즘을 설계하고 프로그래밍을 통해 구현한다. • 분기한정 알고리즘을 이용하여 전체 탐색 방법의 효율을 높일 수 있는 알고리즘을 설계하고 프로그래밍을 통해 구현한다. • 관계기반 알고리즘을 이해하고 전체 문제와 부분 문제의 재귀적 관계를 정의한다. • 하향식 동적 계획법을 이용한 알고리즘을 설계하고 프로그래밍을 통해 구현한다. • 상향식 동적 계획법을 이용한 알고리즘을 설계하고 프로그래밍을 통해 구현한다.
컴퓨팅 시스템	• 문제 해결을 위한 시뮬레이션 프로그램을 설계한다. • 문제 해결을 위한 시뮬레이션 프로그램을 구현한다. • 문제 해결을 위한 피지컬 컴퓨팅 시스템을 설계하고 구성한다. • 피지컬 컴퓨팅 시스템을 제어하기 위한 프로그램을 구현한다.

■ 고등학교 인공지능 기초 과목의 영역별 성취기준

영역	성취기준
인공지능의 이해	• 인공지능의 개념과 특성을 이해하고, 인공지능과 인공지능이 아닌 것을 비교·분석한다. • 인공지능이 개인의 삶, 사회와 직업을 어떻게 변화시키는지 탐색하고 인공지능 역할의 필요성과 중요성을 이해한다. • 인공지능과 지능 에이전트와의 관계를 파악하고 지능 에이전트의 개념을 이해한다. • 지능 에이전트가 실생활에 활용된 다양한 사례를 탐색하고, 지능 에이전트의 역할을 이해한다.
인공지능의 원리와 활용	• 지능 에이전트가 다양한 센서를 통해 주변의 환경 및 상황 정보를 탐지하여 인식하는 방법과 원리를 설명한다. • 컴퓨터 비전의 활용 분야를 탐색하고, 컴퓨터 비전의 한계를 인간의 시각 처리와 비교하여 설명한다. • 음성 인식과 언어 이해 기법의 활용 분야 및 동작 원리를 탐색하고, 인간과의 상호작용에 관련한 기술의 발전 방향을 제시한다. • 퍼즐 또는 게임 문제를 해결하기 위한 탐색 과정을 구조화하여 표현한다. • 최상 우선 탐색 방법을 활용하여 문제 해결을 위한 최적의 경로를 찾고, 최적화 과정에서 정보 이용의 중요성을 인식한다. • 규칙과 사실을 이용하여 지식을 표현하고, 추론을 통해 새로운 사실을 생성한다. • 기계학습의 개념을 이해하고, 지도학습과 비지도학습의 차이를 비교한다. • 분류, 군집, 예측 등 기계학습의 활용 분야를 탐색한다. • 딥러닝의 개념을 이해하고, 활용 분야를 탐색한다.
데이터와 기계학습	• 데이터 속성의 개념을 이해하고, 기계학습에서 데이터 속성의 역할을 설명한다. • 다양한 형태로 시각화된 데이터를 분석하고, 주어진 데이터가 갖는 속성의 역할과 필요성을 설명한다. • 정형 데이터와 비정형 데이터의 특성을 이해하고, 차이를 비교한다. • 분류 모델의 개념을 이해하고, 분류 모델이 적용되는 사례를 탐색한다. • 인공지능을 활용하여 해결할 수 있는 문제와 그렇지 않은 문제를 구분한다. • 문제 해결에 필요한 데이터를 선정하고, 핵심 속성을 추출한다. • 훈련 데이터와 테스트 데이터의 역할을 비교한다. • 훈련 데이터를 분류 모델의 학습에 적용하고, 테스트 데이터를 이용하여 성능을 평가한다.
인공지능의 사회적 영향	• 인공지능이 미래사회에서 해결하게 될 여러 가지 사회적 문제를 예측하고 인공지능의 역할을 제시한다. • 축적된 데이터의 질과 양, 인간의 편향적 성향이 인공지능의 수행 결과에 미치는 영향을 탐색하고, 올바른 데이터 활용의 중요성을 인식한다. • 인공지능 사회에서 고려해야 할 윤리적 딜레마에 대한 충분한 사회적 논의의 필요성을 인식한다. • 인공지능 사회의 구성원으로서 인공지능 윤리의 중요성을 인식하고, 사회적 책임감으로 공정성 추구 방안을 제시한다.

2 2022 개정 교육과정

(1) 정보 교과의 내용 요소 비교

① 중학교와 고등학교의 비교(지식·이해 범주)

영역	중학교	고등학교
컴퓨팅 시스템	• 컴퓨팅 시스템의 동작 원리 • 운영 체제의 기능 • 피지컬 컴퓨팅의 개념	• 네트워크의 구성 • 사물인터넷 시스템의 구성 및 동작 원리
데이터	• 디지털 데이터 표현 방법 • 데이터 수집과 관리 • 데이터 구조화 및 해석	• 디지털 데이터 압축과 암호화 • 빅데이터 개념과 분석
알고리즘과 프로그래밍	• 문제 추상화 • 알고리즘 표현 방법 • 순차적인 데이터 저장 • 논리 연산 • 중첩 제어 구조 • 함수와 디버깅	• 문제 분해와 모델링 • 정렬, 탐색 알고리즘 • 자료형 • 표준입출력과 파일입출력 • 다차원 데이터 활용 • 제어 구조의 응용 • 클래스와 인스턴스
인공지능	• 인공지능의 개념과 특성 • 인공지능 시스템	• 지능 에이전트의 역할 • 기계학습의 개념과 유형
디지털 문화	• 디지털 사회와 직업 • 디지털 윤리 • 개인 정보와 저작권	• 디지털 사회와 진로 • 정보 보호와 보안

② 중학교와 고등학교의 비교(과정·기능 범주)

영역	중학교	고등학교
컴퓨팅 시스템	• 컴퓨팅 시스템의 구성요소를 파악하고, 동작 원리를 운영 체제와 관계짓기 • 생활 속에서 피지컬 컴퓨팅이 적용된 사례 조사하기 • 피지컬 컴퓨팅 시스템 구성하기	• 컴퓨팅 시스템 간 네트워크를 구성하고 공유 설정하기 • 문제 해결에 적합한 사물인터넷 시스템 설계하기
데이터	• 다양한 데이터를 디지털 데이터로 표현하기 • 데이터를 목적에 맞게 수집·분류·저장하기 • 데이터를 구조화하고 의미 해석하기	• 디지털 데이터 압축의 효율성을 분석하고 평가하기 • 암호화 활용사례 탐색하기 • 빅데이터 기술을 활용하여 데이터를 분석하고 시각화하기

영역	중학교	고등학교
알고리즘과 프로그래밍	• 문제의 초기 상태, 현재 상태, 목표 상태를 정의하고 해결 가능한 형태로 구조화하기 • 문제 해결을 위한 다양한 알고리즘을 설계하고 적용하기 • 논리연산, 중첩 제어 구조, 순차적인 데이터 저장을 활용하여 프로그램 작성하기 • 함수를 활용하여 프로그램을 모듈화하고, 프로그램의 오류를 발견하여 수정하기	• 문제를 분해하고 모델링하기 • 알고리즘의 수행 과정 및 효율성 비교·분석하기 • 문제 해결에 적합한 자료형과 입출력 구조를 활용하여 프로그램 작성하기 • 복잡한 문제를 해결하기 위해 제어 구조와 다차원 데이터 구조를 복합적으로 활용하기 • 클래스를 정의하고 인스턴스를 생성하여 문제 해결에 적합한 객체를 구현하기
인공지능	• 인공지능 소프트웨어 구별하기 • 인공지능 학습에 필요한 데이터를 수집하여 활용하기 • 인공지능 시스템을 활용하여 해결할 수 있는 문제 발견하기 • 인공지능 시스템을 선택하여 문제 해결하기	• 인공지능 제품이나 서비스에서 지능 에이전트의 역할 탐색하기 • 기계학습으로 해결할 수 있는 문제의 유형 비교하기
디지털 문화	• 디지털 사회의 특성에 따른 직업의 변화 탐구하기 • 디지털 공간에서 지켜야 하는 윤리 토론하기 • 디지털 공간에서 나와 다른 사람을 보호하는 방법 탐구하기	• 디지털 기술의 발전에 따른 사회 변화와 연계하여 진로설계하기 • 정보 보호와 보안 기술의 적용이 필요한 문제를 발견하고 해결 방법 적용하기

③ 중학교와 고등학교의 비교(가치·태도 범주)

영역	중학교	고등학교
컴퓨팅 시스템	• 컴퓨팅 시스템의 필요성과 가치를 판단하는 자세 • 피지컬 컴퓨팅 시스템의 구성요소를 목적에 맞게 선택하는 유연한 태도	• 협력적 의사 소통을 위해 네트워크 환경을 적극적으로 활용하는 자세 • 사물인터넷 시스템으로 인한 사회 변화에 대처하는 능동적 태도
데이터	• 실생활의 많은 데이터가 디지털 형태로 변환되어 활용되는 긍정적 측면의 인식 • 데이터에 기반하여 현상을 바라보는 관점	• 효율적인 데이터 표현의 긍정적 측면을 활용하려는 자세 • 데이터를 안전하게 관리하고 보호하는 태도 • 빅데이터 분석의 가치에 대한 사회적, 윤리적 측면의 성찰
알고리즘과 프로그래밍	• 문제 분석을 통한 추상화의 중요성을 이해하고, 실생활 문제 해결을 실천하는 자세 • 문제 해결을 위한 다양한 해법을 탐색하고, 명확하게 알고리즘으로 표현하는 자세 • 소프트웨어를 통한 협력과 공유의 가치 • 프로그램의 효과성을 분석하고, 프로그램의 오류를 해결하려는 자세	• 문제 해결 모델을 구성하고 적극적으로 표현하는 자세 • 알고리즘 효율의 가치와 영향력을 인식하고 적극적으로 탐구하는 태도 • 다양한 학문 분야의 문제 해결을 위해 설계한 알고리즘을 프로그램으로 구현하는 실천적 자세

영역	중학교	고등학교
		• 디지털 사회의 민주시민으로서 협력적 문제 해결력의 중요성을 인식하는 자세
인공지능	• 인공지능 시스템에서 적용 가능한 문제를 발견하는 자세 • 인공지능 학습에서 데이터로 인한 문제 가능성을 최소화하는 태도	• 인간과 인공지능의 관계에 대한 올바른 인식 • 사회문제를 해결하기 위해 기계학습을 적극적으로 활용하는 자세
디지털 문화	• 디지털 사회로의 변화가 나의 삶과 진로 결정에 미치는 영향력을 탐색하는 자세 • 디지털 공간에서 함께 살아가기 위한 윤리적인 태도	• 미래 사회의 발전 방향에 대해 예측하고 통찰하는 자세 • 올바른 정보 보호 및 보안 의식

(2) 진로 선택 과목의 내용 요소

① 인공지능 기초

영역	지식·이해	과정·기능	가치·태도
인공지능의 이해	• 인공지능의 원리 • 인공지능과 탐색 • 지식의 표현과 추론	• 인공지능 기반 문제 해결 사례 탐색하기 • 탐색 알고리즘을 문제 해결에 적용하기 • 추론을 통해 새로운 지식을 생성하는 방법 탐색하기	• 인공지능의 필요성과 적용 가능성 인식 • 인공지능을 활용하여 실생활 및 다양한 학문 분야의 문제를 해결하는 자세
인공지능과 학습	• 기계학습과 데이터 • 기계학습 알고리즘 • 인공신경망과 딥러닝	• 기계학습을 적용할 문제 정의하기 • 해결하고자 하는 문제에 적합한 데이터 탐색하기 • 문제에 적합한 기계학습 알고리즘을 선정하고, 모델 구현하기 • 딥러닝을 활용한 문제 해결 방법 탐색하고 구현하기	• 기계학습에 적용하는 데이터의 중요성 판단 • 학습을 통한 인공지능의 효과성과 효율성 인식
인공지능의 사회적 영향	• 인공지능의 발전과 사회 변화 • 인공지능과 진로 • 인공지능과 윤리	• 인공지능으로 해결할 수 있는 사회적 문제 탐색하기 • 인공지능에 의해 변화하는 인간의 삶과 직업의 양상 파악하기 • 인공지능과 인간의 공존 방안에 대해 탐색하기 • 인공지능과 관련된 윤리적 딜레마 상황에 대해 논의하기	• 진로 및 직업 관점에서 인공지능의 중요성 인식 • 인공지능의 다양한 측면에 대한 비판적 자세와 윤리적 태도

영역	지식·이해	과정·기능	가치·태도
인공지능 프로젝트	• 인공지능과 지속가능발전 목표 • 문제 해결 절차	• 인공지능 프로젝트 주제 탐색하기 • 인공지능 프로젝트 수행 계획 구안하기 • 인공지능 소프트웨어 개발 및 평가 방법 설정하기	• 인류의 지속가능발전에서 인공지능의 중요성 및 가치를 판단하는 태도 • 인공지능 프로젝트를 수행하는 과정에서 협력적으로 문제를 해결하는 자세 • 프로젝트를 수행하는 과정에서 윤리 문제 등 사회적 영향 인식

■ 인공지능 기초 과목의 교육과정별 내용 요소 비교

교육과정	영역	내용 요소
2015 개정 교육과정 (교육부 고시제2020-236호)	인공지능의 이해	• 인공지능의 개념과 특성 • 인공지능 기술의 발전과 사회 변화 • 지능 에이전트의 개념과 역할
	인공지능의 원리와 활용	• 센서와 인식 • 컴퓨터 비전 • 음성 인식과 언어 이해 • 문제 해결과 탐색 • 표현과 추론 • 기계학습의 개념과 활용 • 딥러닝의 개념과 활용 • 문제 해결과 탐색, 표현과 추론
	데이터와 기계학습	• 데이터의 속성 • 정형 데이터와 비정형 데이터 • 분류 모델 • 기계학습 모델 구현
	인공지능의 사회적 영향	• 사회적 문제 해결 • 데이터 편향성 • 윤리적 딜레마 • 사회적 책임과 공정성 • 사회적 책임과 공정성 • 데이터 편향성, 윤리적 딜레마
2022 개정 교육과정(교육부 고시 제2022-33호) (내용 요소 : 지식·이해 범주)	인공지능의 이해	• 인공지능의 원리 • 인공지능과 탐색 • 지식의 표현과 추론
	인공지능과 학습	• 기계학습과 데이터 • 기계학습 알고리즘 • 인공신경망과 딥러닝

교육과정	영역	내용 요소
	인공지능의 사회적 영향	• 인공지능의 발전과 사회 변화 • 인공지능과 진로 • 인공지능과 윤리
	인공지능 프로젝트	• 인공지능과 지속가능발전목표 • 인공지능 문제 해결 절차

② 데이터 과학

영역	지식·이해	과정·기능	가치·태도
데이터 과학의 이해	• 데이터 과학의 개념 • 데이터의 형태와 속성 • 데이터셋과 데이터베이스	• 데이터 과학의 문제 해결 사례 탐색하기 • 데이터의 형태와 속성 파악하기 • 데이터 통합의 의미 파악하기	• 데이터 기반 의사 결정의 중요성 인식 • 데이터의 잠재적 가치 내면화 • 데이터 과학을 통한 진로설계 참여
데이터 준비와 분석	• 데이터 전처리 • 데이터 분석 방법	• 데이터 시각화하고 분석하기 • 이상치와 결측치 처리하고 정규화 활용하기 • 데이터 속성 간의 관계를 파악하고 통합하여 탐색하기 • 서로 다른 데이터 분석 방법 비교하기	• 데이터가 편향되지 않도록 수집하는 자세 • 데이터의 불확실성과 오류 가능성 인식
데이터 모델링과 평가	• 데이터 모델의 개념 • 회귀 분석 • 군집 분석 • 연관 분석	• 분석을 위한 도구 탐색하기 • 분석 결과 평가하기 • 분석 결과에 대한 의미 해석하기	• 데이터에 대한 다양한 해석을 수용하는 태도 • 적절한 분석 방법을 선택하여 적용하는 자세
데이터 과학 프로젝트	• 데이터 과학의 주제 • 탐색적 데이터 분석 • 결과의 의미 해석	• 분야별 데이터 과학의 주제 조사하기 • 탐색적 데이터 분석으로 데이터 속 의미 파악하기 • 기계학습 방법으로 분석하기 • 결과를 활용하는 방법 탐색하기	• 문제를 해결하기 위한 창의적인 방법을 고민하는 자세 • 복잡하고 어려운 문제를 끝까지 해결하기 위해 노력하는 자세 • 일반화 및 공유 과정에서 윤리 문제 등 사회적 영향 인식

③ 정보과학

	지식·이해	과정·기능	가치·태도
프로그래밍	• 함수 정의와 호출 • 재귀관계와 재귀함수	• 매개변수를 활용한 함수 프로그램 작성하기 • 문제 해결을 위한 재귀관계 파악 및 재귀함수 구현하기	• 재귀구조의 가치를 이해하고 적극적으로 활용하는 자세 • 문제 해결에 새로운 아이디어를 적용하는 자세
데이터 구조	• 스택과 큐 • 트리와 그래프	• 순차적인 데이터 구조를 이용하여 스택, 큐 구현하기 • 스택, 큐를 활용하여 해결할 수 있는 문제 탐색하기 • 인접행렬과 인접리스트로 트리, 그래프 구현하기 • 트리, 그래프를 활용하여 해결할 수 있는 문제 탐색하기	• 데이터 구조화를 통해 문제를 해결하는 태도 • 효율적 문제 해결을 위한 데이터 구조화의 중요성 인식
알고리즘	• 탐색기반 알고리즘 • 관계기반 알고리즘 • 알고리즘 복잡도	• 문제 상태 공간을 탐색하고, 알고리즘 설계하기 • 문제를 분해하고, 모델링하기 • 빅오 표기법으로 알고리즘 성능 비교하기	• 문제 해결 상황에 적절한 알고리즘을 적용하는 유연한 태도 • 정량적인 분석을 통해 알고리즘의 성능을 객관적으로 평가하는 자세
정보과학 프로젝트	• 문제 발견 • 프로젝트 설계 • 오픈소스와 공유 • 테스트와 디버깅	• 다양한 학문 분야에서 컴퓨터과학의 원리를 바탕으로 해결 가능한 문제 탐색하기 • 문제를 분석하고, 문제 해결을 위한 프로젝트 설계하기 • 공유된 오픈소스를 활용하여 문제를 해결하는 프로그램 작성하기 • 프로젝트 산출물을 평가하고 공유하기	• 협력적으로 문제를 해결하고 공유하는 태도 • 프로젝트를 수행하는 과정에서 윤리 문제 등 사회적 영향 인식

■ 진로 선택 과목의 내용 요소 비교

과목	영역	내용 요소(지식·이해)
인공지능 기초	인공지능의 이해	• 인공지능의 원리 • 인공지능과 탐색 • 지식의 표현과 추론
	인공지능과 학습	• 기계학습과 데이터 • 기계학습 알고리즘 • 인공신경망과 딥러닝
	인공지능의 사회적 영향	• 인공지능의 발전과 사회 변화 • 인공지능과 진로 • 인공지능과 윤리
	인공지능 프로젝트	• 인공지능과 지속가능발전목표 • 인공지능 문제 해결 절차
데이터 과학	데이터 과학의 이해	• 데이터 과학의 개념 • 데이터의 형태와 속성 • 데이터셋과 데이터베이스
	데이터 준비와 분석	• 데이터 전처리 • 데이터 분석 방법
	데이터 모델링과 평가	• 데이터 모델의 개념 • 회귀 분석 • 군집 분석 • 연관 분석
	데이터 과학 프로젝트	• 데이터 과학의 주제 • 탐색적 데이터 분석 • 결과의 의미 해석
정보과학	프로그래밍	• 함수 정의와 호출 • 재귀관계와 재귀함수
	데이터 구조	• 스택과 큐 • 트리와 그래프
	알고리즘	• 탐색기반 알고리즘 • 관계기반 알고리즘 • 알고리즘 복잡도
	정보과학 프로젝트	• 문제 발견 • 프로젝트 설계 • 오픈소스와 공유 • 테스트와 디버깅

(3) 융합 선택 과목

① 소프트웨어와 생활

영역	지식·이해	과정·기능	가치·태도
세상을 변화시키는 소프트웨어	• 소프트웨어와 사회 변화 • 소프트웨어 융합과 문제 해결	• 소프트웨어를 통해 세상을 변화시킨 사례 탐색하기 • 소프트웨어의 발전에 따른 미래 사회 예측하기 • 소프트웨어의 융합을 통한 문제 해결이 가능한 사례 탐색하기	• 문제와 현상을 소프트웨어의 관점으로 바라보는 자세 • 실생활 및 다양한 학문 분야의 문제 해결에 소프트웨어를 적용하는 자세
창작을 지원하는 소프트웨어	• 피지컬 컴퓨팅 도구 • 미디어 아트 • 웨어러블 장치	• 피지컬 컴퓨팅 시스템의 구성 및 작동 원리 분석하기 • 목적에 맞는 센서와 액추에이터 탐색하기 • 피지컬 컴퓨팅을 통해 작품 구현하기	• 소프트웨어를 통한 아이디어 표현의 다양성과 유연성 • 다양한 분야에서 활용된 소프트웨어의 가치 성찰
현장을 분석하는 소프트웨어	• 데이터 유형별 수집 방법 • 데이터 시각화와 분석	• 다양한 분야의 데이터 탐색하기 • 데이터 처리하고 관리하기 • 데이터를 분석하여 의미 파악하기	• 데이터의 사회적 가치 인식 • 데이터 분석 결과를 윤리적으로 활용하는 태도
모의 실험하는 소프트웨어	• 시뮬레이션의 개념과 구성 요소 • 시뮬레이션 활용 분야 • 시뮬레이션 모델	• 시뮬레이션 프로그램 활용하기 • 시뮬레이션 모델 구성하기 • 시뮬레이션을 위한 소프트웨어 구현하기	• 시뮬레이션의 가치 인식 • 소프트웨어를 활용한 현실 세계 모델링에 적극적으로 도전하는 태도
가치를 창출하는 소프트웨어	• 소프트웨어 스타트업의 개념 • 소프트웨어 스타트업 프로젝트	• 소프트웨어 스타트업 사례 탐색하기 • 사용자의 요구 분석하기 • 스타트업 아이디어 표현하기 • 스타트업 프로젝트에 적합한 소프트웨어 구현하기	• 소프트웨어와 융합을 통해 새로운 가치를 창출하는 자세 • 협력적으로 문제를 해결하고 공유하는 태도 • 개발한 소프트웨어의 가치에 대한 성찰

1.5 연습 문제

1.5.1 2015 개정 교육과정

 다음은 교육과정에 관련된 설명이다. ㉠~㉤에 적합한 내용을 쓰시오.

> 우리나라의 교육과정은 2007년 이후 2007 개정 교육과정, 2009 개정 교육과정, 2015 개정 교육과정, 2022 개정 교육과정으로 변화되었다. 교육과정에 대한 자세한 내용은 (㉠) 홈페이지인 ncic.go.kr에서 확인할 수 있다. 2015 개정 교육과정에 따른 초·중등학교 교육과정 총론은 교육부 고시 (㉡)에 나타나 있으며, 정보과 교육과정은 교육부 고시 (㉢)에 제시되어 있다. 2022 개정 교육과정의 총론은 교육부 고시 (㉣)에 나타나 있으며, 정보과 교육과정은 교육부 고시 (㉤)에 제시되어 있다.

풀이　㉠ : 국가교육과정정보센터　　㉡ : 제2015-74호 [별책 1]　　㉢ : 제2015-74호 [별책 10]
㉣ : 제2022-33호 [별책 1]　　㉤ : 제2022-33호 [별책 10]

〈참고〉
2015 개정 교육과정(교육부 고시 제2015-74호)에서 교육과정 총론, 초·중등학교 교육과정, 정보 교과 관련 교육과정에 대한 자료는 다음과 같다.

별책 1 : 초·중등학교 교육과정 총론
별책 3 : 중학교 교육과정
별책 4 : 고등학교 교육과정
별책 10 : 실과(기술가정)/정보과 교육과정
별책 20 : 과학 계열 전문교과 교육과정
별책 36 : 정보·통신 교육과정

2022 개정 교육과정(교육부 고시 제2022-33호)에서 교육과정 총론, 초·중등학교 교육과정, 정보과 교육과정에 대한 자료는 다음과 같다.

별책 1 : 초·중등학교 교육과정 총론
별책 3 : 중학교 교육과정
별책 4 : 고등학교 교육과정
별책 10 : 실과(기술·가정)/정보과 교육과정
별책 20 : 과학 계열 선택 과목 교육과정
국가교육과정정보센터, http://www.ncic.re.kr/nation.dwn.ogf.inventoryList.do?orgAttNo=10000078

다음은 2015 개정 교육과정의 초·중등학교 교육과정 총론(교육부 고시 제2015-74호)에 수록된 중학교 편제이다. 물음에 답하시오.

> · 중학교 교육과정은 교과(군)와 창의적 체험활동으로 편성한다.
> · 교과(군)는 국어, 사회(역사 포함)/도덕, 수학, (㉠), 체육, 예술(음악/미술), 영어, 선택으로 한다.
> · 선택 교과는 한문, 환경, 생활 외국어(독일어, 프랑스어, 스페인어, 중국어, 일본어, 러시아어, 아랍어, 베트남어), 보건, 진로와 직업 등의 과목으로 한다.
> · 창의적 체험활동은 (㉡)으로 한다.

(1) ㉠에 적합한 내용을 쓰시오.

(2) ㉡에 적합한 활동을 4가지 나열하시오.

풀이 (1) 과학/기술·가정/정보
(2) 자율 활동, 동아리 활동, 봉사 활동, 진로 활동

다음 표는 2015 개정 교육과정의 초·중등학교 교육과정 총론(교육부 고시 제2015-74호)에 수록된 중학교 시간 배당 기준이다. ㉠~㉤에 적합한 내용을 쓰시오.

출처: 교육부 고시 제2015-74호

구분		1~3학년
교과(군)	국어	442
	사회(역사 포함)/도덕	510
	수학	374
	(㉠)	(㉡)
	체육	272
	예술(음악/미술)	272
	영어	340
	선택	170
	소계	3,060
창의적 체험활동		306
총 수업 시간 수		3,366

① 표에서 1시간 수업은 (㉢)분을 원칙으로 하되, 기후 및 계절, 학생의 발달 정도, 학습 내용의 성격, 학교 실정 등을 고려하여 탄력적으로 편성·운영할 수 있다.
② 학년군 및 교과(군)별 시간 배당은 연간 (㉣)주를 기준으로 한 3년간의 기준 수업 시수를 나타낸 것이다.
③ 총 수업 시간 수는 3년간의 최소 수업 시수를 나타낸 것이다.
④ 정보 과목은 (㉤)시간을 기준으로 편성·운영한다.

풀이 ㉠ : 과학/기술·가정/정보   ㉡ : 680   ㉢ : 45   ㉣ : 34   ㉤ : 34

다음은 2015 개정 교육과정의 초·중등학교 교육과정 총론(교육부 고시 제2015-74호)에 수록된 고등학교 편제이다. 물음에 답하시오.

> • 고등학교 교육과정은 교과(군)와 창의적 체험활동으로 편성한다.
> • 교과는 보통 교과와 전문 교과로 한다.
>
> ■ 보통 교과
> ㉮ 보통 교과의 영역은 기초, 탐구, 체육·예술, 생활·교양으로 구성하며, 교과(군)는 국어, 수학, 영어, 한국사, 사회(역사/도덕 포함), 과학, 체육, 예술, 기술·가정/제2외국어/한문/교양으로 한다.
> ㉯ 보통 교과는 공통 과목과 선택 과목으로 구분한다. 공통 과목은 국어, 수학, 영어, 한국사, 통합사회, 통합과학(과학탐구실험 포함)으로 하며, 선택 과목은 (㉠)으로 구분한다.
>
> ■ 전문 교과
> ㉮ 전문 교과는 전문 교과Ⅰ과 전문 교과Ⅱ로 구분한다.
> ㉯ 전문 교과Ⅰ은 과학, 체육, 예술, 외국어, 국제 계열에 관한 과목으로 한다.
> ㉰ 전문 교과Ⅱ는 (㉡)에 따라 경영·금융, 보건·복지, 디자인·문화콘텐츠, 미용·관광·레저, 음식 조리, 건설, 기계, 재료, 화학 공업, 섬유·의류, 전기·전자, 정보·통신, 식품 가공, 인쇄·출판·공예, 환경·안전, 농림·수산해양, 선박 운항 등에 관한 과목으로 한다. 전문 교과Ⅱ의 과목은 전문 공통 과목, 기초 과목, 실무 과목으로 구분한다.
>
> • 창의적 체험활동은 동아리 활동, 봉사 활동, (㉢)으로 한다.

(1) ㉠, ㉡에 적합한 내용을 쓰시오.

(2) ㉢에 적합한 활동을 2가지 나열하시오.

풀이 (1) ㉠ : 일반 선택 과목과 진로 선택 과목
      ㉡ : 국가직무능력표준(NCS, National Competency Standards)
   (2) 자율 활동, 진로 활동

다음 표는 2015 개정 교육과정의 초·중등학교 교육과정 총론(교육부 고시 제2015-74호)에 수록된 고등학교 단위 배당 기준의 일부이다. ㉠~㉤에 적합한 내용을 쓰시오.

출처: 교육부 고시 제2015-74호

구분	교과 영역	교과(군)	공통 과목(단위)	필수 이수 단위	자율 편성 단위
교과(군)	체육·예술	체육		10	학생의 적성과 진로를 고려하여 편성
		예술		10	
	(㉠)	(㉡)		(㉢)	
	소계			94	86
창의적 체험활동					24(408시간)
총 이수 단위					204

① 1단위는 (㉣)분을 기준으로 하여 (㉤)회를 이수하는 수업량이다.
② 1시간의 수업은 50분을 원칙으로 하되, 기후 및 계절, 학생의 발달 정도, 학습 내용의 성격, 학교 실정 등을 고려하여 탄력적으로 편성·운영할 수 있다.

… (하략) …

 ㉠ : 생활·교양   ㉡ : 기술·가정/제2외국어/한문/교양   ㉢ : 16   ㉣ : 50   ㉤ : 17

다음 표는 2015 개정 교육과정의 초·중등학교 교육과정 총론(교육부 고시 제2015-74호)에 수록된 고등학교 보통 교과의 교과 영역, 교과(군), 공통 과목, 선택 과목을 나타낸 것이다. 물음에 답하시오.

교과 영역	교과(군)	공통 과목	선택 과목			
			일반 선택		(2)-㉠	
(㉠)	(㉡)		(㉢)		농업 생명 과학, 공학 일반, 창의 경영, 해양 문화와 기술, 가정과학, 지식 재산일반	
	제2외국어		독일어Ⅰ, 프랑스어Ⅰ, 스페인어Ⅰ, 중국어Ⅰ	일본어Ⅰ, 러시아어Ⅰ, 아랍어Ⅰ, 베트남어Ⅰ	독일어Ⅱ, 프랑스어Ⅱ, 스페인어Ⅱ, 중국어Ⅱ	일본어Ⅱ, 러시아어Ⅱ, 아랍어Ⅱ, 베트남어Ⅱ
	한문		한문Ⅰ			
	교양		철학, 논리학, 심리학, 교육학, 종교학, 진로와 직업, 보건, 환경, 실용 경제, 논술			

① 선택 과목의 기본 단위 수는 (㉣)단위이다.
② 교양 교과목을 제외한 일반 선택 과목은 2단위 범위 내에서 증감하여 편성·운영할 수 있다.

… (하략) …

(1) ㉠~㉣에 적합한 내용을 쓰시오.

(2) 위 표를 참조하여 아래 ㉠~㉢에 적합한 내용을 쓰시오.

> 고등학교 교과목은 1학년 대상의 '공통 과목'과 2~3학년 대상의 '선택 과목'으로 분류된다. 선택 과목은 다시 '일반 선택' 과목과 (㉠) 과목으로 분류된다.
>
> 교육부는 인공지능 수요에 부응하기 위해 교육과정을 개정하고 2021학년도 신입생부터 고등 학교 보통교과의 (㉠) 과목으로 '인공지능 수학'과 (㉡)을 적용할 수 있도록 하였다.
>
> '인공지능 수학'은 수학 교과에 추가되었으며, (㉡) 과목은 (㉢) 교과에 추가되었다.

풀이 (1) ㉠ : 생활 · 교양, ㉡ : 기술 · 가정, ㉢ : 기술 · 가정, 정보, ㉣ : 5
(2) ㉠ : 진로 선택, ㉡ : 인공지능 기초, ㉢ : 기술 · 가정

2015 개정 교육과정의 초 · 중등학교 교육과정 총론(교육부 고시 제2015-74호)에서는 다음과 같은 교과 교육과정 개선의 방향이 제시되었다. ㉠, ㉡에 적합한 내용을 쓰시오.

> · 창의 · 융합형 인재 양성을 위한 교과 교육과정을 개발한다.
> · (㉠)을 반영한 교과 교육과정을 개발한다.
> · (㉡) 중심 교육과정을 개발한다.
> · 교과 교육과정의 리더십을 확보한다.
> · 범교과 학습 주제를 포함한 교과 교육과정을 개발한다.

풀이 ㉠ : 핵심역량
㉡ : 학생

다음 표는 2015 개정 교육과정의 과목 현황을 나타낸 것이다. ㉠~㉢에 적합한 내용을 쓰시오.

교과(군)	과목					
	공통 교육과정		(㉠)			
	초등학교	중학교	고등학교			
			보통 교과			전문 교과
			공통	일반 선택	진로 선택	전문 교과 Ⅰ
정보	–	정보	–			
기술·가정				정보	(㉡)	
(㉢)						정보과학

풀이 ㉠ : 선택 교육과정
㉡ : 인공지능 기초
㉢ : 과학 계열

 다음은 2015 개정 정보과 교육과정에 대한 개정의 방향 및 중점 사항을 설명한 것이다. 물음에 답하시오.

> ㉮ 정보 교과를 통해 학습자들이 창의·융합적 사고를 형성할 수 있도록 정보과 교육과정을 개선하되, 정보 교과의 (㉠)을 확립하고, 정보 교과의 구조 및 체계의 충실한 학습을 도모하기 위한 교육과정을 개발하였다.
> ㉯ 총론에서 제시한 핵심역량 요소를 중심으로 정보과 교육과정 문서에 반영하되, 정보 교과를 통해 기를 수 있는 교과 핵심역량을 정의하고 교과 (㉡)를 중심으로 정보과 교육과정을 개발하였다.
> ㉰ 학습자 중심의 정보과 교육과정 개발을 위해 교과 핵심역량 함양을 위해 반드시 알아야 할 핵심 개념, 기능을 중심으로 내용 요소 및 학습 요소의 양을 조절하고, (㉢)의 수준을 하향 조정하여 적절성과 엄격성에 기반한 정보 교과 체계를 구축하였다.
> ㉱ 교육과정 중심의 정보 교과 수업이 학교 현장에서 진행될 수 있도록 정보 교과의 핵심 개념, 지식 및 기능을 명료화하고, (㉣)간 관련성과 연결성을 도모하였다.
> ㉲ 국가·사회적 요구의 교육적 내용을 수용하기 위해 (㉤)를 기반으로 한 범교과 학습이 충실히 이루어질 수 있도록 교육과정을 구성하였다.

(1) ㉠~㉤에 적합한 내용을 쓰시오.

(2) ㉮~㉺가 각각 무엇에 대한 설명인지 쓰시오.

 (1) ㉠ : 학습 계통성, ㉡ : 핵심역량 하위 요소, ㉢ : 성취기준, ㉣ : 학교급, ㉤ : 정보 교과
지식 체계

(2) ㉮ 창의·융합형 인재 양성, ㉯ 교과 핵심역량 반영, ㉰ 학습자 중심의 교육과정 개발,
㉱ 교과 교육과정의 리더십 확보, ㉲ 국가·사회적 요구 반영

다음은 2015 개정 교육과정에서 교육부 고시(제2020-236호)와 관련된 내용이며, 초·
중등학교 교육과정의 총론 일부를 나타낸 것이다. ㉠~㉢에 적합한 내용은 무엇인가?

Ⅱ. 학교 급별 교육과정 편성·운영의 기준
4. 고등학교
가. 편제와 단위 배당 기준
1) ~ 2) 〈생략〉
3) 보통교과

교과 영역	교과(군)	공통 과목	선택 과목	
			일반 선택	진로 선택
기초	국어	국어	화법과 작문, 독서, 언어와 매체, 문학	실용 국어, 심화 국어, 고전 읽기
	수학	수학	수학Ⅰ, 수학Ⅱ, 미적분, 확률과 통계	기본 수학, 실용 수학, (㉠), 기 하, 경제 수학, 수학과제 탐구
	영어	영어	영어 회화, 영어Ⅰ, 영어 독해와 작문, 영어Ⅱ	기본 영어, 실용 영어, 영어권 문 화, 진로 영어, 영미 문학 읽기
	한국사	한국사		
〈중략〉				
생활·교양	기술·가정		기술·가정, (㉡)	농업 생명 과학, 공학 일반, 창의 경영, 해양 문화와 기술, 가정과 학, 지식 재산 일반, (㉢)
〈 생략 〉				

풀이 ㉠ : 인공지능 수학

㉡ : 정보

㉢ : 인공지능 기초

2015 개정 교육과정 및 NCS 기반 고교직업교육과정 도입에 따라 중등학교 교사자격 표시과목 및 세부이수 기준이 개정되었다. 다음 표는 표시과목이 정보·컴퓨터(Informatics & Computer)인 교과의 기본이수과목(또는 영역)을 나타낸 것이다. ㉠, ㉡에 적합한 내용을 쓰시오.

기본이수과목(또는 영역)	비고
① (㉠) ② (㉡) ③ 자료구조, 데이터베이스 ④ 운영체제, 네트워크 ⑤ 컴퓨터구조, 논리회로 ⑥ 정보통신윤리, 소프트웨어공학	① 분야 필수 ②~⑥ 분야 중 각 분야에서 1과목 이상 이수

> **풀이** ㉠ : 컴퓨터(정보)교육론, 프로그래밍
> ㉡ : 알고리즘, 이산수학, 인공지능

다음은 서로 다른 교육과정의 특징을 비교한 것이다. ㉠~㉘에 적합한 내용을 쓰시오.

교육과정	특징
2007 개정	• 단위 학교의 교육과정 편성·운영 자율권 확대 • (㉠) 도입
2009 개정	• (㉡) 도입
2015 개정	• 공교육 정상화를 목표로 창의융합형 인재 양성을 목표로 설정 • 학교 교육 전 과정에서 학생들의 핵심역량 육성을 강조 • 중학교에 (㉢) 운영 • (㉣) 교육을 강화 • 고등학교는 공통과목과 선택과목(일반선택/진로선택) 개설 • 특성화고는 국가직무능력표준(NCS) 연계 강화
2022 개정	• 자기 주도성, 창의와 혁신, 포용성과 시민성을 강조 • 중학교의 자유학기(1학년) 편성 영역 및 운영 시간을 적정화함 • 고등학교 교육과정을 학점 기반 (㉤)으로 명시함 • 고등학교 교과를 공통과목과 선택과목으로 분류하고, 선택과목의 종류를 (㉥)으로 재구조화함 • 정보 교과는 초·중학교 정보 과목의 수업 시수를 확대하여 교육과정을 (㉦)함

풀이　㉠ : 교과 집중이수제

　　　㉡ : 교과군과 학년군

　　　㉢ : 자유학기제

　　　㉣ : 소프트웨어

　　　㉤ : 선택 교육과정

　　　㉥ : 일반 선택과목, 진로 선택과목, 융합 선택과목

　　　㉦ : 재구조화

다음은 서로 다른 교육과정에서 정보 교과의 변화된 내용을 나타낸 것이다. ㉠~㉢에 적합한 내용을 쓰시오.

교육과정	학교급	특징
2009 개정	초	실과에서 ICT 교육, 12시간
	중	정보 : 선택 교과
	고	정보 : 심화 선택 교과
2015 개정	초	실과에서 SW 교육, 17시간 이상 편성·운영
	중	정보 : 보통 교과, 34시간 이상 편성·운영
	고	• 정보 : 일반 선택 과목 • 인공지능 기초 : 진로 선택 과목
2022 개정	초	실과에서 SW 교육, 34시간 이상 편성·운영
	중	정보 : (㉠) 교육과정, 과학/기술·가정/정보 교과(군), 68시간 이상 편성·운영
	고	• 정보 : 보통 교과, 기술·가정/정보/제2외국어/한문/교양 교과(군), (㉡) 중심 교육과정, 일반 선택 과목 • 인공지능 기초, 데이터 과학 : 보통 교과, 진로 선택 과목 • (㉢) : 보통 교과, 융합 선택 과목

풀이　㉠ : 공통

　　　㉡ : 선택

　　　㉢ : 소프트웨어와 생활

다음 표는 서로 다른 정보과 교육과정에서 제시한 교과 역량을 나타낸 것이다. ㉠~㉢에 적합한 내용을 쓰시오.

2009 개정 교육과정	2015 개정 교육과정	2022 개정 교육과정
• 계산적 사고 • 정보윤리적 소양	• 정보문화소양 • 컴퓨팅 사고력 • (㉠)	• 컴퓨팅 사고력 • (㉡) • (㉢)

풀이 ㉠ : 협력적 문제해결력

㉡ : 디지털 문화 소양

㉢ : 인공지능(AI) 소양

 다음은 서로 다른 정보과 교육과정에서 영역 구성을 비교한 것이다. ㉠~㉣에 적합한 내용을 ⓐ~ⓜ에서 모두 선택하여 나열하시오.

교육과정	영역 구성
2007 개정	정보기기의 구성과 동작, (㉠)
2009 개정	문제해결 방법과 절차, (㉡)
2015 개정	정보 문화, (㉢)
2022 개정	컴퓨팅 시스템, (㉣)

> ⓐ 정보의 표현과 관리, ⓑ 정보기기의 구성과 동작, ⓒ 자료와 정보, ⓓ 데이터, ⓔ 문제해결과 프로그래밍, ⓕ 알고리즘과 프로그래밍, ⓖ 정보 과학과 정보 윤리, ⓗ 디지털 문화, ⓘ 정보 사회와 정보 기술, ⓙ 문제해결 방법과 절차, ⓚ 정보의 표현과 관리, ⓛ 인공지능, ⓜ 컴퓨팅 시스템

풀이 ㉠ : ⓐ, ⓘ, ⓙ (또는 ⓘ, ⓙ, ⓚ)

㉡ : ⓑ, ⓖ, ⓚ (또는 ⓐ, ⓑ, ⓖ)

㉢ : ⓒ, ⓔ, ⓜ

㉣ : ⓓ, ⓕ, ⓗ, ⓛ

다음은 서로 다른 3가지 정보과 교육과정의 특징을 비교한 것이다. 물음에 답하시오.

교육과정	특징
2009 개정	• 2007 개정 교육과정과의 일관성 유지를 위해 중학교와 고등학교의 교과명을 동일하게 정보로 유지 • 교육 내용은 단계적 학습이 가능하도록 체계성 유지 • 정보과학에 대한 소개와 정보윤리의 중요성 부각 • (㉠)
2015 개정	• 초등 5~6학년 실과와 중학교, 고등학교의 정보 교과를 소프트웨어 교육 중심으로 개편 • 실과에 도입되는 소프트웨어 교육은 놀이 중심의 알고리즘 체험과 교육용 도구를 활용한 프로그래밍 체험을 통해 쉽고 재미있게 배울 수 있도록 구성 • (㉡)
2022 개정	• 고등학교의 맞춤형 정보 역량 강화 • 고등학교에 일반선택(정보), 진로선택(인공지능기초, 데이터과학), 융합선택(소프트웨어와 생활) 과목을 개설 • (㉢)

ⓐ 정보 교과 교육과정의 재구조화
ⓑ 정보과학으로서의 정체성을 표현할 수 있는 계산적 사고 교육을 교과 목표로 제시
ⓒ 중학교 교과 편제는 과학/기술·가정/정보 교과(군)으로 개편되고, 고등학교 정보 과목은 기술·가정/제2외국어/한문/교양 교과(군)에서 기술·가정 교과에 배정됨
ⓓ 중학교 컴퓨팅 사고, 인공지능 윤리를 강조
ⓔ 고등학교에서 정보 과목이 심화 선택과목에서 일반 선택과목으로 전환됨
ⓕ 중학교 정보 1, 2, 3단계를 통합하여 하나의 단계로 제시

(1) ㉠~㉢에 적합한 내용을 ⓐ~ⓕ에서 각각 2가지씩 선택하여 나열하시오.

(2) 위의 3가지 교육과정에 공통으로 적용된 교육과정 모형을 2가지 나열하시오.

풀이 (1) ㉠ : ⓑ, ⓕ, ㉡ : ⓒ, ⓔ, ㉢ : ⓐ, ⓓ
(2) 정보과학 모형(Informatics model), 문제해결 모형

다음은 서로 다른 4가지 중학교 정보과 교육과정에서 내용 체계를 포함한 일부를 나열한 것이다. 물음에 답하시오.

(가) 컴퓨팅 사고력을 기반으로 인공지능을 포함하는 컴퓨팅 기술을 활용하여 미래 사회에서 다양한 분야의 문제를 발견하고 해결할 수 있는 기초적인 능력을 함양하도록 하는 데 중점을 둔다.

영역	내용 요소(지식·이해)
데이터	• 디지털 데이터 표현 방법 • 데이터 수집과 관리 • 데이터 구조화 및 해석

(나) 지식·정보사회를 올바르게 이해하고 정보사회 구성원으로서의 정보윤리의식, 정보보호능력, 정보기술활용능력 등 정보문화소양을 갖추고 컴퓨터과학의 기본 개념과 원리를 바탕으로 실생활 및 다양한 학문 분야의 문제를 …

영역	핵심 개념	일반화된 지식	내용 요소	기능
정보문화	정보사회	정보사회는 …	정보사회의 특성과 진로	탐색하기

(다) 정보 처리의 기본 원리와 올바른 정보 활용 지식을 습득하여 자신의 생각을 다양한 형태의 정보로 표현하고 실생활에서 일어나는 문제를 창의적이고 능동적인 방법으로 해결할 수 있는 능력과 태도를 기른다.

영역	내용 요소		
	1단계	2단계	3단계
정보기기의 구성과 동작	■ 컴퓨터의 구성과 동작 • 컴퓨터의 구성 요소 • 컴퓨터의 동작 원리	■ 운영체제의 이해 • 운영체제의 원리 • 운영체제의 기능 • 운영체제의 종류와 활용	■ 네트워크의 이해 • 네트워크의 개념 • 네트워크의 구성 요소와 동작 방식 • 네트워크 서비스

(라) 정보 과학 기술의 기본 개념과 원리를 이해하고, 실생활의 다양한 문제를 계산적 사고로 관찰하고 해결하는 능력과 정보윤리적 소양을 기르는 데 중점을 둔다.

영역 \ 학년군	중학교 1~3학년군
정보과학과 정보윤리	■ 정보과학과 정보사회 • 정보 과학 기술의 역사 • 새로운 정보기술의 윤리적 활용

(1) 교육과정 (가)~(라)를 개정된 순서대로 나열하시오.

(2) 교육과정 (가)~(나)의 공통적인 특징을 3가지 나열하시오.

풀이 (1) (다) (라) (나) (가)
- (다) : 2007 개정, (라) : 2009 개정, (나) : 2015 개정, (가) : 2022 개정
(2) ① 교과명을 정보로 명시하고, 교과 핵심역량 중심으로 교육과정을 구성함
② 정보과학 모형, 문제해결 모형을 적용함
③ 컴퓨팅 사고력을 교과 핵심역량으로 제시함

다음 표는 2015 개정 정보과 교육과정에서 제시하고 있는 교과 역량을 나타낸 것이다. 물음에 답하시오.

정보 교과 역량 요소	의미	하위 요소
정보문화소양	정보사회의 가치를 이해하고 정보사회 구성원으로서 윤리의식과 (㉠)을 갖추고 정보기술을 활용하여 문제를 해결할 수 있는 능력이다.	• 정보윤리의식 • (㉣) • 정보기술활용능력
컴퓨팅 사고력	(㉡)의 기본 개념과 원리 및 컴퓨팅 시스템을 활용하여 실생활과 다양한 학문 분야의 문제를 이해하고 창의적으로 해법을 구현하여 적용할 수 있는 능력이다.	• 추상화(abstraction) 능력 • 자동화(automation) 능력 • (㉤)
협력적 문제해결력	(㉢) 환경에 기반한 다양한 지식·학습 공동체에서 공유와 효율적인 의사소통, 협업을 통해 문제를 창의적으로 해결할 수 있는 능력이다.	• (㉥) • 디지털 의사소통능력 • 공유와 협업능력

(1) ㉠~㉢에 적합한 내용을 쓰시오.

(2) ㉣~㉥에 적합한 내용을 쓰시오.

풀이 (1) ㉠ : 시민의식, ㉡ : 컴퓨터과학, ㉢ : 네트워크 컴퓨팅
(2) ㉣ : 정보보호능력, ㉤ : 창의·융합 능력, ㉥ : 협력적 컴퓨팅 사고력

2015 개정 정보과 교육과정에서 교과가 추구하는 교과 역량을 다음과 같이 기술하고 있다. ㉠~㉣에 적합한 내용을 쓰시오.

> 정보 교과에서 추구하는 교과 역량은 '정보문화소양', '컴퓨팅 사고력', '협력적 문제해결력'으로 역량별 의미와 하위 요소는 다음과 같다.
>
> '정보문화소양'은 정보사회의 가치를 이해하고 정보사회 구성원으로서 윤리의식과 시민의식을 갖추고 정보기술을 활용하여 문제를 해결할 수 있는 능력을 말한다. '정보문화소양'은 '정보윤리의식', '정보보호능력', (㉠)을 포함한다.
>
> '컴퓨팅 사고력'은 컴퓨터과학의 기본 개념과 원리 및 컴퓨팅 시스템을 활용하여 실생활과 다양한 학문 분야의 문제를 이해하고 창의적으로 해법을 구현하여 적용할 수 있는 능력을 말한다. '컴퓨팅 사고력'은 (㉡)과 프로그래밍으로 대표되는 '자동화(automation) 능력', '창의·융합 능력'을 포함한다. 추상화는 문제의 복잡성을 제거하기 위해 사용하는 기법으로 핵심요소 추출, 문제 분해, 모델링, 분류, 일반화 등의 방법으로 이루어진다. 추상화 과정을 통해 도출된 문제 해결 모델은 (㉢) 과정을 통해 자동화된다.
>
> '협력적 문제해결력'은 네트워크 컴퓨팅 환경에 기반한 다양한 지식·학습 공동체에서 공유와 효율적인 의사소통, 협업을 통해 문제를 창의적으로 해결할 수 있는 능력을 말한다. '협력적 문제해결력'은 '협력적 컴퓨팅 사고력', '디지털 의사소통능력', (㉣)을 포함한다.

풀이 ㉠ : 정보기술활용능력　　　　㉡ : 추상화(abstraction) 능력
　　　㉢ : 프로그래밍　　　　　　　㉣ : 공유와 협업능력

2015 개정 교육과정에서 정보과학 과목에서 추구하는 역량을 다음과 같이 기술하고 있다. ㉠, ㉡에 적합한 내용을 쓰시오.

> 정보과학 과목에서 추구하는 역량은 '컴퓨팅 사고력'과 '협력적 문제해결력'으로 역량별 의미와 하위 요소는 다음과 같다.
>
> '컴퓨팅 사고력'은 컴퓨터과학의 기본 개념과 원리 및 컴퓨팅 시스템을 활용하여 실생활 및 다양한 학문 분야의 문제를 이해하고 창의적으로 해법을 구현하여 적용할 수 있는 능력을 말한다. '컴퓨팅 사고력'은 '추상화(abstraction) 능력'과 프로그래밍으로 대표되는 '자동화(automation) 능력', (㉠)을 포함한다. 추상화는 문제의 복잡성을 제거하기 위해 사용하는 기법으로 핵심요소 추출, 문제 분해, 모델링, 분류, 일반화 등의 방법으로 이루어진다. 추상화 과정을 통해 도출된 문제 해결 모델은 프로그래밍 과정을 통해 자동화된다.
>
> '협력적 문제해결력'은 네트워크 컴퓨팅 환경에 기반한 다양한 지식·학습 공동체에서 공유와 효율적인 의사소통, 협업을 통해 문제를 창의적으로 해결할 수 있는 능력을 말한다. '협력적 문제해결력'은 '협력적 컴퓨팅 사고력', (㉡), '공유와 협업능력'을 포함한다.

풀이 ㉠ : 창의·융합 능력 ㉡ : 디지털 의사소통능력

다음 표는 2015 개정 정보과 교육과정에서 제시한 교과의 세부 목표, 학교급별 목표의 일부를 나타낸 것이다. ㉠~㉢에 적합한 내용을 쓰시오.

목표 수준		목표 진술
세부 목표		컴퓨팅 원리에 따라 문제를 추상화하여 해법을 설계하고 프로그래밍 과정을 통해 소프트웨어로 구현하여 (㉠)할 수 있는 능력을 기른다.
학교 급별 목표	중 학 교	중학교 정보에서는 기초적인 정보윤리의식과 정보보호능력을 함양하고 실생활의 문제 해결을 위해 정보기술활용능력과 컴퓨팅 사고력, 협력적 문제해결력을 기르는 데 중점을 둔다. • 정보기술을 활용하여 문제 해결에 필요한 자료와 정보를 (㉡)하는 능력과 태도를 기른다.
	고 등 학 교	고등학교 정보에서는 정보윤리의식을 바탕으로 정보보호를 실천하기 위한 역량을 강화하고 실생활의 기초적인 문제뿐만 아니라 다양한 학문 분야의 복잡한 문제 해결을 위해 정보기술활용능력과 컴퓨팅 사고력, 협력적 문제해결력을 기르는 데 중점을 둔다. • 정보 활용 목적에 따라 효율적인 디지털 표현 방법을 이해하고 정보기술을 활용하여 자료와 정보를 (㉢)하는 능력과 태도를 기른다.

풀이 ㉠ : 자동화 ㉡ : 수집하고 효율적으로 구조화 ㉢ : 수집, 분석, 관리

다음은 2015 개정 교육과정에서 제시한 정보과학 과목의 목표를 나열한 것이다. ㉠~㉢에 적합한 내용을 쓰시오.

> 정보과학 과목의 목표는 컴퓨터과학의 기본 개념과 원리, 컴퓨팅 기술을 바탕으로 실생활 및 다양한 학문 분야의 문제를 창의·융합적으로 해결하는 능력과 협력적 태도를 기르는 데 중점을 둔다.
> • 프로그래밍을 통해 (㉠)를 개발하고 문제를 해결하는 역량을 기른다.
> • 자료를 효율적으로 처리하는 방법을 이해하고 문제 해결에 활용하는 능력을 기른다.
> • 다양한 학문 분야의 복잡한 문제를 해결하기 위한 효율적인 (㉡)을 설계하고 구현하는 능력을 기른다.
> • 컴퓨팅 시스템의 구성 및 동작 원리를 이해하고 실생활의 문제를 해결할 수 있는 창의적 (㉢)을 구현할 수 있는 능력을 기른다.

풀이 ㉠ : 소프트웨어 ㉡ : 알고리즘 ㉢ : 컴퓨팅 시스템

다음 표는 2015 개정 정보과 교육과정에서 교과의 역할과 교과 본질의 일부를 나타낸 것이다. ㉠~㉢에 적합한 내용을 쓰시오.

교과의 역할	본질과 의의	정보 교과는 지식·정보사회를 올바르게 이해하고 정보사회 구성원으로서의 정보윤리의식, 정보보호능력, 정보기술활용능력 등 (㉠)을 갖추고 컴퓨터과학의 기본 개념과 원리를 바탕으로 실생활 및 다양한 학문 분야의 문제를 창의적으로 해결하는 (㉡) 및 네트워크 컴퓨팅 기반 환경의 다양한 공동체에서 (㉢)을 기른다.
교과의 역량		• (㉠) : 정보윤리의식, 정보보호능력, 정보기술활용능력 • (㉡) : 추상화(abstraction) 능력, 자동화(automation) 능력, 창의·융합 능력 • (㉢) : 협력적 컴퓨팅 사고력, 디지털 의사소통능력, 공유와 협업능력

풀이 ㉠ : 정보문화소양
   ㉡ : 컴퓨팅 사고력
   ㉢ : 협력적 문제해결력

다음 표는 2009 개정 교육과정과 2015 개정 교육과정에서 중학교 정보 교과의 내용 체계 일부를 비교하여 나타낸 것이다. 물음에 답하시오.

2009 개정 교육과정		2015 개정 교육과정		
영역	내용 요소	영역	핵심 개념	내용 요소
정보의 표현과 관리	• 자료와 정보 • 정보의 이진표현 • 정보의 구조화	문제 해결과 프로그래밍	추상화	• 문제 이해 • 핵심요소 추출
			알고리즘	• 알고리즘 이해 • (㉠)
			프로그래밍	• 입력과 출력 • 변수와 연산 • 제어구조 • (㉡)
문제해결 방법과 절차	• 문제해결 방법 • 문제해결 절차 • 프로그래밍의 기초	컴퓨팅 시스템	컴퓨팅 시스템의 동작 원리	• 컴퓨팅 기기의 구성과 동작 원리
			피지컬 컴퓨팅	• (㉢)

(1) 2009 개정 교육과정과 2015 개정 교육과정에서 각각 위의 2개 영역을 제외한 나머지 2개 영역을 쓰시오.

(2) 아래 성취기준 ㉮~㉰을 참고하여 ㉠~㉢에 적합한 내용을 쓰시오.

> ㉮ 문제 해결을 위한 다양한 방법과 절차를 탐색하고 명확하게 표현한다.
> ㉯ 실생활 문제 해결을 위한 소프트웨어를 협력하여 설계, 개발, 비교·분석한다.
> ㉰ 센서를 이용한 자료 처리 및 동작 제어 프로그램을 구현한다.

풀이 (1) ① 2009 개정 교육과정 : 정보과학과 정보윤리, 정보기기의 구성과 동작
　　　② 2015 개정 교육과정 : 정보 문화, 자료와 정보
(2) ㉠ : 알고리즘 표현, ㉡ : 프로그래밍 응용, ㉢ : 센서 기반 프로그램 구현

다음 표는 2009 개정 교육과정과 2015 개정 교육과정에서 고등학교 정보 과목의 내용 체계 일부를 비교하여 나타낸 것이다. 물음에 답하시오.

2009 개정 교육과정		2015 개정 교육과정		
영역	내용 요소	영역	핵심 개념	내용 요소
정보의 표현과 관리	• 정보의 효율적 표현 • 자료와 정보의 구조 • 정보의 관리	문제 해결과 프로그래밍	추상화	• 문제 분석 • (㉠)
			알고리즘	• 알고리즘 설계 • 알고리즘 분석
			프로그래밍	… (생략) …
문제해결 방법과 절차	• 문제 해결 전략 • 프로그래밍 • 알고리즘의 응용	컴퓨팅 시스템	컴퓨팅 시스템의 동작 원리	• 운영체제 역할 • (㉡)
			피지컬 컴퓨팅	• (㉢)

(1) 2009 개정 교육과정과 2015 개정 교육과정에서 각각 위의 2개 영역을 제외한 나머지 2개 영역을 쓰시오.

(2) 아래 성취기준 ㉮~㉰을 참고하여 ㉠~㉢에 적합한 내용을 쓰시오.

> ㉮ 문제를 쉽게 해결하기 위해 복잡한 문제를 작은 문제로 분해할 수 있어야 한다. 문제를 분석하는 단계에서 주어진 문제를 좀 더 작은 문제로 분해할 수 있는 가능성을 찾아낼 수 있어야 하고, 작은 문제로 분해한 후 작아진 문제를 해결하는 과정을 수행할 수 있어야 한다. 이러한 과정을 통해 문제를 보다 해결하기 용이한 형태로 구조화한다.
>
> ㉯ 컴퓨팅 기기 간의 연결과 상호작용 과정을 이해하고 유무선 네트워크 설정 방법에 따라 자신이 사용하는 컴퓨팅 시스템의 IP 주소, 네트워크 공유 등을 설정할 수 있어야 한다.
>
> ㉰ 문제 해결 목적에 적합한 피지컬 컴퓨팅 구성 장치(마이크로컨트롤러, 다양한 입·출력 장치 등)를 선택하여 연결할 수 있어야 한다.

풀이 (1) ① 2009 개정 교육과정 : 정보과학과 정보윤리, 정보기기의 구성과 동작

② 2015 개정 교육과정 : 정보 문화, 자료와 정보

(2) ㉠ : 문제 분해와 모델링, ㉡ : 네트워크 환경 설정, ㉢ : 피지컬 컴퓨팅 구현

다음 표는 2015 개정 중학교 정보과 교육과정에서 내용 체계의 일부를 나타낸 것이다. ㉠~㉢에 적합한 내용을 쓰시오.

영역	핵심 개념	일반화된 지식	기능
문제 해결과 프로그래밍	추상화	문제를 이해하고 분석하여 문제 해결을 위해 (㉠)하거나 작은 문제로 나누는 과정임	· 비교하기 · 분석하기 · (㉡) · 표현하기 · 프로그래밍하기 · 구현하기 · 협력하기
	알고리즘	문제 해결을 위한 효율적인 방법과 절차임	
	프로그래밍	문제의 해결책을 프로그래밍 언어로 구현하여 자동화하는 과정임	
컴퓨팅 시스템	(㉢)	마이크로컨트롤러와 다양한 입·출력 장치로 피지컬 컴퓨팅 시스템을 구성하고 프로그래밍을 통해 제어함	· (㉣) · 설계하기 · 프로그래밍하기 · 구현하기 · 협력하기

풀이 ㉠ : 불필요한 요소를 제거

㉡ : 핵심요소 추출하기

㉢ : 피지컬 컴퓨팅

㉣ : 분석하기

다음 표는 2015 개정 교육과정에서 고등학교 정보 과목의 내용 체계 일부를 나타낸 것이다. 물음에 답하시오.

영역	핵심 개념	일반화된 지식	기능
자료와 정보	자료와 정보의 표현	숫자, 문자, 그림, 소리 등 아날로그 자료는 디지털로 변환되어 컴퓨터 내부에서 처리됨	• 분석하기 • 선택하기 • 수집하기 • 관리하기 • 협력하기
	자료와 정보의 분석	문제 해결을 위해 필요한 자료와 정보의 수집과 분석은 (㉠) 등의 방법으로 이루어짐	
문제 해결과 프로그래밍	추상화	문제를 이해하고 분석하여 문제 해결을 위해 불필요한 요소를 제거하거나 작은 문제로 나누는 과정임	• 비교하기 • 분석하기 • 표현하기 • 프로그래밍하기 • (㉣)
	알고리즘	다양한 제어 구조를 이용하여 알고리즘을 설계하고, (㉡)의 관점에서 알고리즘을 분석함	
	프로그래밍	문제 해결책을 프로그래밍 언어로 구현하여 (㉢)하는 과정임	

(1) ㉠에 적합한 방법을 4가지 나열하시오.

(2) ㉡, ㉢에 적합한 내용을 쓰시오.

(3) ㉣에 적합한 기능을 5가지 나열하시오.

풀이 (1) 검색, 분류, 처리, 구조화

(2) ㉡ : 수행시간, ㉢ : 자동화

(3) 분해하기, 설계하기, 구현하기, 협력하기, 핵심요소 추출하기

다음 표는 2015 개정 정보과 교육과정에서 핵심 개념인 '추상화'의 일반화된 지식과 내용 요소를 나타낸 것이다. ㉠, ㉡에 적합한 내용을 쓰시오.

핵심 개념	일반화된 지식	내용 요소	
		중학교	고등학교
추상화	문제를 이해하고 분석하여 문제 해결을 위해 불필요한 요소를 제거하거나 작은 문제로 나누는 과정이다.	• 문제 이해 • (㉠)	• 문제 분석 • (㉡)

풀이 ㉠ : 핵심요소 추출

㉡ : 문제 분해와 모델링

다음 표는 2015 개정 정보과 교육과정에서 고등학교 정보과학 과목의 내용 체계의 일부를 나타낸 것이다. 물음에 답하시오.

영역	핵심 개념	일반화된 지식	내용 요소
프로그래밍	흐름 제어	효율적인 프로그램을 설계하기 위해 프로그램의 실행 흐름을 제어한다.	• (㉠) • 중첩 제어 구조
	(㉡)	프로그램의 생산성과 최적화를 위해 프로그램 구조를 기능 단위로 분할한다.	• 함수 • 변수와 영역
알고리즘	탐색기반 알고리즘	컴퓨팅 시스템의 탐색 능력을 기반으로 해를 찾는 알고리즘을 설계하고 (㉢)을 줄임으로써 효율성을 높인다.	• 전체 탐색 • 탐색 공간의 배제
	관계기반 알고리즘	주어진 문제와 부분 문제와의 관계를 정의하고 동적 테이블을 구성하는 방법으로 (㉣)를 구한다.	• 관계 정의 • 동적 계획법

(1) ㉠에 적합한 내용 요소를 3가지 나열하시오.

(2) ㉡~㉣에 적합한 내용을 쓰시오.

풀이 (1) 순차 구조, 탐색 구조, 반복 구조

(2) ㉡ : 모듈화, ㉢ : 탐색 공간, ㉣ : 최적해

다음 표는 2015 개정 정보과 교육과정의 내용 체계의 일부를 나타낸 것이다. 중학교와 고등학교의 내용 요소를 비교한 아래 표와 관련하여 물음에 답하시오.

영역	핵심 개념	내용 요소	
		중학교	고등학교
정보 문화	정보윤리	• (㉠) • 사이버 윤리	• 정보보호와 보안 • 저작권 활용 • 사이버 윤리
문제 해결과 프로그래밍	추상화	• (㉡) • 핵심요소 추출	• (㉢) • 문제 분해와 모델링
	프로그래밍	• 입력과 출력 • 변수와 연산 • (㉣) • 프로그래밍 응용	… (생략) …
컴퓨팅 시스템	컴퓨팅 시스템의 동작 원리	• (㉤)	• 운영체제 역할 • 네트워크 환경 설정

(1) 위의 3개 영역을 제외한 나머지 1개 영역을 쓰시오.

(2) 아래 성취기준 ㉮~㉺을 참고하여 ㉠~㉣에 적합한 내용을 쓰시오.

> ㉮ 정보사회 구성원으로서 개인정보와 저작권 보호의 중요성을 인식하고 개인정보 보호, 저작권 보호 방법을 실천한다.
> ㉯ 실생활 문제 상황에서 문제의 현재 상태, 목표 상태를 이해하고 목표 상태에 도달하기 위해 수행해야 할 작업을 분석한다.
> ㉰ 복잡한 문제 상황에서 문제의 현재 상태, 목표 상태를 이해하고 목표 상태에 도달하기 위해 수행해야 할 작업을 분석한다.
> ㉱ 순차, 선택, 반복의 개념과 원리를 이해하고 세 가지 구조를 활용한 프로그램을 작성한다.
> ㉲ 컴퓨팅 시스템을 구성하는 하드웨어와 소프트웨어의 역할을 이해하고 유기적인 상호 관계를 분석한다.

풀이 (1) 자료와 정보
(2) ㉠ : 개인정보와 저작권 보호, ㉡ : 문제 이해, ㉢ : 문제 분석, ㉣ : 제어 구조, ㉤ : 컴퓨팅 기기의 구성과 동작 원리

2015 개정 교육과정에서 고등학교 정보과학 과목은 중학교에서 이수한 정보와 고등학교 정보의 심화과목으로서 내용체계의 연계성을 갖도록 설계되었다. 고등학교 정보와 정보과학 과목의 내용 요소를 비교한 아래 표와 관련하여 물음에 답하시오.

고등학교 정보			정보과학		
영역	핵심 개념	내용 요소	영역	핵심 개념	내용 요소
문제 해결과 프로그래밍	알고리즘	• 알고리즘 설계 • 알고리즘 분석	알고리즘	• 문제와 알고리즘	• 문제 • 알고리즘 복잡도
				• (㉠)	• 전체 탐색 • 탐색 공간의 배제
				• 관계기반 알고리즘	• (㉡) • 동적 계획법
	프로그래밍	… (생략) …	프로그래밍	• 연산 수행	• 변수와 상수 • 연산자
				• 자료 저장	• 자료형 • (㉢)
				• 모듈화	• 함수 • (㉣)

(1) 정보과학 과목에서 위의 2개 영역을 제외한 나머지 2개 영역을 쓰시오.

(2) 아래 성취기준 ㉮~㉱을 참고하여 ㉠~㉢에 적합한 내용을 쓰시오.

> ㉮ 전체 탐색 방법을 이용하여 문제를 해결하는 알고리즘을 설계하고 프로그래밍을 통해 구현한다.
> ㉯ 관계기반 알고리즘을 이해하고 전체 문제와 부분 문제의 재귀적 관계를 정의한다.
> ㉰ 2차원 이상의 배열을 활용하여 프로그램을 작성한다.
> ㉱ 변수의 적용 범위를 이해하고 효율적인 모듈화 프로그램을 작성한다.

풀이 (1) 자료처리, 컴퓨팅 시스템
(2) ㉠ : 탐색기반 알고리즘, ㉡ : 관계 정의, ㉢ : 다차원 배열, ㉣ : 변수의 영역

다음은 2015 개정 정보과 교육과정(교육부 고시 제2020-236호)에서 인공지능 기초 과목의 성격과 교육목표에 관한 내용이다. 물음에 답하시오.

> 인공지능 기초 과목의 내용에서 (㉠)와 (㉡) 영역에서는 현대와 미래사회 구성원으로서 갖추어야 할 기본 소양을 함양하는 데 중점을 둔다. (㉢)와 (㉣) 영역에서는 인공지능의 기본 개념과 원리, 기술 등을 활용하여 실생활 및 다양한 분야의 문제 해결 능력을 신장하는 데 중점을 둔다.
>
> 인공지능 기초 과목의 교육 목표는 정보 교과에서 배운 컴퓨터과학의 기본 개념을 기반으로 (㉤), 인공지능 윤리의식, 인공지능 활용 능력을 함양하고 인공지능의 기본 개념과 원리, 기계학습 모델의 활용 방법을 바탕으로 실생활 및 다양한 분야의 문제를 창의적이고 효율적으로 해결하는 능력을 기르는 것이다.

(1) ㉠, ㉡에 적합한 내용을 쓰시오.

(2) ㉢, ㉣에 적합한 내용을 쓰시오.

(3) ㉤에 적합한 내용을 쓰시오.

풀이 (1) 인공지능의 이해, 인공지능의 사회적 영향
(2) 인공지능의 원리와 활용, 데이터와 기계학습
(3) 인공지능 소양

다음 표는 2015 개정 정보과 교육과정(교육부 고시 제2020-236호)에서 인공지능 기초 과목의 내용 체계 일부를 나타낸 것이다. ㉠~㉣에 적합한 내용을 쓰시오.

영역	핵심 개념	일반화된 지식
인공지능의 이해	(㉠)	인공지능은 지능 에이전트의 형태를 통하여 외부 환경을 인식, 학습, 추론, 행동함으로써 문제를 해결한다.
인공지능의 원리와 활용	탐색과 추론	문제 해결을 위해 해답에 이르는 다양한 경로를 탐색하거나, 세상의 지식과 정보를 (㉡)하여 표현하고 이를 이용하여 해를 도출한다.
데이터와 기계학습	기계학습 모델	지능적 문제를 정의하고, 문제 해결에 필요한 데이터를 준비하여, 모델의 (㉢) 과정을 통하여 구현된다.
(㉣)	인공지능 윤리	사회의 구성원이 인공지능을 올바르게 활용하기 위해 갖추어야 하는 가치관과 행동 양식이다.

풀이 ㉠ : 인공지능과 에이전트

㉡ : 구조화

㉢ : 훈련과 테스트

㉣ : 인공지능의 사회적 영향

다음은 2015 개정 중학교 정보과 교육과정에서 '자료와 정보' 영역의 성취기준 중 1개를 나타낸 것이다. 물음에 답하시오.

> [9정02-02] 인터넷, 응용 소프트웨어 등을 활용하여 문제 해결을 위한 자료를 수집하고 관리한다.

(1) 성취기준과 관련된 교과의 역량과 하위 요소를 쓰시오.

(2) 위 핵심역량 하위 요소를 신장할 수 있는 학습 활동의 예를 제시하시오.

풀이 (1) 정보문화소양, 정보기술활용능력

(2) 인터넷 검색을 통해 자료와 정보를 수집하고 스프레드시트로 정리하기

다음은 2015 개정 중학교 정보과 교육과정의 영역별 성취기준을 나타낸 것이다. ㉠~㉤
이 각각 어떤 영역의 성취기준인지 해당 영역의 이름을 쓰시오.

> ㉠ : 실생활의 정보를 표, 다이어그램 등 다양한 형태로 구조화하여 표현한다.
> ㉡ : 문제 해결에 필요한 요소와 불필요한 요소를 분류한다.
> ㉢ : 실생활 문제 해결을 위한 소프트웨어를 협력하여 설계, 개발, 비교·분석한다.
> ㉣ : 컴퓨팅 시스템을 구성하는 하드웨어와 소프트웨어의 역할을 이해하고 유기적인 상호 관계
>   를 분석한다.
> ㉤ : 정보기술의 발달과 소프트웨어가 개인의 삶과 사회에 미친 영향과 가치를 분석하고 그에 따
>   른 직업의 특성을 이해하여 자신의 적성에 맞는 진로를 탐색한다.

풀이 ㉠ : 자료와 정보
㉡ : 문제해결과 프로그래밍(추상화와 알고리즘)
㉢ : 문제해결과 프로그래밍(프로그래밍)
㉣ : 컴퓨팅 시스템
㉤ : 정보 문화

다음은 2015 개정 중학교 정보과 교육과정에서 프로그래밍 영역의 성취기준 중 1개를
나타낸 것이다. 물음에 답하시오.

> [9정04-04] 순차, 선택, 반복의 개념과 원리를 이해하고, 세 가지 구조를 활용한 프로그램을 작
>   성한다.

(1) 평가기준 설정이 필요한 이유를 기술하시오.

(2) 위 성취기준에 대한 평가기준을 3단계로 설정하고, 설정한 이유를 기술하시오.

(3) 설정한 평가기준이 정보 교과의 핵심역량의 하나인 컴퓨팅 사고력에 어떻게 기여할
수 있는지 기술하시오.

풀이 (1) 모든 교육활동을 하기에 앞서 목적을 이루기 위해 달성해야 할 구체적인 사항으로 교
육목표가 제시된다. 학생들이 교육목표에 대하여 어느 정도의 수준에 도달했는지를
판단하기 위해 학생의 도달 정도를 3단계(상/중/하)로 구분하여 학생들이 무엇을 알고
있고, 할 수 있는지의 정도를 기술한 평가기준은 정보 교육에서 반드시 필요하다.

(2) 평가기준을 설정할 때 교육과정 성취기준에 적합하게 개발하고 지식, 기능, 태도 면을 모두 갖추어야 한다. 또한, 각 수준은 지식이나 능력을 성취한 수준의 차이만 있도록 한다. 이를 근거로 위의 성취기준에 대한 평가기준을 3단계(상/중/하)로 설정해보자.

수준	평가기준
상	순차, 선택, 반복의 개념과 원리를 이해하고 세 가지 구조를 활용한 프로그램을 작성할 수 있다.
중	순차, 선택, 반복의 개념과 원리를 이해하고 세 가지 구조를 활용한 문(statement)을 작성할 수 있다.
하	순차, 선택, 반복의 개념과 원리를 이해할 수 있다.

'상' 수준은 성취기준에 우수하게 도달한 수준으로 진술할 수 있다. '중' 수준은 상위 수준보다 지식과 능력의 차이가 나도록 진술한다. 그리고 '하' 수준은 부정적 표현을 포함하지 않고 상위 수준보다 이해와 수행이 미흡한 수준을 기준으로 진술할 수 있다. 위와 같이 설정한 평가기준은 단계별 평가를 통해 학생이 프로그래밍의 기본 개념과 원리를 이해하고 있는지, 이를 활용한 프로그램의 정확성과 효율성을 평가하고, 문제 해결에 적합한 개념과 함수를 사용하였는지를 평가할 수 있다. 이를 바탕으로 학생의 도달 수준을 판단하고 피드백을 통해 학생이 추상화와 알고리즘 등 프로그래밍 과정을 통해 설계한 문제해결 과정을 자동화할 수 있는 능력을 함양하는데 기여할 수 있다.

(3) 2015 개정 교육과정 프로그래밍의 성취기준은 특정 프로그래밍의 언어의 기능 습득에 단순히 치중하지 않고 문제를 해결하기 위한 프로그램의 창의적인 설계 및 개발 과정을 통해 컴퓨팅 사고력을 신장하는 데 초점을 두고 있다. 이를 평가하는 기준은 성취기준에 부합하도록 설정되었고, 학생의 프로그래밍에 대한 도달 정도를 판단할 수 있으므로 컴퓨팅 사고력의 신장에 기여할 수 있다.

다음은 2015 개정 중학교 정보과 교육과정의 '자료와 정보' 영역에 대한 성취수준의 일반적 특성 중 일부를 나타낸 것이다. ⓐ~ⓒ에 적합한 용어를 쓰시오.

㉮ 실생활에서 사용되는 (㉠) 정보의 사례를 탐색하여 (㉡) 정보와의 차이점을 분석할 수 있고 주어진 형태의 자료와 정보를 사용 목적에 부합하는 (㉠)로 표현할 수 있다.
㉯ 컴퓨팅 도구를 활용하여 문제 해결에 필요한 자료를 수집, 관리 방안을 탐색하고 정보를 효과적으로 전달하기 위한 가장 적절한 형태로 (㉢)하여 표현할 수 있다.

풀이 ㉠ : 디지털
㉡ : 아날로그
㉢ : 구조화

다음은 2015 개정 교육과정에서 고등학교 정보 과목의 영역별 성취기준을 나타낸 것이다. ㉠~㉢이 각각 어떤 영역의 성취기준인지 해당 영역의 이름을 쓰시오.

> ㉠ : 동일한 정보가 다양한 방법으로 디지털로 변환되어 표현될 수 있음을 이해하고 정보 활용 목적에 따라 보다 효율적인 방법을 선택한다.
> ㉡ : 순차 구조, 선택 구조, 반복 구조 등의 제어 구조를 활용하여 알고리즘을 설계한다.
> ㉢ : 다양한 학문 분야의 문제 해결을 위한 알고리즘을 협력하여 설계한다.
> ㉣ : 피지컬 컴퓨팅 장치의 동작을 제어하기 위한 프로그램을 작성한다.
> ㉤ : 소프트웨어 저작권 보호 제도 및 방법을 알고 올바르게 활용한다.

풀이 ㉠ : 자료와 정보
㉡ : 문제해결과 프로그래밍(추상화와 알고리즘)
㉢ : 문제해결과 프로그래밍(프로그래밍)
㉣ : 컴퓨팅 시스템
㉤ : 정보 문화

다음은 2015 개정 교육과정에서 고등학교 정보 과목의 '정보문화' 영역에 대한 일반적 특성을 성취수준으로 구분하여 나타낸 것이다.

성취수준	일반적 특성
A	정보사회에서 발생하는 다양한 현상을 이해하고 자신의 진로에 정보과학 분야가 어떤 영향을 주는지 탐색하고, 다양한 사례에서 (㉠) 등을 법과 제도적인 관점에서 분석하고 (㉡)을 수립할 수 있다. 사이버 공간에서 이루어지는 (㉢)을 구체적인 사례를 들어 설명할 수 있다.
B	정보사회에서 발생하는 다양한 현상을 이해하고 자신의 진로에 정보과학 분야가 어떤 영향을 주는지 탐색하고, 다양한 사례에서 (㉠) 등을 법과 제도적인 관점에서 분석하고, 사이버 공간에서 이루어지는 (㉢)을 구체적인 사례를 들어 설명할 수 있다.
C	정보사회에서 발생하는 다양한 현상을 이해하고 자신의 진로에 정보과학 분야가 어떤 영향을 주는지 탐색하고, 제시된 사례에서 (㉠) 등을 법과 제도적인 관점에서 분석하고, 사이버 공간에서 이루어지는 (㉢)을 설명할 수 있다.
D	정보사회에서 발생하는 다양한 현상을 이해하고 자신의 진로에 정보과학 분야가 어떤 영향을 주는지 (㉣)하고, 제시된 사례에서 (㉠) 등을 법과 제도적인 관점에서 분석할 수 있다.
E	정보사회에서 발생하는 다양한 현상을 이해하고 제시된 사례에서 (㉠) 등을 법과 제도적인 관점에서 분석할 수 있다.

(1) ㉠에 적합한 내용을 3가지 나열하시오.

(2) ㉡~㉣에 적합한 내용을 쓰시오.

풀이 (1) 정보보호, 정보보안, 저작권 보호

(2) ㉡ : 실천 계획, ㉢ : 행위에 대한 규범, ㉣ : 인식

다음은 2015 개정 교육과정에서 정보과학 과목의 영역별 성취기준을 나타낸 것이다. ㉠~㉣이 각각 어떤 영역의 성취기준인지 해당 영역의 이름을 쓰시오.

> ㉠ : 다양한 정렬 알고리즘을 구현하고 효율성을 비교·분석한다.
> ㉡ : 문제를 계산 가능 문제와 불가능 문제로 나누고, 계산 가능 문제는 결정 문제, 탐색 문제, 계수 문제, 최적해 문제 등으로 분류한다.
> ㉢ : 변수의 적용 범위를 이해하고 효율적인 모듈화 프로그램을 작성한다.
> ㉣ : 문제해결을 위한 시뮬레이션 프로그램을 구현한다.

풀이 ㉠ : 자료 처리

㉡ : 알고리즘

㉢ : 프로그래밍

㉣ : 컴퓨팅 시스템

다음 표는 인공지능 기초(교육부 고시 제2020-236호) 과목의 내용 체계 일부를 나타낸 것이다. 물음에 답하시오.

영역	핵심 개념	내용 요소
인공지능의 원리와 활용	(㉠)	• 문제 해결과 탐색 • (㉡)
데이터와 기계학습	데이터	• 데이터의 속성 • (㉢)
	기계학습 모델	• (㉣) • 기계학습 모델 구현

(1) ㉠에 적합한 핵심 개념을 쓰시오.

(2) ㉡~㉣에 적합한 내용 요소를 쓰시오.

풀이　(1) 탐색과 추론
　　　(2) ⓛ : 표현과 추론, ⓒ : 정형 데이터와 비정형 데이터, ⓔ : 분류 모델

다음은 인공지능 기초(교육부 고시 제2020-236호) 과목의 영역별 성취기준을 나타낸 것이다. ㉠~㉣에 해당하는 핵심 개념과 각각에 대한 내용 요소를 쓰시오.

> - ㉠ : 지능 에이전트가 실생활에 활용된 다양한 사례를 탐색하고, 지능 에이전트의 역할을 이해한다.
> - ㉡ : 인공지능 사회의 구성원으로서 인공지능 윤리의 중요성을 인식하고 사회적 책임감을 갖고 공정성을 추구할 수 있는 방안을 제시한다.
> - ㉢ : 훈련 데이터를 분류 모델의 학습에 적용하고, 테스트 데이터를 이용하여 성능을 평가한다.
> - ㉣ : 규칙과 사실을 이용하여 지식을 표현하고, 추론을 통해 새로운 사실을 생성한다.

풀이

	핵심 개념	내용 요소
㉠	인공지능과 에이전트	지능 에이전트의 개념과 역할
㉡	인공지능 윤리	사회적 책임과 공정성, 윤리적 딜레마
㉢	기계학습 모델	분류 모델, 기계학습 모델 구현
㉣	탐색과 추론	문제 해결과 탐색, 표현과 추론

1.5.2 2022 개정 교육과정

다음은 2022 개정 교육과정에서 새롭게 도입된 정보 교과 관련 내용이다. ㉠~㉾에 적합한 내용을 쓰시오.

> ㉮ 중학교 정보교육은 현행의 소프트웨어 교육을 바탕으로 인공지능·빅데이터 등 첨단 디지털 혁신 기술을 이해하고 활용할 수 있도록 초등학교와 중학교 정보수업 시수를 각각 (㉠), (㉡)으로 확대하는 등 정보 교과 교육과정을 재구조화하였다.
> ㉯ 초등학교에서는 카드놀이 등 (㉢) 활동으로 문제해결 절차를 이해하고 블록 코딩 등으로 구현한다.
> ㉰ 중학교에서는 일련의 (㉣) 과정 이해와 실생활 중심의 인공지능 윤리 등 가치·태도를 인식하도록 한다.
> ㉱ 고등학교에서는 학생의 진로·적성에 따른 맞춤형 정보 역량을 함양할 수 있도록 선택 과목으로 일반선택은 정보, 진로선택은 인공지능 기초, (㉤), 융합선택은 소프트웨어와 생활을 개설하여 진로 연계를 강화하였다.
> ㉲ 과학계열 고등학교의 정보 교과는 보통 교과에 속하며, 진로 선택 과목으로 (㉥)이 있다.
> ㉳ 특성화 고등학교 전문교과는 미래 산업의 변화 및 기술의 융·복합화에 따라 새로운 학과로 (㉦), 화학(바이오), 에너지, 소방, 지능형도시(스마트시티), 지능형 공장(스마트 공장)를 신설하고, 현장성을 고려하여 교과(군) 재구조화하였다.

풀이 ㉠ : 34시간 이상 , ㉡ : 68시간 이상, ㉢ : 언플러그드, ㉣ : 컴퓨팅 사고,
㉤ : 데이터 과학, ㉥ : 정보과학, ㉦ : 소프트웨어

다음은 2022 개정 교육과정(교육부 고시 제2022-33호)에 관련된 설명이다. 물음에 답하시오.

> 2022 개정 교육과정은 (㉠)년에 초등학교 1, 2학년부터 적용하고, (㉡)년에 중학교와 고등학교 1학년부터 적용하며, 순차적인 적용을 통해 (㉢)년에는 초·중등학교 모든 학년에 적용될 예정이다.
>
> 2022년 개정 교육과정의 총론에서는 자기관리 역량, (㉣), 창의적 사고 역량, 심미적 감성 역량, 협력적 소통 역량, 공동체 역량을 강조하였으며, 추구하는 인간상으로 자기주도적인 사람, 창의적인 사람, 교양 있는 사람, (㉤)을 제시하고 있다.

(1) ㉠~㉢에 적합한 내용을 쓰시오.

(2) 교육과정 총론에 근거하여 ㉣, ㉤에 적합한 내용을 쓰시오.

풀이 (1) ㉠ : 2024, ㉡ : 2025, ㉢ : 2027
(2) ㉣ : 지식정보처리 역량, ㉤ : 더불어 사는 사람

다음은 2022 개정 교육과정(교육부 고시 제2022-33호) 총론에 제시된 핵심역량을 기술한 것이다. 물음에 답하시오.

> ㉮ 문제를 합리적으로 해결하기 위하여 다양한 영역의 (㉠)를 깊이 있게 이해하고 비판적으로 탐구하며 활용할 수 있는 역량
> ㉯ 인간에 대한 공감적 이해와 (㉡)을 바탕으로 삶의 의미와 가치를 성찰하고 향유하는 역량
> ㉰ 다른 사람의 관점을 존중하고 경청하는 가운데 자신의 생각과 감정을 효과적으로 표현하며 (㉢)인 관계에서 공동의 목적을 구현하는 역량

(1) ㉠~㉢에 적합한 내용을 쓰시오.

(2) ㉮~㉰의 설명에 해당하는 핵심역량이 무엇인지 쓰시오.

풀이 (1) ㉠ : 지식과 정보, ㉡ : 문화적 감수성, ㉢ : 상호협력적
(2) ㉮ 지식정보처리 역량, ㉯ 심미적 감성 역량, ㉰ 협력적 소통 역량

다음은 2022 개정 교육과정(교육부 고시 제2022-33호)에 관련된 설명이다. ㉠~㉢에 적합한 내용을 쓰시오.

> 2022 개정 교육과정에서 지향하는 인간상으로 자기 주도성(주도성, 책임감, 적극적 태도), (㉠) (문제해결, 융합적 사고, 도전), 포용성과 시민성(배려, 소통, 협력, 공감, 공동체 의식)을 제시하였다. 그리고 2022 개정 교육과정에서 제시한 핵심역량에는 자기관리 역량, (㉡), 창의적 사고 역량, 심미적 감성 역량, 협력적 소통 역량, (㉢)이 있다.

풀이 ㉠ : 창의와 혁신, ㉡ : 지식정보처리 역량, ㉢ : 공동체 역량

다음은 2022 개정 교육과정(교육부 고시 제2022-33호) 총론에 제시된 정보 교과 관련 내용이다. 물음에 답하시오.

> ㉮ 중학교 편제와 시간 배당 기준에 따르면 정보는 과학/기술·가정/정보 교과(군)에 속하며, 이 교과(군)에 배당된 시간은 1~3학년에 680시간이다. 정보는 정보 수업 시수와 학교자율시간 등을 활용하여 (㉠)시간 이상 편성·운영한다.
> ㉯ 일반 고등학교 편제와 학점 배당 기준에 따르면 보통 교과인 정보는 기술·가정/정보/제2외국어/한문/교양 교과(군)에 속하며, 이 교과(군)에는 이수할 최소 필수 이수 학점은 (㉡)학점이다.
> ㉰ 고등학교의 편제는 보통 교과와 (㉢)로 구분되며, 보통 교과의 과목은 (㉣)과 선택 과목으로 구분한다. 그리고 선택 과목은 일반 선택 과목, 진로 선택 과목, 융합 선택 과목으로 구분한다.
> ㉱ 고등학교 보통 교과의 기술·가정/정보/제2외국어/한문/교양 교과(군)에서 정보과의 경우 일반 선택 과목으로 정보가 있고, 진로 선택 과목에는 (㉤)이 있으며, 융합 선택 과목에는 (㉥)이 있다.

(1) ㉠~㉣에 적합한 내용을 쓰시오.

(2) ㉤, ㉥에 적합한 과목을 각각 2가지, 1가지 나열하시오.

풀이 (1) ㉠ : 68, ㉡ : 16, ㉢ : 전문 교과, ㉣ : 공통 과목
(2) ㉤ : 인공지능 기초, 데이터 과학, ㉥ : 소프트웨어와 생활

다음은 2022 개정 교육과정(교육부 고시 제2022-33호) 총론에 제시된 핵심역량과 정보과 교과 역량에 관한 내용이다. 물음에 답하시오.

정보과 교과 역량	(①)	(㉠), 자동화 능력, 창의·융합 능력
	(②)	(㉡), 디지털 윤리의식, 디지털 기술활용 능력
	(③)	(㉢), 데이터 문해력, 인공지능 윤리의식

2022 개정 교육과정 총론에 제시된 핵심역량 중 지식정보처리, 창의적 사고, 협력적 소통, 공동체 역량과 연계하여 정보과 교육과정에서는 다음과 같이 교과 역량을 설정하였다.

(1) ①~③에 적합한 내용을 쓰시오.

(2) ㉠~㉢에 적합한 내용을 쓰시오.

풀이 (1) ① : 컴퓨팅 사고력, ② : 디지털 문화 소양, ③ : 인공지능(AI) 소양
(2) ㉠ : 추상화 능력, ㉡ : 디지털 의사소통·협업 능력, ㉢ : 인공지능 문제해결력

다음은 2022 개정 정보과 교육과정(교육부 고시 제2022-33호)에서 정보 교과의 성격 중 일부이다. 물음에 답하시오.

> ㉮ 컴퓨팅과 인공지능 기술 및 (㉠)에 대한 이해를 기반으로 미래 사회의 문제를 해결하는 데 필요한 기초적인 능력과 태도를 함양하도록 한다.
> ㉯ 정보는 학생들이 미래 사회가 요구하는 컴퓨팅, 디지털에 대한 역량과 자기주도성을 갖춘 인간으로 성장하게 한다. 지식정보처리, 창의적 사고, 타인과 협업하고 공유하는 협력적 소통 역량과 공동체 역량 등을 갖춘 (㉡)으로 성장하게 한다.
> ㉰ 컴퓨터에서 처리되는 데이터와 정보의 원리, (㉢)을 설계하고 구현하는 기술과 방법, 정보를 다루는 인간 사회에 대한 이해를 통해 실생활 및 다양한 학문 분야의 문제를 해결하는 능력과 태도를 기른다.

(1) ㉠~㉢에 적합한 내용을 쓰시오

(2) ㉮~㉰의 설명에 가장 근접한 정보 교과의 역량을 각각 쓰시오.

풀이 (1) ㉠ : 디지털 문화, ㉡ : 디지털 민주시민, ㉢ : 컴퓨팅 시스템
(2) ㉮ 인공지능(AI) 소양, ㉯ 디지털 문화 소양, ㉰ 컴퓨팅 사고력

다음은 2022 개정 정보과 교육과정의 내용 체계에 관한 설명이다. ㉠~㉢에 적합한 내용을 쓰시오.

> 2022 개정 교육과정에서 정보 교과 내용 체계의 내용 요소를 3가지 범주로 제시하였다. 이들 중 (㉠)은 구체적 지식 관점에서 핵심이 되는 내용을 선정하였으며, (㉡)은 절차적 지식이 중요하게 고려되는 교과의 특성을 고려하였다. 그리고 (㉢)은 디지털 사회의 핵심역량을 기르는 정보 교과의 전 과정을 통해 내면화되는 내용을 선정하였다.

풀이 ㉠ : 지식·이해, ㉡ : 과정·기능, ㉢ : 가치·태도

다음은 2022 개정 정보과 교육과정의 내용 체계에 관한 설명이다. ㉠~㉣에 적합한 내용을 쓰시오.

> 고등학교의 일반 선택 과목인 정보는 중학교 정보와 동일한 영역으로 구성하여 일관성을 유지하였다. 진로 선택 과목인 ㉠~㉢은 과목의 성격과 학문적 기저를 고려하였다. 각 과목은 해당 내용이 필요한 진로와 연계될 수 있도록 아래와 같이 구성하였다. 융합선택 과목인 (㉣)은 다양한 학문 분야와의 융합을 통해 문제 해결을 경험할 수 있는 프로젝트 형태로 각 영역을 구성하였다.
>
> | 진로 선택 과목 | (㉠) | 컴퓨터과학, 데이터 과학, 정보시스템 분야의 지식 |
> |---|---|---|
> | | (㉡) | 컴퓨터과학, 데이터 과학 분야의 기초지식 |
> | | (㉢) | 컴퓨터과학과 소프트웨어 공학 분야에 관한 지식 |

풀이 ㉠ : 인공지능 기초, ㉡ : 데이터 과학, ㉢ : 정보과학, ㉣ : 소프트웨어와 생활

다음은 2022 개정 중학교/고등학교 정보과 교육과정에서 정보 과목의 성취기준과 내용 체계 일부를 나타낸 것이다. 성취기준 ㉮~㉭을 참고하여 ㉠~㉣에 적합한 내용을 쓰시오.

> ㉮ 문제 해결에 적합한 데이터를 수집하고, 목적에 맞게 구분하여 관리한다.
> ㉯ 복잡한 문제를 해결 가능한 작은 문제로 분해하고 모델링한다.
> ㉰ 프로그램 작성에서 함수를 활용하고, 프로그램 수행 결과를 디버거로 분석하여 오류를 수정한다.
> ㉱ 기계학습의 개념을 이해하고, 지도학습과 비지도학습의 차이를 비교·분석한다.

영역	내용 요소(지식·이해)	
	중학교	고등학교
데이터	• 디지털 데이터 표현 방법 • 데이터 수집과 관리 • (㉠)	• 디지털 데이터 압축과 암호화 • 빅데이터 개념과 분석
알고리즘과 프로그래밍	• 문제 추상화 • 알고리즘 표현 방법 • 순차적인 데이터 저장 • 논리 연산 • 중첩 제어 구조 • (㉢)	• (㉡) • 정렬, 탐색 알고리즘 • 자료형 • 표준입출력과 파일입출력 • 다차원 데이터 활용 • 제어 구조의 응용 • 클래스와 인스턴스
인공지능	• 인공지능의 개념과 특성 • 인공지능 시스템	• 지능 에이전트의 역할 • (㉣)

풀이 ㉠ : 데이터 구조화 및 해석
㉡ : 문제 분해와 모델링
㉢ : 함수와 디버깅
㉣ : 기계학습의 개념과 유형

다음 표는 인공지능 기초 과목에 대한 2015와 2022 개정 교육과정의 영역별 내용 요소(지식 · 이해 범주) 일부와 이에 대한 정보 교사들의 대화 내용이다. 물음에 답하시오.

교육과정	영역	내용 요소
2015 개정 교육과정 (교육부 고시 제2020-236호)	(㉠)	• 음성 인식과 언어 이해 • 문제 해결과 탐색 • 기계학습의 개념과 활용 … (하략) …
	인공지능의 사회적 영향	• 사회적 문제 해결 • 사회적 책임과 공정성 • 데이터 편향성 • (㉡)
2022 개정 교육과정 (교육부 고시 제2022-33호)	인공지능과 학습	• 기계학습과 데이터 • (㉢) • 인공신경망과 딥러닝
	인공지능의 사회적 영향	• 인공지능의 발전과 사회 변화 • 인공지능과 진로 • (㉣)

A : 교육과정 개정으로 인해 고등학교 '인공지능 기초' 과목의 내용에 어떤 변화가 있습니까?

B : '인공지능과 학습' 영역에서는 기계학습의 유형을 (㉤) 등으로 구분하고, 해결해야 하는 문제의 특성을 고려하여 문제 해결에 적합한 유형을 선정하도록 하였습니다. 또한, (㉥) 등에 활용하는 (㉢)을 이해하여 문제 해결에 적합한 알고리즘을 선정할 수 있어야 한다고 기술하였습니다.

A : 그렇군요. '인공지능의 사회적 영향' 영역에서는 내용 요소의 변화가 있군요.

B : 예. 인간의 편향성에 대한 이해를 바탕으로, 알고리즘과 데이터의 편향성으로 인해 인공지능이 사회에 끼치는 영향을 이해하고 인공지능으로 인한 딜레마 상황에서 윤리적인 판단과 선택을 강조하였습니다. 그리고 현재까지 정의된 인공지능 윤리(지침)와 관련하여 인공지능 (㉦) 관점을 살펴보고, 인공지능 기술 활용으로 발생 가능한 윤리적 쟁점에 대하여 사회적 책임과 공정성의 가치를 판단할 수 있어야 한다고 기술하였습니다.

(1) ㉠, ㉡에 적합한 내용을 쓰시오.

(2) 교사들의 대화에 근거하여 ㉢, ㉣에 적합한 내용을 쓰시오.

(3) ㉤, ㉥, ㉦에 적합한 내용을 각각 3가지 나열하시오. 단, ㉢과 ㉣에 관련된 성취기준인 [12인기02-03]과 [12인기03-04]에 근거하여 답하시오.

(1) ㉠ : 인공지능의 원리와 활용, ㉡ : 윤리적 딜레마

(2) ㉢ : 기계학습 알고리즘, ㉣ : 인공지능과 윤리

(3) ㉤ : 지도학습, 비지도학습, 강화학습

　　㉥ : 분류, 예측, 군집

　　㉦ : 개발자, 사용자, 운영·관리자

다음은 2022 개정 중학교 정보과 교육과정의 성취기준을 나타낸 것이다. ㉠~㉣의 각 성취기준이 내용 체계의 어떤 영역에 해당하는지 쓰시오.

> ㉠ : 다양한 학문 분야의 문제 해결을 위해 협력하여 소프트웨어를 개발한다.
> ㉡ : 문제 해결 목적에 맞는 피지컬 컴퓨팅 구성요소를 선택하여 시스템을 구상한다.
> ㉢ : 디지털 공간에서 함께 살아가기 위해 개인정보 및 권리와 저작권을 보호하는 실천 방법을 탐구한다.
> ㉣ : 인공지능 학습에 필요한 데이터의 수집과 활용에서 발생하는 윤리적인 문제의 해결 방안을 구상한다.

풀이 ㉠ : 알고리즘과 프로그래밍, ㉡ : 컴퓨팅 시스템, ㉢ : 디지털 문화, ㉣ : 인공지능

다음은 2022 개정 정보과 교육과정(교육부 고시 제2022-33호)에 따른 고등학교 정보 과목에서 인공지능 영역 수업에 대한 교사들의 대화 내용과 수업 자료이다. 물음에 답하시오.

> A : 정보 과목의 목표에서 인공지능 관련하여 '(㉠)의 관점에서 인공지능을 이해하고, 기계학습을 통한 인공지능으로 문제를 해결하는 방법을 체득하고 적용하는 능력을 기른다.'고 명시되어 있습니다. 이 점을 고려할 때 다음 차시에는 어떤 내용의 수업을 진행해야 하나요?
> B : 지난 차시에는 기계학습의 개념을 이해하고, 지도학습과 비지도학습의 차이를 비교·분석

하였습니다. 다음 차시에는 교육과정 성취기준 '[12정04-03] 기계학습을 활용하여 해결할 수 있는 문제와 그렇지 않은 문제를 구분하고, 사회문제 해결에 기계학습을 적용한다.'를 학습하게 됩니다.

A : 그렇다면 ⓐ기계학습 유형을 이해하고, 이를 통해 해결할 수 있는 (㉡) 및 사회문제를 선별하여 해결책을 적용할 수 있도록 해야 합니다.

B : 예. 그래서 기계학습으로 해결 가능한 (㉡) 관련 문제를 탐색하여 인공지능이 사회문제 해결에 도움이 되는 경험을 제공할 수 있도록 수업 자료를 만들었습니다.

A : 기계학습 기반의 인공지능을 구현하기 위해서는 문제 해결에 적합한 (㉣)을 활용하는 것이 중요할 것 같습니다.

수업 자료

1. 아래 그림은 2016년부터 2030년까지 인류의 보편적 문제를 포함하여 17가지 주목표와 169개 세부 목표를 설정하여 해결하고자 하는 유엔과 국제사회의 공동 목표인 (㉢)를 나타낸 것입니다. 그림에 제시된 17가지 문제 중 1개를 탐색하고 기계학습으로 해결 가능한 방안을 나열해 봅시다.

2. 기계학습 기반의 인공지능이 우리가 직면한 (㉡) 문제 해결에 어떤 도움이 되는지 토론해 봅시다.

… (하략) …

---

(1) 정보 과목의 목표에 근거하여 ㉠에 적합한 용어를 쓰시오.

(2) 정보 과목의 성취기준과 '성취기준 해설'에 근거하여 ㉡에 적합한 용어를 쓰시오.

(3) 정보 과목의 '성취기준 해설'에 근거하여 밑줄 친 ⓐ를 3가지 나열하시오.

(4) 정보 과목의 '성취기준 적용 시 고려 사항'에 근거하여 ㉢에 적합한 용어를 쓰시오.

(5) 인공지능 영역의 '핵심 아이디어'에 근거하여 ㉣에 들어갈 2가지 내용을 쓰시오.

(6) 위 대화에 제시된 성취기준 [12정04-03]와 관련하여 사회문제 해결을 위해 필요한 자세를 가치·태도 범주의 내용 요소에 근거하여 쓰시오.

풀이 (1) 지능 에이전트　　　　　　(2) 실생활
　　 (3) 회귀, 분류, 군집　　　　　(4) 지속가능발전목표(SDGs)
　　 (5) 데이터, 기계학습 모델　　(6) 기계학습을 적극적으로 활용하는 자세

 다음은 2022 개정 정보과 교육과정(교육부 고시 제2022-33호)에 따른 고등학교 정보 과목 수업을 위해 교사가 작성한 수업 자료와 활동지 및 성취기준을 나타낸 것이다. 물음에 답하시오.

수업 자료					
번호판 인식	거리 측정	속도 측정	요금 계산	블랙박스	카드 자동 결재

활동지

학습 목표	1. 문제 해결에 적합한 (㉠) 장치를 선택할 수 있다. 2. 문제 해결을 위한 사물인터넷 시스템을 설계할 수 있다.

1. 다음과 같은 문제 상황을 해결하기 위한 사물인터넷 시스템을 설계하고자 합니다.

> 고속도로 톨게이트에서 자동차의 통행요금을 수동으로 계산함으로써 교통 정체와 인건비 상승의 문제가 발생하고 있다. 자동차의 통행요금이 자동으로 계산되도록 하이패스 시스템을 도입할 필요가 있다.

… (중략) …

2. 수업 자료에 제시된 장치들을 사용하여 문제를 해결하기 위한 사물인터넷 시스템을 그림으로 표현해 봅시다.
3. 위 활동을 통해 사물인터넷 시스템으로 인한 (㉡)에 대처하는 (㉢) 태도를 갖는 것이 중요합니다.

… (하략) …

> [12정01-01] … (생략) …
> [12정01-02] 사물인터넷의 구성과 동작 원리를 분석하고, 사물인터넷 기술로 인한 개인의 삶
> 과 사회의 변화를 예측한다.
> [12정01-03] (ⓐ)

(1) 2022 개정 고등학교 정보 교육과정의 내용 체계에서 위 수업과 가장 관련 깊은 영
역을 쓰시오.

(2) 위 학습 목표는 성취기준 ⓐ를 바탕으로 진술되었다. ㉠에 적합한 내용을 쓰시오.

(3) ㉡, ㉢에 적합한 내용을 쓰시오. 단, 성취기준 [12정01-02]와 관련된 가치·태도
범주의 내용 요소에 근거하여 답하시오.

(4) '학습 목표 2'를 달성하기 위해 교수·학습을 구상할 때 사물인터넷 장치를 이해하
고 구성하기 위한 관점에서 활용이 필요한 것은 무엇인가? 단, 위 성취기준의 '성취
기준 적용 시 고려 사항'에 근거하여 답하시오.

풀이 (1) 컴퓨팅 시스템
(2) 피지컬 컴퓨팅 시스템
(3) ㉡ : 사회 변화, ㉢ : 능동적
(4) 유·무선 네트워크

다음은 2022 개정 정보과 교육과정에 따른 정보과 교사들 간의 대화와 교사 A가 컴퓨팅
사고력을 기반으로 고등학교 정보 과목 수업의 데이터 영역을 재구성한 것이다. 물음에
답하시오.

> A : 정보 과목의 수업에서 데이터 영역을 컴퓨팅 사고력 중심으로 재구성하려면 어떻게 해야 할
> 까요?
> B : 다양한 학문 분야의 ⓐ문제 해결에 필요한 데이터의 관계를 모델링하고 알고리즘을 효율적
> 으로 설계하여 프로그램으로 구현, 평가, 개선하는 과정이 필요합니다.
> A : 예. 밑줄 친 ⓐ는 정보 과목에서 '알고리즘과 프로그래밍' 영역과 관련이 있습니다. 이 영역
> 에서 ⓐ를 지식·이해 범주의 내용 요소로 중학교는 (㉠), 고등학교는 (㉡)으로 명시하고
> 있습니다.
> B : (㉠)은 문제의 초기 상태, 현재 상태, 목표 상태를 정의하고 해결 가능한 형태로 구조화하는
> 것이며, 이것은 (㉢)의 3개 단계에 해당합니다. (㉡)은 복잡한 문제를 더 작은 문제로 나누
> 는 과정을 수행하며, 해결하기 용이하도록 단순화나 구조화하는 모델링 단계를 수행하는 것
> 입니다.

C : 자동화도 컴퓨팅 사고력 과정에서 중요한 요소이며, (ⓒ) 과정을 통해 도출된 문제 해결 모델을 프로그래밍을 통해 구현할 수 있습니다.

… (중략) …

A : 빅데이터를 활용한 (ⓐ) 프로그램 구현을 위해 어떤 것이 필요하나요?

B : 이와 관련하여 정보 과목의 '알고리즘과 프로그래밍' 영역의 성취기준에 ⓑ'객체를 구현하는 (②)와 (⑩)를 활용하여 프로그램을 작성한다.'가 제시하고 있습니다.

A : 위와 같이 ⓒ영역 간 교육과정 재구성을 통해 제시된 문제를 해결하는 경우 수업은 어떻게 설계해야 할까요?

… (중략) …

C : 학습자가 주제를 선정하고 탐구하는 (⑭) 방법을 활용하여 의미 있는 학습자 중심의 활동 경험을 제공할 수 있도록 하는 것이 좋습니다.

차시별 수업 지도 계획

학습 목표	1. 문제 해결에 필요한 데이터를 수집하고 알고리즘을 설계할 수 있다. 2. 빅데이터를 분석하여 시각화하는 (ⓐ) 프로그램을 구현할 수 있다.
학습 과정	수업 내용
데이터 수집	빅데이터를 수집하고 분석하기
데이터 전처리	문제 해결에 불필요한 속성을 제거하고 필요한 속성으로 정제하기
알고리즘 설계	(ⓐ) 개념을 적용하여 문제 해결 과정을 작성하기
프로그래밍	(ⓐ) 프로그래밍 언어를 사용하여 빅데이터 분석 도구 구현하기
적용 및 분석	구현한 프로그램으로 ⓓ데이터를 시각화하고 의미와 가치를 해석하기

(1) ㉠, ㉡에 적합한 내용을 쓰시오.

(2) 위 대화에서 제시된 영역의 '성취기준 적용 시 고려 사항'에 근거하여 ㉢에 적합한 내용을 쓰시오.

(3) ②, ⑩에 적합한 용어를 쓰시오.

(4) 정보 과목의 교수·학습 방법에 근거하여 ⑭에 적합한 내용을 쓰시오.

(5) 밑줄 친 ⓑ에 근거하여 ⓐ에 적합한 용어를 쓰시오.

(6) 밑줄 친 ⓒ의 경우 적합한 교수 · 학습 방법은 무엇인가? 단, 정보 과목의 교수·학습 방법에 근거하여 답하시오.

(7) 밑줄 친 ⓓ의 과정에서 필요한 문화를 '성취기준 적용 시 고려 사항'에 근거하여 쓰시오.

풀이 (1) ㉠ : 문제 추상화, ㉡ : 문제 분해와 모델링
(2) 문제 발견, 상태 정의, 핵심요소 추출
(3) ㉣ : 클래스, ㉤ : 인스턴스
(4) 프로젝트 기반학습
(5) 객체지향
(6) 문제기반학습
(7) 민주적인 토의·토론 문화

다음은 2022 개정 고등학교 정보 교육과정의 성취기준을 나타낸 것이다. ㉠~㉣의 각 성취기준이 내용 체계의 어떤 영역에 해당하는지 쓰시오.

> ㉠ : 디지털 데이터 압축의 개념과 필요성을 이해하고, 압축의 효율성을 분석하여 평가한다.
> ㉡ : 문제 해결에 적합한 피지컬 컴퓨팅 시스템 장치를 선택하여 사물인터넷 시스템을 설계한다.
> ㉢ : 데이터를 정렬하는 다양한 알고리즘의 특징과 효율을 비교·분석한다.
> ㉣ : 정보보안의 필요성을 이해하고, 보안 기술을 활용하여 디지털 윤리를 실천한다.

풀이 ㉠ : 데이터, ㉡ : 컴퓨팅 시스템, ㉢ : 알고리즘과 프로그래밍, ㉣ : 디지털 문화

다음은 2022 개정 고등학교 '인공지능 기초' 과목의 성취기준 해설을 나타낸 것이다. 물음에 답하시오.

> ㉮ 인공지능의 개념과 특성을 이해하고, (㉠)를 통해 인공지능의 지능적 판단에 대해 고찰하며, 인공지능이 활용된 최신 사례를 분석하여 인공지능의 활용 범위와 중요성을 설명할 수 있어야 한다.
> ㉯ 지능적 탐색을 적용할 수 있는 퍼즐이나 길찾기 문제를 탐색하고, (㉡) 등의 정보 이용 탐색 방법을 적용한 인공지능 프로그램을 개발할 수 있어야 한다.

(1) 위 성취기준 해설에 해당하는 내용 체계의 영역을 쓰시오.

(2) ㉮, ㉯의 성취기준 해설에 해당하는 지식·이해 범주의 내용 요소를 각각 쓰시오.

(3) 성취기준 해설에 근거하여 ㉠에 적합한 내용을 쓰시오.

(4) 성취기준 해설에 근거하여 ㉡에 적합한 내용을 2가지 쓰시오.

풀이 (1) 인공지능의 이해
(2) ㉮ 인공지능의 원리, ㉯ 인공지능과 탐색
(3) 튜링 테스트
(4) 최상 우선, A* 알고리즘

다음 표는 2022 개정 정보과 교육과정(교육부 고시 제2022-33호)에서 인공지능 기초 과목의 내용 요소 일부를 나타낸 것이다. ㉠~㉺에 적합한 내용을 ⓐ~ⓗ에서 각각 1개씩 선택하시오.

영역	내용 요소 (지식·이해)	내용 요소 (과정·기능)	내용 요소 (가치·태도)
인공지능의 이해	• 인공지능의 원리 • 인공지능과 탐색 • 지식의 표현과 추론	(㉠)	(㉢)
인공지능과 학습	• 기계학습과 데이터 • 기계학습 알고리즘 • 인공신경망과 딥러닝	(㉡)	(㉣)
인공지능의 사회적 영향	• 인공지능의 발전과 사회 변화 • 인공지능과 진로 • 인공지능과 윤리	(㉷)	(㉦)
인공지능 프로젝트	• 인공지능과 지속가능발전목표 • 인공지능 문제 해결 절차	(㉸)	(㉺)

ⓐ 인공지능 소프트웨어 개발 및 평가 방법 설정하기
ⓑ 인공지능과 관련된 윤리적 딜레마 상황에 대해 논의하기
ⓒ 딥러닝을 활용한 문제 해결 방법 탐색하고 구현하기
ⓓ 탐색 알고리즘을 문제 해결에 적용하기
ⓔ 프로젝트를 수행하는 과정에서 윤리 문제 등 사회적 영향 인식
ⓕ 진로 및 직업 관점에서 인공지능의 중요성 인식
ⓖ 기계학습에 적용하는 데이터의 중요성 판단
ⓗ 인공지능의 필요성과 적용 가능성 인식

풀이 ㄱ : ⓓ, ㄴ : ⓒ, ㄷ : ⓑ, ㄹ : ⓐ
ㅁ : ⓗ, ㅂ : ⓖ, ㅅ : ⓕ, ㅇ : ⓔ

다음은 2022 개정 정보과 교육과정(교육부 고시 제2022-33호)에서 고등학교 진로 선택 과목의 성취기준과 내용 체계 일부를 나타낸 것이다. 성취기준 ㉮~㉲을 참고하여 ㉠~㉣에 적합한 내용을 쓰시오.

> ㉮ 이상치와 결측치 탐색 및 정규화를 통해 전처리하여 오류 가능성을 최소화하고, 데이터 분석을 위해 시각화한다.
> ㉯ 수집된 데이터를 탐색적으로 분석하여 데이터 속 의미를 파악하고, 문제 해결을 위한 창의적인 방법을 구상한다.
> ㉰ 함수 정의와 호출의 원리를 이해하고, 매개변수를 활용한 함수 프로그램을 작성한다.
> ㉱ 다양한 오픈소스 및 라이브러리를 활용하여 협력적으로 문제를 해결하기 위한 프로그램을 작성한다.

과목	영역	내용 요소(지식·이해)
데이터 과학	(㉠)	· 데이터 전처리 · 데이터 분석 방법
	데이터 과학 프로젝트	· 데이터 과학의 주제 · (㉡) · 결과의 의미 해석
정보과학	(㉢)	· 함수 정의와 호출 · 재귀관계와 재귀함수
	정보과학 프로젝트	· 문제 발견 · 프로젝트 설계 · (㉣) · 테스트와 디버깅

풀이 ㉠ : 데이터 준비와 분석
㉡ : 탐색적 데이터 분석
㉢ : 프로그래밍
㉣ : 오픈소스와 공유

다음은 2022 개정 정보과 교육과정(교육부 고시 제2022-33호)에서 고등학교 융합선택 과목의 성취기준과 내용 체계 일부를 나타낸 것이다. 물음에 답하시오.

> ㉮ 소프트웨어 융합을 통한 문제 해결 사례를 바탕으로, 다양한 학문 분야에서 소프트웨어와의 융합을 통해 문제를 해결하는 방법을 비교·분석한다.
> ㉯ 피지컬 컴퓨팅을 통해 미디어아트 작품을 창작하고, 창작에 활용된 소프트웨어의 가치를 파악한다.
> ㉰ 데이터를 분석하고 시각화하여 다양한 사회 현상의 의미를 해석한다.
> ㉱ 스타트업 프로젝트에 적합한 소프트웨어를 협력적으로 설계하고 구현한다.
> ㉲ 시뮬레이션 프로그램 구성 방법에 따라 복잡한 문제나 현상의 원리를 (㉺)로 표현한다.

영역	내용 요소(지식·이해)
사회를 변화시키는 소프트웨어	• 소프트웨어와 사회 변화 • (㉠)
(㉡)	• 피지컬 컴퓨팅 도구 • 미디어아트 • 웨어러블 장치
현상을 분석하는 소프트웨어	• 데이터 유형별 수집 방법 • (㉢)
가치를 창출하는 소프트웨어	• 소프트웨어 스타트업의 개념 • (㉣)

(1) 성취기준 ㉮~㉱을 참고하여 ㉠~㉣에 적합한 내용을 쓰시오.

(2) 위 4개 영역을 제외한 1개 영역의 이름을 쓰고, 해당 영역의 지식·이해 내용 요소에 해당하는 ㉺에 적합한 내용을 쓰시오.

풀이 (1) ㉠ : 소프트웨어 융합과 문제 해결, ㉡ : 창작을 지원하는 소프트웨어, ㉢ : 데이터 시각화와 분석 ㉣ : 소프트웨어 스타트업 프로젝트
(2) 영역 : 모의 실험하는 소프트웨어
     ㉺ : 시뮬레이션 모델

CHAPTER 2

정보 교수·학습 방법

2.1 교수·학습 이론

2.1.1 기출문제 풀이

중등교사 임용시험 2005-5

다음은 교수설계 시 고려해야 할 시사점을 나열한 것이다. 물음에 답하시오.

번호	교수설계 시 시사점
①	학습 결과는 관찰될 수 있고 측정될 수 있도록 설계해야 한다.
②	지식의 구조를 명료화하고 다양한 인지 전략을 적용하도록 설계해야 한다.
③	성공적인 학습을 위해 피드백과 긍정적 강화를 제공하도록 설계해야 한다.
④	학습 내용을 선수학습과 연계하여 관련 있는 사건으로 구성하고, 학습의 위계를 제시하도록 설계해야 한다.
⑤	자기 성찰을 통한 학습의 기회를 제공하도록 설계해야 한다.
⑥	추상적인 원리와 법칙보다는 실제 상황 혹은 문제를 제시하도록 설계해야 한다.
⑦	학습결과 확인과 파지를 높이기 위한 반복학습과 연습의 기회를 포함하도록 설계해야 한다.
⑧	능동적인 학습을 위한 자원 혹은 도구를 갖춘 학습환경을 조성하도록 설계해야 한다.

(1) 행동주의 관점에서 기술한 것의 번호를 모두 나열하시오.

(2) 인지주의 관점에서 기술한 것의 번호를 모두 나열하시오.

(3) 구성주의 관점에서 기술한 것의 번호를 모두 나열하시오.

풀이 (1) ①, ③, ⑦

(2) ②, ④

(3) ⑤, ⑥, ⑧

중등교사 임용시험 2006-1

다음은 인지적 도제(Cognitive Apprenticeship) 이론을 활용한 엑셀 수업 상황이다. 아래 표의 ①~④에 적합한 내용을 쓰시오.

단계		엑셀 수업 활동
1단계	모델링 (modeling)	①
	코칭 (coaching)	학생들은 엑셀 과제를 실습하기 시작하였다. 교사는 학생이 과제를 제대로 진행하지 못할 경우, 도움말을 주고 실습을 계속할 수 있도록 격려해 주었다.
	②	교사는 학생이 학습한 엑셀 지식을 통합적으로 활용할 수 있도록 어려운 부분은 다시 시범을 보이며 피드백을 제공하였다.
	③	학습에 익숙해지면 도움을 서서히 줄여나가면서 학생들이 스스로 문제를 해결할 수 있도록 하였다.
2단계	명료화 (articulation)	학생들에게 자신이 완성한 엑셀의 수행 기능을 설명하며 시범을 보이도록 하였다.
	④	학생들은 자신이 수행하였던 방식을 교사의 문제 해결 방식과 비교하여 검토하였다.
3단계	탐구 (exploration)	학생들은 수업 시간에 배운 엑셀의 기능을 자유롭게 적용하여 문제를 해결할 수 있는 방법을 찾아내었다.

풀이

① 교사가 학습자들에게 엑셀 과제를 시범으로 보여주고 학습자들은 이것을 관찰하였다.

② 비계설정(scaffolding)

③ 점진적 제거(fading)

④ 반성적사고(성찰, 반영, reflection)

다음은 중학교 정보 과목의 프로그래밍 영역에 대한 수업을 설계하기 위한 개요와 수업 일지 중 일부를 나타낸 것이다. 〈작성 방법〉에 따라 서술하시오.

· 중단원 : 3. 프로그래밍
· 학습 대상 : 중학교 1학년
· 학습 목표
  1. 순차, 선택, 반복의 원리를 설명할 수 있다.
  2. 순차, 선택, 반복의 개념을 적용하여 프로그램을 작성할 수 있다.

  수업의 도입에서는 ㉠실생활에서 활용되고 있는 순차, 선택, 반복 구조에 대한 각각의 사례를 제시하여, 제어 구조에 대한 개념적 지식을 실제 대상에 투영하고자 하였다.
  본시 학습에서는 순차, 선택, 반복 구조에 대한 개념을 설명하고 ㉡블록 기반 프로그래밍 언어를 사용하여 제어 구조의 특징을 시각적으로 구현하여 탐색하도록 하였다. 학생들은 프로그래밍을 수행하면서 제어 구조의 명령 실행 과정이 어떻게 다른지를 이해하고 효율적인 프로그램을 작성하도록 하였다.
  프로그래밍을 통해 학생들은 (㉢)와/과 (㉣)을/를 구분하는 경계를 없앨 수 있었으며, 이는 직관적인 예상을 표면화하도록 도와주는 역할을 하였다. 학생들은 제어 구조를 이해하는 과정에서 동료교수법을 적용하여 결과와 과정을 공유하도록 하였다.
  수업의 정리에서 학생들은 자신의 사고 과정에 대해 서로 이야기하면서 학습자 간 유의미한 상호작용과 구성원 각자의 역할을 책임감 있게 수행하는 모습을 확인하였다.
  다음 차시 활동으로 실생활 문제를 해결할 수 있는 소프트웨어설계와 개발을 위해 학습자 2명이 각각 ㉤드라이버와 내비게이터 역할을 수행하는 프로그래밍 방식인 (㉥)을/를 소개하며 수업을 마무리하였다.

작성방법
(1) 밑줄 친 ㉠과 ㉡이 페퍼트(S. Papert)의 구성주의(constructionism) 이론을 토대로 구성된 활동이라고 할 때, 괄호 안의 ㉢과 ㉣에 해당하는 용어를 쓸 것.
(2) 괄호 안의 ㉥에 해당하는 용어를 쓰고, 밑줄 친 ㉤의 역할을 서술할 것.

풀이 (1) ㉢ : 학습, ㉣ : 활동(놀이)
(2) 짝 프로그래밍
  역할 : 내비게이터의 안내를 받아 프로그램을 직접 작성하는 역할을 한다.
  짝 프로그래밍은 하나의 개발 가능한 컴퓨터에서 두 명의 개발자가 함께 작업하는 것이다. 네비게이터가 전략을 제시하고 드라이버가 실제 코드를 작성하며, 이 역할을 교대로 수행한다.

다음은 고등학생들의 수업 참여도와 흥미를 높이기 위한 A 교사의 '수업 의도'와 수업에 도입할 '문제 상황'이다. 그리고 추상화, 알고리즘, 프로그래밍을 연계한 학습 활동 계획을 나타낸 것이다. 〈조건〉을 고려하여 〈작성 방법〉에 따라 서술하시오.

수업 의도	A 교사는 수업 참여도와 흥미를 높이기 위해 실생활 문제를 수업에 도입한다.

문제 상황: K 학생이 사과 10개를 사러 H 마트에 갔다. 마트에 도착했을 때, 아래와 같은 서로 다른 할인율이 적용된 사과 포장 단위 가격표를 보게 되었다. K 학생이 가장 저렴한 가격으로 사과 10개를 살 수 있는 방법은?

포장 단위(개)	1	2	3	4	5
가격(원)	300	500	800	1,000	1,400

학습 단계		학습 활동 구성 계획	유의사항
프로젝트 계획 단계		• 팀 구성 및 팀별 과제 안내 • (㉠) • 프로젝트 실행 단계 안내	적극적 참여 유도전략
프로젝트 실행 단계	추상화	• 현재 상태 찾기 유도 　– 가장 저렴하게 살 수 있는 사과 10개의 가격을 모르는 상태 • 목표 상태 찾기 유도 　– (㉡) • 수행할 일 정리 유도 　– 사과 가격표를 참고하여 사과 10개의 구매 가격 계산 　– 최종 계산 값을 비교하여 가장 저렴한 가격 확정	협력적 문제 해결
		• 핵심 요소 추출 유도 　– 구매하려는 사과 개수는 10개임 　– (㉢) 　– 가장 저렴하게 구매하려고 함	
		• 가격표의 가격을 조합하여 계산식 만들기 유도 　– 가장 저렴하게 사과를 살 수 있는 가격 계산 모델 만들기	
	알고리즘	… (생략) …	
	프로그래밍	… (생략) …	

조건

* 괄호 안의 ⓛ은 활동 계획의 '현재 상태'에 대한 '목표 상태'로 한정한다.
* 괄호 안의 ⓒ은 제시된 '문제 상황'에서 찾는 것으로 한정한다.

작성방법

(1) 2015 개정 고등학교 정보과 교육과정의 '프로그래밍' 핵심개념에 대한 '교수·학습 방법 및 유의사항'에 제시된 팀 구성원의 적극적 참여를 유도하기 위해 괄호 안의 ㉠에 해당하는 활동을 서술할 것.
(2) 괄호 안의 ⓛ에 해당하는 목표 상태를 서술할 것.
(3) 괄호 안의 ⓒ에 해당하는 핵심 요소를 쓰고, 그 이유를 서술할 것.

풀이 (1) 구성원의 임무와 역할을 명확히 분담하도록 안내

〈고등학교 정보, 프로그래밍 교수·학습 방법 및 유의 사항〉
프로그래밍을 통한 융합 문제 해결 프로젝트를 협력적으로 수행할 수 있도록 지도하고, 수행 과정에서 구성원의 적극적 참여를 유도하기 위해 프로젝트 계획 단계에서 구성원의 임무와 역할을 명확히 분담하도록 안내한다.

(2) 가장 저렴하게 살 수 있는 사과 10개의 가격을 아는 상태(또는, 사과 10개를 가장 저렴하게 구매한 상태)

(3) ① 핵심 요소 : 서로 다른 할인율이 적용된 사과 포장단위 가격(또는, 포장단위와 가격 정보)

② 이유 : 사과 구매 시 포장단위 가격이 문제 해결에 영향을 주기 때문이다.(또는, 포장단위에 따라 가격이 서로 다르기 때문이다.)

다음은 예비 교사가 중학교 정보과에서 알고리즘의 표현에 관한 수업을 위해 작성한 〈교수·학습 지도안〉의 일부이다. 〈작성 방법〉에 따라 서술하시오.

〈교수·학습 지도안〉

차시	4/4 차시	교수·학습 방법	협동 학습
학습 목표	실생활 문제의 해결 과정을 알고리즘으로 표현할 수 있다.		

단계	학습 진행 과정	교수·학습 활동
도입	동기 유발	(㉠)
	학습 목표 제시	학습 목표를 제시한다.
전개	학습 개념 설명	알고리즘의 표현 방법에는 자연어, (㉡) 등이 있다는 것을 제시하고, 작성법을 설명한다
	학습 활동	(㉢)
정리	평가 및 정리	모둠별로 학습 결과를 발표하게 하고 상호 평가하도록 한다.
	차시 예고	

작성방법
(1) ㉠에 해당하는 교수·학습 활동 1가지를 서술할 것.
(2) 괄호 안의 ㉡에 해당하는 알고리즘의 표현 방법 1가지를 쓸 것.
(3) ㉢에 해당하는 교수·학습 활동 1가지와 그 이유를 서술할 것.

풀이

(1) 알고리즘이 적용된 사례를 소개하여 주의 집중할 수 있도록 유도하며, 흥미를 유발한다.
(2) 의사코드(슈도코드, pseudocode) 또는 순서도
(3) ① 교수·학습 활동 : 모둠을 구성하여 알고리즘 표현을 실습한다.
　　② 이유 : 지도안에 제시된 교수·학습 방법이 협동학습이므로 모둠을 구성할 필요가 있으며, '학습 목표'에 근거하여 실생활 문제를 해결하는 실습이 필요하다.

다음은 교사 A가 중학교 정보 과목 수업을 위해 작성한 〈단원 지도 계획〉, 〈평가 문항〉, 〈학생 답안〉을 나타낸 것이다. 〈학생 답안〉에 있는 스크래치 프로그램을 실행하였더니 원하는 결괏값이 출력되지 않았다. 〈작성 방법〉에 따라 서술하시오.

〈단원 지도 계획〉

차시	학습 주제	학습 목표	교수·학습 방법
1	프로그래밍 언어의 이해	프로그래밍의 개념을 이해할 수 있다.	강의법
2	변수의 활용	변수를 활용한 프로그램을 개발할 수 있다.	시범·실습법
3	자료의 입력과 출력	입력과 출력을 활용한 프로그램을 개발할 수 있다.	시범·실습법
4	제어문의 활용	제어문을 활용한 프로그램을 개발할 수 있다.	시범·실습법

〈평가 문항〉
구구단 2단부터 9단까지의 결괏값을 순차적으로 모두 출력하는 프로그램의 순서도를 작성하고, 스크래치 언어로 구현하시오. (예를 들어, 2단의 결괏값은 2, 4, 6, …, 18이다.)

〈학생 답안〉

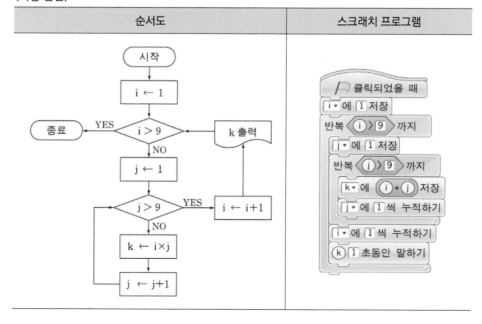

순서도	스크래치 프로그램

> **작성방법**
> (1) 〈학생 답안〉의 순서도에서 논리적 오류 2개를 찾아 쓰시오.
> (2) 각각의 오류를 수정하기 위해 교사가 제시해야 할 피드백을 기술하시오.

풀이 (1) ① i ← 1

② 'k 출력'의 위치가 잘못됨

(2) ① 구구단은 2단부터 시작 함(또는, i ← 2로 바꿈)

② 곱셈 결과인 k값은 새로운 값이 계산될 때마다 출력해 주어야 함(또는, k 출력을 'k ← i×j' 다음으로 옮김)

2.1.2 요약 : 교수·학습 이론

1 교수·학습의 이해

- 교수 : 교사가 중심이 되어 지식을 주입 전달한다는 의미가 강조된 용어
- 학습 : 학생이 수업의 중심에 있다는 의도로 표현된 용어
- 교수·학습 과정 : 가르치는 활동과 배우는 활동의 상호 교류 과정을 강조한 용어

2 학습이론의 구분

(1) 행동주의 학습이론

① 학습의 의미
- 경험의 결과로 나타나서 관찰할 수 있는 행동의 변화
- 학습자 내부의 인지적 현상보다 외부의 행동 변화에 초점
② 학습이론 원리
- 학습의 통제는 외부에 있음
- 환경을 통제하거나 변화시켜 행동을 변화시켜야 함
- 학습은 자극과 반응 간의 연합 결과이며, 이들의 반복적인 연습을 통하여 이루어질 수 있음
- 학습경험을 체계적으로 제공하면 어떠한 행동도 학습이 가능함

③ 종류
- 파블로프(Pavlov)의 고전적 조건화
- 손다이크(Thorndike)의 시행 착오설
- 스키너(Skinner)의 조작적 조건화

④ 교수·학습 설계에 미친 영향
- 자극과 반응 간의 시간적 인접성 : 자극에 대해서 반응은 지연 없이 바로 제시
- 지속적인 반복연습을 통한 자극과 반응의 연합 : 특정 자극에 대해 반응을 보이는 활동은 반복을 통하여 연합됨
- 학습 목표의 행동용어 진술
- 강화의 제공 : 외재적 동기 강화, 즉각적, 긍정적, 일관성 있는 강화
- 수업 내용의 계열화 : 쉬운 것에서 어려운 것으로, 복잡하고 어려운 것은 세분화하고 단순화하여 제시
- 피드백 제공 : 수업 목표로 제시된 학습 내용은 계속 평가되어야 하고, 결과에 따라 즉시 피드백 이루어져야 함

(2) 인지주의 학습이론

① 인지주의
- 의미 : 학습자 내부에서 일어나는 인지 과정
- 인지 : 두뇌 속에서 벌어지는 외부 감각적 자극의 변형, 기호화 또는 부호화, 파지, 재생 또는 인출이라는 일련의 정보처리 과정
- 학습 : 기억된 정보와 새로 학습된 정보의 결합을 통한 기억구조의 변화
- 종류 : 형태주의 심리학, 정보처리이론

② 형태주의 심리학
- 사물과 그 배경에 의해 전체적인 인식의 장을 고려하여 한 번에 단일하게 발생하는 것

③ 정보처리이론
　㉠ 정보의 저장소와 그곳에서 일어나는 정보의 처리 과정을 설명

ⓛ 인지 과정
- 메타인지 : 주의 집중, 지각, 이해, 기억, 문제 해결 등의 인지 과정을 점검하고 조절할 수 있는 능력

메타인지
⇓

정보	주의 집중 →	감각 등록기	지각 →	단기기억	시연, 부호화 → / 인출 ←	장기기억

ⓒ 정보 저장소
- 감각 등록기 : 외부 환경으로부터 정보를 최초로 저장, 정확하게 저장, 4초 이내의 짧은 시간 동안만 저장
- 단기기억(작동기억, 작업기억) : 저장된 정보에 의미를 부여한 것, 짧은 기간 동안 머무른 것, 7개 정도의 제한된 용량을 가지고 있음
- 장기기억 : 정보를 오랫동안 기억할 수 있는 곳, 의미적 부호화

ⓔ 정보의 활성화 전략

단기기억에서 장기기억으로 보내기 위한 정보의 활성화 전략
- 유의미화 : 정보에 의미 부여, 의미가 있을수록 기억하기 쉬움
- 순서적 위치 : 정보의 제시 순서
- 연습 : 반복 학습
- 정보의 조직 : 여러 개의 정보를 하나의 단위로 조직
- 기억술 : 기억하기 쉬운 이미지, 단어, 어구 등으로 연결

ⓜ 메타인지 전략

유의미한 부호화 전략, 장기기억에서 회상을 통해 더 오래 기억하기 위한 방법
- 발췌 : 핵심적인 문장, 구절, 단어 등을 요약
- 정교화 : 비유와 같이 자신의 말로 다시 적어보는 것
- 도식화 : 학습 내용을 다시 그림이나 기호로 그려보는 것
- 조직화 : 정보를 특정 기준에 따라 분류, 구분하여 다시 조직화함
- 인지적 감지(모니터링) : 자신이 학습하고 있는지 계속 추적하고 통제

④ 인지주의 학습이론이 교수·학습 설계에 미친 영향

- 선수 지식이나 기능에 대한 복습
- 주의 집중 : 감각 등록기에 들어온 정보를 주의 집중하여 즉시 처리함
- 시연 : 단기기억 안에서 정보를 계속하여 반복 처리함
- 부호화 촉진 : 단기기억에서 장기기억으로 정보를 이동시키는 작업
- 정보들의 관련성 설명 : 다양한 예시와 질문을 제시
- 사고의 과정과 탐구 기능의 학습을 강조
- 정보처리 전략의 활용 : 학습자가 스스로 새로운 정보를 처리할 수 있도록 함
- 내재적 학습 동기의 강화
- 학습 과정 위주의 평가
- 학습의 위계성

(3) 구성주의 학습이론

1) 학습과 교수설계

- 학습 : 학습자가 사전 경험과 사회적 상호작용을 통해 능동적으로 지식의 의미를 구성하는 과정
- 교수설계의 목적 : 학습이 이루어질 수 있는 다양한 상황(맥락)을 제공하고, 학습자가 사회적 상호작용을 통해 문제를 해결해 나가는 과정에서 지식의 의미를 이해하고, 이를 적용하여 문제를 해결할 수 있는 능력을 기르도록 함

2) 피아제(Piaget)의 인지적 구성주의

- 인지적 불균형 상황에서 동화와 조절을 통해 평형을 유지하려는 본능으로 능동적으로 발달
- 학습은 인지적 혼란이나 모순을 겪었을 때 동화와 조절을 통해 인지구조를 변화시키는 과정
- 학습자의 인지적 갈등과 모순은 지적발달을 촉진하는 중요한 매개체
- 효과적인 교수·학습은 인지발달 단계에 맞는 적절한 자극이 주어져야 함

3) 비고츠키(Vygotsky)의 사회적 구성주의

- 인지발달은 사회적 상호작용이 내면화되면서 이루어짐
- 타인과의 관계에서 영향을 받으며, 사회적으로 맥락화된 지식을 자신의 시각에 의하여 내면화하며 성장
- 근접발달영역(zone of proximal development) : 실제적 발달수준과 적절한 도움을 받아 문제를 해결할 수 있는 잠재적 발달수준 간의 거리임. 아동이 스스로 문제를 해결할 수 없지만 성인이나 뛰어난 동료와 학습하면 성공할 수 있음
- 스캐폴딩(지원, scaffolding) : 아동이 자신의 힘으로 문제를 해결할 수 있는 단계에 도달할 수 있도록 제공되는 도움이나 보조

4) 페퍼트(Papert)의 구성주의

- **Piaget**의 구성주의를 바탕으로 함
- **Papert**는 컴퓨팅 사고력이란 용어를 최초로 제시한 학자
- 구체적 사물을 바탕으로 학습자의 지식 구성 활동(반영적 추상화 활동)을 지원하고 촉진
- 내면의 감정과 아이디어를 구체적 사물로 표현하는 투영이 학습의 핵심
- 핵심 아이디어와 교수·학습 설계의 중점 사항

핵심 아이디어	교수·학습 설계
· 경험과 실패를 통한 학습 · 기술을 활용하는 것 · 목표에 도달하기 위해 즐기는 것 · 학습 방법을 배우는 것 · 목표 달성을 위해 시간을 적절히 활용 · 학생들에게 하는 대로 우리 자신에게 하는 것 · 디지털 세상이 시작되는 것	· 학습자 중심의 학습 환경 · 실제적 과제와 맥락을 강조 · 문제 해결 중심의 학습 · 교사의 역할은 보조자와 촉진자 · 협동학습의 강조 · 학습 과정에서의 평가

5) 인지적 도제이론

전문가의 숙련된 지식체계를 초보자가 쉽게 따라 할 수 있도록 단계적 숙달 과정을 제공함. 즉, 교사가 먼저 과제를 수행하고 학습자가 관찰하여 모방하는 모델링 과정

① 전개 과정

- 모델링(modeling) : 교사(전문가)가 시범, 학습자는 교사의 과제 수행 과정(사고, 행동)을 관찰
- 코칭(coaching) : 학습자가 과제를 수행하고, 교사는 학습자에게 조언 및 피드백을 제공
- 스캐폴딩(scaffolding&fading) : 재시범, 설명을 통해 구체적인 도움 제공
- 명료화(articulation) : 학습자가 구성한 지식과 수행 기능을 명료하게 시범·설명
- 반성적 사고(성찰, reflection) : 학습자가 자신이 수행하고 있는 문제 해결과정을 전문가인 교사가 하는 것과 비교하여 반성적으로 검토
- 탐구(exploration) : 자신의 지식과 기능, 태도를 자유자재로 사용할 수 있도록 방안 탐색, 다른 상황에 적용할 수 있는 보편적 지식 습득

② 교사의 역할

- 촉진자, 조언자, 안내자, 조정자

③ 장단점

- 복잡한 일을 학생에게 가르칠 때 유용
- 완전학습 가능, 모든 학습 영역에 적용 가능
- 복잡한 일에 유용, 문화적 동화가 이루어짐
- 실제적 문제 해결과 같은 복합적인 인지 전략을 필요로 할 때 좋음
- 학습자의 창의성 신장에 어려움 있음
- 교사의 특정 관점이 비판되고 여과되어 전달됨

6) 콜버그(Kohlberg)의 도덕성 발달이론

㉠ 인습 이전 수준(전도덕성) : 벌과 복종, 욕구충족지향

㉡ 인습 수준(타율도덕성) : 대인관계의 조화, 법과 질서

㉢ 인습 이후 수준(자율도덕성) : 사회적 계약, 보편 윤리적 원리

7) 구성주의 학습이론이 교수·학습 설계에 미친 영향

- 학습자 중심의 학습 환경
- 실제적 과제와 맥락

- 문제 해결 중심의 학습
- 협동학습 환경 구성
- 학습 과정에서의 평가
- 반성적 사고의 기회를 제공
- 고차적 수준의 사고를 요구하는 과제 제시(비구조화된 문제)
- 교사는 학습 관찰자, 학습 조언자, 학습 촉진자, 동료학습 및 모델

3 교수·학습 모형

(1) 협동형

1) 협동학습

주어진 학습과제나 학습 목표를 소집단으로 구성된 구성원들이 공동으로 노력하여 목표에 도달하게 함

① 절차

탐구 주제에 따른 하위 주제 선택 및 소집단 구성, 탐구 계획수립 및 역할 분담, 탐구 실행, 평가

② 특징
- 집단 구성원들의 동등한 지위와 책임(개별책무성)
- 이질적 집단 구성(인지적 수준 : 성적, 성별, 문화적 수준 : 인종, 성격)
- 협동학습은 학습자들이 수평적, 협력학습은 학습자들이 수직적

③ 장단점
- 문제 해결 능력, 의사결정 능력 향상
- 배려하는 태도 향상
- 긍정적 자아 개념 형성, 독립심과 책임감 형성
- 갈등이 생기면 학습 효과와 효율성 떨어짐
- 무임승차 가능
- 학습 목적에 소홀해질 수 있음
- 팀 간의 파벌 현상이 발생할 수 있음

2) 팀티칭

교사 중심의 교수법으로 두 명의 교사가 같은 학습자를 대상으로 진단, 계획, 교수, 평가의 과정을 진행

① 유형

  수업 분담, 공동 수업, 부분 협동 수업, 특활지도 관리

② 운영 과정

  • 기획 : 팀 구성, 분석, 역할 분담, 자료 개발
  • 실행 : 활동 수행, 성찰
  • 평가 : 팀티칭 운영평가, 수업평가

③ 장단점

  • 각 교사의 전문성 발휘
  • 서로 조화를 이루지 못할 수 있음
  • 상호작용을 위한 협의 및 논의가 피곤할 수 있고, 더 많은 준비 시간과 에너지를 요구하여 불편함
  • 각 교사에게 책임감의 약화
  • 비자발적 참여나 수동적 자세로 팀 교사 간의 불화

3) 동료 교수법

① 개념

  • 동료 간의 코칭
  • 동료 : 같은 수준의 동료 전문가 사이
  • 코칭 : 교사가 식별한 영역의 구체적인 부분에 대한 짧고 비형식적인 관찰

② 절차

  ㉠ 수업 전 협의회

    교사가 가르칠 수업에 대한 계획을 구체적으로 설명하고 명시

  ㉡ 교수활동 및 관찰

    • 사전 협의회에서 수립된 계획에 따라 수업을 진행
    • 사후 협의회에서 수업에 대한 분석과 결정을 위한 객관적인 자료를 수집

ⓒ 수업 후 협의회

수업 중 계획하거나 기대했던 것과 다른 점, 스캐폴딩이 무엇이었는지, 상호작용
구조에 어떤 변화가 있는지 확인

③ 기술

㉠ 경청 기술 : 귀로 듣기, 입으로 듣기, 마음으로 듣기

㉡ 질문 기술 : 과제 탐색 질문, 대안설정 질문, 실행계획 질문

㉢ 피드백 기술 : 칭찬이나 비난하지 않는 중립적 피드백으로 구체적이고 해결 지향
적으로 제시

(2) 탐구형

1) 문제기반학습(PBL : Problem Based Learning) 모형

① 개념

- 주어진 문제를 확인하고, 문제 해결 방법을 찾아서 해결한 후 이를 일반화함
- 여러 가지 문제 상황 속에서 해결 방법을 스스로 찾아 해결함으로써 자발적 학습
  참여와 자기주도적 학습이 가능

② 절차

㉠ 목표 발견 : 창의적 능력을 발휘할 수 있는 목표 찾기

㉡ 사실 발견 : 수집된 자료 중 현재 문제 상황을 이해하고 해결하는 데 도움이 될
수 있는 자료들로 분류하여 재정리함

㉢ 문제 발견 : 문제의 현재 상태와 목표 상태를 파악하여 문제 정의를 정확하게 함

㉣ 아이디어 발견 : 확산적 사고에 중점을 두어 문제의 해결책을 찾기 위하여 가능
한 한 많은 아이디어를 표출

㉤ 해결책 발견 : 수집된 아이디어의 평가를 위한 기준을 정한 후 최선의 해결안을
결정

㉥ 수용안 발견 : 문제 해결책을 계획, 실천, 평가함

③ 특징

복잡한 비구조적인 문제 제시, 학습자 중심, 협동학습 및 자기주도적 학습, 연역적
추론 능력 필요, 학습자의 자아 성찰, 반성적 사고 중시

2) 프로젝트 모형

하나의 주제를 가지고 오랜 시간 동안 다양한 방법과 계획을 세워 주제를 해결해 나가는 학습 모형

① 절차

주제선정 및 소집단 구성, 탐구 계획수립 및 수행, 최종 보고서 작성, 최종 보고서 발표, 평가

② 수업 적용

- 학습자가 스스로 주제를 선정한 후 조사하고 탐구하여 구체적 산출물 만들어 발표
- 단계 : 준비, 주제 결정, 활동 계획, 탐구 및 표현, 마무리, 평가

3) 순환 학습

학습자 스스로 구체적인 경험을 통하여 개념을 획득하고 사고력의 신장을 촉진하는 학습 모형

① 유형

ㄱ 경험·귀납적 순환 학습

학습자들에게 현상을 기술하고 설명하게 함으로써 개념적 오류가 나타나게 하거나 논쟁 혹은 지적 갈등이 발생하도록 함

ㄴ 가설·연역적 순환 학습

현상을 설명하는 개념 또는 가설을 설정하게 한 후 그것을 검증하는 과정에서 형식적 사고 유형의 발달 촉진

② 절차

ㄱ 개념 탐색

- 학습자의 행동과 반응을 통하여 문제에 내재한 규칙성 발견
- 기존의 개념이나 사고방식으로 해결할 수 없는 새로운 경험을 겪으면서 인지적 갈등 느낌

ㄴ 개념 도입

- 발견된 규칙성과 관련 있는 개념, 원리들을 도입하는 단계
- 인지적 갈등을 해소하여 새로운 평형 상태에 도달할 수 있도록 함

ⓒ 개념 적용
  • 학습한 개념, 원리 또는 사고 양식을 새로운 상황과 문제에 적용하고 발전시킴

(3) 도전형

1) 실습 중심 학습

강의에서 배운 내용을 실제 상황에서 실험이나 실습을 함으로써 교실에서 배운 이론을 현장에서 적용하고 필요한 기능을 학습하는 교수·학습 방법

2) 의사소통 중심 학습

• 프로그래밍 언어 교육의 목적을 컴퓨터와의 원활한 의사소통을 할 수 있는 능력을 기르는 것으로 함
• 적절한 프로그래밍 언어를 선택하여 유창하게 표현하는 기술을 배움

3) 사례기반 학습

• 일화 또는 시나리오 같은 사례를 중심으로 그 속에서 문제를 파악하고 이를 해결하기 위한 지식과 기술을 명료화하여 학습

2.2 교수·학습 방법

2.2.1 기출문제 풀이

 다음은 2015 개정 정보과 교육과정(교육부 고시 제2020−236호)에 따른 '인공지능 기초' 과목의 '내용 체계 및 성취기준'을 바탕으로 작성한 교수·학습 지도안의 일부이다. 〈작성 방법〉에 따라 서술하시오.

영역	인공지능의 이해	
핵심 개념	(㉠)	
학습 목표	1. (㉡)을/를 설명할 수 있다. 2. 인공지능과 인공지능이 아닌 것을 비교·분석할 수 있다.	
단계	교수·학습 활동	자료 및 유의점
도입	• 인공지능 가전제품에 관한 홍보 영상을 보고, 인공지능의 의미에 대해 자유롭게 발표하기 • 학습 목표 확인하기	… (생략) …
전개	• [활동 1] 생활 주변에서 '인공지능' 용어를 사용한 사례를 3가지 이상 찾아보고, '인공지능' 용어를 사용한 이유를 생각하여 발표하기 • [활동 2] (㉡) 알아보기 − 인공지능이란 무엇인지 확인하기 − 인공지능이 활용된 다양한 사례를 바탕으로 유사점 찾아보기 • [활동 3] 인공지능과 인공지능이 아닌 것을 비교·분석하기 − 인공지능(기계)과 자연지능(인간)을 비교·분석하기 − (㉢)을/를 비교·분석하기 ※ 발문 계획: 모든 소프트웨어를 인공지능이라고 할 수 있을까? − 비교·분석한 결과를 바탕으로 (㉡)을/를 설명하기	인공지능 기초 교육과정의 내용 체계에 기능으로 제시된 (㉣), 비교하기, 분석하기를 고려하여 각 활동을 지도한다.
정리	… (생략) …	(생략)

> **작성방법**
> (1) 2015 개정 정보과 교육과정(교육부 고시 제2020-236호)에 따른 '인공지능 기초' 과목의
>   '내용 체계'에 근거하여 괄호 안의 ㉠에 들어갈 '핵심 개념'을 쓰고, 괄호 안의 ㉡에 공통으로
>   들어갈 내용을 쓸 것.
> (2) 2015 개정 정보과 교육과정(교육부 고시 제2020-236호)에 따른 '인공지능 기초' 과목의
>   '교수·학습 방법 및 유의 사항'에 근거하여 괄호 안의 ㉢에 들어갈 내용을 서술할 것.
> (3) 전개 단계에 제시된 [활동 1], [활동 2], [활동 3]을 고려하여 괄호 안의 ㉣에 들어갈 '기능'을
>   쓸 것.

풀이

(1) ㉠ : 인공지능과 사회, ㉡ : 인공지능의 개념과 특성
(2) 인공지능이 적용된 소프트웨어와 적용되지 않은 소프트웨어
(3) 탐색하기

〈인공지능 기초 과목의 내용 체계〉

영역	핵심 개념	일반화된 지식	내용 요소	기능
인공지능의 이해	인공지능과 사회	인공지능은 4차 산업혁명의 핵심 기술로 사회와 직업의 변화를 이끌고 있다.	• 인공지능의 개념과 특성 • 인공지능 기술의 발전과 사회 변화	탐색하기 비교하기 분석하기
	인공지능과 에이전트	인공지능은 지능 에이전트의 형태를 통하여 외부 환경을 인식, 학습, 추론, 행동함으로써 문제를 해결한다.	• 지능 에이전트의 개념과 역할	

〈인공지능 기초 과목이 성취기준〉

[12인기01-01] 인공지능의 개념과 특성을 이해하고, 인공지능과 인공지능이 아닌 것을 비교·분석한다.

〈인공지능 기초 과목의 '교수·학습 방법 및 유의 사항'〉

[12인기01-01] 인공지능(기계)과 자연지능(인간), 인공지능이 적용된 소프트웨어와 적용되지 않은 소프트웨어를 비교·분석하는 활동을 통해 인공지능의 특성을 설명할 수 있도록 지도한다.

다음은 수업 개요의 일부와 이에 따른 수업을 서로 다른 방법으로 실시한 후 수업 개선 목적으로 실시한 학생 수업 참여 소감문의 일부이다. 〈작성 방법〉에 따라 서술하시오.

- 대단원/중단원 : Ⅱ. 자료와 정보/2. 자료와 정보의 분석
- 학습 대상 : 중학교 1학년
- 교육과정 분석
  – 영역 : 자료와 정보
  – 핵심 개념 : 자료와 정보의 분석
  – 내용 요소 : (㉠)
- 학습 목표
  1. 실생활의 정보를 표, 다이어그램 등 다양한 형태로 표현할 수 있다.
  2. 정보의 종류와 특성, 활용 목적에 따라 가장 효과적인 표현 형태를 판단할 수 있다.
- 수업 방법
  – ㉡협동학습, ㉢브레인스토밍(brainstorming)

소감문 A

- 수업에 대해 선생님에게 하고 싶은 말을 자유롭게 적어 주세요.

　오늘은 모둠 학습을 시작하기 전에 (㉠)을/를 주제로 평가가 있었어요. '우리 학급 시간표를 나타낸 구조가 무엇인가?', '어제 토너먼트로 진행한 축구 대회 대진표를 그려 볼 것', '이것은 무슨 형태로 보이는가?' 이런 문제였어요. 선생님이 문제 풀이를 간단히 해 주시고, ㉣모둠 학습을 시작하기 전에 실시한 평가에서 정답을 맞힌 개수를 기준으로 한 모둠에 3개를 다 맞힌 친구부터 하나도 못 맞힌 친구까지 다양하게 구성해서 모둠을 만들어 주셨어요. 저는 3문제 중에 2개를 맞혔어요.

　오늘 학습지 활동은 글로 표현된 정보를 다른 형태로 나타내 보는 거였는데 좀 어려웠지만, 선생님이 수업이 끝나기 전에 모둠에서 한 명씩 나와서 토너먼트 형식으로 퀴즈를 푸는 게임을 하고 모둠별로 그 결과를 종합해서 상품을 준다고 하셔서 모둠 친구들끼리 서로 도와 가며 공부했어요.

　모둠 학습을 마치고 게임을 했는데, 저랑 게임한 다른 모둠 친구들은 모두 ㉣모둠 학습을 시작하기 전에 실시한 평가에서 2개씩 맞힌 친구들이었어요. 이 게임에서 제일 잘하면 3개 맞힌 친구들 그룹으로 올라가고 제일 못하면 1개 맞힌 친구들 그룹으로 내려가는 방식이었어요. 우리 모둠 친구들도 각자 자기랑 비슷한 수준의 다른 모둠 친구들이랑 게임을 하고 돌아왔는데, 모둠 친구들의 성적을 합쳤더니 우리 모둠이 1등을 해서 너무 좋아요.

소감문 B

• 수업에 대해 선생님에게 하고 싶은 말을 자유롭게 적어 주세요.

    오늘은 (㉠)을/를 주제로 모둠 수업을 했어요. 모둠 활동을 하기 전에 선생님이 지하철 노선도를 보여 주시면서 "복잡한 정보를 쉽게 이해할 수 있도록 시각화한 사례."라고 설명해 주신 것이 기억에 남아요. 생각해 보니까 지하철 노선도에 정말 많은 정보가 있는 것 같았거든요. 선생님이 우리 주변에 말과 글을 대신해서 정보를 효과적으로 표현하고 있는 사례가 많다고 모둠별로 모여서 최대한 많은 아이디어를 모으라고 하셨을 때 좀 막연하게 생각했어요. 하지만 저보다 더 엉뚱한 아이디어를 말하는 친구도 있어서 저도 자신감을 갖고 제 생각을 많이 이야기했어요.

작성방법

(1) 괄호 안의 ㉠에 해당하는 내용 요소를 쓸 것(2015 개정 중학교 정보과 교육과정(교육부 고시 제2015-74호)의 내용 체계에 근거할 것).

(2) 밑줄 친 ㉡의 유형 중 소감문 A에 나타난 수업 방법의 명칭을 쓰고, 소감문 A의 수업과 연관하여 밑줄 친 ㉣의 목적 1가지를 서술할 것.

(3) 밑줄 친 ㉢의 기본 원칙과 관련 있는 핵심 어구 1가지를 소감문 B에서 찾아 쓸 것.

풀이   (1) 정보의 구조화

<중학교 정보 내용 체계>

영역	핵심 개념	일반화된 지식	내용 요소
자료와 정보	자료와 정보의 표현	숫자, 문자, 그림, 소리 등 아날로그 자료는 디지털로 변환되어 컴퓨터 내부에서 처리된다.	• 자료의 유형과 디지털 표현
	자료와 정보의 분석	문제 해결을 위해 필요한 자료와 정보의 수집과 분석은 검색, 분류, 처리, 구조화 등의 방법으로 이루어진다.	• 자료의 수집 • 정보의 구조화

〈중학교 정보 성취기준 해설〉

[9정02-03] 정보를 효과적으로 전달하기 위해 필요한 자료를 확인하고, 표, 다이어그램 등의 다양한 시각적 형태로 구조화하여 표현하도록 한다. 이러한 과정을 통해 정보의 종류와 특성, 문제 해결을 위한 정보 활용 목적에 따라 가장 효과적인 구조화 형태가 무엇인지 판단할 수 있어야 한다.

(2) ① 수업 방법 : TGT(팀경쟁학습모형)

    ② 목적 : 진단평가로 학생들의 수준을 파악한 후 모둠을 구성하기 위함이다.

(3) 최대한 많은 아이디어를 모으라고

다음은 2015 개정 중학교 정보과 교육과정에 따른 정보 과목 수업을 위한 교수·학습 지도안과 활동지이다. 〈작성 방법〉에 따라 서술하시오.

영역	㉠	핵심개념	알고리즘
학습단원	알고리즘의 이해 및 표현	교수·학습 방법	㉡
학습대상	중학교 1학년	학습장소	교실
학습목표	알고리즘을 이해할 수 있다.		

교수·학습 단계			교수·학습 활동
도입	전시 학습 확인		• 문제 해결의 과정과 알고리즘의 개념 확인
	학습 동기 유발		• 알고리즘의 이해와 관련한 학습 동기 유발
전개	문제 제시		• 로봇이 어디에서 출발하더라도 목적지에 도착할 수 있도록 표지판 배치하기
	문제 확인		• 학습 문제에 대한 학습자의 확인

	자료 수집 및 해결안 도출	관련 지식의 이해	• 문제 해결을 위한 관련 지식
			  – 준비물 파악(로봇, 지도, 표지판)
			  – 로봇을 이동시키는 조건과 규칙에 대한 이해
			  – 이동 방향 표지판의 종류와 기능에 대한 이해

		로봇의 이동 경로 작성	• 이동 가능한 모든 경로 예상 • 조건과 규칙에 따라 움직이는 로봇의 이동 경로 작성 • 로봇의 이동 경로 분석
		비용과 효율성 분석	• 로봇의 이동 경로에 따른 비용과 효율성 분석
	문제 해결안 발표		• 로봇의 조건과 규칙, 이동 경로를 추적한 과정 발표 • 추적 과정을 통해 학습한 내용 발표
정리	학습 결과 정리 및 평가		• 학습 결과 정리 • 학습 활동에 대한 자기 평가 • 교사의 학생에 대한 평가와 피드백
	차시 예고		• 차시 예고

활동지

학습 문제 : 로봇이 어떤 X에서 출발하더라도 목적지 G에 도착할 수 있도록 표지판을 배치해 볼까요?

[지도]

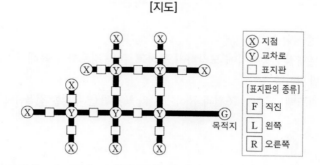

[조건과 규칙]

[조건]
1) 로봇은 주어진 [지도]에서 동작한다.
2) X는 지점이고, Y는 교차로이다.
3) 로봇이 어떤 X에서 출발하더라도 목적지 G에 도착할 수 있어야만 성공했음을 의미한다.
4) X와 Y 사이 그리고 Y와 Y 사이에는 방향 지시 표지판이 있다.

[규칙]
1) 로봇은 X 중의 한 지점에서 출발하고, 목적지 G에 도착하면 멈춘다.
2) 로봇은 Y에 도착하면 직전에 만난 표지판에 따라 이동한다. 그 표지판이 L이면 왼쪽으로 이동하고, R이면 오른쪽으로 이동하고, F이면 직진한다.
3) 로봇은 X에 도착하면 무조건 180도 회전하여 이동한다.

작성방법

(1) 2015 개정 중학교 정보과 교육과정(교육부 고시 제2015-74호)에 근거하여 지도안의 ㉠에 해당하는 내용을 쓸 것.
(2) 지도안의 전개 단계를 고려하여 ㉡에 해당하는 교수·학습 방법의 명칭을 쓸 것.
(3) 활동지에서 학습자가 표지판을 잘못 배치하면 로봇이 목적지에 도착하지 못하는 경우가 발생한다. 이때 로봇 이동 경로의 문제점과 이를 해결할 수 있는 방안을 포함하는 피드백을 서술할 것.

풀이 (1) 문제 해결과 프로그래밍

〈중학교 정보 내용 체계〉

영역	핵심 개념	일반화된 지식	내용 요소
문제 해결과 프로그래밍	알고리즘	알고리즘은 문제 해결을 위한 효율적인 방법과 절차이다.	• 알고리즘 이해 • 알고리즘 표현

(2) 문제중심학습

(3) ① 문제점 : 목적지에 도착하지 못하고 같은 경로를 반복해서 이동하는 무한루프가 발생한다.

② 피드백 : 주어진 조건과 규칙에 따라 표지판을 배치할 것을 유도한다.

중등교사 임용시험 2020-A-5

다음은 중학교의 정보 교과를 담당하는 A 교사가 구성한 프로그래밍 중단원 지도 계획과 수업 자료 목록이다. 〈조건〉을 고려하여 〈작성 방법〉에 따라 서술하시오.

차시	수업 주제	수업 자료
1-2	자료를 입력하여 결과를 출력하는 프로그램 만들기	㉠**파일입출력 소스 코드**
3-4	… (중략) …	㉡
5-6	제어 구조를 활용한 프로그램 만들기	… (중략) …
7-8	… (중략) …	㉢

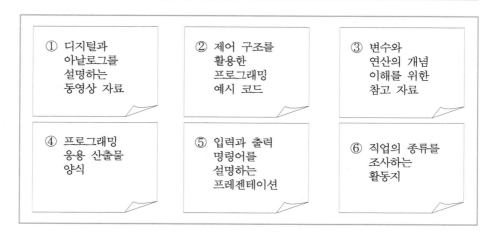

조건

- A 교사는 2015 개정 중학교 정보과 교육과정(교육부 고시 제2015-74호)의 '내용 체계 및 성취기준'에 제시된 '성취기준'의 순서대로 수업 주제를 배치하였다. (단, 학습 경험에 따른 교육과정 재구성은 하지 않았다고 가정한다.)
- A 교사는 각 수업 주제를 2 차시 블록 타임으로 설계하였다.

작성방법

(1) 〈조건〉을 고려하면 ㉠에 제시된 수업 자료는 적절하지 않다. 그 이유를 서술할 것.
(2) 제시된 수업 자료 중 ㉡, ㉢에 각각 적합한 수업 자료의 번호를 순서대로 쓸 것.
(3) A 교사는 1-2 차시 블록에서 팀 벨(T. Bell)이 소개한 (㉣) 활동을 참고하여, 컴퓨터를 사용하지 않고 입력과 출력의 개념을 익히기 위한 퍼즐, 놀이 등을 통한 수업을 진행하려 한다. A 교사가 참고한 교수·학습 활동의 명칭인 ㉣에 해당하는 용어를 쓸 것.

풀이 (1) 수업자료에서 파일 입출력은 중학교 교육과정에 포함되지 않는 내용이다.(고등학교 교육과정에 포함)

〈고등학교 정보 성취기준 해설〉
[12정보04-04] 표준입출력과 파일 입출력의 개념과 필요성을 이해하고 문제 해결 과정에서 입·출력 설계와 관련지어 적용할 수 있어야 한다. 자료의 입·출력 설계 시 학습자가 직접 입·출력 방식을 선택하고 변수, 연산자, 입력, 출력 기능을 종합적으로 사용하여 프로그램을 작성할 수 있어야 한다.

(2) ③, ④

①은 자료와 정보 단원이고, ⑥은 정보문화 단원이므로 옳지 않다.

⑤는 1-2차시에 수업자료로 적절하고, ②는 5-6차시 수업자료로 적절하다.

(3) 언플러그드

〈중학교 정보 내용 체계〉
[9정04-01] 사용할 프로그래밍 언어의 개발 환경 및 특성을 이해한다.
[9정04-02] 다양한 형태의 자료를 입력받아 처리하고 출력하기 위한 프로그램을 작성한다.
[9정04-03] 변수의 개념을 이해하고 변수와 연산자를 활용한 프로그램을 작성한다.
[9정04-04] 순차, 선택, 반복의 개념과 원리를 이해하고 세 가지 구조를 활용한 프로그램을 작성한다.
[9정04-05] 실생활 문제 해결을 위한 소프트웨어를 협력하여 설계, 개발, 비교·분석한다.

다음은 2015 개정 고등학교 정보 과목 교육과정(교육부 고시 제2015-74호) '문제 해결과 프로그래밍' 영역의 '함수' 내용 요소와 관련된 교수·학습 지도안의 일부와 지도안의 '활동 3'에 대한 활동지이다. 〈작성 방법〉에 따라 서술하시오.

학습목표	1. 함수의 개념과 필요성을 설명할 수 있다. 2. (㉠)할 수 있다. 3. (㉡)와/과 (㉢)의 참조 범위를 설명할 수 있다.
단계	교수·학습 활동
도입	… (중략) …
전개	• 활동 1. 함수의 개념과 필요성 이해하기 　– 함수의 개념 이해하기 　– 함수를 사용한 경우와 사용하지 않은 경우를 비교하기 　– 함수의 필요성에 대한 의견 발표하기 • 활동 2. (㉠)하기 　– ㉣교사가 작성하는 함수 프로그램의 코드를 보고 따라 작성하기 　– 작성한 함수 코드의 일부를 수정하기 • 활동 3. (㉡)와/과 (㉢)의 참조 범위 이해하기 　– 활동지에 제시된 코드를 작성하여 실행하기 　– 제시된 코드에서 각 변수의 참조 범위 설명하기
정리	… (하략) …

활동지

5개의 정수 중에서 가장 작은 수를 구하는 다음의 C 프로그램을 작성하여 실행해보고, 프로그램에 사용된 각 변수(result, min 함수의 k, main 함수의 k)의 참조 범위를 설명해보자.

```c
#include <stdio.h>
int result = 2147483647 ;

void min(int k) {
  if (k < result) result = k ;
}

int main ( ) {
  int num[5] = {25, 17, 68, 97, 48} ;
  int k ;
  for(k = 0 ; k < 5 ; k++) min(num[k]) ;
  printf ("%d\n", result) ;
  return 0 ;
}
```

작성방법
(1) 지도안에서 학습목표와 교수·학습 활동의 일관성을 확보할 수 있도록 ㉠에 해당하는 내용을 서술할 것.
(2) 활동지를 참고하여 교수·학습 지도안의 ㉡, ㉢에 해당하는 용어를 순서대로 쓸 것.
(3) ㉣에 해당하는 교수·학습 방법의 명칭을 쓸 것.

풀이 (1) 주어진 프로그램(코드)를 수정하고 함수를 활용한 프로그램을 작성
(2) 지역변수, 전역변수
(3) 시범실습법

〈고등학교 정보 성취기준 해설〉

[12정보04-08] 함수의 개념과 필요성을 이해하고 함수를 활용한 프로그램을 작성할 수 있어야 한다. 특히 전역변수와 지역변수의 개념적 분류와 변수의 종류에 따른 참조 범위를 이해하여 정확하게 함수를 호출하고 값을 전달할 수 있어야 한다.

중등교사 임용시험 2019-A-11

다음은 2015 개정 중학교 정보과 교육과정의 '컴퓨팅 시스템' 영역에 대한 '교수·학습 방법 및 유의사항'의 일부와 2015 개정 고등학교 정보과 교육과정의 '교수·학습 및 평가의 방향'에 제시된 내용의 일부를 재구성한 것이다. 그리고 중학교 A 교사와 고등학교 B 교사의 '피지컬 컴퓨팅' 핵심 개념 수업에 대한 대화를 나타낸 것이다. 〈작성 방법〉에 따라 서술하시오.

… (상략) …

· 센서 기반 프로그램 구현 시, 학습자 수준과 (㉠)을/를 고려하여 센서의 종류와 개수를 결정하고 피지컬 컴퓨팅의 흥미와 동기를 부여할 수 있는 주제를 선정하여 적용한다.
· 피지컬 컴퓨팅 장치의 구성보다는 제어를 위한 동작 설계와 (㉡) 과정에 중점을 두고 지도하며 가급적 '문제 해결과 프로그래밍' 영역에서 선택한 프로그래밍 언어를 사용하도록 한다.

… (하략) …

· 피지컬 컴퓨팅의 경우, 그룹을 만들어 서로 협력해서 피지컬 컴퓨팅 시스템을 직접 구현하도록 지도하고, 협력적 문제 해결 수행을 통해 의사소통능력, 창의·융합적 사고능력, 정보처리능력을 함양할 수 있도록 한다.

A : 저희 중학교에서는 센서 기반 프로그램을 구현하는 수업을 위해 먼저, 학습자 수준, 학교에 구비된 시설과 교구 등을 파악하려 합니다.
B : 고등학교는 중학교보다 교수내용 측면에서 수준이 높아서 마이크로컨트롤러와 다양한 입·출력 장치를 도입해야 할 것 같습니다. 수업은 어떻게 운영하실 생각이세요?
A : 프로그램 작성에 앞서 학생들이 피지컬 컴퓨팅 교구의 움직임을 미리 그려보게 하려고요.
B : ㉢저는 개인별 활동을 기반으로 마이크로컨트롤러와 다양한 입·출력 장치를 도입하고, 학습지에 안내된 순서에 따라 피지컬 컴퓨팅을 실습하게 하려고 합니다.

작성방법
(1) A 교사와 B 교사의 대화를 참고하여 괄호 안의 ㉠, ㉡에 해당하는 내용을 순서대로 쓸 것.
(2) B 교사가 위의 내용대로 수업을 운영한다고 가정할 경우, 밑줄 친 ㉢에서 수정할 2가지를 서술할 것.

풀이 (1) ㉠ : 학습 환경(실습실 환경), ㉡ : 프로그램 작성(프로그래밍)

〈중학교 정보 교수·학습 방법 및 유의 사항〉
• 센서 기반 프로그램 구현 시, 학습자의 수준과 학습 환경을 고려하여 센서의 종류와 개수를 결정하고 피지컬 컴퓨팅의 흥미와 동기를 부여할 수 있는 주제를 선정하여 적용한다. 이때, 학습자의 수준에 따라 이미 구현된 센서 보드를 활용할 수도 있다.
• 피지컬 컴퓨팅 장치의 구성보다는 제어를 위한 동작 설계와 프로그램 작성 과정에 중점을 두고 지도하며 가급적 '문제 해결과 프로그래밍' 영역에서 선택한 프로그래밍 언어를 사용하도록 한다.

(2) ① '개인별 활동'을 '모둠을 통한 협력적 활동'으로 수정
② '학습지에 안내된 순서에 따라'를 '창의·융합적 사고 함양을 위해 다양한 형태의 결과를 이끌어 내도록'으로 수정

2.2.2 요약 : 교수·학습 방법

1 강의법

교사가 지식을 설명하거나 보여주고, 학생들은 이를 듣고 학습하는 방식

(1) 단계

• 수업 전 학습자 준비 단계
• 학습 내용 제시 단계
• 새로운 개념과 기존 개념과의 결합 단계
• 결합한 개념을 조직하고 분류하는 체계화 단계
• 학습한 내용의 적용과 전이 단계

(2) 교수·학습 활동 과정

① 문제 제시 및 주의 집중
② 선수 내용 확인
③ 본 내용 제시 및 설명 : 일반화, 사례 혼합
④ 연습 및 확인 : 퀴즈, 발문
⑤ 정리 : 다음 학습 내용의 예고, 과제 제시

(3) 장점

- 특별한 교육 기자재가 필요하지 않아 경제적임
- 정해진 시간에 많은 정보를 동시에 전달할 수 있어 경제적임
- 짧은 시간에 단기적 이해가 필요한 과제습득이 용이함
- 상황에 따라 학습 과정을 적절하게 조절 가능
- 학습자 특성에 국한되지 않고 광범위하게 활용 가능

(4) 단점

- 상호작용이 없어 수업이 지루해질 수 있음
- 교사의 능력에 따라 강의 효과 편차가 큼
- 주의 집중 시간이 짧은 학생들은 학습 효과가 떨어질 수 있음
- 고차원적 학습능력 습득 불가
- 개인적 특성을 개별적으로 모두 고려하기 어려움
- 학습자가 수동적 자세를 갖기 쉬움

2 문제기반학습(PBL : Problem Based Learning)

실제 세계의 맥락 속 비구조화된 문제를 해결하기 위하여 추론 기능과 자기주도적 학습 기능의 요구를 반영한 교수·학습 방법임

(1) 특징

① 학습의 특징
- 실제적 문제 해결 행동, 비구조화된 문제
- 자기주도적 학습, 협동학습(공동)
- 내용 지식 획득
- 메타인지 기술 개발

② 과제의 특징

비구조화, 실생활 문제, 관련성(맥락성), 복잡성(통합성)

③ 학습자 특징

협력적 학습자, 문제 해결자, 자기주도적 학습자

④ 교사 특징

- 촉진자(안내자) 및 조력자, 설계자, 평가자
- 비구조적 문제 제시, 팀 구성 지도, 학습 자료의 수집 및 제시, 다양한 학습자원 활용 및 탐색 자극, 학습자의 자기성찰적 사고 자극, 과제에 대한 피드백

(2) 학습 순서

① 문제 제시 : 실생활 문제 + 상황 + 결과물(기준)
② 문제 확인 : 문제 이해 + 계획수립

- 생각, 사실, 학습과제, 실천계획

③ 자료수집 및 해결안 도출

- 개별학습 해결안 모색, 통합과 모둠 토의, 재확인, 최적의 해결안 도출

④ 발표
⑤ 정리 및 평가

(3) 교수 순서

- 문제의 설정, 자기주도적 학습, 문제의 재검토, 요약, 성찰과 반성
- 수업 준비, 문제 제시, 개인/모둠별 학습 계획 설정, 개인/모둠별 학습 전개, 학습 결과 발표, 평가 및 피드백

3 프로젝트 기반학습

학습자가 과제의 특성을 분석하고, 과제 해결을 위한 계획을 세우며, 정보를 수집하고 교환하는 가운데 계획을 실행하고, 그 실행 결과를 평가하고 반성하는 일련의 활동들을 직접 수행하도록 하는 교수·학습 방법

(1) 학습 절차

① 목적 설정
- 목표확인 → 안내 인지 → 주제선정
- 학습자 : 학습 문제 선택 및 학습 목적 확인
- 교사 : 학습 주제선정의 지도

② 계획(준비)
- 자료수집 → 계획서 작성(수정, 보완) → 그 밖의 소집단 구성, 역할 분담
- 학습자 : 수단과 방법을 선정, 검토, 결정
- 교사 : 선정된 수단과 방법의 수정, 보완

③ 실행
- 작품 제작(피드백) → 작성준비
- 학습자 : 계획의 실행
- 교사 : 흥미 유지와 학습을 위한 환경 조성, 학습 활동을 촉진하는 중재자, 안내자의 역할

④ 결과 정리 및 발표
- 발표 및 제출 후 자기 평가와 동료 평가
- 학습자 : 실행 과정과 결과를 평가
- 교사 : 평가를 통한 학습의 유도

(2) 장단점

- 학습 동기 부여
- 자기주도 학습능력, 상호 협동 능력 신장
- 실제 생활을 결부
- 창조적, 연구적 태도 신장, 메타인지 능력 향상
- 능력이 없는 학생은 시간과 노력 낭비
- 논리적 체계가 무질서함
- 자료를 찾지 못한 경우 실패

4 디자인기반학습(Design Based Learning)

탐구학습을 기반으로 하며, 프로젝트 학습의 주제 중심 구조를 바탕으로 함. 디자인기반학습은 문제기반학습과 목표, 형태, 단계가 비슷하지만 실행할 문제를 중심으로 협업을 통해 문제를 해결하며 구체적인 방법을 제시하는 차이가 있음

(1) 학습 설계 과정

① 현재 상황의 진술   ② 요구들의 명료화
③ 주 기준을 개발   ④ 여러 대안 생성
⑤ 하나의 대안 선택   ⑥ 견본 제작 및 시험
⑦ 결과물 도출   ⑧ 반성 및 평가

(2) 특징

- 과학적 탐구와 공학적 설계 과정을 결합
- 과학적 사고와 함께 창의적인 설계 과정을 통해 학생이 스스로 실제적인 문제를 해결하는 방법
- 학생들은 학습의 주체가 되어 교사 및 학생들과 활발한 상호작용을 함

5 탐구학습

교사의 안내를 토대로 탐색할 문제를 발견하고 문제 해결 방안에 대한 가설을 세움. 이어서 실험이나 관찰, 탐구를 통해 수집된 자료를 분석하여 가설을 검증하고, 검증을 통해 내린 결론을 일반화함

(1) 단계

① 문제 발견 및 인식   ② 가설 설정
③ 자료수집을 위한 실험설계   ④ 실험을 통한 자료수집 및 처리
⑤ 자료 해석 및 가설 검증   ⑥ 잠정적인 결론 및 일반화

(2) 장점

- 문제해결력의 신장
- 자기 주도적 학습능력 습득, 고등 정신 능력의 신장
- 다른 학습 방법보다 높은 질의 학습과 파지, 높은 전이
- 학습 방법의 학습

6 발견학습

(1) 목표

학습자가 구체적인 연구자가 되어 정보를 재공하거나 기초지식을 통합하여 지식의 생성과정을 체험하고, 그 지식을 익혀가는 학습활동

- 스스로 지식을 획득하기 위해 독립적으로 생각할 수 있는 기회 제공
- 학생이 지식을 알아가는 과정을 발견하도록 함
- 고차원적 사고기술을 발전하도록 함

(2) 특징

- 교재의 기본 구조에 대한 철저한 학습 강조
- 학습 효과의 전이 강조
- 학습 결과보다 과정과 방법을 중요시함
- 학습자의 주체적인 학습을 강조

(3) 단계 모형(7단계 모형)

① 자료 제시
② 자료 관찰
③ 추가자료 제시
④ 추가 관찰
⑤ 일반화 추리 : 관찰 결과에 근거하여 개념이나 일반화 도출
⑥ 정리 : 학생들이 도출한 개념의 일반화를 교사가 정확한 표현으로 정리
⑦ 발전 : 학습한 개념 확장 및 응용

(4) 단계 모형(5단계 모형) : 과학수업에서 사용

① 탐색 및 문제 파악   ② 자료 제시 및 관찰 탐색

③ 추가자료 제시 및 관찰 탐색   ④ 규칙성 발견 및 개념 정리

⑤ 적용 및 응용

(5) 장단점

- 내적 동기 자극, 긴 지속시간   · 한정된 수업시간
- 특정 학생들에게 편중 위험   · 학생이 수동적일 경우 수업 어려움
- 체계적으로 구조화하기 어려움

7 관찰학습

행동주의 심리학의 이론에 근거한 것으로, 다른 사람의 행동과 그 결과의 관찰로 학습이 이루어진다고 봄

(1) 단계

① 주의 집중 : 관찰자(학습자)가 모델의 행동에 주의

② 파지 : 관찰한 행동을 재생하기 위해 자신에게 의미있는 형태로 입력, 분류, 인식

③ 재생 및 생산 : 행동의 내적 모델을 만들고 관찰자의 행동을 인도함

④ 동기화 : 관찰을 통하여 학습한 행동은 강화를 받아 동기화되어 실행됨. 만약 그 행동의 실행이 벌을 받는다면 그 행동은 일어나지 않음

〈탐구학습, 발견학습, 관찰학습 차이 비교〉

① 탐구학습
· 교사가 자료를 제시하며, 교사가 제시한 자료를 분석하고 가설을 검증하여 내린 결론을 일반화
· 학습자 스스로 찾는 느낌이어서 발견학습, 문제해결학습과 유사함, 진보주의 기반

② 발견학습
· 교사가 구체적 사례를 제시하고, 학생들이 귀납적으로 추론하여 개념과 원리 발견
· 안내된 발견 느낌, 본질주의 기반

③ 관찰학습
· 반두라(Bandura)의 사회학습이론인 모방학습에 근거

<발견·탐구 수업을 위한 교사의 역할>
• 다양한 자료준비, 탐구 과정을 유도하는 질문, 가치문제에서의 공평성, 내적 보상을 위한 노력

8 협동학습

소집단을 구성하여 구성원 사이에 사회적 상호작용을 하며 학습하게 하는 교수법

(1) 목표

• 공동의 학습 목표를 설정
• 목표에 도달하기 위해 동등한 입장에서 책임
• 공동의 평가를 강조

(2) 특징

• 집단 구성원들의 동등한 지위
• 집단 구성원들의 동등한 책임(개별책무성)
• 이질적 집단 구성(인지적 수준 : 성적, 성별, 문화적 수준 : 인종, 성격)

(3) 종류

협동학습 방법 비교				
문제점	집단간 편파 현상	봉 효과, 무임승차 효과	부익부 현상, 사회적 태만	자아존중감 손상
개선방안	주기적 재편성	집단보상&개별보상	역할 분담, 개별적 책무성	협동학습 기술습득
JIGSAW Ⅰ	• 모집단 형성→교사가 수업 주제(과제) 부여→같은 과제 담당 학생끼리 학습(전문가 집단 학습)→모집단 재소집→다른 학습자에게 전달→개인 평가→개별평가와 개별보상 • 홈 팀과 전문가 팀 =〉 개인 평가 • 문제점 : 집단보상이 없어서 학생들이 적극적으로 학습하지 않음			
JIGSAW Ⅱ	• 모집단 형성→학습단원 전체 학습→교사가 수업 주제(과제) 부여→같은 과제 담당 학생끼리 학습(전문가 집단 학습)→모집단 재소집→다른 학습자에게 전달→개인 평가→개별평가→향상 점수에 따른 소집단 보상 • 개인점수분만 아니라 팀 점수를 함께 산출 • 평가+개별평가+모둠보상(STAD 방식) =〉 집단목표 존재			

협동학습 방법 비교	
	• 문제점 : 모집단 학습을 마친 후 바로 퀴즈를 보기 때문에 퀴즈에 대비한 학습의 정리나 마음의 준비를 할 여유가 없음
JIGSAW Ⅲ JIGSAW Ⅳ	• 평가 실시 전 평가 대비 일정한 휴식시간 제공 • 성찰 시간, 반성(확립기)
집단탐구(조사) (GI)	• 교사 : 탐구 주제 제시, 활동 과정 평가, 개인 평가는 일정 기간 후 시험 • 학생 : 주제와 관련된 구체적 질문→범주화→소주제→소주제 중심 집단형성 • 소집단 별 탐구(정보 수집, 조직), 토론→발표
자율적 협동학습 (Co-op Co-op)	• 학습 주제 소개→브레인스토밍 후 소주제 선정→소주제에 따라 자율적으로 모둠 구성→소주제 정교화→미니 주제 선택 및 분업→개별학습(조사)→소집단 내 발표→소집단 별로 전체학급에서 발표 및 공유→평가 및 반성 • 협동을 위한 협동. 자신의 호기심을 만족시키고, 공부 내용을 공유하기 위해 학습 • GI와 비슷하나 소주제를 더 정교화시켜 소주제 형성 • 학급 과제 협동 수행을 위해 소집단 형성→소집단에서 다시 협동학습 • 학습동기 유발, 의사결정능력 신장, 자기주도적 학습능력 신장
성취과제분배 (팀 성취 분담학습) (STAD)	• 교사가 강의한 후→최대한 이질적으로 소집단 구성→팀 동료간 상호 교수학습을 통해 학습 → 모둠 내 해결하지 못했을 경우 교사에게 질문→개인별 퀴즈로 평가→지난 성적과 비교한 개별향상점수 산출→모둠 구성원의 개별향상점수를 산술평균하여 모둠 점수 산출→보상, 게시 • 완전학습, 가능한 많은 모둠에 보상하는 것이 중요하므로 기준을 때에 따라 변경 가능, 모든 학습자에게 최고 점수 취득의 기회 부여
단체경기 (TGT)	• STAD는 개인적인 퀴즈를 대비해서 학습하는 반면에 TGT는 토너먼트 게임에서 좋은 성적을 얻기 위해 학습 • STAD는 향상 점수로 학습 동기를 강화, TGT는 게임에서 얻은 점수로 학습 동기를 강화 • 각 개인이 얻은 점수의 합 => 팀 점수
팀 보조 개별학습 (TAI)	• 진단평가 후 이질집단으로 구성→각자 수준에 맞는 학습지로 개별학습 • 비슷한 수준의 학생들에게 직접 교수 실시 • 매주 말 평가 후 집단별 점수 계산 => 집단별 보상 • 개별화 수업의 부작용 해소, 동료 교수·팀 경쟁을 통한 학습동기 유발
공동학습 (LT)	• 이질집단→공동학습→집단별 평가 • 집단 평균에 기초하여 개인 성취점수 부여

9 역할놀이

교육 연극의 하위 장르로 학습자 스스로 타인이 되어 맡은 임무를 수행해 보거나 적극적인 관찰자가 되어 보는 활동임. 가상적인 역할을 수행함으로써 문제시되는 태도나 행동을 변화시키려는 기법으로, 어떤 문제 상황의 역할을 맡아서 구체적 문제 상황을 겪지 않고서도 경험함

(1) 단계

역할놀이 준비, 참여자 선정, 실연 준비(무대 설치), 청중(관찰자) 준비, 실연, 토의 및 평가, 재실연(재연), 후속 토론 및 평가, 경험 공유와 일반화

(2) 특징

- 교수·학습 과정 : 문제 제시, 시나리오 분석, 참여자 설정, 활동 준비, 역할 수행, 성찰 및 토론, 정리
- 관찰자가 갖추어야 할 기술 : 경청, 관찰, 토론을 통한 조언, 감정이입

(3) 장단점

- 자기중심적 사고에서 탈피, 집단의식 증진
- 자발적 문제 해결 능력 신장
- 언어능력과 도덕관념 발전
- 준비에 많은 시간과 노력 필요
- 목적달성보다 흥미 위주로 그칠 수 있음
- 학생 수가 많으면 적용이 어려움, 소외 학생 발생 가능

10 짝 프로그래밍

한 대의 컴퓨터로 두 사람이 각자의 역할을 맡아 작업함

(1) 개념

- 프로그래밍 학습자가 하나의 컴퓨터를 활용하여 교대로 프로그래밍
- 드라이버는 코드를 입력하거나 알고리즘을 표현하고, 나머지 한 명인 네비게이터는 코드의 정확성을 관찰함
- 서로 존중하고 적극적으로 대화, 시간을 정하여 코드를 돌아가면서 작성, 컴퓨터는 두 사람 사이에 가운데 위치, 수평적인 관계 형성

(2) 특징

- 4명보다 2명이면 참여 비율이 2배가 되어 적극성이 2배 증가함
- 짝과 함께 필요한 블록을 찾고 오류 수정
- 짝과 함께 문제를 해결해 보고, 해결이 어려우면 모둠원에게 도움을 청하고, 모둠 내 해결이 어려우면 교사에게 도움을 요청
- 하나의 아이디어로 두 명이 의견을 교류하면서 프로그래밍할 수 있음

(3) 장점

- 학생 간 편차를 줄일 수 있음

⑪ 시범·실습법

시범은 학습해야 할 기능이나 절차의 실제적인 사례를 교사나 시범자가 직접 제시하고 학습자는 이를 관찰하는 것이며, 실습은 시범을 통하여 익힌 것을 교수자의 통제하에 직접 연습하고 적용함

(1) 단계

① 관련 지식 이해 : 실습 활동의 목적 제시, 익혀야 할 기능과 관련 지식 이해
② 실습과정 제시 : 실습과정의 개괄적 흐름 이해, 안전 수칙 이해
③ 시범 및 관찰 : 교사의 시범과 학생들의 관찰, 질의응답을 통해 이해도 높임
④ 기본기능 습득 : 자신이 해야 할 일, 일련의 실습 순서 등 파악하고 연습, 자기 평가 후 반복연습
⑤ 평가 : 학생이 습득한 기본기능을 최종적으로 교사가 확인 후 평가

(2) 시범 및 관찰

① 관찰학습 과정 : 주의 집중, 파지, 생산, 동기화
② 시범·실습의 과정 : 준비, 시범, 응용, 평가
③ 시범·실습의 주요 교수·학습 활동 : 목표제시, 학습내용 소개, 주요기능 시범, 실습 피드백 제공, 정리

(3) 장단점

- 능동적 참여를 조장
- 인지적, 정의적, 심동적 영역의 학습에 모두 효과적임
- 학습자의 능력 차이로 학습 결과가 다양하게 나타날 수 있음
- 준비 및 자료 개발 비용이 많이 들고 실습 시간이 많이 소요됨
- 학습자 비율이 낮을수록 효과적, 교수자 수급이 어려움

(4) 유의점

- 학습 내용의 계열화
- 시범과 실습을 위한 적절한 시간 배분
- 학습자 조직
- 학습 환경 조성

12 토론법

문제 해결을 위해서 서로 의견과 정보를 교환하고, 각자의 생각에 차이가 있다는 것을
확인하고, 더 나은 방법을 찾는 의사결정 과정임

(1) 종류

① 원탁 토론
- 상호 대등한 관계에서의 좌담형식
- 원탁에 앉아 자유롭게 논의하면서 최선의 해결책 선택
② 배심 토론(찬반 토론, 패널 토론)
- 특정 주제에 대하여 상반되는 견해를 가진 3~4명이 배심원이 되고, 의장의 안내
  로 토론을 진행하며, 토론 후 청중의 질의응답
③ 강연식 토론(심포지엄)
- 권위 있는 강연자들이 논제에 대하여 다른 각도에서 강연 후 결론을 내리면 청중
  이 질의응답
- 토론에 참여하는 사회자, 강연자, 청중 모두 토론 주제에 대한 전문가

④ 공개 토론(포럼)

- 다수가 모인 곳에서 한 명 또는 몇 명이 연설한 후 이를 중심으로 청중과 질의응답
- 처음부터 청중의 참여로 이루어짐

⑤ 대화식(면접식) 토론

- 해당 분야의 전문가나 권위자를 초청하거나 방문하여 대화를 나누면서 토론

⑥ 피라미드 토의

- 문제 해결 방안에 대해 모든 학생이 자신의 의견을 카드에 적음 → 1:1로 토의 후 합의 → 2:2로 토의 후 합의 → ...→ 의견을 계속 줄여서 가장 우수한 의견을 선택

⑦ 세미나

- 전문가 소수 집단이 체계적이고 깊이 있는 토의 및 의견 개진
- 공동의 관심을 가진 학생들이 연구하고 발표한 후 토론 뒤 청중과 질의응답

⑧ 버즈 토의

- 6명이 6분간 소집단 토의를 한 후 다른 소집단과 함께 총 12명이 다시 토의하는 형태임
- 소수의견 반영, 무질서함, 토의 주제가 제한적임

⑨ 브레인스토밍

- 서로 비판하지 않는 자유로운 분위기에서 다양한 의견 제시
- 자유분방(독창성), 비판금지, 질보단 양, 결합 및 개선(정교화)

⑩ 어항식 토론법

- 전체학급을 두 집단으로 나누어 한 집단이 토론하는 것을 다른 집단이 관찰
- 토론법을 스스로 터득하게 하는 방법

(2) 토론법의 장점

- 적극적 참여를 통한 학습 동기와 흥미 유발
- 집단 활동 기술과 협력과정을 습득하고, 설득력 및 합의 기술을 배울 수 있음
- 개방적인 의사소통과 협조적 분위기 조성
- 대화를 통한 상호 의견 존중과 이해력 향상
- 자기 의견 표현 능력이 향상되고, 일관성 있는 주장으로 의사소통 기술 연습
- 사회적인 기능 습득과 민주적인 태도 함양

- 창의적 사고능력 향상
- 자기 생각에 대한 타당성 검증 기회 형성

(3) 토론법의 단점

- 토론 주제에 대해 어느 정도의 지식과 이해가 필요
- 준비, 계획, 실행 단계에서 많은 시간 소요
- 능동적 참여에 어려움이 있고, 소수 토론자가 주도할 우려가 있음
- 평가에 대한 부담과 불안 심리가 가중될 수 있음
- 발표내용보다 발표자에 집중되어 감정적으로 할 수 있음
- 방관적 태도의 학습자가 형성되고, 불성실한 참여가 우려됨
- 소수의견의 경시 가능성
- 시간과 교수자의 노력이 많이 필요

13 플립러닝(flipped learning, 거꾸로 수업)

수업시간 전에 교수자가 제공한 온라인 영상 등의 각종 자료들을 학습자가 미리 학습하고, 교실에서는 과제풀이나 토론 등이 이루어지는 블랜디드 러닝의 한 형태임

(1) 활동

① 수업 전 활동 : 그림, 영상 등을 활용한 온라인 학습
② 수업 중 활동 : 과제 풀이, 토론 등의 오프라인 수업
③ 수업 후 활동 : 평가 및 적용

(2) 장단점

- 학습자 중심 수업, 학습자의 인지적 참여 높임, 개별화 학습 가능
- 학생의 자발적 참여가 없으면 수업 진행이 어려움
- 교사의 수업 준비 부담 가중

14 동료교수법

학습자가 다른 학습자를 돕고 가르치면서 학습하는 방법임

(1) 이론적인 근거

- 행동주의 : 학습 결과에 대한 보상
- 역할모형 : 동료 교수자가 교사의 역할 이해
- 사회 언어적 접근 : 다양한 학습자 상호작용
- 게슈탈트(Gestalt) : 교수자 역할은 자신의 지식을 확인하고 개념 이해 강화

(2) 효과적인 운영을 위해 고려할 사항

- 목표를 명확히 설정
- 동료 교수 과정을 관찰하고 평가, 동료 교수자 훈련
- 학습 내용을 계획하고 구조화

(3) 장단점

- 학습자 학생은 비난과 다른 학우의 비웃음 없는 상황에서 피드백 받음
- 학습자 학생은 능동적 참여 분위기 만듦
- 교수자 학생은 지식과 기술 강화, 자아 확신감, 자아존중감 확립
- 교수자 학생은 잘 가르치기 위해 학습성취도 높임
- 교사는 지식의 소유자, 전달자 입장으로 조정자 및 촉진자 역할
- 철저한 준비에 어려움 있음
- 학습자 학생이 자격지심 느낄 수 있음
- 절차 단순화를 위해 노력과 시간 필요

15 언플러그드(unplugged) 학습

생활 속의 소재를 이용하여 게임이나 퍼즐을 통해 쉽게 가르치는 방법임. 특정 소프트웨어나 하드웨어 의존하지 않고 활동을 통해 컴퓨터과학의 기초 개념을 학습함

(1) 장단점

- 재미있게 학습, 적극적 참여 가능
- 비용이 적게 듬
- 학습 장소 및 시간에 구애받지 않음
- 체험하며 배우기 때문에 학습의 질이 높음
- 활동 운영에 많은 시간을 뺏김
- 자료 개발 및 수업 준비에 많은 시간과 노력이 필요함

16 팀 티칭

복수의 교사가 역할을 분담하여 학습 및 생활을 지도하는 방식

(1) 장단점

- 학습자의 개인차에 대응 가능
- 교사의 자질과 지도 스타일에 따라 개인차 극복 가능
- 불특정 다수의 일제 수업 극복 가능
- 여러 교사의 눈으로 살필 수 있음
- 팀의 구성원 간의 불일치가 생기면 협력이 깨지기 쉽고 시간 낭비

17 마이크로티칭

소집단으로 구분된 동료들에게 축소된 수업을 진행하면서 교수 기술을 습득

(1) 수업

- 동료 학습자가 교수 기술을 평가하는 역할 수행
- 비디오 자료로 녹화된 수업장면으로 자신의 교수 행위를 다시 관찰할 수 있는 기회 제공

(2) 단계

① 준비 : 수업 목표 설정, 활동 설계

② 교수 : 모의수업 실시

③ 평가 : 수업진행과 교수자의 행위에 대한 평가

④ 재교수 : 부족한 부분을 보완하여 재실행

⑤ 평가 : 교사와 동료 학습자들에 의한 평가

18 창의적 사고 기법

어떤 문제를 해결하기 위해 새로운 아이디어를 생각해 내는 사고과정 또는 도구

① 확산적 사고 : 브레인스토밍, 브레인라이팅, 마인드맵, SCAMPER

② 수렴적 사고 : PMI(Plus Minus Interesting), 하이라이팅(highlighting), 역브레인스토밍, 평가 행렬표

19 웹 기반 학습(Web based learing)

- 웹 기반 협동학습, 웹 기반 프로젝트, 웹퀘스트(Webquest), 블랜디드 러닝(blended learning)

20 기타

- 질문법, 시뮬레이션(모의실험), 교육용 게임, 마이크로티칭, 자율학습, 스토리텔링 기반학습, ICT 활용 교육

2.3 교수설계 이론과 교수체제개발 모형

2.3.1 기출문제 풀이

중등교사 임용시험 2009-4

다음은 교수법적 내용지식(PCK: Pedagogical Content Knowledge)에 관한 설명이다. 잘못된 것을 찾아 모두 바르게 수정하시오.

> (ㄱ) 심체적 학습 목표만으로 구성된 수업의 경우, PCK는 필요없다.
> (ㄴ) PCK는 가네(Gagne)에 의해 제시된 개념으로, 교직의 전문성과 정체성을 확보하는 소중한 계기가 되었다.
> (ㄷ) PCK는 교육학을 바탕으로 각 교과목별로 방법적 차이가 있다는 것을 전제로 하기 때문에, 컴퓨터 교과교육 고유의 PCK가 존재한다.
> (ㄹ) PCK는 교사가 지니는 내부 구조적 지식으로서, 특정 내용을 특정 학습자들의 이해를 촉진할 수 있도록 가르치는 방법에 대한 교사의 지식을 의미한다.

풀이 (ㄱ) PCK는 현장 기반 노하우라고 할 수 있으며 학습 목표에 구애받지 않는다.
(ㄴ) PCK는 슐만에 의해 처음 사용된 용어로서, 교사는 가르칠 교과 내용 지식뿐 아니라 그 내용을 효과적으로 가르칠 수 있는 방법도 알아야 한다고 주장했다.

중등교사 임용시험 2018-A-10

다음은 중학교 정보 수업 중 제시한 과제와 학생이 작성한 과제에 대한 산출물이다. 〈작성 방법〉에 따라 서술하시오.

> [과제] 제시된 [청소 공간]의 모든 공간을 청소한 후에 멈추는 로봇 청소기의 주행 알고리즘을 〈과제 조건〉에 따라 작성해 보자.
>
> ■ 과제 조건
> · [청소 공간]과 [로봇 청소기의 동작 명령]은 다음과 같다.
> · [청소 공간]에서 굵은 선은 벽이다.

청소 공간	로봇 청소기의 동작 명령
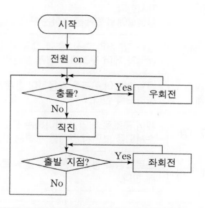	• 전원 on : 전원을 켠다. • 전원 off : 전원을 끈다. • 직진 : 1칸 전진한다. • 우회전 : 90°우회전한다. • 좌회전 : 90° 좌회전한다.

• 로봇 청소기의 출발 지점과 출발 방향(←)은 위와 같다.
• 로봇 청소기의 출발 지점과 충돌 조건에 관한 정보는 주어진다.
• 청소하기에 충분한 전원이 확보되어 있고 벽을 제외한 다른 장애물은 없다고 가정한다.

■ 학생 산출물

```
          시작
           │
         전원 on
           │
     ┌─────▼─────┐  Yes
     │   충돌?   ├──────▶ 우회전
     └─────┬─────┘
          No│
           │
          직진
           │
     ┌─────▼─────┐  Yes
     │ 출발 지점? ├──────▶ 좌회전
     └─────┬─────┘
          No
```

작성방법
(1) 과제를 해결하지 못하는 학생 산출물의 문제점 2가지를 서술할 것.
(2) (1)의 문제점과 관련지어 교사가 학생에게 제시해야 하는 피드백의 내용을 각각 서술할 것.

풀이 (1) ① 좌회전 후 화살표 위치 오류(출발 지점을 만나면 무한 좌회전)
　　　② 종료 조건 누락(전원 off 누락)
(2) ① 좌회전 후 화살표 선이 직진 기호 위로 이동해야 함
　　② 알고리즘의 조건 중 유한성을 설명하고, 종료 지점에 대한 필요성을 알려줌

다음은 예비 교사가 작성한 시범·실습 수업 계획이다. 그리고 지도 교사와 예비 교사의 대화를 나타낸 것이다. 〈작성 방법〉에 따라 서술하시오.

■ 수업 목표
· 배열과 제어 구조를 활용하여 합계를 구하는 프로그램을 작성할 수 있다.

■ 수업 설계

수업 단계		교사 활동
도입	㉠	· 음식점 주인이 하루 총 매출을 POS 시스템으로 계산하는 동영상을 제시한다. · 실생활에서 합계를 구하는 프로그램이 사용되는 예를 발표하게 한다.
전개	문제 이해 및 분석	· 입력 값, 처리 과정, 출력 값을 발표하게 한다. · 배열과 제어 구조를 어떻게 활용할지 발표하게 한다.
	알고리즘 설계	· 배열과 제어 구조를 활용하여 합계를 구하는 프로그램의 순서도를 작성하도록 한다.
	프로그래밍	· 제어 구조로 배열을 처리하는 프로그램을 시범·실습하도록 한다. · 순서도를 보면서 합계를 구하는 프로그램을 작성하도록 한다.
정리	평가 및 정리	· 프로그램의 정상 작동 여부를 서로 확인하도록 하고, 소감을 발표하게 한다.

예비 교사 : 위와 같이 프로그래밍 시범·실습 수업을 설계했습니다.

지도 교사 : 컴퓨팅 사고력 활동이 수업 설계에 잘 나타나 있네요. 위의 '프로그래밍' 단계에서 학습 초기에는 교사가 제시한 프로그램의 코드를 (㉡)하고, 그 코드를 (㉢)하는 활동으로 프로그래밍의 기본 개념과 원리를 습득하도록 하세요. 특히, 실습 과정에서 학생의 반복 연습과 교사의 피드백이 학습을 강화하는데, 이는 (㉣) 학습 이론에 기반합니다.

작성방법
(1) 켈러(J. Keller)의 용어를 사용하여 괄호 안의 ㉠에 해당하는 용어를 쓸 것.
(2) 2015 개정 정보과 교육과정(교육부 고시 제2020-236호)의 '교수·학습 방법 및 유의 사항'에 근거하여 괄호 안의 ㉡과 ㉢에 해당하는 활동을 각각 쓸 것.
(3) 괄호 안의 ㉣에 해당하는 용어를 쓸 것.

풀이 (1) ㉠ : 주의 집중

켈러의 ARCS 모형 : 주의 집중(attention), 관련성(relevance), 자신감(confidence), 만족감(satisfaction)

(2) ⓛ : 동일하게 만들어보게, ⓒ : 부분적으로 수정

〈고등학교 정보 프로그래밍의 교수·학습 방법 및 유의 사항〉
학습 초기 단계에서는 이미 작성된 프로그램의 코드를 동일하게 만들어 보거나 부분적으로 수정하는 활동을 통해 프로그래밍의 기본 개념과 원리를 습득하도록 한다.

(3) 행동주의

행동주의는 관찰과 예측이 가능한 행동들을 통해 인간이나 동물의 심리를 객관적으로 연구할 수 있다고 보는 심리학 이론이다.

중등교사 임용시험 2021-A-11

다음은 가네(R. Gagné)의 9단계 수업 단계에 따라 설계한 교수·학습 지도안이다. 〈작성 방법〉에 따라 서술하시오.

대단원 (중단원)	Ⅳ. 컴퓨팅 시스템 (1. 컴퓨팅 시스템의 동작 원리)	소단원	1. 컴퓨터 하드웨어
학습 대상	중학교 1학년	학습 장소	컴퓨터실
교과역량	협력적 문제해결력	교수·학습 방법	강의법
학습 목표	컴퓨터를 구성하는 하드웨어의 특징을 설명할 수 있다.		

수업 단계		교수·학습 활동
도입	㉠주의 집중	• 학생의 호기심을 유발하기 위해 '컴퓨팅 시스템의 구성'에 대한 흥미로운 동영상 자료를 시청하게 한다.
	수업 목표 제시	• "컴퓨터를 구성하는 하드웨어의 특징을 설명할 수 있다."를 학습 목표로 제시한다.
	사전 지식 회상	• 컴퓨터의 기계적 장치에 대한 지식을 상기시킨다.
전개	학습 자극 자료 제시	• 컴퓨터를 구성하는 하드웨어 장치를 보여주며 명칭을 알려 준다.
	학습 안내 제공	• 각 장치의 기능을 찾아보도록 안내한다. • 각 장치를 기능에 따라 나누어 보도록 안내한다.
	학습 수행 유도	• 각 장치의 명칭과 기능을 정리할 수 있도록 시간을 제공한다. • 교사가 제공한 활동지를 작성하도록 한다.
	피드백 제공	• 작성한 활동지에 대한 정답 여부와 부연 설명을 제공한다.

수업 단계		교수·학습 활동
정리	성취 행동 평가	• 학습 성취도를 확인하기 위해 학생들에게 컴퓨터를 구성하는 하드웨어에 대한 퀴즈를 풀게 한다.
	ⓛ	• ©컴퓨터를 구성하는 하드웨어의 특징을 다시 알려준다. • @배운 내용을 토대로 온라인 쇼핑몰에서 광고하는 컴퓨터 하드웨어 사양을 보고 컴퓨팅 시스템의 성능을 확인해 보는 활동을 수행하게 한다.

> **작성방법**
> (1) 켈러(J. Keller)의 학습 동기 이론 4가지 요소(ARCS) 중 밑줄 친 ㉠의 하위 요소 3가지를 쓸 것.
> (2) ⓛ 단계의 요소 중 밑줄 친 ©과 @에 해당하는 요소의 명칭과 개념을 서술할 것(단, ©, @ 의 순서로 제시할 것).

풀이 (1) 감각적 주의 집중, 인지적 주의 집중, 다양성
(2) 일반화
    © : 파지, 기억하거나 학습했던 내용이 재생되는 것이다.
    @ : 전이, 학습했던 내용을 새로운 환경에 적용하여 사용하는 것이다.

2.3.2 요약 : 교수설계 이론과 교수체제개발 모형

1 교수설계 이론

교사가 어떻게 수업을 해야 학습자가 학습을 잘 수행할 수 있을지에 대한 안내

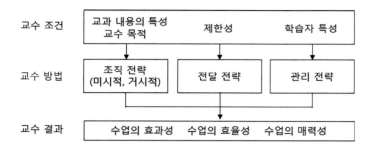

(1) 가네(Gagne)의 9가지 교수 사태

1) 학습의 과정(정보처리 이론에서의 과정)

- 주의, 동기화, 선택적 지각, 의미적 부호화, 장기기억에 저장, 탐색과 회상, 수행, 피드백

2) 9가지 교수 사태

① 주의 집중 : 주의력 획득, 자! 여기를 보세요.

② 수업목표 제시 : 학습 결과에 대한 기대, 학습 동기 촉진, 오늘 우리가 학습할 것은…

③ 선수학습 확인(사전 지식 회상) : 장기기억으로부터 작동기억에 재생, 어제 우리가 학습한 것은…

④ 자극 자료(학습 자료) 제시 : 선택적 지각, 오늘 학습할 이 개념은…

⑤ 학습 안내 제공 : 의미적 부호화, 이런 방법으로 하면…

⑥ 수행 유도 : 재생과 반응, 네가 해보면 어떻겠니?

⑦ 피드백 제공 : 강화, 네가 생각하지 못한 것은…

⑧ 수행평가 : 재생 단계, 이 문제를 풀어보세요.

⑨ 파지와 전이 촉진 : 일반화, 적용될 수 있는 경험 제공, 이 상황에 적용할 수…

(2) 라이겔루스(Reigeluth)의 처방적 교수·설계 이론

1) 정의

- 학습 과정에서 학습 내용을 안내할 때 교사가 활용할 수 있는 교수전략을 제시하는 것으로 학습자에게 제시되는 학습 내용을 어떻게 조직하는지의 방법을 설명
- 정교화 이론 : 거시적인 수준에서 가르치고자 하는 학습 내용을 어떻게 선택하고, 계열화하고, 종합하고, 요약하는 것에 관한 교수전략
- 교수 내용 제시 원리 : 단순-복잡 계열

2) 정교화 이론의 7가지 전략

- 정교화된 계열 : 단순한 내용에서 복잡한 내용을 이루어지도록 함
- 선수학습 요소의 계열 : 학습의 구조와 위계에 기초
- 요약자 : 수업에서 학습한 것을 망각하지 않도록 체계적인 복습이 필요함

- 종합자 : 수업에서는 가르친 각각의 내용을 주기적으로 상호 관련지어 통합하는 활동 이 필요
- 비유 : 이미 잘 알고 있는 지식이나 사례와 비유하는 것
- 인지 전략 활성화 : 포괄적이고 일반적인 지식을 사용하도록 학습자의 인지 전략을 활 성화함
- 학습자 통제 : 학습할 내용, 학습 속도, 제시 방법 등을 선택하고 계열화 함

(3) 켈러(Keller)의 학습동기(ARCS) 이론

1) 학습자의 행동

- B = f(P&E) : 행동 = f(개인적 특성 & 환경)

2) 학습동기(ARCS) 이론

① 주의 집중(Attention) : 호기심과 관심을 유발, 유지(도입)
  ㉠ 감각적 주의 집중
    - 학습자 흥미 유발을 위해 무엇을 할 것인가?
    - 시청각매체 활용, 비일상적인 사건이나 내용 제시
  ㉡ 인지적 주의 집중
    - 학습자가 학습 내용에 스스로 의문을 품고 그것을 탐구하고자 하는 욕구 유발
    - 흔치 않은 비유나 내용과 관련된 연상 요구
  ㉢ 다양성
    - 학습 방식이나 형태의 다양성을 추구
    - 교수 자료의 형태 변화, 다양한 교수 방법 혼합
② 관련성(Relevance) : 교수 내용을 학습자의 필요와 가치에 관련(전개-교수)
  ㉠ 목표(목적) 지향성
    - 제시된 목표를 통해 자신의 필요가 충족되는지 여부
    - 학습의 미래 가치 제시
  ㉡ 동기 일치
    - 학습 방법이나 내용이 학습 유형과 관심사에 부합
    - 학습과제 수행 시 필요한 피드백 제공, 경쟁 없는 안전한 학습상황 제공

ⓒ 친밀성

- 학습에 사용되는 예시나 상황들은 학습자에게 친숙한 것일수록 좋음
- 구체적이고 친숙한 그림 사용, 친밀한 예문이나 배경지식 사용

③ 자신감(Confidence) : 성공에 대한 긍정적인 기대를 갖도록 함(전개-학습)

ⓐ 학습 요건

- 수업의 목표와 전반적 구조 제시, 명확한 평가기준 및 연습기회 제시

ⓑ 성공 기회 제공

- 쉬운 것에서 어려운 것으로 과제, 적정 수준의 난이도 유지(도전적 과제)

ⓒ 자기 규제감

- 학습자의 성공은 스스로의 노력과 능력에 달린 것이라는 믿음을 줌
- 학습 순서와 속도 조절 기회 제공, 성공은 노력이나 능력에 기인함

④ 만족감(Satisfaction) : 내적인 동기 자극(정리)

- 내재적 강화 : 학습한 내용의 적용 기회 제공
- 외재적 강화(보상) : 성공에 대한 외적 기회 제공, 현실적이거나 상징적인 보상 제공
- 형평성 유지(공정성 강조) : 수업목표와 내용의 일관성 유지, 연습과 시험내용의 일치

(4) 오수벨(Ausubel)의 유의미 수용학습

1) 기본 전제

① 수업 목표

ⓐ 학교 교육의 목표는 가능하면 많은 지식과 정보를 습득하는 것

ⓑ 교사는 학습 내용을 조직화하여 제시하여 학생들이 지식과 정보를 의미있게 학습하도록 함

② 수업 과정

ⓐ 독립변인(수업의 투입변인) : 유의미한 아이디어의 결합체

ⓑ 매개변인 : 인지구조와 인지과정

ⓒ 종속변인 : 명제의 재생·파지·적용

2) 선행조직자

- 새롭게 제시되는 학습 내용과 학습자가 이전에 형성하고 있는 지식의 체계를 연결하

　　는 자료
* 본 학습이 전개되기 전에 제시

3) 유의미 수업의 원리

① 선행조직자의 원리 : 도입 단계의 설명은 학습과제보다 포괄성과 추상성이 높음
② 점진적 분화의 원리 : 포괄적 개념을 제시한 후 분화된 개념을 제시
③ 통합적 조정의 원리 : 새로운 개념은 이전에 학습한 것과 연계되도록 조직
④ 선행학습의 요약·정리의 원리
⑤ 내용의 체계적 조직원리

4) 수업 과정과의 연계

① 수업 목표 : 교과의 체계에 의한 내용적 목표를 강조함
② 학습자의 개인차 : 개인 간에 광범위한 개인차가 존재함을 믿음
③ 학습과제의 계열화 : 포괄적인 것을 먼저 다루고 구체적인 개념을 다루는 연역적인 접근법 사용

(5) 구성주의 설계모형

1) 조나센(Jonassen)의 구성주의 학습 환경 설계모형

① 학습 목표 : 문제를 해결하거나 프로젝트를 완성하는 것
② 학습 환경 : 문제중심/프로젝트 중심 학습 등의 학습 환경을 지원하도록 구성, 모형의 중심에 문제/프로젝트가 있음
③ 지원체제(설계요소)
* 관련 사례 : 학습자의 지적 모형이나 경험이 부족한 경우
* 정보자원 : 필요한 정보를 예상하여 충분히 준비
* 인지 도구 : 학습자가 실제 문제를 해결해 나가는 인지 과정을 지원
* 대화·협력 도구 : 컴퓨터 통신을 이용한 각자의 지식과 정보 교환
* 사회적·맥락적 지원 : 문제 상황에서 당해 문제가 발생되는 실제적 맥락을 제시

④ 교수·학습 활동
- 교사 : 모델링, 코칭, 스캐폴딩
- 학생 : 탐색, 명료화, 반추
- 모델링(modeling) : 학습자가 특정 과제를 어떻게 수행해야 하는지를 이해할 수 있도록 도와줌
- 코칭(coaching) : 비숙련자인 학습자가 숙달된 상태로 발전할 수 있도록 도움을 제공
- 비계설정(scaffolding) : 학습자가 혼자서 달성할 수 없는 것을 달성할 수 있도록 체계적인 도움을 제공

2 객관주의 교수설계 모형

교육목표 달성에 효과적인 교수체제를 개발하기 위하여 조직적이고 구조화된 형태로 이루어지는 활동

(1) ADDIE 모형

1) 분석(Analysis)

- 학습과 관련된 요인 분석
  ① 요구분석 ② 과제분석 ③ 학습자분석 ④ 학습 환경 분석

2) 설계(Design)

- 분석 과정의 결과를 토대로 교육 제반사항 설계
  ① 행동목표 진술 ② 평가도구 설계 ③ 교수전략 결정 ④ 교수매체 선정

3) 개발(Development)

- 설계된 교재를 실제로 개발하고 제작
  ① 교수자료 개발 ② 테스트 및 수정 ③ 제작

4) 실행(Implementation)

- 설계되고 개발된 교재를 활용하여 실제 수업 실시
  ① 사용 및 설치 ② 유지 및 관리

5) 평가(Evaluation)

- 실행 과정에서의 모든 결과 평가
  ① 교재와 교수·학습 방법 등 평가

(2) 딕앤캐리(Dick & Carey)의 체제적 교수설계 모형

1) 단계

① 요구분석과 교수 목적 설정 : 이상적인 교육목적과 실제적인 교육수준과의 차이, 원인, 해결방안을 규명

② 학습과제 분석(교수 분석, 학습 내용 분석) : 학습주제의 영역 분류, 하위 내용 분석, 학습내용 조직, 배열

③ 학습자 및 학습 환경 분석 : 학습자 특성 분석, 학습 환경 분석

④ 학습목표 진술 : 학습 내용을 분석하여 학생이 보여주어야 할 학습결과를 관찰 가능한 형태로 서술

⑤ 평가도구 개발 : 목표에 대응하는 평가문항 개발

⑥ 교수전략 개발 : 교수의 최종목표를 달성하기 위해서 사용할 전략 설정

⑦ 교수자료 선정 및 개발 : 교수 전략에 따라 교수자료 만들기

⑧ 형성평가 : 개발된 교수 프로그램의 효과 평가, 교수 프로그램 개선 방안 모색

⑨ 프로그램 수정(피드백) : 프로그램 개선 방안에 따른 수정

⑩ 총괄평가의 설계 및 실행 : 교수 설계에 따라 확장된 교수 프로그램을 학생들에게 실시하고, 학습 효과를 총체적으로 확인, 별도의 평가자에게 의뢰

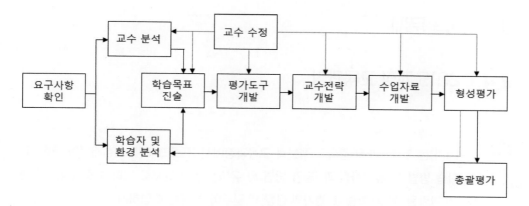

(3) 백워드 설계 모형(backward design model)

과정 개발이 목표설정, 평가 계획, 학습경험 설계의 순서로 이루어지며, 교육의 목적과
그 목적이 달성되었는지를 알 수 있는 평가와 이해를 중요시함

1) 단계

① 바라는 결과 확인하기(목표설정의 단계)
② 수용할 만한 증거 결정(평가 계획의 단계)
③ 학습경험과 수업계획(교육과정과 수업 활동 단계)

2) 특징

① 목표 및 목표 달성을 중시하며 이를 위해 평가를 강조
② 핵심 개념 학습에 중점
③ 영속적 이해 추구

2.4 연습 문제

2.4.1 2015 개정 교육과정

다음 (가)는 2015 개정 중학교 정보과 교육과정에서 '프로그래밍' 핵심개념에 대한 '교수 · 학습 방법 및 유의사항'과 '평가 방법 및 유의사항'의 일부를 나타낸 것이다. (나)는 (가)와 관련된 '교수 · 학습 및 평가의 방향'의 일부이다. 물음에 답하시오.

(가)	프로그래밍을 통한 융합 문제 해결 프로젝트를 협력적으로 수행할 수 있도록 지도하고, 수행 과정에서 구성원의 적극적 참여를 유도하기 위해 프로젝트 계획 단계에서 구성원의 임무와 (㉠)을 명확히 분담하도록 안내한다. 프로그램 개발 과정을 공유 · 비교 · 분석하는 활동을 통해 프로그램을 지속적으로 수정 · 보완하여 효율적인 프로그램을 완성할 수 있도록 지도한다. 협력적 프로젝트의 수행 과정을 평가할 때는 학습자 간 유의미한 (㉡)이 이루어졌는지, 구성원 각자의 역할을 책임감 있게 수행하였는지 등을 종합적으로 고려한다.
(나)	프로그래밍, 피지컬 컴퓨팅 시스템 구현과 같은 문제 해결을 위한 협력적 프로젝트 수행을 통해 (㉢)을 함양할 수 있도록 한다. 모둠별 탐구 활동의 성과물에 대한 평가분만 아니라 협업 및 발표, 토론 수행 등의 전과정에서 합리적이고 객관적인 평가가 이루어질 수 있도록 평가 기준과 구체적인 (㉣)를 마련하고 교사 평가분만 아니라 (㉤)를 위한 도구로 활용한다.

(1) ㉠, ㉡, ㉣에 적합한 용어를 쓰시오.

(2) ㉢에 적합한 능력을 3가지 쓰시오.

(3) ㉤에 적합한 평가 방법을 2가지 쓰시오.

풀이 (1) ㉠ : 역할, ㉡ : 상호작용, ㉣ : 체크리스트
(2) 의사소통능력, 창의 · 융합적 사고능력, 정보처리능력
(3) 동료 평가, 자기 평가

다음은 2015 개정 중학교 정보과 교육과정에서 '컴퓨팅 시스템' 핵심개념에 대한 '교수·학습 방법 및 유의사항'의 일부를 나타낸 것이다. 물음에 답하시오.

> - 실생활에서 컴퓨팅 시스템을 활용한 사례를 찾고 각 시스템을 구성하는 (㉠)와 (㉡)의 유기적인 관계와 역할을 탐구하여 발표하도록 한다.
> - 피지컬 컴퓨팅 장치의 동작 설계에서부터 (㉢) 개발까지의 과정을 공유하고 비교·분석하는 활동을 통해 효율적인 프로그램을 개발할 수 있도록 지도한다.

(1) ㉠~㉢에 적합한 내용을 쓰시오.

(2) 다음은 위 내용 외에 협력적 피지컬 컴퓨팅의 프로그램과 관련된 유의사항과 평가 시 유의사항은 나타낸 것이다. ㉠~㉢에 적합한 내용을 쓰시오.

교수·학습 유의사항	피지컬 컴퓨팅 장치의 구성보다는 제어를 위한 동작 설계와 프로그램 작성 과정에 중점을 두고 지도하며 가급적 (㉠) 영역에서 선택한 프로그래밍 언어를 사용하도록 한다.
평가 유의사항	동일한 문제 해결을 위해 구현한 피지컬 컴퓨팅 시스템이라 하더라도 다양한 형태의 하드웨어와 프로그램으로 구현할 수 있다. 따라서 학습자가 구현한 피지컬 컴퓨팅 시스템을 평가할 때는 동작 수행의 정확성과 더불어 하드웨어 구성과 프로그램 설계의 (㉡)과 (㉢)에 중점을 두고 평가한다.

풀이 (1) ㉠ : 하드웨어, ㉡ : 소프트웨어, ㉢ : 제어 프로그램
(2) ㉠ : 문제 해결과 프로그래밍, ㉡ : 창의성, ㉢ : 효율성

다음은 2015 개정 교육과정에서 고등학교 정보 과목의 프로그래밍 핵심개념에 대한 교수·학습 방법 및 유의사항의 일부를 나타낸 것이다. 물음에 답하시오.

> - 실생활 및 다양한 학문 분야에서 해결해야 하는 문제를 컴퓨팅 사고력을 기반으로 해결해 보는 활동에 중점을 둔다.
> - 프로그래밍 활동에서의 학습자 간 개인차를 고려하여 동료 간 코칭이나 (㉠) 등의 방법을 적극 활용한다.
> - (㉡)나 오픈 소스 통합 개발 환경을 선택함으로써 교수·학습 활동에 학습자의 접근성을 높일 수 있도록 한다.

(1) ㉠, ㉡에 적합한 내용을 쓰시오.

(2) 다음은 위 내용 외에 협력적 프로그래밍과 관련된 유의사항과 평가 시 유의사항을 나타낸 것이다. ㉠, ㉡에 적합한 내용을 쓰시오.

교수·학습 유의사항	프로그래밍을 통한 (㉠) 프로젝트를 협력적으로 수행할 수 있도록 지도하고, 수행 과정에서 구성원의 적극적 참여를 유도하기 위해 프로젝트 계획 단계에서 구성원의 임무와 역할을 명확히 분담하도록 안내한다.
평가 유의사항	협력적 프로젝트의 수행 과정을 평가할 때는 학습자 간 유의미한 (㉡)이 이루어졌는지, 구성원 각자의 역할을 책임감 있게 수행하였는지 등을 종합적으로 고려한다.

 (1) ㉠ : 팀 티칭, ㉡ : 공개용 소프트웨어
(2) ㉠ : 융합 문제 해결, ㉡ : 상호작용

다음은 2015 개정 중학교 정보과 교육과정에서 교수·학습 방향의 일부를 나타낸 것이다. 물음에 답하시오.

- (㉠)을 기반으로 문제를 해결할 수 있는 역량을 기를 수 있도록 교수·학습을 설계한다.
- 개념에 대한 정확한 이해를 바탕으로 이를 응용할 수 있도록 학습을 유도한다.
- 내용 요소별 핵심 개념 및 원리를 안내하고 학습자가 새로운 문제 상황에서 핵심 개념과 원리를 적용하여 해결해 볼 수 있는 풍부한 기회를 제공하도록 한다.
- 교과 내에서의 영역 간 연계성, 초등학교 실과에서 이수한 소프트웨어 관련 내용, 타 교과와의 연계성까지 고려한 학습 경험을 할 수 있도록 조직하여 (㉡)을 기르도록 한다.
- 프로그래밍, 피지컬 컴퓨팅 시스템 구현과 같은 문제 해결을 위한 (㉢) 수행을 통해 의사소통 능력, 창의·융합적 사고능력, 정보처리능력을 함양할 수 있도록 한다.
- 특정 정보기술이나 컴퓨팅 도구의 사용법 습득에 치중하지 않도록 유의하고 문제 해결을 위한 정보기술의 활용, 프로그램 설계 및 개발 프로젝트 수행을 통해 (㉠)을 신장하는데 중점을 둔다.
- 학습자의 흥미와 동기를 유발할 수 있는 적절한 수준의 문제를 활용하되, 학습 전개 상황에 따라 (㉣)하여 제시한다.

(1) ㉠~㉣에 적합한 내용을 쓰시오.

(2) 다음은 위 내용 외에 학습자의 수준과 개인차와 관련하여 고려할 내용을 나타낸 것이다. ㉠~㉢에 적합한 내용을 쓰시오.

- 학습자의 수준과 실습실 환경에 적합한 (㉠)와 피지컬 컴퓨팅 장치를 선택하여 사용한다.
- 학습자 간 개인차를 고려하여 동료 간 코칭이나 (㉡) 등의 방법을 적극 활용한다.
- 학습자의 수준과 진로 방향을 고려한 탐구 활동이나 (㉢)를 제시하여 학습자의 꿈과 재능이 발휘될 수 있도록 한다.

(1) ㉠ : 컴퓨팅 사고력, ㉡ : 융합적 사고력, ㉢ : 협력적 프로젝트, ㉣ : 계열화
(2) ㉠ : 교육용 프로그래밍 언어, ㉡ : 팀 티칭, ㉢ : 프로젝트

다음은 2015 개정 정보과 교육과정(교육부 고시 제2020-236호)의 인공지능 기초 과목에서 교수·학습 방법에 대한 유의사항을 나타낸 것이다. 물음에 답하시오.

> ㉮ 데이터 편향성의 문제를 경험해 볼 수 있는 활동을 수행하고 (㉠)의 중요성을 설명할 수 있도록 지도한다.
> ㉯ 정형 데이터와 비정형 데이터를 기계학습의 훈련데이터로 사용하기 위해서 먼저 수행되어야 하는 데이터 처리 과정의 필요성과 역할을 설명할 수 있도록 지도한다.
> ㉰ (㉡)를 활용한 이미지 인식, 음성 인식, 챗봇 등 간단한 인공지능 인식 프로그램을 체험하거나 만들어 보는 과정을 통해 다양한 인공지능 기법의 활용 분야를 탐색하고 동작 원리를 이해할 수 있도록 지도한다.
> ㉱ 일상생활에서 활용되는 인공지능의 역할을 조사하게 하고 개인의 삶과 사회 변화에 미치는 (㉢)에 관해 토론해 보도록 지도한다.

(1) ㉠~㉢에 적합한 내용을 쓰시오.

(2) ㉮~㉱의 설명에 해당하는 내용 영역을 쓰시오.

풀이 (1) ㉠ : 데이터 공정성, ㉡ : 센서, ㉢ : 인공지능의 가치
(2) ㉮ 인공지능의 사회적 영향, ㉯ 데이터와 기계학습, ㉰ 인공지능의 원리와 활용, ㉱ 인공지능의 이해

 다음은 2015 개정 정보과 교육과정(교육부 고시 제2020-236호)의 인공지능 기초 과목에서 평가 방법에 대한 유의사항을 나타낸 것이다. 물음에 답하시오.

> ㉮ 인공지능의 특성을 학습하는 과정에서 인공지능인 것과 인공지능이 아닌 것을 비교·분석하도록 하고, 발표 과정을 관찰하여 차이점을 명확히 제시할 수 있는지 평가한다.
> ㉯ 실습 과제를 평가할 경우, 작성한 프로그램의 정확성과 효율성을 평가하기보다는 프로그램 설계 과정의 (㉠)과 실습 과정을 통해 관련 인공지능 기법의 동작 원리를 이해하고 있는지에 중점을 두고 평가한다.
> ㉰ 학습 모델을 구현하기 위해 다양한 도구를 사용하되 (㉡)에 중점을 두지 않도록 유의하여 평가한다.

> ㉑ (㉢)이 인공지능 수행 결과에 미치는 영향을 사례를 바탕으로 조사하고 올바른 데이터 활용을 위해 유의해야 할 사항을 제시하는지 평가한다.

(1) ㉠~㉢에 적합한 내용을 쓰시오.

(2) ㉮~㉑의 설명에 해당하는 내용 영역을 쓰시오.

풀이 (1) ㉠ : 논리성, ㉡ : 도구 사용 방법, ㉢ : 데이터 편향성

(2) ㉮ 인공지능의 이해, ㉯ 인공지능의 원리와 활용, ㉰ 데이터와 기계학습,
㉑ 인공지능의 사회적 영향

다음은 2015 개정 정보과 교육과정(교육부 고시 제2020-236호)의 인공지능 기초 과목에서 교수·학습의 방향을 나타낸 것이다. 물음에 답하시오.

> ① 교과 내에서의 영역 간 연계성, 중학교 정보에서 이수한 내용, 타 교과와의 연계성까지 고려한 학습 경험을 할 수 있도록 교육 내용을 조직하여 (㉠)을 기르도록 한다.
> ② 기계학습 모델 구현과 같은 프로젝트형 실습은 협업을 통해 (㉡)을 함양할 수 있도록 한다.
> ③ 특정 인공지능 기술이나 도구의 사용법 습득에 치중하지 않도록 유의하고 문제 해결을 위한 인공지능 기술의 활용, 프로젝트 설계 및 수행을 통해 (㉢)을 함양하는 데 중점을 둔다.

(1) ㉠, ㉢에 적합한 내용을 쓰시오.

(2) ㉡에 적합한 능력을 3가지 나열하시오.

풀이 (1) ㉠ : 융합적 사고력, ㉢ : 인공지능 소양

(2) 의사소통 능력, 창의·융합적 사고 능력, 정보처리 능력

다음은 2015 개정 정보과 교육과정에서 언급한 다양한 교수·학습 방법을 제시한 것이다. 물음에 답하시오.

> ㉮ 교사에 의해 주어진 학습 목표에 따라 학습 단원 내용을 학습하는 형태가 아니라 학생들 스스로가 문제의식을 가지고 주제를 선정하는 단계에서부터 조사나 연구, 발표 및 평가에 이르기까지 학습의 전 과정에 걸쳐 학생들 스스로가 참여하는 학습 모형이다. 객관적인 인식론에 근거하여 교사가 주도하는 수업이 아니라 주관적 인식론에 근거하여 학생의 자율성을 강조하는 (㉠) 학습 형태이다.
> ㉯ 소집단 내의 능력 수준이 서로 다른 학습자들이 공동 (㉡)를 위해 협동과 집단 간의 경쟁이 주는 장점을 활용하여 학습자 개인의 동기유발을 효율적으로 도모하고 서로 협력하면서 바람직한 학습목표와 사회적 목표를 달성하고자 하는 학습 방법이다. 이 학습 방법은 집단의 구성원들이 공동의 목표를 향해서 함께 학습하며, 구성원 모두가 다른 구성원의 학습에 책임을 진다는 것을 기본 아이디어로 하고 있다.
> ㉰ 컴퓨터과학의 기본 개념인 알고리즘, 이진수, 데이터 압축 등을 카드, 줄, 크레용 등 우리 생활 속의 소재를 이용하여 (㉢)이나 퍼즐을 통해 쉽게 가르치는 방법이다. 인접 학문과의 연계가 가능하고, 학습 장소에 구애받지 않는다는 장점이 있다. 알고리즘을 프로그래밍 언어로 구현할 때는 이 활동을 통해 충분히 이해한 후 프로그래밍이 이루어져야 한다.
> ㉱ 어떤 문제를 해결하거나 주제의 학습을 위해 교사가 학생들의 능동적인 (㉣)를 크게 자극하는 학습형태이다. 이것은 일반적으로 탐구수업과 동의어로 사용되기도 하지만 수업 기술의 하나로서의 탐구법이나 교수 계획으로서의 탐구수업과는 구별되어야 한다.

(1) ㉮~㉱의 설명에 해당하는 교수·학습 방법의 이름을 쓰시오.

(2) ㉠~㉣에 적합한 내용을 쓰시오.

풀이 (1) ㉮ 프로젝트 학습, ㉯ 협력학습, ㉰ 언플러그드 학습, ㉱ 탐구학습
(2) ㉠ : 자기 주도적, ㉡ : 목표 성취, ㉢ : 게임, ㉣ : 탐구행위

다음은 2015 개정 정보과 교육과정에서 언급한 다양한 교수·학습 방법을 제시한 것이다. 물음에 답하시오.

> ㉮ 어떤 문제의 긍정적인 면과 부정적인 면을 생각해 보고, 가장 바람직한 문제 해결 방법 또는 (㉠)을 찾는 학습 기법의 하나이다. PMI 기법을 수업에 적용하면 토론 논제에 대한 쟁점을 쉽게 찾을 수 있고, 논제에 대한 깊이 있는 해결책을 찾을 수 있다.
> ㉯ 학생들에게 특수한 상황이나 장면에 처해보도록 하거나 특정의 역할을 실행해보도록 함으로써 자신이나 타인이 가지고 있는 가치관 혹은 신념을 깊이 있고 명확하게 이해할 수 있도록 하는 (㉡) 교수학습 방법이다.

> ㉓ (㉢) 상황에서 일어날 수 있는 사례를 모의적으로 체험하면서 그 사례와 대응방법을 학습해
> 가는 교육기법으로 체험학습기법의 하나이다. 보통 미리 설정된 모의장면 속에서 체험하기
> 때문에 감수성훈련과 같은 직접적 체험기법과는 다르다. 학습자에게는 선택하고 위험을 감
> 수해야 하는 실제와 유사한 상황이 주어지며, 그 속에서 다양한 의사결정을 하게 된다.
> ㉔ 개인적으로 작업을 진행한 후 통합하는 방식이 아니라 두 사람이 하나의 컴퓨터를 사용하여
> 협력적 분업의 형태로 (㉣)하는 것을 말한다. 극한 프로그래밍 개발 절차 과정 중의 하나로
> 두 명의 프로그래머가 하나의 컴퓨터에 앉아 알고리즘 설계, 코딩, 디버깅 등을 협업하는 형
> 태이다.

(1) ㉮~㉭의 설명에 해당하는 교수 · 학습 방법의 이름을 쓰시오.

(2) ㉠~㉣에 적합한 내용을 쓰시오.

풀이 (1) ㉮ 토의 · 토론 학습, ㉯ 역할놀이, ㉰ 교육용 게임, ㉱ 짝 프로그래밍
　　(2) ㉠ : 대안, ㉡ : 실천적, ㉢ : 실제, ㉣ : 프로그래밍

다음은 2015 개정 정보과 교육과정에서 언급한 다양한 교수 · 학습 방법을 제시한 것이
다. 물음에 답하시오.

> ㉮ 학습해야 할 기능이나 절차의 실제적인 사례를 교사나 시범자가 직접 제시하고 (㉠)는 이를
> 관찰한다. (㉠)는 시범을 통하여 익힌 것을 교수자의 통제하에 직접 연습하고 적용해 본다.
> ㉯ 복수의 교사가 역할을 분담한 후 복수의 학급을 해체하여 이룬 한 무리의 학습자로 탄력적인
> (㉡)을 편성하여 학습 및 생활을 협력 지도하는 방식이다. 학습자의 개인차와 교사 자질의
> 개인차가 있을 때 효과적으로 대응할 수 있다.
> ㉰ 학습자가 다른 학습자를 돕고 가르치면서 학습하는 방법이다. 학습자 입장의 학생은 자신이
> 이해하지 못한 정보에 대한 명확한 설명을 듣고 (㉢)을 받을 수 있다. 교수자 입장의 학생은
> 자신이 가지고 있는 지식과 기술을 강화할 수 있어서 자아존중감을 증진시킬 수 있다.

(1) ㉮~㉰의 설명에 해당하는 교수 · 학습 방법의 이름을 쓰시오.

(2) ㉠~㉢에 적합한 내용을 쓰시오.

풀이 (1) ㉮ 시범실습법, ㉯ 팀 티칭, ㉰ 동료 교수법
　　(2) ㉠ : 학습자, ㉡ : 집단, ㉢ : 피드백

다음은 협동학습 방법 가운데 STAD(Student Teams Achievement Division) 모형을 적용한 수업으로 네 단계를 나타낸 것이다. 물음에 답하시오.

단계	교수·학습 활동
교사의 수업 안내	• 학습 목표를 'C 프로그래밍 언어에서 포인터(pointer)의 개념을 설명할 수 있다'로 제시한다. • 포인터에 대한 개념을 설명하고, 구조도를 제시한다. • 소집단 활동에 대한 안내를 제공한다.
소집단 학습	㉮ 포인터 학습을 위한 소집단의 구성원은 4~6명으로 구성하도록 한다. ㉯ 소집단의 구성원은 성별, 성적, 성격 등을 고려하여 최대한 비슷한 학습자끼리 구성하도록 한다. ㉰ 소집단의 구성원은 각자의 역할을 분담한다.
평가	㉮ 개인의 향상 점수를 정하는 기준은 선행 학습이었던 C 프로그래밍 언어의 배열에 대한 학습결과인 자신의 퀴즈 점수의 평균으로 한다. ㉯ 포인터의 개념을 주제로 개인별 퀴즈를 실시한다. ㉰ 향상 점수의 기준은 한 번 정했으면 변경할 수 없다. ㉱ 소집단 점수는 구성원들의 향상 점수의 최고점으로 산정하도록 한다.
소집단별 보상	• 최대한 빨리 점수를 발표한다. • 가능한 한 많은 소집단에 시상하도록 한다.

(1) '소집단 학습' 단계의 ㉮~㉰에서 STAD에 적합하지 않은 교수·학습 활동을 모두 찾아 바르게 수정하시오.

(2) 평가 단계의 ㉮~㉱에서 STAD에 적합하지 않은 교수·학습 활동을 모두 찾아 바르게 수정하시오.

풀이 (1) ㉯ 소집단의 구성원은 성별, 성적, 성격 등을 고려하여 최대한 이질적인 학습자끼리 구성한다.

(2) ㉰ 향상 점수의 기준은 학습자의 특성이나 상황에 따라 변경할 수 있다.
㉱ 소집단 점수는 구성원들의 향상 점수의 평균으로 산정하도록 한다.

다음은 컴퓨터 교수·학습 상황에 적용할 수 있는 수업방법을 설명한 것이다. 각 설명에 해당하는 수업방법을 쓰고 판단 근거를 기술하시오.

> ㉮ 다양한 네트워크 서비스를 이해하는 수업으로 전자우편, 블로그, 메신저, P2P 서비스를 주제별로 모둠 학습을 한 후 자신의 모둠으로 돌아가 발표하며, 개인평가를 수행한다.
> ㉯ 컴퓨터에 사용되는 다양한 문자코드 방식을 설명할 때 지난 시간에 학습했던 컴퓨터의 문자 표현 방식과 문자코드를 연결 지을 수 있는 자료를 제시한다.
> ㉰ 개인정보 보호에 대한 태도를 기르기 위한 수업으로 개인정보 침해 사례를 각 모둠에 나누어 준다. 자료를 읽어 보고 자신의 생각, 자신의 침해 사례 및 해결 방법을 모둠원들과 이야기한다.
> ㉱ 교육용 프로그래밍 언어로 조건문과 반복문을 활용한 프로그램을 작성하는 수업을 할 때 조건문과 반복문을 나누어 실습한 후 종합하여 실습한다.

풀이 ㉮ 과제분담학습 I, 판단 근거는 학생들이 전문가 활동(주제별 모둠 학습)을 한 후 모집단 활동(원래 모둠)을 하며, 개인평가를 수행하기 때문이다.
㉯ 오수벨의 유의미 수용학습, 판단 근거는 선행조직자로 지난 시간에 학습했던 자료를 제시하기 때문이다.
㉰ 집단토론, 판단 근거는 모둠별로 사례에 대한 해결책을 토론하며 학습하기 때문이다.
㉱ 분습법, 판단 근거는 조건문과 반복문은 한 번에 묶어서 하지 않고 각각 분리하여 실습한 후 종합하기 때문이다.

다음과 같이 비주얼 베이직(Visual Basic)의 학습지도안을 구상하고 있다. 물음에 답하시오.

> 학습 목표 : 비주얼 베이직의 컨트롤을 이용하여 간단한 계산기를 만들 수 있다.
>
> 학습 활동 :
> ㉠ 어제 수업 시간에 진법 변환 문제를 풀면서 수작업으로 계산해야 했던 일을 상기시킨다.
> ㉡ 학습 목표를 설명한다.
> … (하략) …

(1) 학습 목표는 메릴(Merrill)의 요소제시이론(Component Display Theory)의 수행 수준과 내용 유형 중 각각 어느 범주에 속하는지 쓰시오.

(2) 학습활동 ㉠은 켈러(Keller)의 학습동기이론의 4가지 요소 중 어떤 요소를 활용하고 있는 것인지 쓰시오.

풀이 (1) 수행 수준 : 활용, 내용 유형 : 절차
(2) 관련성(relevance)

다음 표는 Keller의 ARCS 이론에서 요소, 하위 범주, 의미를 나타낸 것이다. 물음에 답하시오.

요소	하위 범주	의미
(㉠)	감각적 주의 집중	(㉣)
	인지적 주의 집중	탐구의 질문을 유발하는 것은 무엇인가?
	다양성	학습 내용을 어떻게 다양한 방식으로 제시하는가?
관련성	친밀성	수업 내용과 학습자의 요구를 어떻게 만족시키는가?
	목표 지향성	학습자의 요구를 어떻게 만족시키는가?
	동기 일치	(㉤)
자신감	(㉡)	성공에 대한 긍정적인 기대감을 어떻게 신장시키는가?
	성공 기회 제공	성공적인 학습경험을 어떻게 제공하는가?
	(㉢)	성공이 자신의 노력과 능력과 연관됨을 어떻게 제공하는가?
만족감	내재적 강화	(㉥)
	외재적 강화	성공에 대한 외적 기회를 어떻게 제공하는가?
	형성성 유지	학습 성취에 긍정적인 만족감을 어떻게 형성하는가?

(1) ㉠~㉢에 적합한 내용을 쓰시오.

(2) 아래 ㉮~㉰가 위 표의 ㉣~㉥ 중에 어디에 해당하는지 쓰시오.

> ㉮ 새로운 지식, 기술의 사용 기회를 어떻게 제공하는가?
> ㉯ 최적의 선택, 책임감을 언제 제공할 것인가?
> ㉰ 흥미를 끌 수 있는 외적인 자극은 무엇인가?

(3) 교사는 탐색 알고리즘의 교수·학습을 위해 다음과 같은 동기유발 계획을 만들었다. ㉮~㉭가 위의 표에서 각각 어떤 하위 범주에 해당하는지 쓰시오.

> ㉮ 탐색 알고리즘을 활용할 수 있는 실생활의 문제들을 제시한다.
> ㉯ 학생들의 동기에 맞는 다양한 학습의 목표나 이유를 제시한다.
> ㉰ 수업의 마지막 단계에서 학생들이 배운 내용을 적용할 수 있도록 한다.
> ㉱ 탐색 알고리즘의 학습 내용과 평가 내용을 일치시킨다.

풀이 (1) ㉠ : 주의 집중, ㉡ : 학습 요건, ㉢ : 자기 규제감
(2) ㉮ ㉫, ㉯ ㉪, ㉰ ㉩
(3) ㉮ 목적 지향성, ㉯ 동기 부합성, ㉰ 내재적 강화, ㉱ 공정성 강조

기억장치 관리 방법인 페이징 기법에 관하여 탐구학습을 수행하고자 한다. 조건을 고려하여 물음에 답하시오.

> **조건**
>
> - 학습자는 고등학생이다.
> - 2진수, 페이징 기법에 대한 기초 개념을 학습하였다.
> - 페이징 기법에서 논리 주소의 구성은 다음과 같다.
>
> n 비트
>
> | 페이지 번호 | 페이지 변위 |
> |:---:|:---:|
> | (n-k) 비트 | k 비트 |
>
> **가설**
>
> 페이징 기법을 적용할 때, 모든 페이지는 각각 2^k개의 워드로 구성된다.

(1) [가설]의 옳고 그름을 판단하고, 그 근거를 서술하시오.

(2) [가설]에 대하여 탐구학습을 수행하는 경우 '자료 해석 및 가설 검증' 단계의 교수·학습 과정을 교사 활동과 학생 활동으로 구분하여 설계하시오.

풀이 (1) 위의 가설은 옳은 가설이다. 그 이유는 동일한 크기의 페이지를 사용하는 페이징 기법에서 n비트 논리 주소 중에서 페이지 변위가 k비트이므로 한 페이지의 크기는 $0 \sim (2^k-1)$ 범위에 속한다. 따라서 모든 페이지는 2^k 개의 워드로 구성된다.

(2) 탐구학습은 학습자의 자율적인 학습능력을 계발하고 탐구 과정의 체득에 초점을 두는 학습법이다. 탐구학습의 절차는 문제의 발견 및 인식, 가설 설정, 자료수집을 위한 실

험설계, 실험을 통한 자료수집 및 처리, 자료 해석 및 가설 검증, 잠정적인 결론 및 일반화의 6단계 활동으로 이루어진다. 위의 가설에 대하여 탐구학습을 하는 경우 '자료 해석 및 가설 검증'단계에 수행해야 할 교사와 학생의 활동은 다음과 같다.

단계	하위단계	교사 활동	학생 활동
자료 해석 및 가설 검증	자료 해석	페이지 변위가 서로 다른 다수의 페이징 기법 자료들을 제공한다. 학생의 해석에 대한 피드백을 정리하되 결론을 주어서는 안 된다.	페이지 변위 비트가 달라짐에 따라 변화되는 페이지 크기와의 상관관계를 해석한다.
	가설 검증	학생이 올바른 검증과정을 거쳐서 검증하는지를 관찰하고 검증과정에서 비약이나 오류가 있다면 발문법을 통한 피드백으로 교정해준다.	페이지 변위 비트인 k비트를 변화시켜 보면서 페이징 시스템의 기본 가정에 따라 페이지 들이 동일한 크기로 구성되는지 확인한다. 최종적으로 변위 비트가 k일 때 페이지 크기가 2k 워드가 되는지 확인한다.

문제기반학습(PBL: Problem Based Learning)에 대한 물음에 답하시오.

(1) PBL을 정의하시오.

(2) PBL에서 제시되는 '문제'의 특징을 설명하시오.

(3) PBL의 장점을 설명하시오.

(4) PBL의 교수·학습 절차를 나열하고, 이들 중에서 '문제 확인' 단계에서 학습자의 활동 내용을 기술하시오.

풀이 (1) 문제기반학습은 학습자의 관심, 흥미와 연관되고 실세계와 밀접하게 연결된 문제를 학습자가 직접 해결하면서 지식과 기술, 태도를 형성하는 것이다.

(2) ① 비구조화된 문제이다. 문제의 정의와 해결 방안이 명료한 구조화된 문제와는 달리, 비구조화된 문제를 문제의 정의가 쉽지 않아 재정의할 필요가 있고, 문제 해결에 필요한 부가적인 정보가 필요하다. 이러한 비구조화된 문제는 해결안이나 결과가 어떤 한 가지 혹은 몇 가지로 제한될 수 있는 것이 아니라 접근하는 방향에 따라 여러 가지 다른 결론에 도달할 수 있다.

② 복잡하고 실제적 맥락을 가지고 있어야 한다. 학교라는 상황에서만 통하는 인위적이고 비실용적인 문제가 아니라 모든 상황에 있어서 현실성에 바탕을 둔 문제이야 한다. 따라서 문제는 학습자 자신들에게 필요한 것이어서 실질적인 도움을 줄 수 있어야 한다.

③ 학생들에게 탐구하고, 정보를 수집하고, 반성적 사고를 하도록 요구하고, 자신의 논리에 기초하여 결론을 도출할 수 있도록 지원하는 도전과 동기적 요소를 포함해야 한다.

④ 확실한 방향이 제시된 문제이어야 한다. 주어진 문제에 학습자의 역할과 기대되는 학습 결과물에 대한 명시가 분명하게 제시되어 있어야 한다.

(3) 문제기반학습은 문제, 사례, 과제를 중심으로 학습이 전개되는 교수·학습 모형이다. PBL에서는 학습자들의 실생활, 관심과 직접적인 관련이 있으며, 구체적 상황에 기반을 두는 문제를 중심으로 학습이 진행된다. 이러한 PBL의 장점은 다음과 같다.

① 복잡한 비구조적인 문제를 제시하여, 학습자들이 문제를 파악하고 관련 자료를 수집하는 등의 문제 해결 과정을 통해 문제 해결 능력을 신장시킬 수 있다.

② 학습자 중심의 교수·학습 방법이다. 학습자는 문제의 규명부터 시작하여 문제를 풀어가는 전 과정과 결과에 대한 전적으로 책임을 진다. 외부 관계자들에게 자신의 결과물과 그것을 도출해 내기까지의 과정에 대하여 논리적으로 설득력 있게 자신의 견해는 제시하고 설명할 수 있는 능력을 습득할 수 있다.

③ 학생들의 협동학습 환경을 강조한다. 협동학습을 통해 다른 사람들의 다양한 견해와 관점을 접하게 됨으로써 개인이 지닌 사고의 영역과 범주, 관련 분야에 대한 전문적 지식을 넓힐 수 있는 계기를 마련하게 된다.

④ 학습자의 자아 성찰을 중시한다. 협동학습과 자율적 학습으로 나누어져 있어 학습 과정에서 자아 성찰적 질문을 통해 학습의 내용과 문제 해결 과정, 그리고 자신이 속한 협력 집단 내에서 이루어지고 있는 학습활동에 대해 끊임없는 반성적 사고를 해야 한다.

(4) PBL의 교수학습 절차는 문제 제시, 문제 확인, 개별적 자기주도학습, 문제 재확인, 문제 해결, 발표, 문제 결론으로 이루어질 수 있다. 문제 해결 단계에서 문제가 해결되지 않으면 문제 확인 단계로 돌아가 다음 단계를 반복한다. 문제 확인 단계에서는 자신의 수준에서 문제를 이해하고, 자신의 단어로 문제를 정의한다. 이 단계에서 학습자는 자신이 알고 있는 한계 내에서 문제를 파악하므로 학습자의 초기 시도는 사전 지식과 경험을 통해 이해한 것에 기반한다. 이 단계에서 학생들을 모둠으로 나누고, 그룹 구성원과 함께 토의하여 문제를 명료화한다. 또한, 학습자는 자신이 알고 있는 것과 알아야 할 것을 서술하여 필요한 정보를 조직하고, 다음 단계에서 각자 전문적으로 개별학습을 통해 정보를 수집하는 과정을 거친다.

다음과 같은 명령어 형식, 연산자(Opcode), 주기억장치의 내용을 갖는 컴퓨터가 있다. 현재 상태에서 가비지 컬렉션(garbage collection)을 수행하기 위하여 주기억장치 0x1200~0x1205번지에 저장된 프로그램이 하드디스크에 저장되었다가 주기억장치 0x0100~0x0105번지로 다시 적재된다. 이때 그림과 같이 0x1200~0x1206번지에는 이전에 기억된 것과 다른 내용이 적재된다. 이와 관련된 물음에 답하시오.

〈명령어 형식〉

19	16	15	0
Opcode		Address	

〈연산자〉

기호	Opcode	설명
AND	0	Address가 가리키는 주기억장치의 내용과 누산기(Accumulator)의 내용을 AND 연산하여 그 결과를 누산기에 저장한다.
ADD	1	Adress가 가리키는 주기억장치의 내용과 누산기의 내용을 더하여 그 결과를 누산기에 저장한다.
LOAD	2	Adress가 가리키는 주기억장치의 내용을 누산기에 저장한다.

〈16진수로 표기된 주기억장치의 내용〉

주소	내용	설명		주소	내용
⋮	⋮				
0100				0100	21205
0101				0101	01203
0102				0102	11204
0103				0103	11111
0104				0104	11000
0105				0105	0D800
⋮	⋮	⇒		⋮	⋮
1200	21205	LOAD	1205	1200	00000
1201	01203	AND	1203	1201	00000
1202	11204	ADD	1204	1202	00000
1203	11111	11111	(데이터)	1203	00000
1204	11000	11000	(데이터)	1204	11111
1205	0D800	0D800	(데이터)	1205	11111
⋮	⋮			⋮	⋮
	〈가비지 컬렉션 수행 전〉				〈가비지 컬렉션 수행 후〉

(1) 가비지 컬렉션을 수행한 후에 0x0100~0x0105번지에 저장된 프로그램의 실행 결과가 가비지 컬렉션을 수행하기 전에 0x1200~0x1205번지에 저장된 프로그램의 실행 결과와 다른 이유를 설명하시오.

(2) 가비지 컬렉션 수행 후의 프로그램 실행 결과가 수행 전의 결과와 같도록 명령어를 수정하시오.

(3) 프로그램이 주기억장치로 적재될 때마다 수정해야 하는 부분이 많은 경우 그것을 일일이 바꾸어 주는 것은 비효율적이다. 명령어 형식을 수정하여 이 문제를 해결하는 방법을 설명하시오. 단, 명령어 형식을 수정할 때 명령어의 비트 수를 변경할 수 있다.

(4) 고등학생 대상 수업에서 '가비지 컬렉션'개념에서 모티브를 얻어 학습 목표에 정의적 목표 한 가지를 추가하여 교재를 재구성하고자 한다. 가비지 컬렉션과 연결될 수 있는 가치화 수준의 목표를 진술하시오. 그리고 이 목표를 달성하기 위해 수업의 도입 단계에서 활용할 수 있는 애니메이션 자료의 교육적 기능 한 가지를 ARCS 동기이론의 하위 범주 중 한 가지와 연결하여 설명하시오. 단, 정의적 학습 목표는 진술요령 ABCD(Audience, Behavior, Condition, Degree)에 따라 기술한다.

풀이 (1) 가비지 컬렉션을 통해 주기억장치 내에서 명령어의 위치를 옮겼다. 이때 각 명령어에 해당하는 피연산자인 주소를 수정하지 않아 연산에 사용되는 데이터의 값이 다르므로 결괏값이 다르게 나타난다. 즉, 주소 필드에서 절대주소를 사용함으로써 가비지 컬렉션 후에도 이전 주소에 접근하므로 결과가 다르게 나온다.

(2) 가비지 컬렉션을 수행하기 전과 같은 결과를 얻기 위해서는 명령어를 아래와 같이 수정해야 한다.

주소	내용
	...
0100	20105
0101	00103
0102	10104
0103	11111
0104	11000
0105	0D800
...	...

(3) 위 문제를 해결하는 방법은 명령어의 주소 필드에 의한 메모리 접근을 절대주소와 상대주소 방식에서 선택할 수 있도록 하는 것이다. 이를 위해 명령어의 형식을 다음과 같이 수정할 수 있다.

M	Opcode	Address

명령어의 M 필드는 절대주소를 사용하는 경우 0, 상대주소를 사용하는 경우 1로 표시하며, 주소 필드 내용을 이 값에 따라 다르게 해석한다. 이와 같이 수정된 명령어 형식을 사용하여 주기억장치 내용을 나타내면 아래와 같다.

〈가비지 컬렉션 전〉			〈가비지 컬렉션 후〉	
주소	내용		주소	내용
	...			...
1200	1 20004		0100	1 20004
1201	1 00002		0101	1 00002
1202	1 10003		0102	1 10003
1203	0 11111		0103	0 11111
1204	0 11000		0104	0 11000
1205	0 0D800		0105	0 0D800
...	...		...	...

가비지 컬렉션을 하기 전의 경우, 주소 1200번지 LOAD 명령어를 수행할 때 명령어의 M 필드가 1이므로 상대주소를 나타낸다. 여기서 상대주소는 PC값을 기준으로 하며, 데이터의 유효주소는 PC + Address(1201 + 0004 = 1205)가 된다. 따라서 1205번지의 데이터 0D800을 누산기에 저장한다. 가비지 컬렉션을 수행한 후의 경우, 주소 0100번지의 LOAD 명령어가 수행될 때 유효주소는 0101 + 0004 = 0105가 된다. 따라서 데이터는 가비지 컬렉션을 하기 전과 같은 0D800를 누산기에 저장한다.

(4) 정의적 영역은 태도나 가치, 도덕성 등 인간의 정서적인 면이나 심리적인 면과 관련된다. 일반적으로 학습이 인지적인 영역에만 관련된다고 생각하기 쉽다. 그러나 학생들의 지적·정의적·신체적 영역을 모두 발전시킬 수 있는 전인교육을 지향하는 교육 현실을 고려할 때, 정의적 영역에 관한 학습도 인지적 영역 못지않게 매우 중요하다 할 수 있다.

교육목표의 진술 기법에는 하인리히(Heinrich)가 제안한 ABCD 방법이 있다. 이 방법에서는 교육목표 진술에서 대상(Audience), 보여주어야 할 행동(Behavior), 그 행동이 관찰될 조건(Condition), 그리고 새로운 지식이나 기능이 숙달되어야 할 정도(Degree)의 명시를 강조한다.

가비지 컬렉션에 관한 정의적 목표의 가치화 수준을 고려하여 다음과 같이 ABCD 방식으로 진술할 수 있다. 즉, '고등학생들이(대상) 가비지 컬렉션의 개념을 이용하여(조건) 컴퓨터 시스템 성능의 최적화 방식에 대해(준거) 중요하게 여긴다(행동).' 또는 '고등학생들이(대상) 컴퓨터의 성능을 향상시킬 수 있는 가비지 컬렉션을(조건) 주기적으로(정도) 수행하는 자세를 지닌다(행동).'와 같다.

이 목표를 달성하기 위해 애니메이션 자료를 활용할 수 있다. 애니메이션이란 사물의 움직임을 표현하기 위한 기법으로, 다수의 정지 화상이나 그래픽을 일정한 시간 간격으로 연이어 제시하면서 연속된 동작으로 인식하도록 잔상효과를 이용한다. 이 애니메이션의 교육적 기능으로는 학습자 동기유발, 정보나 아이디어의 효과적인 표현, 흥미 유발, 학습자의 몰입 증가, 경험의 일반화 등 여러 가지가 있다. 이러한 다양한 기능 중에 수업의 도입 단계에서는 학생들의 동기유발 기능을 활용하여 주의를 환기시키고 학습자료에 집중하도록 할 수 있다. 이는 켈러(Keller)의 ARCS 이론의 하위 범주인 주의 집중 전략의 '지각적 각성'과 관련된다. 지각적 각성이란, 새로운 내용에 대한 멀티미디어 자료를 제공하거나 비일상적 예시를 제공함으로써 학생들의 흥미 돋우고 주의를 유발·유지시키기 위한 전략이다.

다음은 '최단경로를 찾는 알고리즘'이란 주제의 수업 설계를 위한 대화이다. 교사 A는 B와의 대화 후 수업을 위해 문제기반학습(Problem Based Learning) 방법을 선택하였다. 물음에 답하시오.

> A : 선생님, '최단경로를 찾는 알고리즘'에 대한 수업을 하려고 하는데, 어떤 교수·학습 방법을 사용해야 할지 잘 모르겠어요.
>
> B : 알고리즘은 컴퓨터의 하드웨어와 같이 구체적인 대상이 아니기 때문에 어려울 수 있습니다. 이런 경우에는 학생들이 실제 경험할 수 있는 실제 생활 문제와 관련 있는 것을 제시하는 것이 어떨까요?
>
> A : 여행지에서 내비게이터(navigator)로 가장 빠른 길을 찾는 경우가 많은데, 이와 관련된 문제를 만들어 제시하고 학생들이 스스로 문제를 해결하는 수업이 좋을 것 같습니다.
>
> B : 좋은 생각입니다. 그런데, 그런 경우 선생님께서 문제 상황을 잘 제시해야 학생들이 문제를 잘 이해하고 학습 과제를 스스로 선정할 수 있습니다. 또한 '최단경로를 찾는 알고리즘'을 설계할 때, 학생들이 개별로 해결하는 것보다 서로 토의하여 해결하는 것이 바람직하다고 생각합니다.
>
> A : 네, 알겠습니다. 선생님께서 말씀해 주신 것을 유의해서 문제기반학습으로 수업을 설계해 보겠습니다.

(1) 문제기반학습에서 제시되는 문제의 일반적인 특징을 3가지 기술하시오.

(2) 교사 A가 선택한 문제기반학습의 장점을 3가지 기술하시오.

(3) 문제기반학습의 교수·학습 절차를 나타낸 다음 그림의 '문제 확인' 단계에서 학생들의 활동 내용을 기술하시오.

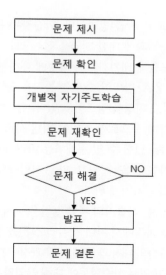

풀이 (1) 문제기반학습은 학습자의 관심, 흥미와 연관되고 실세계와 밀접하게 연결된 문제를 학습자가 직접 해결하면서 지식과 기술, 태도를 형성하는 것이다. 이러한 문제기반학습에서 문제의 일반적인 특징은 아래와 같다.

첫째, 비구조화된 문제이다. 문제의 정의와 해결 방안이 명료한 구조화된 문제와는 달리, 비구조화된 문제를 문제의 정의가 쉽지 않아 재정의할 필요가 있고, 문제 해결에 필요한 부가적인 정보가 필요하다. 이러한 비구조화된 문제는 해결안이나 결과가 어떤 한 가지 혹은 몇 가지로 제한될 수 있는 것이 아니라 접근하는 방향에 따라 여러 가지 다른 결론에 도달할 수 있다.

둘째, 복잡하고 실제적 맥락을 가지고 있어야 한다. 학교라는 상황에서만 통하는 인위적이고 비실용적인 문제가 아니라 모든 상황에 있어서 현실성을 바탕으로 하는 문제이야 한다. 따라서 문제는 학습자 자신들에게 필요한 것이어서 실질적인 도움을 줄 수 있는 것이어야 한다.

셋째, 학생들에게 탐구하고, 정보를 수집하고, 반성적 사고를 하도록 요구하고, 학생들이 자신의 논리에 기초하여 결론을 도출할 수 있도록 지원하는 도전과 동기적 요소를 포함하여야 한다.

이 외에도 확실한 방향이 제시된 문제이어야 한다. 주어진 문제에 학습자의 역할과 기대되는 학습 결과물에 대한 명시가 분명하게 제시되어 있어야 한다.

(2) 문제기반학습은 문자 그대로 문제, 사례, 과제를 중심으로 학습이 전개되는 교수·학습 모형이다. PBL에서는 학습자들의 실생활, 관심과 직접적인 관련이 있으며, 구체적 상황에 기반을 두는 문제를 중심으로 학습이 진행된다. 이러한 문제기반학습의 장점은 다음과 같다.

첫째, 복잡한 비구조적인 문제를 제시하여, 학습자들이 문제를 파악하고 관련 자료를 수집하는 등의 문제 해결 과정을 통해 문제 해결 능력을 신장시킬 수 있다.

둘째, 학습자 중심의 교수·학습 방법이다. 학습자는 문제의 규명부터 시작하여 문제를 풀어가는 전 과정과 결과에 대한 책임을 전적으로 지니며, 외부 관계자들에게 자신의 결과물과 그것을 도출해 내기까지의 과정에 대하여 논리적으로 설득력 있게 자신의 견해는 제시·설명·옹호·반박할 수 있는 능력을 습득할 수 있다.

셋째, 학생들의 협동학습 환경을 강조하고 있다. 협동학습을 통해 다른 사람들의 다양한 견해와 관점을 접하게 됨으로써 개인이 지닌 사고의 영역과 범주, 그리고 관련 분야에 대한 전문적 지식을 넓힐 수 있는 계기를 마련하게 된다. 또한, 자신의 결론과 견해에 대한 객관적 평가를 받을 수 있고, 다른 사람들의 견해를 자신의 견해와 비교하여 평가할 수 있는 기회를 가지게 된다.

이 외에도 문제기반학습은 학습자의 자아 성찰을 중시한다. 협동학습과 자율적 학습으로 나누어져 있어 학습 과정에서 자아 성찰적 질문을 통해 자신이 특정 문제를 풀어가는 동안 익히고 있는 학습의 내용과 문제 해결 과정에 대하여, 그리고 자신이 속한 협력 집단 내에서 이루어지고 있는 학습활동에 대해 끊임없는 반성적 사고를 해야 한다.

(3) 먼저 전 단계인 '문제 제시' 단계에서 책, 만들어진 비디오, 역할놀이, 작문 등의 다양한 방법을 통해 복잡하고 비구조화된 문제들을 제시한다. 이렇게 제시된 문제는 '문제 확인' 단계에서 학생들을 모둠으로 나누고, 자신의 수준에서 문제를 이해하고, 자신의 단어로 문제를 정의한다. 이 단계에서 학생들이 자신이 알고 있는 한계 내에서 문제를 파악하기 때문에 학생들의 초기 시도는 사전 지식과 경험을 통해 이해하고 있는 것을 기반으로 그룹 구성원과 함께 토의하여 문제를 명료화한다. 또한, 학생들은 자신이 알고 있는 것과 알아야 할 것을 서술하여 필요한 정보를 조직하여, 다음 단계에서 각자 전문적으로 개별학습을 통해 정보를 수집하는 과정을 거친다.

2.4.2 2022 개정 교육과정

다음은 2022 개정 중학교 정보과 교육과정의 교수·학습의 방향을 기술한 것이다. ㉠, ㉡에 적합한 내용을 쓰시오.

> ㉮ 실제적인 삶의 맥락에서 컴퓨팅을 통해 문제를 해결하도록 하는 학습 과제를 제시하여 학습자가 과제를 스스로 해결하는 과정에서 자연스럽게 (㉠), 디지털 문화 소양, 인공지능 소양을 함양할 수 있도록 지도한다.
>
> ㉯ 정보 과목의 (㉡), 과정·기능을 활용하여 민주시민교육, 생태전환교육 등 현재 시대가 당면한 여러 사회문제와 더불어 지속가능발전 등의 범교과 주제를 교수·학습 과제로 제시하여 주도성 있는 문제 해결 경험을 제공한다.

풀이 ㉠ : 컴퓨팅 사고력

㉡ : 지식·이해

다음은 2022 개정 중학교 정보과 교육과정의 교수·학습 방법을 설명한 것이다. ㉮~㉰의 각 교수·학습 방법에서 ㉠~㉢에 적합한 내용을 쓰시오.

> ㉮ 교과 역량을 함양하기 위해 문제기반학습, (㉠), 디자인기반학습, 짝 프로그래밍, 탐구학습 등 각 영역의 핵심 아이디어를 습득하는 데 적절한 교수·학습 방법을 선택하여 활용한다.
> ㉯ 디지털 교육환경에 적응할 수 있도록 (㉡), 다양한 디지털 도구의 활용 등 디지털 도구에 대한 인지적 부담은 최소화하고, 활용에 대한 경험은 높일 수 있도록 활동을 구성한다.
> ㉰ 다양한 커뮤니티 서비스, (㉢) 등을 활용하여 학생이 수업 현장에 있지 않더라도 학습 결손이 발생하지 않도록 교수·학습을 제공한다.

풀이 ㉠ : 프로젝트 기반학습

㉡ : 온·오프라인 연계 수업

㉢ : 온라인 교실

다음은 2022 개정 교육과정에 따른 중학교 정보 과목에 관한 내용이다. ㉮~㉺는 성취기준을 나타낸 것이고, A~E는 '성취기준 적용 시 고려 사항'에서 교수·학습에 관한 내용을 나타낸 것이다. 물음에 답하시오.

> ㉮ 디지털 사회의 특성을 탐구하고, 사회 변화에 따른 (㉠)의 변화를 탐구한다.
> ㉯ 인공지능 시스템으로 해결 가능한 문제를 발견하고, ⓐ문제 해결에 적합한 인공지능 시스템을 적용한다.
> ㉰ 문제 해결을 위한 추상화의 중요성을 이해하고, (㉡)를 중심으로 알고리즘을 표현한다.
> ㉱ 여러 학문 분야의 사례를 중심으로 데이터를 수집·분석하여 (㉢)으로 문제를 해결한다.
> ㉲ (㉣)의 개념을 이해하고, 생활 속에서 적용된 사례 조사를 통해 컴퓨팅 시스템의 필요성과 가치를 판단한다.

> A : 미리 구성되어 있는 피지컬 컴퓨팅 시스템을 동작하거나 간단한 피지컬 컴퓨팅 시스템을 구현하는 난이도로 교수·학습을 구성하여 하드웨어와 소프트웨어가 통합적으로 동작함을 인식하는 데 초점을 맞출 수 있도록 한다.

> B : 학생이 다양한 형태의 데이터를 경험하고, 분석할 수 있도록 활동 중심으로 구성한다. 즉, 데이터 분석 활동의 전 과정이 (⑩) 기반의 문제 해결 활동, 혹은 (⑭) 학습의 맥락에서 수행되어 데이터를 기반으로 문제를 해결하는 실제적인 경험을 제공하도록 한다.
> C : ⑥문제를 해결하는 과정에서 ⓒ추상화 단계를 거쳐 알고리즘을 설계하는 과정을 자연스럽게 경험할 수 있도록 교수·학습 절차를 설계한다.
> D : (ⓐ)과 관련된 여러 사례를 경험하게 하고 활동을 통해 학습자의 (ⓐ)에 대한 깊이 있는 이해가 내면화될 수 있도록 구성한다.
> E : 정보 과목의 다른 내용 영역에서 자신이 실제로 학습한 내용을 바탕으로 디지털 사회를 이해하고 자신의 (⑩) 계획을 수립할 수 있도록 (⑩) 연계 교육을 고려한다.

(1) ㉮~㉲의 각 성취기준이 속한 영역의 이름을 쓰시오.

(2) ㉠~㉣에 적합한 용어를 쓰시오.

(3) A~E의 교수·학습 내용이 각각 ㉮~㉲의 어떤 성취기준에 해당하는 것인지 쓰시오.

(4) ⑩~⑩에 적합한 용어를 쓰시오.

(5) 밑줄 친 ⓐ를 위해 교수·학습 활동을 구성할 때 프로그래밍 언어 사용에서 고려할 것을 1가지 기술하시오. 단, 인공지능 영역의 '성취기준 적용 시 고려 사항'에 근거하여 답하시오.

(6) 밑줄 친 ⓑ의 전반을 평가할 수 있도록 학생의 사고 과정을 누적하여 기록하는 데 활용할 수 있는 것을 2가지 쓰시오. 단, 위의 'C'와 관련된 영역의 '성취기준 적용 시 고려 사항'에 근거하여 답하시오.

(7) 밑줄 친 ⓒ를 순서대로 나열하시오. 단, 위에 제시한 성취기준 ㉯의 '성취기준 적용 시 고려 사항'에 근거하여 답하시오.

(8) 위에서 제시한 성취기준 ㉮에 해당하는 지식·이해 범주의 내용 요소를 1가지 쓰시오.

풀이 (1) ㉮ 디지털 문화, ㉯ 인공지능, ㉰ 알고리즘과 프로그래밍, ㉱ 데이터, ㉲ 컴퓨팅 시스템

(2) ㉠ : 직업, ㉡ : 핵심요소, ㉢ : 융합적, ㉣ : 피지컬 컴퓨팅

(3) A : ㉲, B : ㉱, C : ㉰, D : ㉯, E : ㉮

(4) ⑩ : 프로젝트, ⑭ : 문제기반, ⓐ : 인공지능, ⑩ : 진로

(5) 학생이 익숙하게 활용할 수 있는 프로그래밍 언어를 사용하여 학습에 인지적 부하가 적도록 해야 한다.

(6) 보고서, 포트폴리오

(7) 문제 발견, 상태 정의, 핵심요소 추출

(8) 디지털 사회와 직업

다음은 2022 개정 교육과정에 따른 고등학교 정보 과목에 관한 내용이다. ㉮~㉲는 성취기준을 나타낸 것이고, A~E는 '성취기준 적용 시 고려 사항'에서 교수·학습에 관한 내용을 나타낸 것이다. 물음에 답하시오.

㉮ 보호해야 할 정보와 공유해야 할 정보를 구분하고, 올바른 정보 보호 방법을 실천한다.
㉯ (㉠)의 개념과 특성을 이해하고, 인간과 인공지능의 관계를 분석한다.
㉰ 복잡한 문제를 해결 가능한 작은 문제로 분해하고 (㉡)한다.
㉱ ⓐ암호화의 개념을 이해하고, 암호화를 활용하여 데이터를 안전하게 관리하는 사례를 비교·분석한다.
㉲ 문제 해결에 적합한 피지컬 컴퓨팅 시스템 장치를 선택하여 (㉢) 시스템을 설계한다.

A : 사물인터넷 시스템 구현 시 복잡한 통신 및 회로 설계 등 피지컬 컴퓨팅 시스템의 하드웨어를 구성하는 내용보다는 ⓑ네트워크를 통한 데이터의 이동과 이를 활용한 창의적인 아이디어를 구현하는 과정에 중점을 두어 활동을 구성한다.
B : ⓒ압축이나 암호화가 실제로 구현되는 과정을 프로그래밍 과정에서 확인할 수 있도록 '알고리즘과 프로그래밍' 영역과 연계하여 교수·학습 과정을 설계하도록 한다.
C : 제시된 문제 상황을 컴퓨팅 시스템으로 해결할 수 있도록 ⓓ추상화 과정 및 ⓔ자동화 과정이 유기적으로 연결되도록 나선형으로 교수·학습을 제시하도록 한다.
D : 인공지능 에이전트를 학습자가 직접 프로그래밍하기는 어려우므로 학습자가 접근하기 쉬운 인공지능 플랫폼이나 기계학습 (㉣)를 활용하여 기계학습 모델을 구현하도록 한다.
E : 개인 정보를 포함하여 정보 보호 및 보안의 중요성을 이해하기 위해 공급자 측면과 사용자 측면을 두루 살펴보고, ⓕ학습자가 실천할 수 있는 활동을 제시한다.

---

(1) ㉮~㉲의 각 성취기준이 속한 영역의 이름을 쓰시오.

(2) ㉠~㉣에 적합한 용어를 쓰시오.

(3) A~E의 각 교수·학습 내용이 ㉮~㉲의 어떤 성취기준에 해당하는 것인지 쓰시오.

(4) 밑줄 친 ⓐ를 위한 암호 기법을 2가지 쓰고, 이를 활용하여 학습자가 이해할 수 있는 것이 무엇인지 기술하시오. 단, 위에 제시된 성취기준 ㉱의 '성취기준 해설'에 근거하여 답하시오.

(5) 밑줄 친 ⓑ에서 최소 성취수준을 보장하기 위해 평가 시 고려할 사항을 1가지 기술하시오.

(6) 밑줄 친 ⓒ에서 최소 성취수준을 보장하기 위해 학습자의 수준에 따라 제시할 수 있는 활동 1가지 쓰시오. 단, 위의 'B'와 관련된 영역의 '성취기준 적용 시 고려 사항'에 근거하여 답하시오.

(7) 밑줄 친 ⓓ와 ⓔ에 해당하는 3가지를 각각 나열하시오. 단, 위의 'C'와 관련된 영역의 '성취기준 적용 시 고려 사항'에 근거하여 답하시오.

(8) 밑줄 친 ⓕ에 해당하는 3가지를 나열하시오. 단, 위의 'E'와 관련된 영역의 '성취기준 적용 시 고려 사항'에 근거하여 답하시오.

(9) 다음은 위에 제시된 성취기준 ㉑가 속한 영역의 핵심 아이디어 일부이다. ㉠에 적합한 용어를 쓰고, 아래 밑줄 친 ⓐ의 효율성 분석을 위해 데이터 측면에서 사용할 수 있는 기준 2가지를 쓰시오. 단, 성취기준 ㉑의 '성취기준 해설'에 근거하여 답하시오.

> • (㉠) 기술을 활용하여 데이터를 수집, 처리, 관리하는 과정에서 윤리적인 문제를 고려해서 수행해야 올바른 결과가 도출된다.
> • ⓐ데이터의 압축과 암호화는 데이터를 효율적으로 관리하고 보호하는 데 도움을 준다.

풀이

(1) ㉑ 디지털 문화, ㉯ 인공지능, ㉰ 알고리즘과 프로그래밍, ㉱ 데이터, ㉲ 컴퓨팅 시스템

(2) ㉠ : 지능 에이전트, ㉡ : 모델링, ㉢ : 사물인터넷, ㉣ : 라이브러리

(3) A : ㉲, B : ㉱, C : ㉰, D : ㉯, E : ㉑

(4) 암호 기법 : 치환형, 전치형
  이해할 수 있는 점 : 암호화, 복호화의 과정을 이해할 수 있다.

(5) 설계 과정과 구현 결과를 다양한 방식으로 누적한 후 평가한다.

(6) 학습자의 수준에 따라 미리 작성된 코드에 데이터를 입력하고 출력되는 결과를 분석하도록 한다.

(7) ⓓ : 문제 분해, 모델링, 알고리즘 설계
  ⓔ : 프로그램 작성, 실행 결과 평가, 오류 수정

(8) 개인 암호 설정 및 변경, 기기 및 클라우드 접근제어, 바이러스 백신

(9) ㉠ : 빅데이터
  압축 효율성 비교 기준 : ① 원본 데이터와 압축 데이터 간의 품질
  ② 원본 데이터와 압축 데이터 간의 용량

다음은 2022 개정 정보과 교육과정에 따른 고등학교 정보 과목의 내용 체계 및 성취기준을 바탕으로 작성한 교수·학습 지도안의 일부이다. 물음에 답하시오.

영역	디지털 문화
내용 요소	(㉠)
학습 목표	1. (㉡)을/를 구분하여 설명할 수 있다. 2. 올바른 정보 보호 방법을 실천할 수 있다.

단계	교수 · 학습 활동	자료 및 유의점
도입	• 개인 정보 유출에 따른 피해 영상을 보고, 자신의 생각에 대해 자유롭게 발표하기 • 학습 목표 확인하기	… (생략) …
전개	• [활동 1] (㉡) 구분하기 – 정보의 종류에 어떤 것이 있는지 알아보기 – 보호해야 할 정보의 기준 설정하기 • [활동 2] 정보 보호의 중요성 알아보기 – 개인 암호 설정 및 변경, 기기 및 클라우드 접근제어, 바이러스 백신 체험하기 – (㉢)와 (㉣) 측면에서 정보 보호의 중요성 토론하기 • [활동 3] 정보 보호 실천 규칙 만들기 – 개인 정보 보호 규칙 만들기 – 토론을 통해 우리 반의 개인 정보 보호 규칙 만들기	교육과정 내용 요소의 과정 · 기능 범주에서 제시된 '(㉠) 기술의 적용이 필요한 문제를 발견하고 해결 방법 적용하기'을 고려하여 각 활동을 지도함
정리	… (생략) …	(생략)

(1) 교수·학습 지도안의 내용에 근거하여 지식·이해 범주에서 ㉠에 적합한 내용 요소 1가지를 쓰시오.

(2) 성취기준 [12정05-02]에 근거하여 ㉡에 적합한 내용을 쓰시오.

(3) '성취기준 적용 시 고려 사항'에 근거하여 ㉢, ㉣에 적합한 용어를 쓰시오.

(4) 교수·학습 지도안의 내용에 근거하여 가치·태도 범주의 내용 요소 1가지를 쓰시오.

풀이 (1) 정보 보호와 보안
(2) 보호해야 할 정보와 공유해야 할 정보
(3) 공급자, 사용자
(4) 올바른 정보 보호 및 보안 의식

다음은 2022 개정 정보과 교육과정에 따른 중학교 정보 과목의 내용 체계 및 성취기준을 바탕으로 작성한 교수·학습 지도안과 활동지의 일부이다. 물음에 답하시오.

영역	데이터		
내용 요소	지식·이해	과정·기능	가치·태도
	데이터 구조화 및 해석	데이터를 구조화하고 의미 해석하기	–
학습 목표	1. 실생활의 데이터를 표, 다이어그램 등 다양한 형태로 (㉠)한다. 2. 사례를 중심으로 데이터 간의 관계를 파악하고, 데이터에 기반하여 의미를 해석한다.		
단계	교수 · 학습 활동		자료 및 유의점
도입	• 스프레드시트로 데이터를 분석하는 영상을 보고, 자신의 생각을 자유롭게 발표하기 • 학습 목표 확인하기		… (생략) …

전개	• [활동 1] 데이터 수집하기
	  – 데이터 수집 방법 알아보기
	  – 의미나 형식에 따라 데이터 구분하기
	• [활동 2] 데이터를 시각화하기
	  – 도구 사용법 익히기
	  – 데이터를 (㉠)하고 시각화하기
	• [활동 3] 데이터의 의미 분석하기
	  – ⓑ시각화된 결과에 대해 다양한 해석 도출하기
	  데이터에 기반하여 자신의 주장 펼치기
	  … (하략) …
			학생의 수준에 따라 기초적인 활동부터 스프레드시트와 같은 (㉡)를 활용하여 데이터 의미를 분석하도록 활동을 구성함.
			ⓐ데이터 분석 활동의 전 과정이 프로젝트 기반의 문제 해결 활동, 혹은 (㉢)의 맥락에서 수행되어 데이터를 기반으로 문제를 해결하는 경험을 제공하도록 함

정리	… (생략) …		(생략)

활동지

1. 탄소중립은 이산화탄소를 배출한 만큼 이산화탄소를 흡수하는 대책을 세워 이산화탄소의 실질적인 배출량을 0으로 만든다는 것입니다. 이산화탄소 배출량에 대한 데이터의 (㉠)와 시각화를 통해 탄소중립의 변화를 예측하고 탄소중립 실천방안을 찾아봅시다.

… (중략) …

2. 위에서 수집한 데이터를 스프레드시트에 저장하고, 아래와 같이 표와 다이어그램 형태로 시각화해 봅시다.

… (중략) …

3. ⓒ시각화 결과를 바탕으로 향후 10년 동안의 탄소중립 변화를 예측하고 탄소중립을 달성하는 실천 방안을 토론해 봅시다.

… (하략) …

(1) ㉠, ㉡에 적합한 용어를 순서대로 쓰시오.

(2) 위 영역의 '성취기준 적용 시 고려 사항'에 근거할 때 밑줄 친 ⓐ의 ㉢에 적합한 교수·학습 방법을 쓰시오.

(3) 밑줄 친 ⓑ를 통해 찾고자 하는 것은 무엇인가? 위 영역의 핵심 아이디어 관점에서 답하시오.

(4) 밑줄 친 ⓒ와 관련하여 위 영역에 대한 가치·태도 범주의 내용 요소를 1가지 쓰시오.

(1) 구조화, 소프트웨어   (2) 문제기반학습
(3) 새로운 지식   (4) 데이터에 기반하여 현상을 바라보는 관점

다음은 2022 개정 정보과 교육과정에 따른 고등학교 정보 과목의 내용 체계 및 성취기준을 바탕으로 작성한 교수·학습 지도안과 활동지의 일부이다. 물음에 답하시오.

영역	데이터		
내용 요소	지식·이해	과정·기능	가치·태도
	빅데이터 개념과 분석	빅데이터 기술을 활용하여 데이터를 분석하고 시각화하기	–
학습 목표	1. 빅데이터 분석 도구를 활용하여 데이터를 시각화한다. 2. 시각화한 데이터의 의미와 가치를 해석한다.		
단계	교수·학습 활동		자료 및 유의점
도입	• 빅데이터를 활용하여 실생활 문제를 해결한 영상을 보고, 자신의 생각을 자유롭게 발표하기 • 학습 목표 확인하기		… (생략) …
전개	• [활동 1] 빅데이터 수집하기 – 빅데이터 수집 방법 알아보기 – 공개된 공공 데이터나 민간 데이터 수집하기 • [활동 2] 빅데이터 시각화하기 – 빅데이터 분석 도구 사용법 익히기 – 수집한 빅데이터를 구조화하고 시각화하기 • [활동 3] 시각화된 데이터를 해석하고 토론하기 – 시각화된 결과에 대해 ⓑ다양한 해석 도출하기 데이터에 기반하여 자신의 주장 펼치기 … (하략) …		ⓐ학습자가 주제를 선정하고 탐구하는 방법을 활동에 적용함. ⓒ온라인 학습자료를 제작 및 제공함으로써 학습 격차를 최소화하도록 함
정리	… (생략) …		(생략)

활동지

1. 아래 그림은 2016년부터 2030년까지 인류의 보편적 문제를 포함하여 17가지 주목표와 169개 세부 목표를 설정하여 해결하고자 하는 유엔과 국제사회의 공동 목표인 (㉠)를 나타 낸 것입니다. 그림에서 관심이 있는 학습 주제를 1개 선정하시오.

2. 위에서 선정한 주제와 관련된 공개된 ⓐ공공 데이터나 민간 데이터를 수집하시오.
   ··· (중략) ···

---

(1) ㉠에 적합한 용어를 쓰시오.

(2) 정보 과목의 '교수·학습 방향 및 방법'에 근거할 때 밑줄 친 ⓐ와 ⓑ를 적용한 교수· 학습 방법은 무엇인가?

(3) 정보 과목의 '교수·학습 방향 및 방법'에 근거할 때 밑줄 친 ⓒ를 위해 활용할 수 있 는 것은 무엇인가?

(4) 빅데이터 기술을 활용하여 ⓓ를 수행하는 과정에서 올바른 결과의 도출을 위해 고려 할 문제는 무엇인가? 위 영역의 핵심 아이디어 관점에서 답하시오.

풀이 (1) 지속가능발전목표(SDGs)
(2) 프로젝트 기반학습
(3) 학습관리시스템(LMS)
(4) 윤리적인 문제

다음 표는 실습 수업에 관한 교사 A, B의 대화, 정보 과목 수업을 위한 학습 계획서, 2~3차시 실습 수업의 활동 계획서를 나타낸 것이다. 물음에 답하시오.

> A : 실습 수업에서 미리 작성된 프로그램을 제시하고, '따라하기' 형태의 실습 활동으로 진행해 보니, 어려워하는 학생이 많았습니다. 이를 개선할 좋은 방법이 없을까요?
>
> B : 실습 활동을 단계별로 구성하여 진행하는 것이 좋겠습니다. 학습 초기 단계에는 이미 작성된 프로그램을 읽고 이해하는 활동부터 시작하여 점진적으로 단계를 높여가는 형태입니다

차시	학습 내용	교수·학습 방법
1	• 배열의 개념과 필요성 • 배열을 활용한 알고리즘의 이해와 적용	강의법
2~3	• 배열을 활용한 프로그램 작성	실습법

실습 단계	활동 내용
1	배열을 활용한 주어진 프로그램을 읽고 이해하는 활동
2	(㉠)
3	배열을 활용한 주어진 알고리즘을 프로그램으로 작성하는 활동
4	(㉡)
5	실생활의 다양한 문제를 스스로 발견하고 문제를 해결하기 위해 배열을 활용하는 알고리즘과 프로그램을 작성하는 활동

(1) 실습 단계의 계열성을 고려하여 ㉠, ㉡에 해당하는 활동 내용을 쓰시오.

(2) 프로그래밍 활동에서 학습자 간 개인차를 고려하여 적용할 수 있는 교수·학습 방법 2가지를 나열하시오.

풀이 (1) ㉠ : 배열을 활용한 주어진 알고리즘을 설명하고 기능을 습득하는 활동
　　　㉡ : 프로그램을 수정하고 기능을 추가하는 활동, 응용 과제를 학습하는 활동
　　(2) 동료간 코칭, 팀티칭

다음은 역할놀이 교수·학습 모형을 바탕으로 작성한 2022 개정 교육과정에 따른 중학교 정보 과목의 교수·학습 지도안과 수업 자료이다. 물음에 답하시오.

영역	인공지능		
내용 요소	(㉠)	차시	1/2
학습 목표	1. 인공지능 (㉡)에 필요한 데이터의 중요성을 인식할 수 있다. 2. ⓐ인공지능 (㉡)에 필요한 데이터의 수집과 활용에서 발생하는 문제의 해결 방안을 제시할 수 있다.		
단계	교수·학습 활동		
도입	• 동기 유발: 얼굴 인식 시스템의 오류 사례 영상 • 학습 목표 확인		
전개	준비	• 문제 상황 인식 얼굴 인식 시스템의 작동 오류로 발생되는 모의 상황을 시연해 보고, 인공지능 (㉡)에 필요한 데이터의 수집과 활용에서 발생하는 문제를 법적, 사회적, 윤리적 관점에서 해결 방안을 생각해 봅시다. • 학습 진행 과정 및 활동 설명	
	역할놀이 시연자 선정	• 역할 소개 및 시연자 선정 역할 : 법적, 사회적, 윤리적 관점의 해결 방안 제시자	
	활동 준비	• 역할별로 문제 상황에서 행동 계획 수립, 시연 연습 • 관찰자는 활동에 참여하도록 준비, 필요한 경우 무대 준비	
	시연	• 시연자는 상황 속에서 각자의 역할에 따라 행동하고, 관찰자는 시연을 관찰하며 역할을 맡은 사람들이 느끼는 감정 및 관점 등을 생각하는 활동 진행	
	토론 및 성찰	• 시연을 통해 경험한 내용을 토론하고, 관찰자는 시연을 관찰한 후 생각한 내용 공유 • (㉢)하고, 그 결과에 대한 재토론을 통해 새롭게 생각한 내용 공유 및 평가	
	(㉣)	• 인공지능 (㉡)에 필요한 데이터의 수집과 활용에서 발생하는 문제의 해결을 위한 실천 방안을 활동지를 통해 제시	
정리	… (생략) …		

수업 자료

[핵심 아이디어]
ⓑ인공지능은 데이터를 기반으로 문제 해결을 가능하게 하므로, 인공지능에 사용되는 데이터는 윤리적 (㉤)이 없도록 하는 것이 중요하다.

〈데이터의 수집과 활용에서 발생하는 문제 해결을 위한 실천 방안〉

법적 관점	• 데이터 수집과 활용 과정에서 발생하는 개인 정보 침해에 대한 법적 기준 설정하기 … (하략) …
사회적 관점	• 수집한 데이터를 올바르게 활용하기 … (하략) …
윤리적 관점	• (ⓛ)에 사용할 데이터는 모든 영역에서 고르게 수집하기 … (하략) …

(1) 교수·학습 지도안에 근거하여 ㉠에 적합한 지식·이해 범주의 내용 요소를 1가지 쓰시오.

(2) 밑줄 친 ⓐ와 관련하여 가치·태도 범주의 내용 요소를 1가지 쓰시오.

(3) 수업 자료에서 밑줄 친 ⓑ의 데이터가 중요한 것은 ⓛ과 관련이 있다. ⓛ에 적합한 용어를 쓰시오.

(4) 문제 상황에 대한 새로운 관점과 시사점을 도출하기 위한 활동으로 ㉢에 적합한 내용을 쓰시오.

(5) ㉣에 적합한 내용을 쓰시오.

(6) ㉤에 적합한 용어를 쓰시오.

풀이 (1) 인공지능 시스템
(2) 인공지능 학습에서 데이터로 인한 문제 가능성을 최소화하는 태도
(3) 학습
(4) 역할을 바꾸어 다시 시연(재시연)
(5) 경험의 공유와 일반화
(6) 편향성

다음은 2022 개정 정보과 교육과정에 따른 고등학교 정보 과목의 내용 체계 및 성취기준을 바탕으로 작성한 교수·학습 지도안과 활동지의 일부이다. 물음에 답하시오.

영역	알고리즘과 프로그래밍		
내용 요소	지식·이해	과정·기능	가치·태도
	(㉠)	—	디지털 사회의 민주시민으로서 (㉡)의 중요성을 인식하는 자세
학습 목표	1. 실생활 사례를 활용하여 (㉢)의 기본 개념을 이해하고 필요성을 설명할 수 있다. 2. 객체를 구현하는 클래스와 인스턴스를 활용하여 프로그램을 작성할 수 있다.		
단계	교수 · 학습 활동		자료 및 유의점
도입	• 파이썬으로 구현된 실생활 관련 프로그램을 실행하여 보여주고, 이에 대한 생각 발표하기 • 학습 목표 확인하기		… (생략) …
전개	• [활동 1] (㉢) 개념 이해하기 – 객체, 클래스, 인스턴스 등 용어 알아보기 – (㉢) 프로그램 구조 이해하기 • [활동 2] 프로그램 구조 알아보기 – 클래스와 메서드 정의하기, 객체 생성하기 – 프로그램 동작 과정과 출력 확인하기 • [활동 3] 실생활 문제 해결을 위한 프로그램 구현하기 – 클래스와 인스턴스를 활용한 이진 탐색 프로그램 작성하기 … (하략) …		'클래스를 정의하고 인스턴스를 생성하여 문제 해결에 적합한 객체를 구현하기'을 고려하여 각 활동을 지도함
정리	… (생략) …		(생략)

활동지

… (중략) …

2. 프로그램 구조 알아보기
　파이썬 편집기에 아래 코드를 입력하고 실행한 후 프로그램 동작을 분석하고 출력을 확인해 봅시다.

　① 클래스와 메서드 정의하기, 객체 생성하기

```
class MyClass:                           # 클래스 정의
    def __init__(self, value = 0):       # 생성자, 초기화 메서드
        self.title = value
    def how_long(self):                  # 메서드 정의
        return(len(self.title))
```

② 클래스와 메서드 호출하기, 프로그램 출력 확인하기

```
objecta  =  MyClass("Big Data")          # 클래스 호출
objecta.how_long()                       # 메서드 호출
print(objecta.how_long())
```

③ 프로그램 출력 확인하기 : (㉣)

… (하략) …

(1) 교수·학습 지도안의 내용에 근거하여 ㉠에 적합한 내용 요소 1가지를 쓰시오.

(2) ㉡에 적합한 내용을 쓰시오.

(3) 성취 기준 [12정03-08]과 성취기준 해설에 근거하여 ㉢에 적합한 내용을 쓰시오.

(4) 활동지에 제시된 프로그램의 실행 결과를 나타낸 ㉣에 적합한 내용을 쓰시오.

풀이 (1) 클래스와 인스턴스
(2) 협력적 문제해결력
(3) 객체 지향
(4) 8

다음은 2022 개정 교육과정에서 고등학교 정보 과목의 교수·학습의 방향을 기술한 것이다. ㉠, ㉡에 적합한 내용을 쓰시오.

㉮ 내용 영역의 배열순서는 예시의 성격으로 중학교에서 이수한 학생의 수준, 학교의 학습 환경 등을 고려하여 (㉠)을 자율적으로 재구성한다.
㉯ (㉡) 플랫폼을 활용하는 디지털 기반 학습 이력을 활용하여 언제 어디서나 학습의 연장이 가능하도록 하며, 네트워크 기반의 온라인 활용을 통해 협력적으로 문제를 해결할 수 있는 역량을 함양하도록 활동을 구성한다.

풀이 ㉠ : 교육과정
㉡ : 온라인 학습

다음은 2022 개정 교육과정에서 고등학교 정보 과목의 교수·학습 방법을 기술한 것이다. ㉠~㉣에 적합한 내용을 쓰시오.

> ㉮ 학습자 개인별로 학습하는 속도가 다양할 수 있음을 고려하고, 최소 성취기준을 보장할 수 있도록 (㉠)을 활용하여 온라인 학습자료를 제작 및 제공함으로써 학습 격차를 최소화하도록 노력한다.
> ㉯ 디지털 교육 환경에 적응할 수 있도록 (㉡) 수업, 다양한 디지털 도구의 활용 등을 통해 디지털 도구에 대한 인지적 부담은 최소화하고, 활용에 대한 경험은 높일 수 있도록 활동을 구성한다.
> ㉰ 영역 간 교육과정 재구성을 통해 제시된 문제를 해결하는 (㉢)과 학습자가 주제를 선정하고 탐구하는 (㉣) 방법을 활용하여 의미 있는 학습자 중심의 활동 경험을 제공한다.

풀이 ㉠ : 학습관리시스템(LMS)
㉡ : 온오프라인 연계
㉢ : 문제기반학습
㉣ : 프로젝트 기반학습

다음은 2022 개정 정보과 교육과정에 따른 고등학교 정보 과목의 시범·실습 수업을 위해 작성한 교수·학습 지도안과 활동지의 일부이다. 물음에 답하시오.

영역	알고리즘과 프로그래밍		
내용 요소	지식·이해	과정·기능	가치·태도
	정렬, 탐색 알고리즘	알고리즘의 (㉠) 비교·분석하기	알고리즘 효율의 가치와 영향력을 인식하고 적극적으로 탐구하는 태도
학습 목표	1. 버블정렬과 선택정렬 알고리즘의 동작을 설명할 수 있다. 2. 버블정렬과 선택정렬 알고리즘의 특징과 효율을 비교·분석할 수 있다.		
단계	교수 · 학습 활동		자료 및 유의점
도입	• 실생활 관련 정렬 기능의 프로그램을 실행하여 보여주고, 정렬 방법에 대한 생각 발표하기 • 학습 목표 확인하기		… (생략) …
전개	• [활동 1] 정렬 알고리즘 알아보기 – 버블정렬 알고리즘 이해하기 – 선택정렬 알고리즘 이해하기 • [활동 2] 정렬 알고리즘 구현하기		정렬 알고리즘의 학습 과정에서 정렬의 효율적인 부분을 효과적으로 이해할 수

	– 버블정렬 알고리즘 구현하기 – 선택정렬 알고리즘 구현하기 • [활동 3] 알고리즘 효율 비교·분석하기 – 버블정렬과 선택정렬의 비교, 교환 횟수 비교하기 – 버블정렬과 선택정렬의 시간복잡도 비교하기 … (하략) …	있도록 실제 (㉡) 를 정렬하는 과정이 포함되도록 함
정리	… (생략) …	(생략)

활동지

[활동 1]
아래 2가지 알고리즘으로 데이터 (4, 1, 3, 2, 6, 5, 7)을 오름차순으로 정렬해봅시다. 정렬하는 과정을 손으로 추적하여 단계별로 기록해 봅시다.
① 버블정렬 알고리즘으로 정렬하기
② 삽입정렬 알고리즘으로 정렬하기

[활동 2]
아래 2개 프로그램을 파이썬 편집기에 입력한 후 위 데이터로 실행해봅시다. 프로그램이 정상적으로 동작하면 (㉡)를 사용하여 2개 알고리즘의 정렬 시간을 비교해봅시다.

버블정렬 프로그램	삽입정렬 프로그램
다음은 한 회전(pass) 중 교환이 없으면 종료되는 개선된 버블 정렬 알고리즘의 파이썬 코드이다. … (하략) …	다음은 삽입할 값이 앞의 값보다 적은 동안 비교하며, 삽입할 값이 크면 비교한 후 그 회전(pass)은 빠져나오는 삽입정렬 알고리즘의 파이썬 코드이다. … (하략) …

[활동 3]
위 [활동 1]의 추적 결과를 확인하고 2개 알고리즘에 대해 각각 비교 횟수와 교환 횟수를 구해봅시다. 그리고 [활동 2]의 프로그램을 확인하고 알고리즘의 평균 시간복잡도를 구해봅시다. 이들 결과에서 알고리즘의 (㉢)이 다르다는 것을 알 수 있다.

	버블정렬	삽입정렬
비교 횟수	15	10
교환 횟수	5	4
평균 시간복잡도	$O(n^2)$	$O(n^2)$

… (하략) …

(1) 위 영역에서 과정·기능 범주의 내용 요소에 근거하여 ㉠에 적합한 내용을 쓰시오.

(2) 위 영역의 '성취기준 적용 시 고려 사항'에 근거하여 ㉡에 적합한 내용을 쓰시오.

(3) 성취기준 [12정03-02]의 '성취기준 해설'에 근거하여 ㉢에 적합한 용어를 쓰시오.

(4) 위 활동에서 시범·실습 수업의 효과를 확대하기 위해 아래와 같은 활동을 추가할 수 있다. 시범·실습 수업의 특징에 근거하여 아래 ㉠, ㉡에 적합한 내용을 쓰시오.

> [활동 2]에서 먼저 교사가 제시한 프로그램과 같게 만들도록 하고, 내림차순 알고리즘의 순서도를 제시한 후 위 코드를 (㉠)하는 활동을 통해 프로그래밍의 기본 개념과 원리를 습득하도록 한다. 행동주의 학습 이론에 따르면 실습 과정에서 학생의 반복 연습과 교사의 (㉡)을 통해 학습을 더욱 강화할 수 있다.

(5) 위 영역의 '성취기준 적용 시 고려 사항'에서는 아래와 같이 교수·학습에 관한 방향을 제시하였다. 아래 ㉠, ㉡의 과정을 각각 3개 단계로 구분하여 나열하고, ㉢에 적합한 내용을 쓰시오.

> 제시된 문제 상황을 컴퓨팅 시스템으로 해결할 수 있도록 (㉠) 등의 추상화 과정 및 (㉡) 등의 자동화 과정이 유기적으로 연결되도록 (㉢)으로 교수·학습을 제시하도록 한다.

풀이
(1) 수행 과정 및 효율성
(2) 대규모 데이터
(3) 효율성
(4) ㉠ : 부분적으로 수정, ㉡ : 피드백
(5) ㉠ : 문제 분해, 모델링, 알고리즘 설계, ㉡ : 프로그램 작성, 실행 결과 평가, 오류 수정, ㉢ : 나선형

다음은 2022 개정 정보과 교육과정에 따른 중·고등학교 정보 과목에서 '알고리즘과 프로그래밍' 영역을 재구성하여 시범·실습 수업을 위해 작성한 교수·학습 지도안과 수업 자료의 일부이다. 물음에 답하시오.

영역	알고리즘과 프로그래밍	
내용 요소	지식·이해	과정·기능
	함수와 디버깅	함수를 활용하여 프로그램을 모듈화하고, 프로그램의 오류를 발견하여 수정하기
학습 목표	1. 프로그램 작성에서 함수를 활용할 수 있다. 2. 프로그램 수행 결과를 (㉠)로 분석하여 오류를 수정할 수 있다.	

단계			교수 · 학습 활동	자료 및 유의점
도입	동기유발		• 피보나치 수열 구조가 포함된 이미지들을 보여주고, 이미지에 대한 생각 발표하기 • 학습 목표 확인하기	… (생략) …
전개	추상화	문제 분해	… (생략) …	효율적인 알고리즘 설계와 프로그램 작성은 시간, 에너지, 컴퓨팅 시스템 자원을 절약하는 방안임을 인식할 수 있도록 안내함. 프로그램의 효과성을 분석하고, (②)하려는 자세
		(ⓒ)	… (생략) …	
		알고리즘 설계	• 피보나치 수열을 구하는 프로그램의 순서도를 작성하도록 한다. • 1부터 입력한 수까지의 합계를 구하는 프로그램의 순서도를 작성하도록 한다.	
	자동화	프로그램 작성	• 함수로 구성된 피보나치 수열 프로그램을 시범·실습하도록 한다. • 재귀함수로 합계를 구하는 프로그램을 작성하도록 한다.	
		(ⓒ)	• 프로그램의 정상 작동 여부를 확인하고, 프로그램의 효과성을 분석하도록 한다.	
		오류 수정	• ⓐ프로그램의 오류를 발견하고 (⊙)를 활용하여 수정하도록 한다.	
정리			… (생략) …	

수업 자료

아래 [프로그램 1]은 피보나치 수열의 항목들로 구성된 리스트를 생성하는 함수를 정의하고 이를 호출하여 그 결과를 출력합니다. 그리고 [프로그램 2]는 1부터 입력한 수까지의 합계를 구하여 출력하는 기능을 재귀함수를 사용하여 구현한 것입니다.

[프로그램 1]	[프로그램 2]
```python\ndef fib(n):\n result = []\n a, b = 1, 1\n while a < n:\n result.append(a)\n a, b = b, a + b\n return\n\nf100 = fib(100)\nprint(f100)\n```	```python\ndef sum(n):\n if n <= 1:\n return 1\n return n + sum(n - 1)\n\na = int(input("자연수 입력: "))\nresult = sum(a)\nprint(result)\n```

> 1. [프로그램 1]을 파이썬 편집기에 입력하여 실행 결과를 확인해 봅시다. 프로그램 실행에서 오류가 발생하면 아래 설명을 참조하여 수정해봅시다. 그리고 (㉠)를 사용하여 fib(n)이 호출될 때 list 값의 변화를 확인해 봅시다.
>   ※ 함수를 정확하게 (㉤)하고 값이 전달되는지 확인하고, 함수 정의 부분에서 (㉥)해야 하는 것이 무엇인지 고려하여 프로그램을 수정해보세요.
> 2. [프로그램 2]를 파이썬 편집기에 입력하여 실행 결과를 확인해 봅시다. (㉠)를 사용하여 'a' 값에 따른 sum(n) 함수의 호출 횟수를 확인해 봅시다.
>   … (하략) …

(1) 성취기준 [9정03-07]에 근거하여 ㉠에 적합한 용어를 쓰시오.

(2) 위 영역의 '성취기준 적용 시 고려 사항'에 근거하여 ㉡, ㉢에 적합한 내용을 쓰시오.

(3) 위 영역에서 가치·태도 범주의 내용 요소와 밑줄 친 ⓐ에 근거하여 ㉣에 적합한 내용을 쓰시오.

(4) 오류 발생 시 교사가 피드백해야 할 점을 고려하여 ㉤, ㉥에 적합한 용어를 쓰시오.

풀이
(1) 디버거
(2) ㉡ : 모델링, ㉢ : 실행 결과 평가
(3) 프로그램의 오류를 해결
(4) ㉤ : 호출, ㉥ : 반환

다음은 2022 개정 정보과 교육과정에 따른 고등학교 '인공지능 기초' 과목의 내용 체계 및 성취기준을 바탕으로 작성한 교수·학습 지도안과 활동지의 일부이다. 물음에 답하시오.

영역	인공지능과 학습		
내용 요소	지식·이해	과정·기능	가치·태도
	기계학습과 데이터	문제에 적합한 기계학습 (㉠)을 선정하고, 모델 구현하기	학습을 통한 인공지능의 (㉡) 인식
학습 목표	1. 문제 해결에 적합한 기계학습의 유형을 설명할 수 있다. 2. 문제 해결에 적합한 기계학습의 유형을 선정하고 구현할 수 있다.		
단계	교수·학습 활동		자료 및 유의점
도입	• 자신의 생각과 감정을 표현하는 로봇의 영상을 보고, 활용 분야를 자유롭게 발표하기 • 학습 목표 확인하기		… (생략) …

| 전개 | • [활동 1] 인공지능 로봇 활용 사례 탐색하기
  – 로봇의 종류 알아보기
  – 활용 사례 탐색하기
• [활동 2] 기계학습 유형 알아보기
  – (ⓒ)과 (ⓔ)의 차이 알아보기
  – (ⓒ)과 (ⓔ) 체험하기
• [활동 3] 엔트리를 활용한 기계학습 구현하기
  – (ⓒ) 구현하기
  – (ⓔ) 구현하기
　　　　　　… (하략) … | ⓐ기계학습 유형을 구분하고, 해결해야 하는 문제의 특성을 고려하여 문제 해결에 적합한 유형을 선정할 수 있도록 지도함.

모델 학습과 적용이 반복적으로 이루어지는 프로젝트의 경우 평가 결과가 학생 활동에 즉시 (◎)되어 결과물의 개선으로 나타날 수 있도록 평가를 계획함 |
| 정리 | 이번 시간에는 ⓑ인공지능 모델에 많은 분량의 (ⓗ) 데이터를 입력하여 학습을 진행하고, (ⓙ) 데이터를 사용하여 성능을 평가하였습니다.
　　　　　　… (하략) … | … (생략) … |

활동지

[활동 1] 기계학습의 3가지 유형을 찾아서 차이점을 확인하고, 아래 종류가 각각 어떤 유형에 포함되는지 알아봅시다.
[분류, 군집, 실시간 결정, 로봇 네비게이션, 차원 축소, 회귀]
1. (ⓒ) : _____
2. (ⓔ) : _____
3. (ⓓ) : _____

[활동 2] 아래 15개의 사진을 사용하여 아래와 같이 체험해 봅시다.

  ···

① (ⓒ) 체험 : 각각 2마리의 동물을 포함한 A, B, C 그룹의 사진이 있습니다. 각 그룹에 속한 사진을 제외한 나머지가 각각 어떤 그룹에 속하는지 맞추어 봅시다. 모든 동물을 분류한 후 그룹의 분류 기준이 무엇인지 설명해봅시다.

그룹 A	그룹 B	그룹 C

② (ⓔ) 체험 : 짝과 함께 15가지 사진을 보고 필요한 패턴을 추출하여 분류해봅시다. 분류 결과에 어떤 특성이 있는지 설명해봅시다.

[활동 3] 텍스트 문장에 포함된 감정을 판별하는 (ⓒ) 인공지능을 아래 엔트리 블록을 참고하여 구현해봅시다. 인공지능 모델에 아래 샘플 데이터를 입력하여 학습시켜 봅시다. 그리고 예시 문장들을 입력하여 문장에 포함된 감정을 확인해 봅시다.
　　　　　　… (하략) …

(1) ㉠에 적합한 용어를 쓰시오.

(2) 밑줄 친 ⓐ에 해당하는 것으로 ㉢~㉤에 적합한 내용을 순서대로 쓰시오.

(3) 밑줄 친 ⓑ와 관련하여 ㉡에 적합한 내용을 쓰시오.

(4) 위 영역의 성취기준 [12인기02-04]에 근거하여 ㉭, ㉱에 적합한 용어를 순서대로 쓰시오.

(5) 위 영역의 '평가 방법'에 근거하여 ◎에 적합한 용어를 쓰시오.

풀이 (1) 알고리즘
(2) 지도학습, 비지도학습, 강화학습
(3) 효과성과 효율성
(4) 훈련, 테스트
(5) 피드백

다음은 2022 개정 교육과정에 따른 고등학교 '인공지능 기초' 과목에 관한 내용이다. ㉮~㉰는 성취기준을 나타낸 것이고, A~D는 '성취기준 적용 시 고려 사항'에서 교수·학습에 관한 내용을 나타낸 것이다. 물음에 답하시오.

㉮ (㉠)를 해결하기 위해 인공지능을 적용할 수 있는 방안을 탐색하고, 인공지능 프로젝트 활동에 적합한 주제를 도출한다.
㉯ 인공지능에 대한 비판적 자세를 바탕으로 인공지능과 인간의 (㉡)을 도출한다.
㉰ (㉢)를 이용하여 학습을 진행하고, (㉣)를 사용하여 성능을 평가한다.
㉱ 지능적 탐색이 필요한 문제를 찾아보고 ⓐ문제 해결을 위해 정보 이용 (㉤)을 적용한다.

A : 인공지능의 다양한 사례를 탐색하여 실제로 많은 분야에 인공지능이 활용되고 있음을 인식하고, 인공지능 구현 방법으로서 (㉭)과 (㉱) 방식에 대한 이해를 바탕으로 문제를 해결할 수 있는 능력을 함양하도록 한다.
B : ⓑ기계학습과 딥러닝을 코드로 구현하는 학습을 원활하게 진행하기 위해, 다양한 (◎) 활용 방법을 충분히 안내한다.
C : 인공지능 사회의 구성원으로서 갖추어야 할 인공지능 윤리의식과 가치 판단 능력을 함양하여 인공지능 시대의 사회적 책임과 (㉾)을 실천할 수 있도록 하는 데 중점을 둔다.
D : 인공지능을 활용하는 방법적인 측면에서 직접 구현하기가 어려운 부분이 있더라도 학습자의 아이디어를 존중하여 다양한 생각이 발산될 수 있는 활동을 구성한다.

(1) ㉠~㉤에 적합한 용어를 쓰시오.

(2) ㉮~㉲의 각 성취기준이 속한 영역의 이름을 쓰시오.

(3) ㉥~㉨에 적합한 용어를 쓰시오.

(4) A~D의 교수·학습 관련 내용이 각각 ㉮~㉲의 어떤 성취기준에 해당하는 것인지 쓰시오.

(5) 밑줄 친 ⓐ에 해당하는 것을 2가지 나열하시오. 위에서 제시한 성취기준 ㉲의 '성취기준 해설'에 근거하여 답하시오.

(6) 다음은 밑줄 친 ⓑ의 과정에서 학습자의 프로그래밍 역량에 따른 서로 다른 코드 작성 방식을 기술한 것이다. 것이다. 아래 ㉠, ㉡에 적합한 내용을 쓰시오. 단, '인공지능과 학습' 영역의 '성취기준 적용 시 고려 사항'에 근거하여 답하시오.

---

① 프로그래밍 역량이 낮은 학생은 이미 작성된 코드를 실행시켜 코드를 이해한 후 차츰 (㉠)하도록 한다.

② 프로그래밍 역량이 높은 학생은 작성이 완료되지 않은 코드를 (㉡)하여 실행시킬 수 있도록 한다.

풀이 (1) ㉠ : 지속가능발전목표, ㉡ : 공존 방안, ㉢ : 훈련 데이터, ㉣ : 테스트 데이터, ㉤ : 탐색 알고리즘

(2) ㉮ 인공지능 프로젝트, ㉯ 인공지능의 사회적 영향, ㉰ 인공지능과 학습, ㉱ 인공지능의 이해

(3) ㉥ : 탐색, ㉦ : 추론 ㉧ : 라이브러리, ㉨ : 공정성

(4) A : ㉱, B : ㉰, C : ㉯, D : ㉮

(5) 최상 우선 알고리즘, A* 알고리즘

(6) ㉠ : 코드 일부를 수정, ㉡ : 스스로 완성

다음은 2022 개정 중학교 정보과 교육과정의 '알고리즘과 프로그래밍' 영역과 '컴퓨팅 시스템' 영역에 대한 성취기준과 '성취기준 적용 시 고려 사항'의 일부를 나타낸 것이다. 그리고 이와 관련된 교사들의 대화를 나타낸 것이다. 물음에 답하시오.

[9정03-08] 실생활의 문제를 탐색하여 발견하고, 프로그래밍을 통해 해결한다.
[9정01-02] 피지컬 컴퓨팅의 개념을 이해하고, 생활 속에서 적용된 사례 조사를 통해 컴퓨팅 시스템의 필요성과 가치를 판단한다.

- 프로젝트 활동에서는 실생활의 문제를 해결하기 위한 알고리즘을 설계하고 이를 적용한 소프트웨어를 개발하는 활동을 중점으로 교수·학습을 설계하도록 한다. 필요에 따라서는 ⓐ'컴퓨팅 시스템' 영역과 연계하여 피지컬 컴퓨팅 시스템을 설계, 제작하고 이를 동작하게 하는 소프트웨어를 결합하는 형태의 프로젝트도 제공할 수 있다.
- 피지컬 컴퓨팅 시스템을 구현하기 위한 ⓑ탐구 중심의 활동을 진행하고, 프로젝트 형태의 수업을 통해 학생이 피지컬 컴퓨팅 시스템을 구성하는 종합적인 활동 경험을 제공하도록 한다.

A : 저는 위에 제시된 밑줄 친 ⓐ, ⓑ에 근거하여 '알고리즘과 프로그래밍' 영역을 '컴퓨팅 시스템' 영역과 연계하여 수업하고자 합니다. 이 연계 수업을 통해 어떤 것을 강조하는 것이 좋을까요?
B : 목적에 맞는 (㉠)와 (㉡)를 결합하여 피지컬 컴퓨팅 시스템을 구현하는 과정을 통해 피지컬 컴퓨팅 시스템이 유용하다는 것을 인식시키는 것이 좋겠습니다.

A : 그렇군요. 수업에 포함된 영역의 핵심 아이디어를 습득하고 밑줄 친 ⓑ를 고려하여 교수·학습 방법으로 디자인기반학습(Design Based Learning)을 적용하여 활동지를 만들었습니다.
B : 좋은 선택이라고 생각합니다. DBL은 (㉢) 학습을 기반으로 하며, (㉣) 학습의 주제 중심 구조를 바탕으로 합니다. DBL은 문제기반학습과 목표, 형태, 단계가 비슷하지만 실행할 문제를 중심으로 (㉤)을 통해 문제를 해결하며 구체적인 방법을 제시하는 차이가 있습니다.

A : 그렇습니다. DBL은 과학적 사고와 함께 창의적인 설계 과정을 통해 학생이 스스로 실제적인 문제를 해결하는 방법이며, 학생들은 학습의 주체가 되어 교사 및 학생들과 활발한 (㉥)을 한다는 특징도 있습니다.

… (하략) …

활동지

알람기능을 갖는 시계를 팀 단위로 설계하고, 센서 보드를 사용하여 블록 기반 프로그래밍 언어로 구현해봅시다.

[활동 1] 아래와 같이 팀원의 임무를 나누어 활동을 수행합니다.
   ① 학생 1 : 초침의 움직임을 파악하고 순서도로 표현하기
   ② 학생 2 : 분침의 움직임을 파악하고 순서도로 표현하기
   ③ 학생 3 : 시침의 움직임을 파악하고 순서도로 표현하기
   ④ 학생 4 : 센서 보드의 기능 파악하기

[활동 2] ⓒ팀 구성원들이 협력하여 센서 기능이 적용된 알람 시계를 설계합니다.
　　　① 알람 시계 모양 디자인하기
　　　② 알람을 위해 사용할 센서 결정하기
　　　③ 알람 기능 구상하기
　　　④ [활동 1]의 결과를 종합하여 ⓓ시계의 동작을 순서도로 표현하기

[활동 3] 블록 기반 언어인 스크래치/엔트리를 사용하여 알람 시계를 구현합니다.
　　　① [활동 1]의 임무를 학생별로 프로그램으로 구현하기
　　　② 학생별 프로그램 구현 결과를 통합하기
　　　③ 팀별로 구현한 알람 시계의 동작 발표하기
　　　　　　　　　　　　… (하략) …

(1) 성취기준 [9정01-02]와 관련하여 지식·이해와 과정·기능 범주의 내용 요소를 각각 1가지 쓰시오.

(2) [9정01-02]의 '성취기준 해설'에 근거하여 ㉠, ㉡에 적합한 내용을 쓰시오.

(3) ㉢, ㉣에 적합한 내용을 쓰시오.

(4) 밑줄 친 ⓒ와 관련하여 ㉤, ㉥에 적합한 용어를 쓰시오.

(5) 밑줄 친 ⓓ와 관련하여 지식·이해와 가치·태도 범주의 내용 요소를 나타낸 아래 ㉠, ㉡에 적합한 내용을 쓰시오.

> ① 지식·이해 : (㉠) 표현 방법
> ② 가치·태도 : 문제 해결을 위한 다양한 해법을 탐색하고, 명확하게 (㉡)하는 자세

(6) 다음은 위에 제시된 2개 영역의 핵심 아이디어를 나타낸 것이다. 아래 ㉠~㉢에 적합한 내용을 쓰시오.

> · 프로그램 개발은 (㉠)이 필요하며, (㉡)하는 문화를 통해 더 좋은 프로그램이 개발된다.
> · 컴퓨팅 시스템을 설계하는 것은 시스템에 대한 전체 흐름과 (㉢)의 가치를 이해하는 데 도움을 준다.

풀이 (1) 피지컬 컴퓨팅의 개념, 생활 속에서 피지컬 컴퓨팅이 적용된 사례 조사하기
(2) ㉠ : 물리적인 장치, ㉡ : 소프트웨어
(3) ㉢ : 탐구, ㉣ : 프로젝트
(4) ㉤ : 협업, ㉥ : 상호작용
(5) ㉠ : 알고리즘, ㉡ : 알고리즘으로 표현
(6) ㉠ : 협력, ㉡ : 공유, ㉢ : 자원 할당

교육과정

정보 평가
방법

정보 교육
환경

정보 윤리 교육

정보 교수 · 학습 방법

정보과
교육과정 요약

CHAPTER **3**

정보 평가 방법

3.1 평가 방법의 유형 및 평가 활용 방안

3.1.1 기출문제 풀이

다음은 2015 개정 정보과 교육과정(교육부 고시 제2020-236호)에 근거하여 작성한 '프로그래밍' 영역의 평가 계획 중 일부와 프로그래밍 수업에서 학생 A의 답안과 교사의 답안 예시이다. 〈작성 방법〉에 따라 서술하시오.

■ 관찰 평가 체크리스트

항목	평가 항목	평가 결과 (예/아니요)
1	(㉠)을/를 정의하고 활용하는 프로그램을 작성할 수 있는가?	
2	전역 변수와 지역 변수의 (㉡)을/를 구분할 수 있는가?	
3	값을 반환하는 (㉠)을/를 호출하여 활용할 수 있는가?	

학생 A의 답안	교사의 답안 예시
<pre>#include <stdio.h>
void add(int a) {
a = a + step;
}
int main(void) {
int x = 3, y = 0;
int step = 5;
y = add(x);
printf("%d", y);
}</pre>	<pre>#include <stdio.h>
int step = 5;
int add(int a) {
a = a + step;
return a;
}
int main(void) {
int x = 3, y = 0;
y = add(x);
printf("%d", y);
}</pre>

> **작성방법**
> (1) 답안을 참조하여 괄호 안의 ㉠과 ㉡에 들어갈 용어를 쓸 것.
> (2) 관찰 평가 체크리스트 2, 3번 항목에 따라 학생 A의 답안에 대한 평가 결과를 각각 쓰고, 학생 A의 답안 중 해당 코드 부분과 관련지어 교사의 피드백을 서술할 것.

풀이 (1) ㉠ : 함수, ㉡ : 참조 범위

> 〈고등학교 성취기준 해설〉
> [12정보04-08] 함수의 개념과 필요성을 이해하고 함수를 활용한 프로그램을 작성할 수 있어야 한다. 특히 전역변수와 지역변수의 개념적 분류와 변수의 종류에 따른 참조 범위를 이해하여 정확하게 함수를 호출하고 값을 전달할 수 있어야 한다.

(2) 아니요, 아니요

피드백 : main()과 add() 함수에서 step 변수의 값을 확인하고, 함수 정의 부분에서 반환해야 하는 것이 무엇인지 고려하여 프로그램을 수정해야 한다.

step 변수는 main() 함수와 add() 함수에서 사용되므로 전역변수로 선언해야 한다. 또한, add() 함수는 a 값을 반환해야 한다.

중등교사 임용시험 2019-B-1

다음은 중학교 정보과 수업의 교수·학습 지도안과 관찰 평가 채점 기준표이다. 그리고 학생이 제출한 활동지를 나타낸 것이다. 제시된 내용을 참고하여 〈작성 방법〉에 따라 서술하시오.

단계	교수 · 학습 활동	자료 및 유의점
도입	… (상략) … • 학습 목표 제시 　– 놀이공원 체험 순서 알고리즘을 다양하게 탐색하고, 논리적으로 표현할 수 있다.	
전개	• 활동1. 놀이공원 체험 순서를 계획하는 문제 이해하기 　**문제 상황** 　제시된 조건을 고려하여 놀이공원에서 가장 짧은 시간 동안 모든 놀이기구를 탑승할 수 있도록 하는 체험 순서를 계획하여 보시오. 　* 제시된 조건 : 놀이기구 사이를 이동하는 시간, 각 놀이기구의 대기 시간, 각 놀이기구를 이용하는 시간 • 활동2. 놀이공원 체험 순서 알고리즘 탐색하기 • 활동3. 놀이공원 체험 순서 알고리즘을 논리적으로 표현하기	• 활동의 수행 과정에 대해 관찰 평가 실시 • 관찰 평가 결과를 토대로 피드백 제공
정리	… (생략) …	

평가 항목	채점 기준		
	상	중	하
현재 상태와 목표 상태 이해의 정확성	… (생략) …	… (생략) …	… (생략) …
알고리즘 탐색의 다양성	놀이공원 체험 순서 알고리즘을 2가지 이상 제시한다.	놀이공원 체험 순서 알고리즘을 1가지만 제시한다	놀이공원 체험 순서 알고리즘을 제시하지 못한다.
알고리즘 표현의 (㉠)	… (생략) …	… (생략) …	… (생략) …

　　　　　　　　　　　　　　　　　　　　　　○○ 중학교 ○학년 ○반 ○○번 이름 : 이○○

※ 활동2. 놀이공원 체험 순서에 대한 알고리즘을 다양하게 제시하시오.
　　• 알고리즘1 : <u>대기시간이 짧은 놀이기구를 먼저 탑승하는 알고리즘</u>
　　• 알고리즘2 : _____<u>(알고리즘2를 제시하지 못함)</u>_____
　　　　　　　　　　　　　　　　… (하략) …

작성방법
(1) 학습 목표, 교수·학습 활동, 평가의 일관성을 확보할 수 있도록 ㉠에 해당하는 내용을 쓰고, 그 근거를 지도안에서 찾아 서술할 것.
(2) 채점 기준표를 참조하여 학생의 활동지를 평가한 결과를 쓰고, 지도안의 문제 상황에 제시된 조건을 고려하여 활동지를 작성한 학생에게 제공할 피드백 내용을 서술할 것.

풀이 (1) ① 논리성, 위의 교수학습 지도안에서 학습 목표의 '논리적으로 표현하기'와 활동3에서의 '논리적으로 표현하기'에 타당한 평가 항목이기 때문이다.
　　　 ② 정확성, '논리적으로 표현하기'에 적합하기 때문이다.
(2) 평가 결과는 문제상황의 일부만 해결한 상태이다. 피드백할 내용은 이동시간과 이용시간 등을 종합적으로 고려한 최적의 해를 구하도록 유도하는 것이다.

3.1.2 요약 : 평가 방법의 유형 및 평가 활용 방안

☐ 검사관

(1) 측정관

- 어떤 대상이나 사건에 대하여 체계적으로 숫자를 부여하는 것
- 개인의 정적 특성은 항구적이고 불변
- 객관도와 신뢰도를 강조
- 환경은 오차의 근원
- 정보의 증거를 얻는데 효율적

(2) 평가관

- 교육목표에 대한 학습자의 성취도 파악
- 인간의 능력은 일정하지 않고 환경에 의해 변화함
- 내용 타당성 강조

(3) 총평관

- 전인적 평가 목표
- 학생의 장단점을 진단하고 교육 진행 상황 점검하여 교육의 효과성 검증
- 환경과 학습자의 상호작용으로 결과 나타남

☐ 교육관

(1) 선발적 교육관

- 교육의 책임자는 학습자
- 학습자의 개인차에 의해 차이 발생
- 측정관을 토대
- 규준 참조평가

(2) 발달적 교육관

- 교육의 책임자는 교사
- 교수·학습 방법론에 따라 차이 발생
- 평가관을 토대
- 준거 지향평가

(3) 인본주의적 교육관

- 교육의 책임자는 교사와 학습자 모두임
- 학습자의 의지에 따라 차이 발생
- 총평관을 토대로 함
- 준거 지향평가

3 평가 유형

(1) 평가시기에 따른 유형

1) 진단평가

① 교수활동 시작 전 학생의 기초 능력 전반을 진단하는 평가
② 목적
  - 학생의 성취수준 향상 극대화
  - 학습의 중복 회피
  - 학습 곤란에 대한 사전 대책의 수립
③ 진단 기능
  - 선수학습 능력 진단
  - 사전학습 능력 진단
  - 학습자의 특성(흥미, 성격, 학업 성취, 적성)을 파악

2) 형성평가

① 수업 활동 진행 중 학습 과정에 관한 정보로 수업방법 개선하기 위해 실시

② 기능

- 학습 속도(보조)의 개별화
- 학습 피드백(교정)
- 학습 곤란의 진단 및 처방
- 학습 동기 유발
- 교수전략 개선에 활용

③ 특징

- 목적 : 즉각적인 정보의 제공과 교정
- 교수·학습의 개선을 위해 실시
- 문항 : 교육목표와 수업목표에 기초하여 제작

3) 총괄평가

① 학습이 끝난 후 교수 목표 달성 여부를 총괄적으로 판정

② 기능

- 학업성적의 판정, 장래 성적의 예측
- 교수 방법의 개선
- 집단 간 학습 효과를 비교

③ 특징

- 결과에 의해 성적을 산출하고 서열을 결정하는 평가
- 평가의 빈도는 적고, 단위 평가 시간은 김
- 난이도는 30~70%, 평균 난이도는 50% 정도
- 교육목적 이원 분류표를 작성하여 실시하는 평가

(2) 평가 기준(참조 준거, 결과 해석 기준)에 따른 유형

	상대평가(규준 지향평가)	절대평가(목표, 준거 지향평가)
학업 성취도	학생이 속한 집단의 결과에 비추어 상대적으로 나타냄	주어진 교육목표의 달성도
이론적 근거	정상분포	부적편포
교육관	선발적 교육관	발달적 교육관

	상대평가(규준 지향평가)	절대평가(목표, 준거 지향평가)
강조점	신뢰도	타당도
지향점	규준지향	목표지향
평가 기준	평균	목표 달성도
장점	• 개인차 변별이 용이 • 교사의 편견 배제 • 외재적 동기 유발 • 통계적 처리가 용이	• 교육 개선을 위한 자료 제공 • 교수학습 개선에 도움 • 성공감과 성취감 경험 • 협동학습 조장
단점	• 지적 계급주의 발생 • 타 집단과 비교 불가능 • 경쟁의식 조장 • 진정한 의미의 학력평가 불가 • 인간의 발전성과 교육의 힘에 대한 신념 약화 • 현대 학습이론에 부적합	• 개인차 변별 어려움 • 외재적 동기 유발 어려움 • 통계적 활용이 불가능 • 절대기준 설정 어려움

	능력지향 평가	성장지향 평가
정의	현재 성취를 과거의 성취수준과 비교하여 해석	점수를 학습자의 능력 수준에 비추어 해석
강조점	최대능력 발휘	능력의 변화
교육신념	개별학습	개별학습
비교 대상	수행 정도와 소유 능력	성장, 변화의 정도
개인차	고려하지 않음	고려하지 않음
이용도	최대능력 발휘 교수적 기능 강조	학습 향상 교수적 기능 강조

3.2 평가 도구 개발

3.2.1 기출문제 풀이

다음은 알고리즘 수업에 관한 지도 교사와 예비 교사의 대화와 예비 교사가 작성한 자료들을 나타낸 것이다. 〈작성 방법〉에 따라 서술하시오.

> 예비 교사 : 선생님, 내일 수업을 위해 수를 맞히는 게임 자료를 만들었어요.
> 지도 교사 : 네. 학생이 재미있어 하는 소재이면서 알고리즘 수업에도 활용할 수 있겠네요.
> 예비 교사 : 그런데 어떤 관점으로 알고리즘 수업에 활용하면 좋을까요?
> 지도 교사 : 중학교의 교육과정에 제시된 내용 요소에 알고리즘 이해, 알고리즘 표현이 있고, 고등학교의 알고리즘 관련 내용 요소는 중학교의 내용을 기반으로 한 알고리즘 설계, (㉠)이/가 있어요. (㉠) 수업에서 선생님이 만든 게임 자료를 제시하고, 두 알고리즘 적용 사례에서 학생 A의 질문 횟수를 확인하는 활동을 해 보세요. 그리고 (㉡) 관점에서 질문의 횟수가 더 적은 것이 무엇인지를 알아보는 활동으로 구성해 보세요.
> 예비 교사 : 이 수업의 평가를 위해 아래와 같이 평가 기준을 만들었습니다.

[순차탐색 사례]	[이진탐색 사례]
학생 A: 1입니까? 학생 B : 아니요. 학생 A : 2입니까? 학생 B : 아니요. 학생 A: 3입니까? 학생 B : 아니요. … (중략) … 학생 A : 19입니까? 학생 B : 아니요. 학생 A : 20입니까? 학생 B : 맞습니다.	학생 A : 10보다 큽니까? 학생 B : 네. 학생 A : 15보다 큽니까? 학생 B : 네. 학생 A : 18보다 큽니까? 학생 B : 네. 학생 A : 19보다 큽니까? 학생 B : 네. 학생 A : 20입니까? 학생 B : 맞습니다.

수준	평가 기준
상	㉢
중	알고리즘의 연산을 몇 번 수행하는지 계산할 수 있다.
하	알고리즘에서 연산의 의미를 말할 수 있다.

작성방법

(1) 2015 개정 정보과 교육과정(교육부 고시 제2020-236호)에 제시된 괄호 안의 ㉠에 해당하는 용어를 쓸 것.

(2) 2015 개정 정보과 교육과정(교육부 고시 제2020-236호)에 근거하여 괄호 안의 ㉡에 해당하는 용어를 쓸 것.

(3) 2015 개정 정보과 교육과정(교육부 고시 제2020-236호)의 성취기준과 대화에 근거하여 평가 기준의 ㉢을 서술할 것. (단, 학생 행동에 해당하는 동사 2가지를 포함하되, 중/하 수준의 평가 기준은 제외함.)

풀이 (1) 알고리즘 분석

〈정보과 학교 급별 내용 체계〉

영역	핵심 개념	내용 요소	
		중학교	고등학교
문제 해결과 프로그래밍	알고리즘	• 알고리즘 이해 • 알고리즘 표현	
			• 알고리즘 설계 • 알고리즘 분석

(2) 수행시간

성취기준 [12정보03-05] : 다양한 알고리즘의 성능을 수행시간의 관점에서 분석하고 비교한다.

(3) 알고리즘을 질문 횟수의 관점에서 비교하고 효율적인 알고리즘을 선택한다.

성취기준 해설 [12정보03-05] : 동일한 문제에 대해 다양한 문제 해결 전략과 방식이 있음을 경험할 수 있도록 한다. 각각의 문제 해결 전략과 방식에 의해 설계한 알고리즘을 수행 시간의 효율성 관점에서 분석하고 비교하여 어떤 방법이 더 효율적인지 설명할 수 있어야 한다.

다음은 2015 개정 중학교 정보과 교육과정(교육부 고시 제2015-74호)을 참고하여 A 교사가 성취 평가를 위해 교육과정 성취기준에 대한 평가기준을 계획한 것이다. 그리고 이에 관해 학생이 제출한 활동지의 일부를 나타낸 것이다. 〈작성 방법〉에 따라 서술하시오.

교육과정 성취기준	평가 기준	
[9정03-01] 실생활 문제 상황에서 문제의 현재 상태, 목표 상태를 이해하고 목표 상태에 도달하기 위해 수행해야 할 작업을 분석한다.	상	실생활 문제 상황을 분석하여 문제의 현재 상태와 목표 상태 모두를 정확히 정의할 수 있다.
	중	실생활 문제 상황에서 문제의 현재 상태와 목표 상태 중 하나만 정확히 정의할 수 있다.
	하	실생활 문제 상황이 무엇인지 설명할 수 있다.

활동지

중학교, 이름 : ○○○

[문제 상황] 집에서 출발해서 도서관에 들러 책을 반납하고 학교에 도착하는 최단 경로는?

··· (중략) ···

Q1. ㉠제시된 문제 상황과 지도를 보고 현재 상태와 목표 상태를 정의해 봅시다.
  · 현재 상태: 집에서 도서관을 들러 학교에 도착하는 최단 경로를 모르는 상태
  · 목표 상태: 집에서 학교에 도착하는 최단 경로를 아는 상태

··· (중략) ···

Q5. ㉡Q1부터 Q4까지의 활동을 얼마나 잘 했는지 스스로 '평가지 1'에 평가해 봅시다.
Q6. 각자의 활동 결과를 발표한 뒤에 ㉢친구의 활동에 대해 '평가지 2에 평가해 봅시다.

··· (하략) ···

작성방법
(1) 성취기준 중심 학생 평가의 관점에서 A 교사가 준비한 평가 기준에 나타난 문제점 1가지를 구체적으로 서술할 것.
(2) ㉠에 대해 학생이 작성한 답은 평가 기준의 평가기준에서 상, 중, 하 어디에 해당하는지 쓸 것.
(3) 활동지의 Q5와 Q6을 분석하여 2015 개정 중학교 정보과 교육과정(교육부 고시 제2015-74호)의 '교수·학습 및 평가의 방향'에 제시된 ㉡, ㉢의 평가방법을 서술할 것.

풀이 (1) ① 현재 상태에서 목표 상태에 도달하는 과정에서 수행하는 작업에 대한 평가 기준이 없다.

② 실생활의 문제 상황이 아닌 경우에 대한 평가 기준이 없다.

(2) 중(목표 상태에 도서관이 없음)

(3) ⓒ : 자기 평가, ⓓ : 동료 평가

<중학교 정보 평가 방향>

모둠별 탐구 활동의 성과물에 대한 평가뿐만 아니라 협업 및 발표, 토론 수행 등의 전 과정에서 합리적이고 객관적인 평가가 이루어질 수 있도록 평가 기준과 구체적인 체크리스트를 마련하고 교사 평가뿐만 아니라 동료 평가, 자기 평가를 위한 도구로 활용한다.

3.2.2 요약 : 평가 도구 개발

1 평가 도구의 기준

(1) 타당도

- 평가도구가 측정하려고 하는 내용이나 목표 그 자체를 얼마나 충실하게 측정하고 있는가의 정도
- 무엇을 측정하고 있는가?

1) 종류

① 내용 타당도(논리적 타당도) : 내용(수업 목표)을 충실히 측정하고 있는지 분석

② 예언 타당도(준거 타당도) : 피험자의 미래 행동이나 특성을 정확하게 예언하는지의 정도

③ 공인 타당도(준거 타당도) : 다른 검사와 공통 요인, 변인이 어느 정도인가 밝히려는 정도

④ 구인 타당도 : 심리적 개념이나 논리적 구인을 측정하고 있는 수준임

⑤ 요인 타당도, 동형검사 타당도, 이종검사 타당도

(2) 신뢰도

- 어떤 검사도구의 측정상의 정확성 또는 일관성
- 얼마나 정확하게, 오차 없이 측정하는가?

1) 종류

① 재검사 신뢰도(안정성 계수) : 일정 기간의 간격을 두고 동일한 검사도구를 동일한 집단에게 두 번 실시하여 각각의 검사점수를 기초로 상관계수 산출

② 동형검사 신뢰도(동형성 계수) : 두 개의 동형 검사를 같은 시기에 동일 집단에 실시하여 얻어진 검사점수 간의 상관을 산출

③ 반분 신뢰도(동질성 계수) : 한 개의 검사를 적절한 방법으로 두 부분으로 나누고, 각각을 독립된 검사로 생각하고 검사점수 간의 상관을 산출

④ 문항내적 합치도 : 한 검사를 구성하는 문항 하나하나를 각각 독립된 별개의 검사로 간주하고, 이들 문항간의 일관성 또는 합치성을 상관계수를 산출

(3) 객관도

• 평가자 혹은 채점자가 어느 정도 신뢰가 있고 일관성이 있느냐?

1) 좋은 평가문항의 조건

• 요구하는 능력이 원래 측정하고자 하는 능력과 일치해야 함
• 복합성, 참신성을 지녀야 함
• 모호하지 않아야 함
• 학습 동기를 유발해야 함
• 문항 제작 원리와 검토 지침에 충실해야 함

2) 객관도 상향 조건

• 측정도구, 평가도구 자체를 객관화
• 평가기준 구체화
• 비객관적인 평가도구는 여러 사람이 공동으로 평가해서 그 결과를 종합
• 평정 오류 제거 : 인상, 표준, 집중 경향, 근접, 논리적 오류를 제거

(4) 실용도

• 얼마나 적은 시간과 노력으로 검사를 할 수 있는지를 의미하는 것으로 검사도구의 경

제성에 해당함

1) 실용도 조건

- 실시와 채점이 용이, 해석이 용이, 활용 가능, 적은 비용

2 평가 척도

- 체크리스트 방법 : 예 또는 아니오
- 평정척도 방법 : 3~5단계
- 루브릭(Rubric) : 3~5단계와 기준제시

3 평가 문항의 유형(학습 평가)

(1) 채점자의 주관 개입에 따른 분류

- 주관형, 객관형

(2) 수험자의 응답 방법에 따른 분류

1) 선택형 → 채점이 용이함

① 진위형 : 진위, 정오를 판단
② 배합형 : 전제와 답지를 배합, 단순배합형, 복합배합형, 분류배합형, 관계분석형, 관계분류형, 공변관계형
③ 선다형
  - 두 개 이상의 답지로 구성하여 답을 선택하도록 함
  - 최선다형, 정답형, 합답형, 부정형
  - 문항 형식의 융통성이 뛰어남
  - 채점이 쉬움, 객관적임
  - 문항 제작이 어려움
  - 반응 시간이 많이 소요됨

2) 서답형 → 출제가 용이함

① 완성형
- 진술문의 일부분을 비워놓고 써넣게 함
- 불완전 문장형, 불완전 도표형, 제한 완성형

② 단답형
- 간단한 단어 등 제한된 형태로 대답
- 단구적 단답형, 서술형 단답형

③ 논문형
- 주어진 질문에 대하여 여러 개의 문장으로 답함
- 응답 제한형, 응답 자유형

3) 수행형
- 보고서형, 프로젝트형, 실기형

4 교육평가 절차

① 평가목표 설정
② 평가 장면 선정
③ 평가도구 선정 및 제작
④ 평가실시 및 결과처리
⑤ 평가결과의 해석 및 활용

5 수행평가

- 학생들의 작품이나 활동을 직접 관찰하고, 관찰된 결과를 전문적으로 판단하여 평가
- 교수·학습 과정 개선을 위해 각종 정보를 수집하고 교육적 가치를 판단하는 평가 방식(질적 평가)

구분	기존의 평가	수행평가
평가 대상(사고능력)	암기하고 있는 지식의 양 (낮은 수준의 암기, 이해력)	비판적, 창의적 사고력 (고등 정신능력)
평가 대상(지식의 종류)	결과로서의 지식	과정으로의 지식과 결과로서의 지식
평가 방법	선택형 지필검사	다양한 방법
평가 상황	인위적인 시험상황	실제상황이나 유사 모의상황
평가방법의 성격	간접적(검사 위주)	직접적(관찰 위주)
평가 체제	상대평가, 양적평가, 선발형 평가, 결과 중시(내용적 지식)	절대평가, 질적 평가, 충고형 평가, 과정 중시(절차적 지식)
평가 목적	선발, 분류, 배치	지도, 조언, 개선

구분	양적평가 체제(예 : 선택형 시험)	질적평가 체제(예 : 수행평가)
평가 내용	• 선언적 지식(내용적 지식) • 학습의 결과 중시 • 학문적 지능의 구성요소	• 절차적(방법적) 지식 • 학습의 과정 중시 • 실천적 지능의 구성요소
평가 방법	• 선택형 평가 위주 • 표준화 검사 중시 • 대규모 평가 중시 • 일회적, 부분적인 평가 • 객관성, 일관성, 공정성 강조	• 수행평가 위주 • 개별 교사에 의한 평가 중시 • 소규모 평가 중시 • 지속적, 종합적인 평가 • 전문성, 타당도, 적합성 강조
평가 시기	• 학습활동이 종료되는 시점 • 교수·학습과 평가활동 분리	• 학습활동의 모든 과정 • 교수·학습과 평가활동 통합
교사의 역할	• 지식의 전달자	• 학습의 안내자, 촉진자
학생의 역할	• 수동적인 학습자 • 지식의 재생산자	• 능동적인 학습자 • 지식의 창조자
교과서의 역할	• 교수·학습 평가의 핵심 내용	• 교수·학습 평가의 보조자료
교수·학습 활동	• 교사 중심 • 인지적 영역 중심 • 암기 위주 • 기본학습능력 강조	• 학생 중심 • 탐구 위주 • 창의성 등 고등 사고기능 강조

(1) 특징

• 성장 과정에 대한 지속적인 평가
• 과정과 결과를 함께 평가

- 의사소통, 협업 등의 능력 강화
- 실제 상황과 유사한 맥락에서의 평가
- 능동적 학습활동 유도
- 정의적 특성 평가를 통한 전인교육의 추구

(2) 수행평가 방법

① 논술(논문)형 시험 : 학생들이 직접 서술하는 검사
② 구술시험 : 특정 교육 내용이나 주제에 대해 질문한 다음 학생의 의견이나 생각을 발표하도록 하여 평가
③ 토의·토론 : 특정 주제에 대해 서로 토론
④ 프로젝트(연구보고서법) : 특정한 연구 과제나 산출물 개발 과제 등을 수행하도록 한 후 프로젝트의 전 과정과 결과물을 종합적으로 평가하는 방법
⑤ 실험·실습법 : 직접 실험·실습 후 결과보고서 제출
⑥ 포트폴리오
  - 자신이 쓰거나 만든 작품을 지속적이면서도 체계적으로 모아둔 개인별 작품집 또는 서류철을 이용한 평가
  - 변화나 발달 과정을 지속적이고 체계적, 종합적으로 평가
  - 자기반성의 기회 제공
⑦ 관찰법
  - 개별 단위 또는 집단 단위로 관찰하여 평가
  - 응답자가 행동을 통해 나타내는 태도나 의견 등을 조사하고 분석하는 것
  - 종류 : 일화기록법, 체크리스트, 평정척도법, 일기기록법, 시간표집법, 사건표집법, 비디오 녹화 후 분석법
⑧ 자기 평가 보고서법 : 특정 주제나 교수·학습 영역에 대하여 자기 스스로 학습 과정이나 학습결과에 대해 자세한 평가를 하도록 하여 그 결과 보고서를 보고 평가
⑨ 동료 평가 보고서법 : 동료 학생들이 상대방을 서로 평가하도록 하여 그 결과를 보고서를 보고 평가
⑩ 실기시험 : 학생들의 지식이나 기능을 직접 행동으로 나타내도록 하는 시험
⑪ 면접법 : 교사가 학생들과 대화를 통해 얻고자 하는 자료나 정보를 수집하여 평가함

(3) 수행평가 도구

① 체크리스트 : 행동의 긍정/부정(유/무)를 따짐
② 평가 척도 : 행동이 질적인 특성을 여러 수준으로 구분해서 척도상에 기록
③ 루브릭(Rubric) : 채점기준요법(평가기준표)
   * 서술적 평가 척도, 평가영역이 세부적으로 제시
   * 학생의 학습 결과는 점수가 아니라 단계로 표현
   * 각 단계에는 학생들의 수행이 갖는 질적인 특성을 서술적으로 기술

6 정보 교육의 평가

* 학습자의 학습활동 평가
* 교수자의 교수활동 평가
* 학습평가, 수업평가, 교재평가

7 수업평가

① 수업평가의 준거
   * 교사의 능력, 교사의 태도, 지적 활동 자극, 학습자에게 미치는 영향, 수업의 전개 방법, 수업의 설계, 수업구성 활동, 점눈적 책무성 측면
   * 수업평가의 PIE(계획-Preparation, 실행-Implementation, 평가-Evaluation) 모형
   * 수업 전에 파일럿 테스트, 수업 진행 중에 형성평가, 수업 후에 총괄평가
② 수업평가를 위한 자료수집 방법
   * 시험, 직접 관찰(학습자 관찰), 학습자와의 면담, 동료 평가, 교실관찰(수업참관), 평가척도법(체크리스트), 질문지법, 자기평가법
③ 교사의 수업 평가에 대한 고려사항
   * 수업목표, 학생의 변화, 교사의 준비, 수업의 방법, 교수 매체, 수업의 설계 및 실행, 수업과정 행동

3.3 교과 역량별 평가 방법 및 유의사항

3.3.1 기출문제 풀이

컴퓨터 교육의 평가에 대한 교사들의 대화이다. 대화에서 ㉠~㉢ 각각에 대한 옳고 그름을 판단하고 그 이유를 설명하시오.

> ㉠ 권 교사 : HTML을 이해하고 있는지 평가하기 위해 선택형 문항으로 문제지를 만들었다. 학생 90명을 대상으로 동일한 시험지를 3주 간격을 두고 반복 평가한 결과 상관관계가 낮았다. 이 경우 평가 도구의 신뢰도가 낮은 것이 한 요인일 수 있다.
> ㉡ 안 교사 : 알고리즘의 표현 방법 중 하나인 순서도를 학습하였다. 순서도를 이해하고 있는지 평가하기 위해 C 언어의 문법에 대한 형성 평가를 실시하였다. 이 경우 평가 도구의 타당도가 높다고 볼 수 있다.
> ㉢ 한 교사 : 동영상 제작 프로그램을 사용하여 동영상을 제작할 수 있는지 평가하기 위해 실습 평가를 실시했는데, 평가자 간 채점 결과의 편차가 크고 다양하게 나타났다. 이 경우 평가의 객관도가 낮다고 볼 수 있다.

풀이 ㉠ 옳음

동일한 평가지를 반복적으로 평가하였는데 상관관계가 낮다는 것은 평가할 때마다 점수가 다르다는 뜻이다. 즉 '평가 점수의 오차가 크다'또는 '평가의 신뢰도가 낮다'고 볼 수 있다. 따라서 평가도구의 낮은 신뢰도가 한 요인이 될 수 있다.

㉡ 그름

학습한 내용은 순서도인데 평가는 C언어의 문법에 관해 평가를 실시하였으므로 평가 도구의 타당도가 낮다고 할 수 있다.

㉢ 옳음

객관도는 채점자 간 신뢰도이다. 같은 내용에 대해 평가자 간 채점 결과의 편차가 크다면 평가의 객관도가 낮다고 볼 수 있다.

다음은 중학교 '정보' 수업의 평가 계획에 관한 정보 교사들의 대화 내용과 이 대화 내용을 바탕으로 정보 교사 A가 작성한 소단원의 평가 설계 중 일부이다. 〈작성 방법〉에 따라 서술하시오.

> A : 이번 학기 정보과 수업에서는 학생들이 교과 역량을 함양할 수 있도록 체계적인 평가를 진행하고자 합니다.
>
> B : 좋은 생각입니다. 어떻게 평가를 운영하는 것이 좋을까요?
>
> A : ⓐ평가 항목은 정보 교과 역량의 하위 요소를 기반으로 구체화하고자 합니다. 그리고 ⓑ학습자의 능력과 수준을 고려하여 선호하는 유형의 평가 문항을 제시함으로써 학습자가 성취감을 경험할 수 있도록 하려고 합니다. 특히, 문제 해결과 프로그래밍 영역에서는 ⓒ과제를 제시하고 문제 상황에 적합한 문제 해결 과정을 절차적으로 분석하였는지 평가하고자 합니다. 또한 ⓓ프로그래밍 언어에 대한 지엽적인 평가보다는 문제 분석, 추상화, 알고리즘 설계, 프로그램 개발 및 수정 등 일련의 수행 과정을 종합적으로 평가하는 방안도 고려하고자 합니다.
>
> B : 2015 개정 교육과정 총론의 학교 교육과정 편성·운영에서 제시한 평가에 대해서도 고려해야 할 것 같습니다. 총론에서는 학습의 결과뿐만 아니라 학습의 과정을 평가하여 모든 학생이 교육 목표에 성공적으로 도달할 수 있도록 안내하고 있습니다. 또한, 학교에서는 학생의 (㉠) 능력과 (㉡) 능력의 평가가 균형 있게 이루어질 수 있도록 안내하고 있습니다.
>
> A : 맞습니다. 전년도의 평가에서는 (㉠) 목표와 기능적 목표에만 초점을 맞추었던 것 같습니다. 이번 평가에서는 (㉡) 능력을 평가하기 위한 평가 목표를 추가해 보도록 하겠습니다.

소단원 평가 설계

1. 평가 목표 설정
   - 교육과정 성취기준: [9정03-03] 논리적인 문제 해결 절차인 알고리즘의 의미와 중요성을 이해하고 실생활 문제의 해결 과정을 알고리즘으로 구상한다.
   - 평가 목표

구분	평가 목표
(㉠) 목표	논리적인 문제 해결 절차인 알고리즘의 의미와 중요성을 설명할 수 있다.
기능적 목표	실생활 문제의 해결 과정을 알고리즘으로 구상할 수 있다.
(㉡) 목표	실생활 문제의 해결 과정을 알고리즘으로 구상하려는 자세를 가질 수 있다.

2. 평가 방법의 설정
   - 수행평가(관찰, 포트폴리오, 자기 평가) 활용
3. 평가 도구의 제작

… (하략) …

(1) 2015 개정 중학교 정보과 교육과정(교육부 고시 제2020-236호)에 제시된 '평가 방향'과 '평가 방법 및 유의 사항'을 고려하였을 때, 밑줄 친 ⓐ~ⓓ 중에서 적절하지 않은 것을 1가지 찾아 쓰고, 그 이유를 서술할 것.
(2) 위의 내용을 참고하여 괄호 안의 ㉠과 ㉡에 각각 공통으로 들어갈 용어를 순서대로 쓸 것.

풀이 (1) ⓑ, 선호하는 평가 유형이 아닌 다양한 평가 유형의 평가 문항을 제시해야 한다.

〈중학교 정보 평가 방향〉
① 평가 항목은 정보문화소양, 컴퓨팅 사고력, 협력적 문제해결력의 하위 요소를 기반으로 구체화한다.
② 학습자의 수준을 정확히 파악하고 교수·학습 설계에 반영할 수 있도록 형성평가를 적극 활용한다.
③ 모둠별 탐구 활동의 성과물에 대한 평가뿐만 아니라 협업 및 발표, 토론 수행 등의 전 과정에서 합리적이고 객관적인 평가가 이루어질 수 있도록 평가 기준과 구체적인 체크리스트를 마련하고 교사 평가뿐만 아니라 동료 평가, 자기 평가를 위한 도구로 활용한다.
④ 토론 과정 평가 시, 모든 구성원의 발언 내용과 태도를 평가하기 위해 소규모의 모둠별 토론이 진행되도록 하고 구성원들이 번갈아 가며 발언할 수 있도록 안내한다.
⑤ 학습자의 능력과 수준을 고려하여 다양한 평가 문항을 제시함으로써 학습자가 성취감을 경험할 수 있도록 한다.

〈중학교 정보 프로그래밍 평가 방법 및 유의 사항〉
• 단계별 형성 평가를 통해 프로그래밍의 기본 개념과 원리를 이해하고 있는지 평가한다.
• 단계별 프로그래밍 실습 과제를 제시하여 학습자가 개발한 프로그램의 정확성과 효율성을 평가하고, 문제 해결 목적에 적합한 변수, 연산자, 입력과 출력, 제어 구조 등을 사용하였는지 평가한다.
• 실생활 문제 해결을 위한 프로젝트 수행 과정을 관찰하는 동시에 포트폴리오를 평가함으로써 프로그래밍으로 해결 가능한 문제를 스스로 선정하였는지, 창의적 문제 해결 아이디어를 고안하였는지, 문제 해결에 적합한 알고리즘을 설계하고 프로그램으로 구현하였는지 등을 종합적으로 평가한다.
• 협력적 프로젝트의 수행 과정을 평가할 때는 학습자 간 유의미한 상호작용이 이루어졌는지, 그리고 구성원 각자의 역할을 책임감 있게 수행하였는지 등을 종합적으로 고려한다.
• 프로그래밍 언어의 문법 이해와 관련한 지엽적인 평가를 지양하고 문제 분석, 추상화, 알고리즘 설계, 프로그램 개발 및 수정 등 일련의 수행 과정을 종합적으로 평가한다.

(2) ㉠ : 인지적, ㉡ : 정의적(정서적)

〈2015 개정 교육과정 총론 학교 교육과정 편성·운영 평가〉
나. 학교와 교사는 성취기준에 근거하여 학교에서 중요하게 지도한 내용과 기능을 평가하며 교수·학습과 평가 활동이 일관성 있게 이루어지도록 한다.
① 학생에게 배울 기회를 주지 않은 내용과 기능은 평가하지 않도록 한다.
② 학습의 결과뿐만 아니라 학습의 과정을 평가하여 모든 학생이 교육 목표에 성공적으로 도달할 수 있도록 한다.
③ 학교는 학생의 인지적 능력과 정의적 능력에 대한 평가가 균형 있게 이루어질 수 있도록 한다.

3.3.2 요약 : 교과 역량별 평가 방법 및 유의사항

1 과정 중심 평가

(1) 과정 중심 평가의 의미

- 교육과정 성취기준에 기반한 평가 계획에 따라 교수·학습 과정에서 학생의 변화와 성장에 대한 자료를 다각도로 수집하여 적절한 피드백을 제공하는 평가
- 학습 과정 중에 학생 간의 상호작용, 사고 및 행동의 변화 등에 대하여 학생의 성장과 발달을 돕는 학습 지향적 평가

(2) 평가 패러다임의 변화

학습결과에 대한 평가	학습을 위한, 학습으로서의 평가
• 학기말, 학년말에 시행되는 평가 • 등급, 성적표 제공을 위한 평가 • 종합적 평가 • 결과 중심 평가 • 교사 평가	• 교수·학습 중 지속적으로 시행되는 평가 • 학습에 도움을 주기 위한 평가 • 진단적, 형성적 평가 • 결과 및 과정 중심 평가 • 교사평가, 자기 평가, 동료 평가

(3) 과정 중심 평가 특징

- 성취기준에 기반을 둔 평가
- 수업 중에 이루어지는 평가
- 수행 과정의 평가
- 지식, 기능, 태도를 아우르는 종합적인 평가
- 다양한 평가 방법의 활용
- 학습자의 발달을 위한 평가 결과의 활용

(4) 관련 평가

1) 수행평가

교과 담당 교사가 학습자들의 학습과제 수행 과정 및 결과를 직접 관찰하고, 그 관찰 결과를 전문적으로 판단

2) 관찰평가

① 포트폴리오 평가

자신이 만든 각종 산출물을 지속적이고 체계적으로 모아서, 그것을 평가하는 방법

② 보고서 평가

- 학생의 능력이나 흥미에 적합한 주제를 선택한 후 모둠별로 관련 자료와 정보를 수집, 분석, 종합하여 작성하는 보고서에 대한 평가임
- 보고서 작성 과정에서 탐구 방법을 익히고, 자료와 정보를 수집하고 분석하는 방법
- 보고서 작성법을 익힐 수 있으며, 발표하면서 다른 사람과 비교하고 평가해 볼 수 있음

3) 실습평가

단순히 산출물만 평가하는 것이 아니라 실습하는 과정을 관찰하고 평가함으로써 컴퓨팅 사고력을 종합적으로 평가

4) 자기 평가, 동료 평가

학생 스스로 학습 과정이나 학습결과에 대한 자기 또는 동료 평가서를 작성한 후 그것을 평가함

2 성취 평가제

(1) 의미

① 상대적 서열에 따라 '누가 더 잘했는지'를 평가하는 것이 아닌 '학생이 무엇을 어느 정도 성취하였는지'를 평가하는 제도

② 교과목별 성취기준에 도달한 정도로 학생의 학업 성취수준(A~E, A~C, P)을 평가하는 제도

③ 성취기준

- 학생들이 학습을 통해 성취해야 할 지식, 기능, 태도의 특성을 기술
- 무엇을 공부하고 성취하고, 교사는 무엇을 가르치고 평가해야 하는지에 관한 실질적인 지침 제공을 위해 교육과정을 재진술

④ 성취수준의 종류

㉠ 성취기준 단위 성취수준

성취수준	설명
상	성취기준에 제시된 지식이나 기능 및 태도에 대한 이해와 수행이 우수한 수준
중	성취기준에 제시된 지식이나 기능 및 태도에 대한 이해와 수행이 보통인 수준
하	성취기준에 제시된 지식이나 기능 및 태도에 대한 이해와 수행이 미흡한 수준

㉡ 학기 단위 성취수준

성취수준	성취수준 기술	성취율(원점수)
A	한 학기 동안 학생들이 충실한 교수학습 과정을 통해 성취하기를 기대하는 전체 성취기준에 대한 이해와 수행이 매우 우수한 수준	90% 이상
B	한 학기 동안 학생들이 충실한 교수학습 과정을 통해 성취하기를 기대하는 전체 성취기준에 대한 이해와 수행이 우수한 수준	80%~89%
C	한 학기 동안 학생들이 충실한 교수학습 과정을 통해 성취하기를 기대하는 전체 성취기준에 대한 이해와 수행이 보통인 수준	70%~79%
D	한 학기 동안 학생들이 충실한 교수학습 과정을 통해 성취하기를 기대하는 전체 성취기준에 대한 이해와 수행이 다소 미흡한 수준	60%~69%
E	한 학기 동안 학생들이 충실한 교수학습 과정을 통해 성취하기를 기대하는 전체 성취기준에 대한 이해와 수행이 미흡한 수준	60% 미만

3 2015 개정 교과 교육과정에 따른 평가기준

(1) 성취기준

- 국가 교육과정에 진술된 성취기준
- 교과를 통해 학생들이 배워야 할 지식과 기능
- 수업 후 학생들이 할 수 있어야 하거나 할 수 있기를 기대하는 능력을 나타내는 결과 중심의 도달점
- 교과의 내용(지식)을 적용하고 문제를 해결하는 수행 능력

(2) 평가기준

* 교육과정 성취기준에 도달한 정도를 상/중/하로 나누어 진술한 것

(3) 단원/영역별 성취수준

* 각 단원 또는 영역에 해당하는 교수·학습이 끝났을 때 학생이 성취하기를 기대하는 지식, 기능, 태도에 도달한 정도를 기술(A~E, A~C)
* 평가준거 성취기준
  ㉠ 필요한 경우에만 적용
  ㉡ 평가 활동에서 판단의 기준이 될 수 있도록 교육과정 성취기준을 재구성

3.4 연습 문제

3.4.1 2015 개정 교육과정

다음은 2015 개정 중학교 정보과 교육과정의 '정보 문화' 영역에 대한 평가기준의 일부를 나타낸 것이다. 물음에 답하시오.

교육과정 성취기준			평가기준
정보기술의 발달과 소프트웨어가 개인의 삶과 사회에 미친 영향과 가치를 분석하고 그에 따른 직업의 특성을 이해하여 자신의 적성에 맞는 진로를 탐색한다.	정보기술의 발달과 소프트웨어가 개인의 삶과 사회에 미친 영향과 가치를 분석한다.	상	정보기술의 발달과 소프트웨어가 개인의 삶과 사회에 미치는 영향과 가치를 (㉠)
		중	정보기술의 발달과 소프트웨어의 영향에 따른 개인의 삶과 사회의 변화를 (㉡)
		하	(㉢)을 설명할 수 있다.
	정보기술의 발달과 소프트웨어 영향에 따른 미래사회의 직업 특성을 자신의 진로 선택과 관련지어 설명한다.	상	(㉣)
		중	(㉤)
		하	(㉥)

(1) ㉠~㉢에 적합한 내용을 쓰시오.

(2) ㉣~㉥에 적합한 평가기준을 기술하시오.

풀이 (1) ㉠ 평가할 수 있다.
   ㉡ 설명할 수 있다.
   ㉢ 정보기술의 발달과정과 소프트웨어의 역할
(2) ㉣ 정보기술의 발달과 소프트웨어로 인한 미래사회의 직업 특성을 탐색하고 자신의 진로 선택과 관련지어 설명할 수 있다.
   ㉤ 정보기술의 발달과 소프트웨어로 인한 미래사회의 직업 특성을 설명할 수 있다.
   ㉥ 미래사회의 직업 특성을 설명할 수 있다.

다음은 2015 개정 중학교 정보과 교육과정의 '문제 해결과 프로그래밍' 영역에서 성취기준 [9정03-01]에 대한 평가기준을 작성한 것이다. 물음에 답하시오.

교육과정 성취기준	평가기준	
[9정03-01] 실생활 문제 상황에서 문제의 현재 상태, 목표 상태를 이해하고 목표 상태에 도달하기 위해 수행해야 할 작업을 분석한다.	상	실생활 문제 상황을 분석하여 문제의 현재 상태와 목표 상태 모두를 정확히 정의할 수 있다.
	중	실생활 문제 상황에서 문제의 현재 상태와 목표 상태 중 하나만 정확히 정의할 수 있다.
	하	실생활 문제 상황이 무엇인지 설명할 수 있다.

(1) 위 평가기준에 어떤 문제가 있는지 기술하시오.

(2) 위 성취기준을 2개로 분류하고 각각에 대한 평가기준을 기술하시오.

풀이 (1) 현재 상태에서 목표 상태에 도달하는 과정에서 수행하는 작업에 대한 평가기준이 없다.
(2) 다음과 같이 성취기준을 2개로 분류하고 각각에 대한 평가기준을 작성하여 문제를 해결할 수 있다.

교육과정 성취기준		평가기준	
실생활 문제 상황에서 문제의 현재 상태, 목표 상태를 이해하고 목표 상태에 도달하기 위해 수행해야 할 작업을 분석한다.	실생활 문제 상황을 분석하여 문제의 현재 상태와 목표 상태를 명확히 파악한다.	상	실생활 문제 상황을 분석하여 문제의 현재 상태와 목표 상태를 명확히 정의할 수 있다.
		중	문제 상황을 분석하여 문제의 현재 상태와 목표 상태를 설명할 수 있다.
		하	문제 상황을 분석하여 해결해야 할 문제가 무엇인지 설명할 수 있다.
	실생활 문제의 현재 상태에서 목표 상태에 도달하기 위해 수행해야 할 작업을 분석한다.	상	실생활 문제의 현재 상태에서 목표 상태에 도달하기 위해 수행해야 할 작업을 순서대로 제시할 수 있다.
		중	문제의 현재 상태에서 목표 상태에 도달하기 위해 수행해야 할 작업이 무엇인지 설명할 수 있다.
		하	문제의 현재 상태와 목표 상태의 차이를 설명할 수 있다.

다음은 2015 개정 교육과정에서 고등학교 정보 과목의 '추상화와 알고리즘' 영역에 대한 평가기준의 일부를 나타낸 것이다. 물음에 답하시오.

교육과정 성취기준			평가기준
복잡한 문제 상황에서 문제의 현재 상태, 목표 상태를 이해하고 목표 상태에 도달하기 위해 수행해야 할 작업을 분석한다.	복잡한 문제 상황을 분석하여 문제의 현재 상태와 목표 상태를 정의한다.	상	(㉠) 문제 상황에서 문제의 현재 상태, 목표 상태를 이해하고 목표 상태에 도달하기 위해 수행해야 할 작업을 분석할 수 있다.
		중	문제 상황에서 문제의 현재 상태, 목표 상태를 이해하고 목표 상태에 도달하기 위해 수행해야 할 작업을 (㉡)
		하	문제 상황에서 문제의 현재 상태, 목표 상태를 이해하고 (㉢)
	복잡한 문제의 현재 상태에서 목표 상태에 도달하기 위해 수행해야 할 작업의 종류와 순서를 분석한다.	상	(㉣)
		중	(㉤)
		하	(㉥)

(1) ㉠~㉢에 적합한 내용을 쓰시오.

(2) ㉣~㉥에 적합한 평가기준을 기술하시오.

(1) ㉠ 복잡한

㉡ 분석할 수 있다.

㉢ 설명할 수 있다.

(2) ㉣ 복잡한 문제의 현재 상태에서 목표 상태에 도달하기 위해 수행해야 할 작업의 종류를 순서대로 제시할 수 있다.

㉤ 복잡한 문제의 현재 상태에서 목표 상태에 도달하기 위해 수행해야 할 작업이 무엇인지 설명할 수 있다.

㉥ 복잡한 문제의 현재 상태와 목표 상태의 차이가 무엇인지 설명할 수 있다.

고등학교 정보 시간에 IP 헤더 구조에 관한 수업을 진행한 후 평가를 수행하고자 한다. 수업 목표와 평가 문항이 다음과 같을 때 물음에 답하시오.

- 수업 목표 : IP 헤더의 구조를 이해하고 IP 체크섬 필드의 값을 계산할 수 있다
- 평가 문항 : 16진수로 제시된 IP 체크섬 필드의 값이 정확한지 확인하시오.

(1) 평가 문항 제작 절차를 설명하시오.

(2) 'IP 체크섬 필드 값 계산'에 관한 수업에서 평가요소를 3가지로 설정하고, 이를 근거로 채점 기준표를 작성하시오.

풀이 (1) 평가 문항을 제작하는 절차는 다음과 같다.

평가 문항을 제작할 때 가장 먼저 수행되어야 할 것은 수업 목표의 분석이다. 이를 통해 문항에서 측정하고자 하는 내용 및 행동 특성을 상세화한다. 수업 목표를 명료화하기 위해서는 수업 내용을 세분화하는 작업이 이루어져야 하며, 세분화된 수업 목표는 체계적으로 조직되는 것이 바람직하다. 위의 수업 목표를 세분화하여 측정할 내용 및 행동 특성을 나타내면 'IP 헤더의 구조', 'IP 체크섬 필드 값의 계산', '수업의 적극성' 등의 3가지로 나타낼 수 있다.

둘째, 평가 목표를 설정해야 한다. 전 단계에서 세분화한 수업 목표의 내용을 측정하기 위한 구체적인 평가 목표를 세워야 한다. 위의 수업 목표와 평가 문항에 적용한다면 다음과 같은 평가 목표를 설정할 수 있다.

① IP 헤더의 구조를 정확하게 설명할 수 있다.

② IP 체크섬 필드의 값을 정확하게 계산할 수 있다.

③ IP 체크섬 필드의 값을 구하는 풀이 과정에서 끝까지 적극적으로 학습에 참여한다.

셋째, 평가 장면을 선정한다. 이 단계는 목표를 상세화하는 과정과 동시에 이루어지는 것으로 검사의 목적을 구체화한다. 위의 수업에서 사용하는 평가는 수업을 통해 학습한 내용의 이해정도를 평가하므로 형성평가로 사용할 수 있고, 준거 지향적 평가를 사용할 수 있다.

넷째, 문항의 유형을 결정한다. 평가 장면이 선정되면 그 장면에서 어떤 유형의 문항을 사용할 것인지 결정하게 된다. 이때 문항 제작자는 문항 유형별 특징을 충분히 이해하고, 그러한 이해를 기초로 실제적인 여러 측면에서의 문제점을 고려해야 한다. 위의 평가 문항은 학습한 내용을 확인하는 차원에서 서술식 단답형으로 문제를 작성한다.

다섯째, 검사의 청사진에 맞추어 문항을 제작한다. 창의적인 아이디어를 최대한 발휘하여 구체적인 문항 제작 단계이다. 문항의 초안제작, 초안의 논리적 검토, 출제자와 학습자 간의 1:1 시행을 통한 문항의 출제 의도 전달 가능성 점검, 소규모집단 검사를 통해 답지의 반응 분포, 소요시간, 문항의 배열, 목표 달성도의 측정 가능성 등 문항의 양호 정도를 판정할 수 있는 경험적 자료수집, 문항의 수정·보완이라는 절차로 진행된다. 이 단계에서 위의 평가 문항을 실제 작성하게 된다. 예를 들면, '16진수로 제시된 IP 체크섬 필드의 값이 정확한지 확인하시오.', 'IP 헤더의 구조를 나타낸 그림에서 비어 있는 부분의 필드명을 채우고, 그 필드의 역할을 설명하시오.' 등이 있다.

(2)

평가요소		내용
[IP 헤더의 구조] IP 헤더의 구조를 정확하게 설명할 수 있다.	상	IP 헤더의 구조를 정확하게 설명하였다.
	중	IP 헤더의 구조에 대한 설명이 약간 미흡하다. (2~3개 필드)
	하	IP 헤더의 구조에 대한 설명이 매우 미흡하다. (4개 필드 이상)
[IP 체크섬 필드값] IP 체크섬 필드값을 정확하게 계산할 수 있다.	상	IP 체크섬 값을 구할 때 모든 필드 값을 정확하게 적용하여 계산하였다.
	중	IP 체크섬 값을 구하는 과정 중에 3개 이하의 필드를 잘못 적용하여 계산하였다.
	하	IP 체크섬 값을 구하는 과정 중에 4개 이상의 필드를 잘못 적용하여 계산하였다.
[16진수 계산] 16진수 계산을 정확하게 할 수 있다.	상	16진수 덧셈을 하는 방법을 정확하게 알고 있다.
	중	16진수 덧셈을 할 때 계산하는 방법이 약간 미숙하다.
	하	16진수 덧셈을 할 때 계산하는 방법이 매우 미숙하다.
[수업의 적극성] 수업에 적극적으로 참여하고, 학습의욕이 높다.	상	수업에 적극적으로 참여하고, 문제를 해결하려는 노력이 매우 높다.
	중	수업에 적극적으로 참여하나, 문제를 해결하려는 노력이 미흡하다.
	하	수업에도 소극적으로 참여하고, 문제를 해결하려는 노력이 매우 미흡하다.

다음은 2015 개정 정보과 교육과정에서 평가 방향의 일부를 나타낸 것이다. 물음에 답하시오.

- 모둠별 탐구 활동의 성과물에 대한 평가뿐만 아니라 협업 및 발표, 토론 수행 등의 전체 과정에서 합리적이고 객관적인 평가가 이루어질 수 있도록 평가 기준과 구체적인 (㉠)를 마련하고 교사의 평가뿐만 아니라 동료 평가, 자기 평가를 위한 도구로 활용한다.
- 토론 과정 평가 시, 모든 구성원의 발언 내용과 태도를 평가하기 위해 소규모의 (㉡) 토론이 진행되도록 하고 구성원들이 번갈아 가며 발언할 수 있도록 안내한다.
- 학습자의 능력과 수준을 고려하여 다양한 평가 문항을 제시함으로써 학습자가 (㉢)을 경험할 수 있도록 한다.
- 학습자의 수준을 정확히 파악하고 교수·학습 설계에 반영할 수 있도록 (㉣)를 적극적으로 활용한다.

(1) ㉠, ㉡에 적합한 용어를 쓰시오.

(2) 학습자의 능력이나 수준과 관련하여 ㉢, ㉣에 적합한 용어를 쓰시오.

풀이 (1) ㉠ : 체크리스트, ㉡ : 모둠별

(2) ㉢ : 성취감, ㉣ : 형성평가

다음은 2015 개정 정보과 교육과정에서는 다양한 평가 방법을 제시하고 있다. 물음에 답하시오.

> ㉠ 자신의 감정, 태도, 신념, 가치, 신체 상태를 스스로 표현하거나 기술하도록 하는 방법을 말한다. 이 평가 방법은 정의적 특성의 인지적 요소 및 정의적 요소를 효율적으로 평가할 수 있고, 직접 관찰할 수 없는 감정이나 신념을 측정할 수 있다는 장점이 있다.
> ㉡ 학습에 참여한 학생들이 관심사, 쟁점, 결과 등에 관한 정보를 체계적으로 수집하여 평가하려는 접근이다. 학생이 평가 장면 있는 그대로 대면하고 평가 장면에서의 의미와 가치가 충분히 발현되도록 하며 가능하면 선입견을 배제하는 것을 특징으로 한다.
> ㉢ 관찰자가 학생의 언어나 행동 등에 관한 자료를 직접 수집하는 방법이다. 관찰은 가장 기본적이고 전통적인 자료수집방법으로 관찰에서는 관찰자가 측정도구의 역할을 한다. 이 평가 방법은 관찰자가 직접 행동에 관한 평가의 자료를 수집하려고 할 때 적합하며, 정의적 특성의 행동 요소를 평가하는 데도 사용될 수 있다.

(1) ㉠~㉢의 설명에 해당하는 평가 방법의 이름을 쓰시오.

(2) ㉠~㉢ 평가 방법의 특징을 각각 아래 ㉮~㉰에서 선택하시오.

> ㉮ 관찰자가 직접 행동에 관한 평가의 자료를 수집하려고 할 때 적합하며, 정의적 특성의 행동 요소를 평가하는 데도 사용될 수 있다.
> ㉯ 정의적 특성의 인지적 요소 및 정의적 요소를 효율적으로 평가할 수 있고, 직접 관찰할 수 없는 감정이나 신념을 측정할 수 있다는 것이다.
> ㉰ 학생이 평가 장면을 있는 그대로 대면하고 평가 장면에서의 의미와 가치가 충분히 발현되도록 하며 가능하면 선입견을 배제하는 것이다.

풀이 (1) ㉠ : 자기 평가, ㉡ : 동료 평가, ㉢ : 관찰평가
(2) ㉠ : ㉯, ㉡ : ㉰, ㉢ : ㉮

다음은 2015 개정 정보과 교육과정(교육부 고시 제2020-236호)에서 인공지능 기초 과목의 평가 방향을 나타낸 것이다. 물음에 답하시오.

> ① 학습자의 수준을 정확히 파악하고 교수·학습 설계에 반영할 수 있도록 (㉠)를 적극적으로 활용한다.
> ② 학습자의 능력과 수준을 고려하여 다양한 평가 문항과 긍정적인 (㉡)을 제시함으로써 학습자가 성취감을 경험할 수 있도록 한다.

③ 모둠별 탐구 활동의 성과물에 대한 평가분만 아니라 협업 및 발표, 토론 수행 등의 전 과정에서 합리적이고 객관적인 평가가 이루어질 수 있도록 평가 기준과 구체적인 체크리스트를 마련하고, 이를 교사 평가분만 아니라 (ⓒ)의 도구로 활용한다.

(1) ㉠, ㉡에 적합한 내용을 쓰시오.

(2) ⓒ에 적합한 평가 방법 2가지를 나열하시오.

 (1) ㉠ : 형성평가, ㉡ : 피드백
(2) 동료 평가, 자기 평가

다음 프로그램은 고등학생을 대상으로 분할정복 기법을 학습하기 위해 작성된 것이다. 〈조건〉을 고려하여 물음에 답하시오.

```
sort(integer n, array S[]) {
   if (n > 1) {
      integer h = n / 2, m = n - h ;
      array U[1..h], V[1..m] ;

      copy  S[1]  through  S[h]  to  U[1]
      through U[h] ;
      copy  S[h+1]  through  S[n]  to  V[1]
      through
      V[m] ;                              ㉮
      sort(h, U) ;
      sort(m, V) ;
      merge(h, m, U, V, S) ;

   }
}

merge(h, m, U[], V[], S[]) {
   integer a = 1, b = 1, c = 1 ;
   while ((a ≤ h) and (b ≤ m)) {
      if (U[a] < V[b]) then {
         S[c] = U[a] ;
         a++ ;
      } else {
         S[c] = V[b] ;
         b++ ;
```

```
        }
        c++ ;
    }
    if (a > h) then
        copy V[b] through V[m] to S[c] through S[h+m] ;
    else
        copy U[a] through U[h] to S[c] through S[h+m] ;
}
```

조건

㉠ 배열 첨자는 1부터 시작한다.
㉡ 배열 S의 원소 개수는 8개이고, 각 원소의 값은 1부터 8까지의 정수 가운데 하나이다. 그리고 배열 S를 구성하는 원소의 값은 다른 원소의 값과 중복되지 않는다.
㉢ array U[l..h]는 의사코드로 나타낸 배열이다. 예를 들어, U[l..h]에서 h가 4이면 배열 U의 첨자가 1부터 4까지를 의미한다.
㉣ sort(integer n, array S[])에서 n은 배열 S[]의 원소 개수이다.
㉤ sort()와 merge()에서 copy는 배열의 원소를 복사하는 명령문이다.
㉥ merge(h, m, U[], S[])에서 배열 U와 V의 원소는 각각 오름차순으로 정렬되어 있다.

(1) 아래에 제시된 3가지 항목에 대한 과제를 수행하시오.

항목	과제
알고리즘 설계기법	sort()에서 적용한 분할정복 기법의 3단계를 쓰고, 각 단계에 해당하는 명령어를 위 프로그램의 ㉮에서 선택하여 제시하기
알고리즘 시간복잡도	merge()에서 시간복잡도 분석의 중요연산(또는 기본연산)을 if(U[a]〈V[b])로 할 때, 최악의 경우 시간복잡도를 갖게 하는 배열 U[1..4]와 V[1..4]의 예를 제시하기
알고리즘 적용 사례	분할정복 기법의 3단계 절차를 적용할 수 있는 실생활의 예를 제시하기

(2) 수업 후 학업 성취도 평가를 위한 3단계 성취기준표를 항목별로 작성하시오.

풀이 (1) 첫 번째 과제는 알고리즘 설계기법으로 분할정복 기법의 3단계에 관한 과제로, 분할정복 기법은 분할, 정복, 합병으로 나눌 수 있다. 첫째, 분할 단계는 주어진 문제를 작은 하위문제로 이등분하여 나누는 것이다. ㉮에서 이와 관련된 명령어로는 'copy S[1] through S[h] to U[1] to through U[h]; copy S[h+1] through S[n] to U[1] to through U[m];'가 있다. 둘째, 정복 단계는 나누어진 각각의 하위문제를 순환을 이용하여 정렬하는 것이다. ㉮에서 이와 관련된 명령어로는 'sort(h, U); sort(m, V);'가 있다. 셋째, 합병단계에서는 정렬된 두 리스트 U와 V를 합병하여 하나의 정렬된 리스트로 만드는 것이다. ㉠에서 이와 관련된 명령어로 'merge(h, m, U, V, S);'이 있다.

두 번째 과제는 최악의 경우 시간복잡도를 갖도록 하는 배열의 예를 제시하는 과제이다. merge() 알고리즘에서 중요한 연산인 'if(U[a] < V[b])'가 최악의 시간복잡도를 갖도록 하려면 두 배열의 각 원소를 모두 비교하는 경우이다. 예를 들면, 배열 U[4]가 {0, 2, 4, 6}의 원소를 가지고 배열 V[4]가 {1, 3, 5, 7}을 갖는 경우 최악의 시간복잡도를 가진다.

세 번째 과제는 분할정복 기법의 3단계를 적용할 수 있는 예시를 제시하는 과제이다. 분할정복 기법을 적용할 수 있는 알고리즘으로는 이진 검색, 최댓값 또는 최솟값 찾기 등이 있다. 이를 적용한 예를 들면, 한 반에서 가장 키가 큰(작은) 학생을 찾는 경우 등이 있다.

(2)

성취기준	평가 기준		
	상	중	하
〈알고리즘 설계기법〉 분할정복 기법의 3단계를 들고, 각 단계에 해당하는 명령어를 설명할 수 있다.	분할정복 기법의 3단계를 이해하고, 각 단계에 해당하는 명령어를 설명할 수 있다.	분할정복 기법의 3단계를 이해하고 있으나, 각 단계에 해당하는 명령어에 대한 설명이 부적절하다.	분할정복 기법의 3단계를 이해하지 못하고, 각 단계에 해당하는 명령어에 대한 설명도 부적절하다.
〈알고리즘 시간복잡도〉 최악의 시간복잡도를 갖도록 하는 배열의 예를 설명할 수 있다.	최악의 시간복잡도를 갖도록 하는 배열의 예를 정확하게 설명할 수 있다.	최악의 시간복잡도를 갖도록 하는 배열의 예가 미흡하다.	최악의 시간복잡도를 갖도록 하는 배열의 예가 부적절하다.
〈알고리즘 적용 사례〉 분할정복 기법의 3단계 절차를 적용할 수 있는 실생활의 예를 단계별로 설명할 수 있다.	분할정복 기법의 분할, 정복, 합병에 관련된 사례를 절차적으로 정확히 설명한다.	분할정복 기법의 분할, 정복에 관련된 사례는 정확히 설명하였으나, 합병에 관련된 사례가 부적절하다.	분할정복 기법의 분할에 관련된 사례는 정확히 설명하였으나, 정복, 합병에 관련된 사례가 부적절하다.

2015 개정 중학교 정보과 교육과정에서 '문제 해결과 프로그래밍' 영역의 '알고리즘' 핵심 개념에 대한 교수·학습 지도안, 성취기준, 평가 기준, 평가지를 나타낸 것이다. 물음에 답하시오.

〈교수·학습 지도안〉

영역	문제 해결과 프로그래밍	핵심개념	알고리즘
학습주제	알고리즘 이해하기, 알고리즘 표현하기		
학습목표	1. 알고리즘의 중요성을 이해하고, 실생활 문제의 해결과정을 알고리즘으로 설계할 수 있다. 2. 문제 해결을 위한 다양한 방법과 절차를 탐색하고 명확하게 표현할 수 있다.		

학습단계		교수 · 학습 활동	자료 (유의점)
목표 설정 (도입)	학습목표 확인 및 동기유발	• 학습목표 제시 • 알고리즘의 의미와 중요성 인식하기	
	활동 안내	• 모둠별 역할을 분담 • 토의 · 토론 방법 및 유의점 제시	모둠 구성
활동 (전개)	모둠별 언플러그드 활동 및 발표	〈알고리즘 이해하기〉 • 짝과 함께 명령을 내리고 수행하는 역할 놀이하기 • 컴퓨터에게 명령을 내릴 때 주의할 점 알기	활동지1
		• 크기가 다른 3개의 공을 정렬하는 알고리즘을 활동으로 표현 해 보기	활동지2
	모둠활동 · 발표	〈알고리즘 표현하기〉 • 알고리즘의 표현방법 이해하기 • 도서관에서의 상황을 순차, 선택, 반복 구조로 각각 표현해보기 • 일상생활의 문제를 순차, 선택, 반복 구조로 표현하고 모둠별 로 발표해보기	활동지3
정리 및 평가		평가 방법 : 자기 평가, 동료 평가, 관찰평가	

〈성취기준〉

[9정03-03] 논리적인 문제 해결 절차인 알고리즘의 의미와 중요성을 이해하고 실생활 문제의
해결 과정을 알고리즘으로 구성한다.
[9정03-04] 문제 해결을 위한 다양한 방법과 절차를 탐색하고 명확하게 표현한다.

〈평가기준〉

상	알고리즘이 중요한 이유를 명확하게 설명할 수 있고, 일상생활의 문제를 해결하기 위한 다양한 방법과 절차를 탐색할 수 있으며, 이를 순차 구조, 선택 구조, 반복 구조를 모두 이용하여 알고리 즘으로 표현할 수 있다. 이러한 이해도를 바탕으로 모둠원 친구들이 모르는 부분에 대해서는 친 절하게 설명을 잘 해주는 친구로 평가받는다.
중	알고리즘이 중요한 이유를 대략적으로 설명할 수 있고, 일상생활의 문제를 해결하기 위한 방법 과 절차를 탐색할 수 있으며, 이를 순차 구조, 선택 구조만을 이용하여 알고리즘으로 표현할 수 있다. 모둠원과 협력하여 일상생활의 문제를 알고리즘으로 표현하려고 노력한다.
하	일상생활의 문제를 해결하기 위한 방법을 탐색할 수 있으며, 이를 순차 구조를 이용하여 알고리 즘으로 표현할 수 있다. 모둠원의 도움을 받아 일상생활의 문제를 알고리즘으로 표현할 수 있다.

활동지1 (알고리즘 이해하기)

모둠명		모둠원	
1. 아래 그림을 한 번도 본 적이 없는 사람이 그릴 수 있도록 순서대로 정확히 설명해보자.			

〈그림〉   〈설명〉

⬤⬤⬤	(㉠)

2. 아래 설명한 게임 순서에 따라 위의 활동을 짝과 함께 해보자.
 – 짝이 그릴 그림을 학습지에 그린다. 이때 그릴 그림은 짝에게 비밀로 한다.
 – 짝에게 설명할 내용을 순서나 절차를 이용해 명확하게 적는다.
 – 짝에게 설명하고 짝이 설명한 대로 정확하게 그렸는지 확인한다.
 – 위의 과정을 짝과 번갈아 가면서 활동한다.

〈짝이 그릴 그림〉   〈짝에게 설명한 내용〉

🙂	(㉡)

3. 컴퓨터에게 명령을 내릴 때 주의해야 할 점은 무엇일지 토의해 보자.
(㉢)

〈평가지〉

■ 자기 평가
1. 토의 과정 및 결과를 생각하면서 자신 학습활동을 돌아보면서 스스로를 평가해보자.

번호	평가내용	예/아니오	
1	(㉠)		
2	정렬 알고리즘을 이해했는가?		

■ 동료 평가(모둠간)
2. 다른 모둠의 정렬 알고리즘에 대한 언플러그드 활동 영상을 보고 평가해보자.

번호	평가내용	평가척도(5/4/3/2/1점)				
		모둠 1	모둠 2	모둠 3	모둠 4	모둠 4
1	정렬 알고리즘 표현을 위한 준비가 잘 되었는가?					
2	정렬 알고리즘에 맞게 활동 표현이 이루어졌는가?					
3	(㉡)					
4	(㉢)					
	합계					

■ 관찰평가
3. 교사에 의한 학생의 학습 달성도를 평가해보자.

평가요소	평가내용	평가결과
알고리즘	활동지를 꼼꼼히 작성했는가?	□ 5 □ 4 □ 3 □ 2 □ 1
	정렬 알고리즘을 오류 없이 표현했는가?	□ 5 □ 4 □ 3 □ 2 □ 1
	언플러그드 활동이 정렬 알고리즘을 효과적으로 표현하고 있는가?	□ 5 □ 4 □ 3 □ 2 □ 1

(1) 제시된 핵심개념에 대한 내용요소에는 '알고리즘 이해'와 '알고리즘 표현'이 있다. 이와 연계된 고등학교 교육과정에서의 내용 요소를 나열하시오.

(2) 위에 제시된 수업에서 파악할 수 있는 교수·학습 방법을 3가지 나열하시오.

(3) 위에 제시된 수업에서 파악할 수 있는 평가 방법을 3가지 나열하시오.

(4) 학습자가 활동지1의 ㉠~㉢에 기술한 내용이 다음과 같다. 위에서 제시한 평가기준을 적용하여 '알고리즘 이해' 관점만 평가하는 경우 이 학습자에 대한 평가 결과를 쓰고, 그 이유를 기술하시오.

㉠	• 가로가 7cm, 세로 2.2cm인 직사각형을 그린다. • 직사각형 안에 반지름이 1cm인 원 3개를 수평으로 나란히 그린다. • 가장 왼쪽 원은 테두리는 흰색, 안은 진한 회색으로 칠한다. • 가운데 원은 테두리는 흰색, 안은 연한 회색으로 칠한다. • 가장 오른쪽 원은 테두리는 흰색, 안은 회색으로 칠한다. • 직사각형의 안을 검은색으로 칠한다.
㉡	• 반지름이 5cm인 원을 그린다. • 원 안을 회색으로 칠한다. • 원 내부의 윗부분에 반지름이 1mm인 검은점 두 개를 1cm 간격으로 찍는다. • 원 내부의 검은 점 아래에 아래로 볼록한 곡선을 그린다.
㉢	컴퓨터는 스스로 문제를 이해하고 분석할 수 없기 때문에 순서나 절차를 명확하게 설명해야 한다.

(5) 평가지에서 자기 평가 방법의 ㉠에 적합한 평가 내용을 제시하시오.

(6) 평가지에서 동료 평가(모둠간) 방법의 ㉡, ㉢에 적합한 평가 내용을 2가지 제시하시오.

풀이 (1) 알고리즘 설계, 알고리즘 분석

(2) 토의토론 학습, 게임학습, 역할놀이

(3) 자기 평가, 동료 평가, 관찰평가

(4) 상, ㉠과 ㉡의 내용으로 판단할 때 학습자는 알고리즘이 중요한 이유를 명확하게 이해하고 설명한 것으로 판단된다. 그리고 ㉢에서 컴퓨터에게 명령을 내릴 때 주의해야 할 점도 명확히 기술하였다.

(5) 컴퓨터에게 명령을 내릴 때 주의할 점을 알고 있는가?

(6) ① 모둠원의 역할 분담이 잘 이루어졌는가?
    ② 모둠원끼리 협력하여 문제를 해결했는가?

2015 개정 중학교 정보과 교육과정에서 '정보의 구조화' 내용 요소에 대한 수업을 진행하고자 한다. 아래 내용을 참조하여 물음에 답하시오.

〈정보 교과의 목표, 성취기준, 교수·학습 방법, 평가 방법〉

〈목표〉
중학교 '정보'에서는 기초적인 정보윤리의식과 정보보호능력을 함양하고 실생활의 문제 해결을 위해 정보기술활용능력과 컴퓨팅 사고력, 협력적 문제해결력을 기르는 데 중점을 둔다.
(1) 정보기술을 활용하여 문제 해결에 필요한 자료와 정보를 수집하고 효율적으로 구조화하는 능력과 태도를 기른다.

〈성취 기준〉
[9정02-03] 실생활의 정보를 표, 다이어그램 등 다양한 형태로 구조화하여 표현한다.

〈교수·학습 방법〉
실생활의 정보를 표, 다이어그램 등 다양한 시각적 형태로 구조화하여 표현하도록 하고 산출물을 서로 비교하여 정보 활용 목적에 효과적인 형태인지 토론하도록 한다.

〈평가 방법〉
정보를 구조화한 산출물을 시연하고 토론하는 과정을 관찰하여 정보를 효과적으로 전달할 수 있는 형태로 구조화하였는지 평가한다.

〈교수·학습 지도안〉

영역	자료와 정보		핵심개념	자료와 정보의 분석
학습주제	정보의 구조화, 효율적인 구조화 방법 찾기			
학습목표	실생활의 정보를 표, 다이어그램 등 다양한 형태로 구조화하여 표현할 수 있다.			

학습단계		교수·학습 활동	자료 (유의점)
목표 설정 (도입)	학습목표 확인 및 동기유발	• 학습목표 제시 • 알고리즘의 의미와 중요성 인식하기	
	활동 안내	• 모둠별 역할을 분담 • 토의·토론 방법 및 유의점 제시	모둠 구성
활동 (전개)	개인별 활동 및 발표	〈정보의 구조화〉 • 다양한 구조화 형태의 특징을 이해하고 실생활 정보를 (㉠) 등 다양한 형태로 구조화해보기	활동지1
	모둠별 활동·발표	〈효율적인 정보 구조화 방법 찾기〉 • 신문 기사를 읽고 모둠별로 구조화하여 표현하기 • 칠판 나누기를 통해 모둠별 (㉡)를 칠판에 적고 발표하기 • PMI 토론 기법을 이용하여 (㉢)에 대해 토론하기	활동지2
정리 및 평가		평가 방법 : 자기 평가, 동료 평가, 관찰평가	

(1) ㉠~㉢에 적합한 내용을 쓰시오.

(2) 교수 · 학습 지도안의 활동지1에 포함될 수 있는 실생활 정보의 구조화 형태를 나열하시오.

(3) 교수 · 학습 지도안의 활동지1에 포함될 수 있도록 계층형으로 구조화할 수 있는 예를 제시하고 구조화한 결과를 작성하시오.

(4) 자기 평가와 관찰평가에 대한 평가지를 작성하시오.

풀이 (1) ㉠ : 표, 다이어그램, ㉡ : 구조화 사례, ㉢ : 효과적인 구조화 방법

(2) 목록형, 테이블형, 계층형, 써클형, 플로우형, 그래프형

(3) 모둠별로 2명씩 짝을 지어 빙고 게임을 하고 그 결과를 다음과 같이 계층형으로 표현할 수 있다.

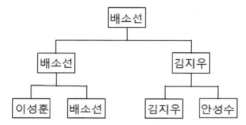

(4) ① 자기 평가 평가지

번호	평가 내용	예/아니오
1	목록형으로 표현하기에 적합한 자료의 예를 말할 수 있는가?	
2	테이블형으로 표현하기에 적합한 자료의 예를 말할 수 있는가?	
3	계층형으로 표현하기에 적합한 자료의 예를 말할 수 있는가?	
4	그래프형으로 표현하기에 적합한 자료의 예를 말할 수 있는가?	
5	서클형의 특징을 이해하고 자료를 서클형으로 표현할 수 있는가?	
6	플로우형의 특징을 이해하고 자료를 플로우형으로 표현할 수 있는가?	

② 관찰평가 평가지

평가요소	평가내용	평가결과
정보의 구조화	활동지를 꼼꼼히 작성했는가?	☐ 5 ☐ 4 ☐ 3 ☐ 2 ☐ 1
	정보 구조화의 종류별 특징을 이해했는가?	☐ 5 ☐ 4 ☐ 3 ☐ 2 ☐ 1
	정보 구조화의 종류별 사례를 이해했는가?	☐ 5 ☐ 4 ☐ 3 ☐ 2 ☐ 1

다음은 고등학교 정보 과목의 평가를 위한 평가 도구 설계 과정을 나타낸 것이다. 물음에 답하시오.

단계	내용
1	〈수업 목표의 확인〉 텍스트 기반 프로그래밍 언어로 반복 구조를 이용한 프로그램을 작성할 수 있다.
2	〈평가 방법의 설정〉 컴퓨터를 이용하여 실기 평가를 한다.
3	〈평가 도구의 제작〉 • 평가 목표 : 텍스트 기반 프로그래밍 언어의 반복문을 이용하여 프로그램을 작성할 수 있다. • 평가 문항 : 1부터 10까지의 숫자를 순서대로 출력하는 프로그램을 작성하시오. • 채점 기준표는 다음과 같다.
4	〈평가 실시 및 결과〉 … (생략) …

점수	채점 기준
3	반복문을 이용하여 1부터 10까지의 숫자를 순서대로 출력한 경우
0	반복문을 이용하지 않았거나, 1부터 10까지의 숫자를 순서대로 출력하지 못한 경우

(1) 다음은 평가 문항에 대한 학생 2명의 답안이다. 위의 채점 기준표에 근거하여 답안을 채점한 결과 학생 A와 B는 모두 0점이다. 위 채점 기준표의 문제점을 서술하시오.

학생 A의 답안	학생 B의 답안
<pre>#include <stdio.h>
void main( ) {
printf("1 ") ;
printf("2 ") ;
… (중략) …
printf("10 ") ;
}</pre>	<pre>#include <stdio.h>
void main( ) {
int i ;
for(i = 1 ; i >= 10 ; i++)
printf("%d ", i) ;
}</pre>

(2) 위의 채점 기준표를 다음과 같이 재설정할 때, ㉠과 ㉡에 해당하는 채점 기준을 제시하고 그 이유를 서술하시오.

점수	채점 기준
3	반복문을 이용하여 1부터 10까지의 숫자를 순서대로 출력한 경우
2	(㉠)
1	(㉡)
0	반복문을 이용하지 않았거나, 1부터 10까지의 숫자를 순서대로 출력하지 못한 경우

풀이 (1) 점수대가 두 개이어서 평가척도의 개수가 매우 적다.
(2) ㉠ 반복문을 사용하였지만 1부터 10까지의 순서대로 출력하지 못한 경우
   ㉡ 반복문을 사용하지 않았고, 1부터 10까지의 순서대로 출력한 경우
      이와 같이 채점 기준을 설정한 이유는 두 가지 평가 항목인 반복문 사용과 결과 출력 중 수업 목표에 제시된 평가 기준의 요소인 반복문 사용을 우선하기 때문이다.

참고 : 기타 답안
㉠ 반복문을 사용하여 순서대로 출력하였으나 1~10이 아닌 다른 수를 출력한 경우(초깃값 또는 연산자 사용 오류)
㉡ 반복문 사용하여 출력하였으나 1~10을 역순을 출력한 경우

3.4.2 2022 개정 교육과정

다음은 2022 개정 중학교 정보과 교육과정에서 평가의 방향을 기술한 것이다. ㉠~㉢에 적합한 내용을 나열하시오.

> ㉮ 평가 항목은 컴퓨팅 사고력, 디지털 문화 소양, (㉠)의 하위 요소를 기반으로 구체화한다.
> ㉯ 평가내용은 지식·이해뿐 아니라, 과정·기능, (㉡)의 측면 등을 다면적으로 반영하고 (㉢)을 중시하는 평가를 통해 학생의 성장과 발달을 돕는 평가를 실현한다.

풀이 ㉠ : 인공지능 소양
㉡ : 가치·태도
㉢ : 과정

다음은 2022 개정 중학교 정보과 교육과정의 평가 방법을 설명한 것이다. 물음에 답하시오.

> ㉠ 성취기준을 분석하고 재구성하여 지필평가에 국한하지 않고, 학생의 성장에 기여할 수 있는 평가 포트폴리오를 계획한다. 예를 들어, 관찰평가, 서술식 평가, 수행평가 등을 활용하거나, (㉠) 등과 같은 다면적 평가를 실행한다
> ㉡ 개념적이거나 기능적으로 명확하게 파악할 수 있는 부분은 (㉡)를, 결과물의 품질이나 심미적 부분을 평가할 때는 (㉢)을 실시한다.

(1) ㉠에 적합한 평가 방법을 2가지 쓰시오.

(2) ㉡, ㉢에 적합한 평가 방법을 쓰시오.

풀이 (1) 자기 평가, 동료 평가

(2) ㉡ : 정량적 평가, ㉢ : 정성적 평가

다음은 2022 개정 교육과정에서 고등학교 정보 과목의 평가 방향을 기술한 것이다. ㉠~㉣에 적합한 내용을 나열하시오.

> ㉠ 평가 항목은 컴퓨팅 사고력, (㉠), 인공지능 소양의 하위 요소를 기반으로 구체화한다.
> ㉡ 구체적인 (㉡)을 학생과 함께 구성하는 과정을 통해 학생이 자신의 학습 수준을 파악하고 스스로 학습을 성찰하는 기회를 제공하여, 적극적이고 능동적인 학습이 이루어지도록 한다.
> ㉢ (㉢)의 도달 수준을 파악하기 위한 평가뿐만 아니라 학습한 내용의 전이를 통해 학습한 내용을 적용할 수 있는 과제를 제시하여 (㉣)를 통합적으로 평가한다.

풀이 ㉠ : 디지털 문화 소양

㉡ : 평가 루브릭

㉢ : 성취기준

㉣ : 이해와 사고

다음은 2022 개정 교육과정에서 고등학교 정보 과목의 평가 방법을 기술한 것이다. ㉠, ㉡에 적합한 내용을 나열하시오.

㉮ 성취기준을 분석하고 재구성하여 지필평가에 국한하지 않고, 학생의 성장에 기여할 수 있는 평가 (㉠)를 계획한다. 예를 들면, 관찰평가, 수행평가, 서술식 평가 등을 활용하거나, 자기 평가, 동료 평가 등과 같은 (㉡)를 실행한다.

㉯ 실생활 및 다양한 학문 분야에서 해결할 수 있는 문제를 스스로 발견하도록 하고, 학생이 해결하는 수행 과정을 보고서나 (㉠) 형태로 누적하여 평가가 지속적으로 이루어지고 과정에 초점을 맞추도록 한다.

풀이 ㉠ : 포트폴리오
㉡ : 다면적 평가

다음은 2022 개정 교육과정에서 중학교 정보 과목 수업의 평가 계획에 관한 정보 교사들의 대화 내용이다. 그리고 이 대화 내용을 바탕으로 정보 교사 A가 작성한 소단원의 평가 설계 중 일부이다. 물음에 답하시오.

A : 이번 학기 정보과 수업에서는 학생들이 교과 역량을 함양할 수 있도록 체계적인 평가를 진행하고자 합니다.

B : 좋은 생각입니다. 어떻게 평가를 운영하는 것이 좋을까요?

A : 평가 항목은 정보 교과 역량의 하위 요소를 기반으로 구체화하고자 합니다. 그리고 평가 내용은 지식·이해뿐 아니라, 과정·기능, 가치·태도의 측면 등을 다면적으로 반영하고 (㉠)하는 평가를 수행할 예정입니다.

B : 특히 '알고리즘과 프로그래밍' 영역에서는 교과 역량을 함양하기 위해 ⓐ다양한 교수·학습 방법을 활용할 수 있습니다. 이 경우 평가 내용이나 방법에 따라 다양한 ⓑ디지털 도구를 활용하는 것이 좋습니다.

C : 2022 개정 교육과정 총론의 학교 교육과정 설계와 운영에서 제시한 평가에 대해서도 고려해야 할 것 같습니다. 총론에서는 학교와 교사는 성취기준에 근거하여 교수·학습과 평가 활동이 일관성 있게 이루어지도록 명시하고 있습니다. 이를 위해 학교는 학생의 (㉡)·(㉢) 측면에 대한 평가가 균형 있게 이루어질 수 있도록 하며, 학생이 자신의 학습 과정과 결과를 스스로 평가할 수 있는 기회를 제공해야 합니다.

CHAPTER 3 정보 평가 방법 **263**

소단원 평가 설계

1. 평가 목표 설정
   - 성취기준 : [9정03-01] 문제의 상태를 정의하고 수행 가능한 형태로 구조화한다.
   - 내용 요소 : 문제의 (ⓔ)를 정의하고 해결 가능한 형태로 구조화하기
   - 평가 목표

구분	평가 목표
(ⓛ) 목표	문제의 상태와 구조화의 중요성을 설명할 수 있다.
기능적 목표	문제의 상태를 기술하고 수행 가능하도록 구조화할 수 있다.
(ⓒ) 목표	문제를 구조화하고 그 의미와 가치를 해석하려는 자세를 갖도록 한다.

2. 평가 방법의 설정
   - 수행평가(관찰 평가, 자기 평가, 동료 평가) 활용
3. 디지털 평가 도구
   - 프로그램 자동 평가 시스템 활용

※ 적용 대상 교수·학습 방법
   - 문제기반학습, 프로젝트 기반학습, (ⓜ), 짝 프로그래밍, 탐구학습

··· (하략) ···

---

(1) 정보 과목에 제시된 '평가의 방향 및 방법'에 근거하여 ㉠에 적합한 내용을 쓰시오.

(2) 밑줄 친 ⓐ에서 교수·학습 방법을 선택하는 기준을 기술하시오. 단, 중학교 정보 과목의 교수·학습 방법에 근거하여 답하시오.

(3) 밑줄 친 ⓑ를 할 때 평가에서 학생에게 불이익이 발생하지 않도록 주의할 점을 1가 지 기술하시오. 단, 중학교 정보 과목의 평가 방법에 근거하여 답하시오.

(4) ⓛ, ⓒ에 적합한 용어를 순서대로 나열하시오.

(5) 과정·기능 범주의 내용 요소에 근거하여 ⓔ에 적합한 내용을 쓰시오.

(6) 정보 과목 '교수·학습 방향 및 방법'에 근거하여 ⓜ에 적합한 용어를 쓰시오.

풀이 (1) 과정을 중시

(2) 각 영역의 핵심 아이디어를 습득하는 데 적절한 것인지 여부

(3) 평가 이전에 학생이 디지털 도구를 다룰 수 있도록 교육한다.

(4) 인지적, 정의적

(5) 초기 상태, 현재 상태, 목표 상태

(6) 디자인기반학습

다음은 고등학교 정보 수업의 평가 계획에 관한 정보 교사들의 대화 내용과 이 대화 내용을 바탕으로 정보 교사 A가 작성한 소단원의 평가 설계 중 일부이다. 물음에 답하시오.

> A : 이번 학기 수업에서는 학생들이 교과 역량을 함양할 수 있도록 체계적인 평가를 진행하고자 합니다.
>
> B : 좋은 생각입니다. 어떻게 평가를 운영하는 것이 좋을까요?
>
> A : 평가 항목은 컴퓨팅 사고력, 디지털 문화 소양, 인공지능 소양의 하위 요소를 기반으로 구체화하고자 합니다. 그리고 ⓐ성취기준의 도달 수준을 파악하기 위한 평가분만 아니라 학습한 내용의 전이를 통해 학습한 내용을 적용할 수 있는 과제를 제시하여 이해와 사고를 통합적으로 평가하려고 합니다.
>
> C : 데이터 영역에서는 ⓑ실생활 및 다양한 학문 분야에서 해결할 수 있는 문제를 스스로 발견하도록 하고, 학생이 해결하는 수행 과정을 보고서나 포트폴리오 형태로 압축하여 최종 결과물을 심층적으로 평가할 필요가 있습니다. 또한 ⓒ디지털 문해력을 함양할 수 있도록 문제 해결에 적합한 소프트웨어를 활용하여 데이터 수집, 가공, 분석 등 컴퓨팅 시스템을 통한 과정 평가 방안도 고려해야 합니다.
>
> B : 2022 개정 교육과정 총론의 학교 교육과정 설계와 운영에서 제시한 평가에 대해서도 고려해야 할 것 같습니다. 총론에서는 학교와 교사는 성취기준에 근거하여 교수 · 학습과 평가 활동이 일관성 있게 이루어지도록 명시하고 있습니다. 이를 위해 학교는 학생의 (㉠)·(㉡) 측면에 대한 평가가 균형 있게 이루어질 수 있도록 하며, ⓓ학생이 자신의 학습 과정과 결과를 스스로 평가할 수 있는 기회를 제공해야 합니다.

소단원 평가 설계

1. 평가 목표 설정
   - 성취기준 : [12정02-04] 빅데이터 분석 도구를 활용하여 데이터를 시각화하고 그 의미와 가치를 해석한다.
   - 성취기준 적용 시 고려 사항 : 데이터 압축 및 암호화를 통해 컴퓨팅 자원 절약과 (㉢) 실천에 영향을 미칠 수 있음을 안내한다.
   - 평가 목표

구분	평가 목표
(㉠) 목표	빅데이터 분석을 통한 데이터 시각화의 중요성을 설명할 수 있다.
기능적 목표	빅데이터 분석 도구를 활용하여 데이터를 시각화할 수 있다.
(㉡) 목표	빅데이터를 시각화하고 그 의미와 가치를 해석하려는 자세를 갖도록 한다.

2. 평가 방법의 설정
   - 수행평가(관찰 평가, 자기 평가, 동료 평가) 활용
3. 디지털 평가 도구
   - 학습관리시스템(LMS) 활용

… (하략) …

(1) 2022 개정 정보과 교육과정에서 고등학교 정보 과목에 제시된 '평가의 방향 및 방법'을 고려하였을 때, 밑줄 친 ⓐ~ⓓ 중에서 적절하지 않은 것을 1가지 선택하고, 바르게 수정하여 서술하시오.

(2) ㉠, ㉡에 적합한 용어를 쓰시오.

(3) ㉢에 적합한 용어를 쓰시오.

(4) 성취기준 [12정02-04]와 관련된 내용 요소를 과정·기능과 가치·태도 범주에서 각각 1가지 쓰시오.

 (1) ⓑ, 학생이 해결하는 수행 과정을 보고서나 포트폴리오 형태로 누적하여 평가가 지속적으로 이루어지고 과정에 초점을 맞추어 평가한다.

(2) ㉠ : 인지적, ㉡ : 정의적

(3) 탄소중립

(4) ① 과정·기능 범주 : 빅데이터 기술을 활용하여 데이터를 분석하고 시각화하기
  ② 가치·태도 범주 : 빅데이터 분석의 가치에 대한 사회적, 윤리적 측면의 성찰

다음은 2022 개정 정보과 교육과정에 따른 고등학교 정보 과목에 대해 A 교사가 작성한 교육과정 재구성을 위한 자료와 이를 발표한 후 토의한 내용이다. 물음에 답하시오.

영역	성취기준
데이터, 알고리즘과 프로그래밍	[12정02-01] 디지털 데이터 압축의 개념과 필요성을 이해하고, 압축의 효율성을 분석하여 평가한다. [12정03-10] ⓐ문제 해결을 위한 프로그램의 성능을 평가하고 공유한다.

교육과정 재구성 사례 발표 자료

… (중략) …

• 압축이나 암호화가 실제로 구현되는 과정을 프로그래밍 과정에서 확인할 수 있도록 ⓑ'알고리즘과 프로그래밍' 영역과 연계하여 교수·학습 과정을 설계하기
• ⓒ(㉠)을 보장하기 위하여 학습자의 수준에 따라 미리 작성된 코드에 데이터를 입력하고 출력되는 결과를 분석하는 활동을 제시하기
• 서로 다른 압축 알고리즘을 적용하여 압축 방법 간의 효율성을 비교·분석할 수 있도록 지도하기
• 압축 기능의 소프트웨어를 활용하여 데이터 수집, 가공, 분석 등 컴퓨팅 시스템을 통한 과정평가로 (㉡)을 함양하도록 지도하기

토의 내용

… (중략) …

A : 성취기준에 근거하여 평가를 계획할 때 평가 요소로는 무엇을 고려해야 할까요?

B : 성취기준을 분석하고 재구성하여 지필 평가에 국한하지 않고, 학생의 성장에 기여할 수 있는 평가 포트폴리오를 계획해야 합니다. 예를 들면, 관찰 평가, 서술형 평가, 수행평가 등을 활용하거나, 자기 평가, 동료 평가 등과 같은 (ⓒ)를 실행하는 것입니다.

C : ⓓ평가 내용은 지식·이해, 과정·기능, 가치·태도의 측면에서 핵심적인 한 범주를 반영하고 과정을 중시하는 평가를 통해 학생의 성장과 발달을 돕도록 평가해야 합니다.

D : ⓔ실생활 및 다양한 학문 분야에서 해결할 수 있는 문제를 스스로 발견하도록 하고, ⓕ학생이 해결하는 수행 과정을 보고서나 포트폴리오 형태로 누적하여 평가가 지속적으로 이루어지도록 합니다.

E : 학습 부진, 느린 학습자가 참여할 수 있고, 학습자의 (㉠)을 보장할 수 있도록 난이도에 따른 평가기준을 (㉣)하여 제시해야 합니다.

---

(1) 밑줄 친 ⓐ의 성취기준과 관련하여 밑줄 친 ⓑ 영역의 내용 요소를 과정·기능 범주에서 1가지 쓰시오.

(2) ㉠, ㉡, ㉢에 적합한 내용을 쓰시오.

(3) 밑줄 친 ⓒ와 관련하여 토의 내용 E의 ㉣에 적합한 내용을 쓰시오.

(4) 평가 요소를 고려할 때 밑줄 친 ⓓ~ⓕ 중에서 틀린 것을 1가지 찾고, 그 이유를 기술하시오.

풀이 (1) 알고리즘의 수행 과정 및 효율성 비교·분석하기

(2) ㉠ : 최소 성취수준, ㉡ : 디지털 문해력, ㉢ : 다면적 평가

(3) 세분화

(4) ⓓ, 평가 내용은 지식·이해뿐 아니라, 과정·기능, 가치·태도의 측면 등을 다면적으로 반영해야 한다.

다음은 2022 개정 교육과정에 따른 고등학교 '인공지능 기초' 과목에 관한 내용이다. ㉮~㉱는 성취기준을 나타낸 것이고, A~D는 '성취기준 적용 시 고려 사항'에서 평가에 관한 내용을 나타낸 것이다. 물음에 답하시오.

㉮ 인공지능 프로젝트를 수행하는 과정에서 (㉠) 자세를 바탕으로 인공지능 소프트웨어를 개발한다.
㉯ 인공지능의 활용사례와 (㉡) 상황을 인공지능 윤리 관점에서 분석한다.
㉰ 문제 해결에 적합한 (㉢)의 유형과 알고리즘을 선정한다.
㉱ ⓐ<u>인공지능의 지능적 판단</u>에 대한 이해를 바탕으로 인공지능을 활용한 (㉣) 및 다양한 학문 분야의 문제 해결 사례를 비교·분석한다.

A : 실제 사례를 통해 인공지능의 개념을 정확하게 이해하고 있는지, 인공지능의 중요성을 설명할 수 있는지를 평가한다. 또한, 문제 해결에 적합한 (㉤)을 선택하여 적용하였는지, 개발한 인공지능 프로그램이 문제를 해결하는 데 효과적이었는지에 중점을 두어 평가한다.
B : 문제 해결에 사용된 데이터와 기계학습 유형, 기계학습 알고리즘이 해결하고자 하는 문제의 특성에 비추어 적합한지를 평가한다. 또한, 학생의 학습 과정과 창의적인 아이디어를 중심으로 (㉥)을 작성하여 평가하도록 한다.
C : ⓑ<u>인공지능과 관련한 윤리적 쟁점 사례를 조사하고, 구체적인 사안을 주제로 하는 (㉦) 활동</u>의 과정에서 인공지능 윤리의 중요성과 인공지능과 인간의 관계를 올바르게 설명할 수 있는지를 평가하도록 한다.
D : 인공지능 프로젝트를 수행하는 과정에서 인공지능 소프트웨어의 완성도뿐만 아니라 주제의 적절성, 문제 해결 방식의 창의성, 다른 사람과의 (㉧) 등 다각적인 측면을 골고루 반영하여 평가할 수 있는 루브릭을 제작하도록 한다.

---

(1) ㉠~㉣에 적합한 용어를 쓰시오.

(2) ㉮~㉱의 각 성취기준이 속한 영역의 이름을 쓰시오.

(3) ㉤~㉧에 적합한 용어를 쓰시오.

(4) A~D의 내용이 각각 ㉮~㉱의 어떤 성취기준에 해당하는 것인지 쓰시오.

(5) 밑줄 친 ⓐ의 고찰을 위한 테스트 방법을 1가지 쓰시오. 위에서 제시한 성취기준 ㉱의 '성취기준 해설'에 근거하여 답하시오.

(6) 밑줄 친 ⓑ의 과정에서 '근거를 바탕으로 자신의 주장을 펼치고 타인의 견해를 존중하는 성숙한 (㉨)를 조성해야 한다.'의 ㉨에 적합한 내용은 무엇인가?

풀이 (1) ㉠ : 협력적인 문제 해결, ㉡ : 윤리적 딜레마, ㉢ : 기계학습, ㉣ : 실생활
(2) ㉮ 인공지능 프로젝트, ㉯ 인공지능의 사회적 영향, ㉰ 인공지능과 학습, ㉱ 인공지능의 이해

(3) ⑩ : 탐색 알고리즘, ⑪ : 평가 루브릭, ⑦ : 토론 ⑩ : 협업 능력
(4) A : ㉕, B : ㉓, C : ㉔, D : ㉒
(5) 튜링 테스트
(6) 토론 문화

다음은 2022 개정 정보과 교육과정에 따른 중학교 정보 과목에 대해 A 교사가 작성한 교육과정 재구성을 위한 자료와 이를 발표한 후 토의한 내용이다. 물음에 답하시오.

영역	성취기준
컴퓨팅 시스템, 알고리즘과 프로그래밍	[9정01-03] ⓐ문제 해결 목적에 맞는 피지컬 컴퓨팅 구성요소를 선택하여 시스템을 구상한다. [9정03-09] 다양한 학문 분야의 문제 해결을 위해 협력하여 소프트웨어를 개발한다.

교육과정 재구성 사례 발표 자료

… (중략) …

• ⓑ'컴퓨팅 시스템' 영역과 연계하여 피지컬 컴퓨팅 시스템을 설계, 제작하고 이를 동작하게 하는 소프트웨어로 구현하기
• 학습 목표를 효과적으로 달성하기 위해 학급 내에서 개인차를 고려한 소집단을 구성하여 피지컬 컴퓨팅 프로그램 개발하기
• (㉠) 등의 추상화 단계를 거쳐 알고리즘을 설계하는 과정을 자연스럽게 경험할 수 있도록 하고, 문제 해결 과정 전반을 평가할 수 있도록 (㉡)를 활용하여 학생의 사고 과정을 누적하여 기록하기

토의 내용

… (중략) …

A : 성취기준에 근거하여 평가를 계획할 때 평가 요소로는 무엇을 고려해야 할까요?
B : ⓒ평가 내용은 지식·이해, 과정·기능, 가치·태도의 측면 등을 다면적으로 반영하고 과정을 중시하는 평가를 통해 학생의 성장과 발달을 돕도록 평가하는 것이 중요합니다.
A : 단순하고 지엽적인 지식의 평가보다는 ⓓ문제를 해결하는 과정을 통합적으로 관찰하고 평가할 수 있어야 한다는 것이군요.
B : 성취기준을 분석하고 재구성하여 지필 평가에 국한하지 않고, ⓔ학생의 성장에 기여할 수 있는 평가 (㉡)를 계획하는 것이 좋겠습니다.
C : 평가 내용이나 방법에 따라 학습관리시스템(LMS)이나 (㉢) 같은 디지털 도구를 활용할 수 있습니다. 이를 위해 ⓕ평가 이전에 학생이 디지털 도구를 다룰 수 있도록 교육하고 도구를 다루는 수준을 평가에 반영하도록 합니다.

(1) 밑줄 친 ⓐ와 관련하여 밑줄 친 ⓑ 영역의 내용 요소를 과정·기능 범주에서 1가지 쓰시오.

(2) ㉠에 적합한 3개 단계를 나열하시오.

(3) 정보 과목의 '교수·학습 방향 및 방법'에 근거하여 ㉡, ㉢에 적합한 내용을 쓰시오.

(4) 평가 요소를 고려할 때 밑줄 친 ⓒ~ⓕ 중에서 틀린 것을 1가지 찾고, 그 이유를 기술하시오.

풀이 (1) 피지컬 컴퓨팅 시스템 구성하기

(2) 문제 발견, 상태 정의, 핵심요소 추출

(3) ㉡ : 포트폴리오, ㉢ : 프로그램 자동 평가시스템

(4) ⓕ, 평가 이전에 학생이 디지털 도구를 다룰 수 있도록 교육하여 평가에 불이익이 없도록 해야 한다.

다음은 2022 개정 교육과정에 따른 고등학교 정보 과목에 관한 내용이다. ㉮~㉺는 성취기준을 나타낸 것이고, A~E는 '성취기준 적용 시 고려 사항'에서 평가에 관한 내용을 나타낸 것이다. 물음에 답하시오.

㉮ 정보보안의 필요성을 이해하고, 보안 기술을 활용하여 (㉠)를 실천한다.
㉯ (㉡)의 개념과 특성을 이해하고, 인간과 인공지능의 관계를 분석한다.
㉰ 실생활 및 다양한 학문 분야의 문제 해결을 위한 프로그램을 협력적으로 설계·구현한다.
㉱ ⓐ빅데이터 분석 도구를 활용하여 데이터를 시각화하고 그 의미와 가치를 해석한다.
㉲ 사물인터넷의 구성과 동작 원리를 분석하고, 사물인터넷 기술로 인한 개인의 삶과 (㉢)를 예측한다.

A : 사물인터넷 시스템 구현 시 설계 과정과 구현 결과를 다양한 방식으로 누적한 후 평가하여 ⓑ

B : 문제 해결에 적합한 소프트웨어를 활용하여 데이터 수집, 가공, 분석 등 컴퓨팅 시스템을 통한 과정 평가로 (ⓔ)을 함양하도록 한다.

C : 제시된 문제 상황을 컴퓨팅 시스템으로 해결할 수 있도록 추상화 과정 및 자동화 과정이 유기적으로 연결되도록 나선형으로 교수·학습을 제시하고 ⓒ

D : 인공지능을 활용한 실생활의 문제 해결 사례를 통해 인공지능의 개념과 동작 원리를 학습할 수 있도록 한다. 실생활의 문제를 학생이 스스로 발견하고 해결하는 수행 과정을 보고서나 포트폴리오 형태로 누적하여 ⓓ

E : 개인 정보를 포함하여 정보 보호 및 보안의 중요성을 이해하기 위해 공급자 측면과 사용자 측면을 두루 살펴보고 학습자가 실천할 수 있는 활동을 제시하여, ⓔ

(1) ㉮~㉲의 각 성취기준이 속한 영역의 이름을 쓰시오.

(2) ㉠~㉢에 적합한 용어를 쓰시오.

(3) A~E의 각 내용이 ㉮~㉲의 어떤 성취기준에 해당하는 것인지 쓰시오.

(4) 밑줄 친 ⓐ를 할 때 데이터의 수집, 처리, 관리하는 과정에서 올바른 결과를 도출하기 위해 고려할 문제를 1가지 쓰시오. 단, 성취기준 ㉱가 속한 영역의 핵심 아이디어에 근거하여 답하시오.

(5) ㉣에 적합한 내용을 쓰시오. 단, 정보 과목의 '평가 방법'에 근거하여 답하시오.

(6) ⓑ~ⓔ에 적합한 내용을 다음 ①~④에서 각각 고르시오.

> ① 평가가 지속적으로 이루어지고 과정에 초점을 맞추도록 한다.
> ② 학습 과정을 누적하여 기록하거나 서 · 논술형으로 평가하도록 한다.
> ③ 최소 성취수준을 보장하도록 한다.
> ④ 과정 전반을 평가하도록 한다.

풀이 (1) ㉮ 디지털 문화, ㉯ 인공지능, ㉰ 알고리즘과 프로그래밍, ㉱ 데이터, ㉲ : 컴퓨팅 시스템

(2) ㉠ : 디지털 윤리, ㉡ : 지능 에이전트, ㉢ : 사회의 변화

(3) A : ㉲, B : ㉱, C : ㉰, D : ㉯, E : ㉮

(4) 윤리적인 문제

(5) 디지털 문해력

(6) ⓑ : ③, ⓒ : ④, ⓓ : ①, ⓔ : ②

다음은 2022 개정 정보과 교육과정에 따른 고등학교 '인공지능 기초' 과목의 내용 체계 및 성취기준을 바탕으로 작성한 교수·학습 지도안과 이에 대한 교사들의 대화이다. 물음에 답하시오.

영역	인공지능과 학습		
내용 요소	지식·이해	과정·기능	가치·태도
	(㉠)	해결하고자 하는 문제에 적합한 데이터 탐색하기	기계학습에 적용하는 데이터의 중요성 판단
학습 목표	1. 문제 해결에 필요한 데이터를 선정하여 수집할 수 있다. 2. 데이터의 편향성이 인공지능의 수행 결과에 미치는 영향을 설명할 수 있다.		
단계	교수·학습 활동		자료 및 유의점
도입	• 편향된 데이터로 학습한 인공지능 영상을 보고, 자신의 생각을 자유롭게 발표하기 • 학습 목표 확인하기		… (생략) …
전개	• [활동 1] 학습에 필요한 데이터 수집하기 　– 기계학습을 적용할 문제 정의하기 　– ⓐ문제 해결에 사용될 데이터 수집하기 • [활동 2] 학습 데이터 분석하기 　– 분석 도구 사용법 익히기 　– 공공 데이터를 사용하여 데이터 분석하기 • [활동 3] 데이터 분석 실습하기 　– 전체 데이터를 적용한 분석 　– 부분 데이터를 사용한 분석 　– 분석 결과를 바탕으로 ⓑ데이터의 편향성이 인공지능 학습에 미치는 영향 토론하기		기계학습에서 데이터의 중요성을 인식하고, 데이터의 수집 과정에서 데이터가 편향되지 않게 충분히 안내하도록 함. 학생의 학습 과정과 창의적인 아이디어를 중심으로 (㉡)을 작성하여 평가함
정리	… (생략) …		(생략)

A : '인공지능과 학습' 영역의 성취기준 '[12인기02–01] 기계학습을 적용할 문제를 정의하고, 문제 해결에 필요한 데이터를 선정하여 수집한다.'에 대한 수업을 위해 교수·학습 지도안을 작성하였습니다. 여기서 데이터 선정과 수집 관련하여 강조할 내용은 무엇입니까?

B : 먼저 문제 해결에 적합한 데이터를 수집하도록 해야 합니다. 그리고 이 과정에서 나타날 수 있는 데이터의 편향이 인공지능의 학습에 영향을 미칠 수 있음을 고려하여 데이터의 수집과 활용에 공정성을 추구하도록 해야 합니다.

A : 그렇군요. 수업에 대한 평가는 어떤 방법이 좋을까요?

B : 인공지능에 관련된 평가는 다양한 방식으로 나타날 수 있으므로 (㉢)와 (㉣) 내용을 명확하게 구분할 필요가 있습니다. 평가는 인공지능의 구현과 활용, 인공지능 활용에 대한 인식에 초점을 맞추어 평가하는 것이 좋을 것 같습니다.

A : 다음 차시 수업에서는 교수·학습 지도안과 연계하여 성취기준 '[12인기02-02] 수집한 데이터를 가공하여 핵심 속성을 추출한다.'를 계획하고 있습니다.

B : 그렇군요. 기계학습에 사용하기 위해 수집한 데이터에 대해 (ⓜ)와 (ⓗ)의 유무를 파악하고 문제 해결에 필요한 속성이 무엇인지 선별해야 합니다. 이어서 이를 기준으로 문제 해결에 적합한 형태로 (ⓢ)할 수 있도록 계획해 보세요. [활동 3]에서 토론은 왜 필요한가요?

A : '인공지능 기초' 과목의 목표인 '인공지능의 다양한 측면에 대한 비판적인 자세를 바탕으로 인공지능과 관련된 (ⓞ)에 대해 올바른 가치관을 형성할 수 있는 태도의 함양'을 위해 [활동 3]의 토론을 계획하고 있습니다.

(1) 교수·학습 지도안의 내용에 근거하여 ㉠에 적합한 지식·이해 범주의 내용 요소 1가지를 쓰시오.

(2) 위 영역의 '성취기준 적용 시 고려 사항'에 근거하여 ㉡에 적합한 내용을 쓰시오.

(3) '인공지능 기초' 과목의 평가 방법에 근거하여 ㉢, ㉣에 적합한 내용을 쓰시오.

(4) 성취기준 [12인기02-02]의 '성취기준 해설'에 근거하여 ㉤, ㉥에 적합한 용어를 쓰시오.

(5) ㉦에 적합한 용어을 쓰시오.

(6) 밑줄 친 ⓐ와 관련하여 평가 시 주의할 사항 1가지를 쓰시오. 단, 위 영역의 '성취기준 적용 시 고려 사항'에 근거하여 답하시오.

(7) 밑줄 친 ⓑ와 관련하여 ⓞ에 적합한 내용을 쓰시오.

풀이 (1) 기계학습과 데이터
(2) 평가 루브릭
(3) 정량적 평가, 정성적 평가
(4) 결측치, 이상치
(5) 전처리
(6) 데이터가 해결하고자 하는 문제의 특성에 비추어 적합한지를 평가함
(7) 윤리적 문제

다음은 2022 개정 교육과정에 따른 고등학교 정보 과목의 '알고리즘과 프로그래밍' 영역 수업에 대한 정보 교사들의 대화 내용과 수업 자료 중 일부이다. 물음에 답하시오.

A : 선생님, 지식·이해 범주의 내용 요소인 '정렬, 탐색 알고리즘' 수업을 위해 수업 자료를 작성하였습니다. 중·고등학교 교육과정의 성취기준에 근거하여 2가지 탐색 알고리즘을 구현하였습니다.

B : 네. 학생들은 제시된 자료를 사용하여 ⓐ알고리즘의 수행 과정을 분석해보고 문제에 따라 알고리즘의 효율성이 다를 수 있음을 설명하도록 하면 좋겠습니다.

A : 소규모 자연수 데이터에 두 알고리즘을 적용하는 활동을 하려고 합니다. ⓑ데이터 탐색에 필요한 비교 횟수의 확인을 통해 알고리즘의 수행 과정을 분석하고자 합니다.

B : 좋은 생각입니다. 활동을 통해 수행 과정이 분석되면 두 알고리즘의 효율성이 다른 이유를 설명할 수 있겠군요. 이와 함께 탐색의 효율적인 부분을 효과적으로 이해할 수 있도록 실제 (㉠)를 사용하여 탐색을 실습하는 것도 중요할 것 같습니다.

A : 이 수업의 평가를 위해 수업 자료와 같이 평가 기준을 설정하였습니다. 어떤 내용의 보완이 필요할까요?

B : 학습 부진, 느린 학습자가 참여할 수 있고, ⓒ학습자의 최소 성취수준을 보장할 수 있도록 (㉡) 필요가 있을 것 같습니다. 그리고, 프로그래밍 학습 시 프로그래밍 관련 학습 개념을 우선 이해할 수 있도록 (㉢) 한다.

··· (하략) ···

수업 자료

[성취기준]

중학교	[9정03-03] 알고리즘의 중요성을 이해하고, 문제를 해결하는 다양한 알고리즘을 비교·분석한다.
고등학교	[12정03-03] 데이터를 탐색하는 다양한 알고리즘의 특징과 효율을 비교·분석한다.

[탐색 알고리즘]

알고리즘 구현 1	알고리즘 구현 2
이진 탐색	피보나치 탐색

[소단원 평가 설계]

수준	평가 기준
상	(㉣)
중	알고리즘에서 비교 연산이 몇 번 수행되는지 설명할 수 있다.
하	알고리즘에서 비교 연산이 필요한 이유를 말할 수 있다.

··· (하략) ···

(1) 밑줄 친 ⓐ와 관련하여 과정 · 기능 범주의 내용 요소를 1가지 쓰시오.

(2) 성취기준 [12정03-03]의 '성취기준 적용 시 고려 사항'에 근거하여 ㉠에 적합한 내용을 쓰시오.

(3) 평가 기준 설정과 관련하여 난이도 측면에서 ㉡에 적합한 내용을 기술하시오. 단, 고등학교 정보 과목의 평가 방법에 근거하여 답하시오.

(4) 밑줄 친 ⓒ를 위해 교사가 해야 할 일로 ㉢에 적합한 내용 2가지를 서술하시오. 단, '알고리즘과 프로그래밍' 영역의 '성취기준 적용 시 고려 사항'에 근거하여 답하시오.

(5) 밑줄 친 ⓑ와 성취기준 [12정03-03]에 근거하여 ㉣에 적합한 평가 기준을 서술하시오.

풀이 (1) 알고리즘의 수행 과정 및 효율성 비교 · 분석하기

(2) 대규모 데이터

(3) 난이도에 따른 평가 기준을 세분화한다.

(4) ① 미리 제작된 코드를 제공한다.

　　② 프로그래밍 언어에서 활용할 수 있는 여러 라이브러리의 활용방안을 구상한다.

(5) 알고리즘을 비교 횟수의 관점에서 분석하고, 효율적인 알고리즘을 선택할 수 있다.

다음은 2022 개정 교육과정에 따른 고등학교 '데이터 과학' 과목에 관한 내용이다. ㉮~㉰는 성취기준을 나타낸 것이고, A~C는 '성취기준 적용 시 고려 사항'에서 평가에 관한 내용을 나타낸 것이다. 물음에 답하시오.

㉮ 이상치와 결측치 탐색 및 정규화를 통해 전처리하여 오류 가능성을 최소화하고, 데이터 분석을 위해 (㉠)한다.

㉯ 데이터로 인한 (㉡)를 인식하고, 진로 및 직업과 관련한 데이터 기반 문제 해결 사례를 분석한다.

㉰ 데이터 간의 관계를 분석하고 ⓐ상호 연관성을 파악하여 결과의 의미를 해석한다.

A : 데이터 과학에 기반한 여러 가지 문제 해결 사례를 탐색하기 어려워하는 학습자의 경우, 교수자가 제시한 사례에서 사용된 데이터가 무엇인지, 문제 해결에 어떠한 역할을 하였는지를 기반으로 데이터의 (㉢)를 설명할 수 있는지를 평가하도록 한다.

B : 데이터 전처리에 어려움을 겪는 학습자의 경우, 전처리가 비교적 간단한 데이터를 제시하여 (㉣)를 탐색하고, 데이터 특성에 적합한 분석 방법을 제시할 수 있는지 평가하도록 한다.

C : (㉤)을 보장하기 위하여 교수자가 제시한 데이터 분석 과정을 바탕으로 ⓑ데이터 모델의 개념을 제시하고, 여러 가지 분석 방법을 구별하여 설명할 수 있는지 평가한다.

(1) ㉠, ㉡에 적합한 용어를 쓰시오.

(2) ㉮~㉱의 각 성취기준이 속한 영역의 이름을 쓰시오.

(3) ㉢~㉣에 적합한 용어를 쓰시오.

(4) A~C의 평가 관련 내용이 각각 ㉮~㉱의 어떤 성취기준에 해당하는 것인지 쓰시오.

(5) 밑줄 친 ⓐ를 위해 측정이 필요한 데이터 속성 간의 관계를 3가지 나열하시오. 단, 위에 제시된 성취기준 ㉱의 '성취기준 해설'에 근거하여 답하시오.

(6) 회귀 분석 방법의 경우 밑줄 친 ⓑ에 해당하는 2가지 나열하시오. 단, 성취기준 [12데과 03-02]에 근거하여 답하시오.

풀이 (1) ㉠ : 시각화, ㉡ : 사회 변화

(2) ㉮ 데이터 준비와 분석, ㉯ 데이터 과학의 이해, ㉰ 데이터 모델링과 평가

(3) ㉢ : 잠재적 가치, ㉣ : 이상치와 결측치, ㉤ : 최소 성취수준

(4) A : ㉯, B : ㉮, C : ㉰

(5) 지지도, 신뢰도, 향상도

(6) 통계적 회귀모델, 기계학습 회귀모델

다음은 2022 개정 교육과정에 따른 고등학교 '소프트웨어와 생활' 과목에 관한 내용이다. ㉮~㉲는 성취기준을 나타낸 것이고, A~E는 '성취기준 적용 시 고려 사항'에서 평가에 관한 내용을 나타낸 것이다. 물음에 답하시오.

㉮ 스타트업 프로젝트에 적합한 ⓐ소프트웨어를 협력적으로 설계하고 구현한다.
㉯ 소프트웨어를 적극적으로 활용하여 (㉠) 모델을 구현한다.
㉰ 데이터를 분석하고 시각화하여 다양한 (㉡)의 의미를 해석한다.
㉱ 피지컬 컴퓨팅을 통해 미디어아트 작품을 창작하고, 창작에 활용된 (㉢)의 가치를 파악한다.
㉲ 소프트웨어 융합을 통한 문제 해결 사례를 바탕으로, 다양한 학문 분야에서 소프트웨어와의 융합을 통해 문제를 해결하는 방법을 비교·분석한다.

A : 문제 해결에 소프트웨어 융합을 위해 필요한 역량이 무엇인지 학습자가 스스로 인식하고 있는지를 평가한다.
B : 예술 분야와 (㉣)이 융합될 때 두 분야의 표현 범위가 확장될 수 있음을 이해하도록 하고, 표현하려는 아이디어에 대한 설계와 구현 결과가 오류 없이 실행되어 의도한 바를 충분히 표현할 수 있는지 평가한다.

C : 현상을 분석하기 위한 문제 상황, 해결 동기 및 목적, (⑩), 분석 방법 및 과정, 결과 해석 등 일련의 수행 과정을 보고서, 포트폴리오 등으로 누적하도록 한다. 그리고 ⓑ가치 있는 데이터를 선택하였는지, 올바른 시각화 방법을 선택하였는지 등을 종합적으로 평가한다.

D : 목적에 맞는 (⑭)을 설계하여 현상이나 원리를 탐구하는 시뮬레이션을 오류 없이 구현하였는지, 시뮬레이션 프로그램의 목표에 부합하도록 기능이 수행되는지 등을 평가하도록 한다.

E : 융합 문제 해결을 위한 소프트웨어 스타트업 프로젝트 수행 시 관찰 및 (ⓐ) 평가를 통해 ⓒ프로그래밍으로 해결 가능한 주제를 스스로 선정하였는지, 창의적 문제 해결 아이디어를 고안하였는지 등을 종합적으로 평가한다.

(1) ㉠~㉢에 적합한 용어를 쓰시오.

(2) ㉮~㉲의 각 성취기준이 속한 영역의 이름을 쓰시오.

(3) ㉣~㉛에 적합한 용어를 쓰시오.

(4) A~E의 내용이 각각 ㉮~㉲의 어떤 성취기준에 해당하는 것인지 쓰시오.

(5) 밑줄 친 ⓐ의 과정을 평가할 때 고려할 사항 2가지를 기술하시오.

(6) 밑줄 친 ⓑ를 제외하고 평가해야 할 것으로 다음의 2가지가 있다. 아래 ㉠, ㉡에 적합한 내용을 쓰시오.

---

① (㉠)에 따라 적절한 방법을 선택하여 목적에 맞게 가공하였는지 여부
② 결과 해석이 (㉡)를 토대로 객관적으로 도출되었는지 여부

---

(7) 밑줄 친 ⓒ를 제외하고 평가해야 할 것으로 다음의 1가지가 있다. 아래 ㉠에 적합한 내용을 쓰시오.

---

① 문제 해결에 적합한 알고리즘을 설계하고 (㉠)하였는지 여부

풀이 (1) ㉠ : 시뮬레이션, ㉡ : 사회 현상, ㉢ : 소프트웨어

(2) ㉮ 가치를 창출하는 소프트웨어, ㉯ 모의 실험하는 소프트웨어, ㉰ 현장을 분석하는 소프트웨어, ㉱ 창작을 지원하는 소프트웨어, ㉲ : 세상을 변화시키는 소프트웨어

(3) ㉣ : 피지컬 컴퓨팅, ⑩ : 데이터의 수집 및 관리, ⑭ : 시뮬레이션 모델, ㉛ : 포트폴리오

(4) A : ㉰, B : ㉱, C : ㉰, D : ㉯, E : ㉮

(5) ① 학습자 간 유의미한 상호작용이 이루어졌는지를 고려한다.
　　② 구성원 각자의 역할을 책임감 있게 수행하였는지를 고려한다.

(6) ㉠ : 데이터 유형, ㉡ : 분석 데이터

(7) 프로그램으로 구현

다음은 2022 개정 정보과 교육과정에 따른 고등학교 정보과학 과목의 알고리즘 영역 수업에 관한 교사들의 대화이다. 물음에 답하시오.

A : 알고리즘 영역에서는 문제 해결을 위한 다양한 알고리즘 설계 방법을 이해해야 합니다. 아래 성취기준은 알고리즘 설계 방법의 핵심 개념을 포함하고 있습니다. 각 성취기준에 적합한 알고리즘 설계 방법에서 강조할 내용으로 어떤 것이 있을까요?

> [12정과03-02] 문제의 상태 공간 일부를 배제하는 알고리즘을 설계하고, 기존의 탐색기반 알고리즘과 비교·분석한다.
> [12정과03-04] 부분 문제를 해결한 결과를 이용하여 전체 문제를 해결하는 알고리즘을 설계한다.
> [12정과03-05] 부분 문제가 중복으로 적용되지 않는 알고리즘을 설계하고 기존의 관계기반 알고리즘과 비교·분석한다.

B : 성취기준 [12정과03-02]의 경우 ⓐ상태 공간 일부를 배제하고도 정확한 답을 구할 수 있는 알고리즘 설계 방법에서 상태 공간을 배제하는 원리를 설명하는 것이 중요합니다. 성취기준 [12정과03-04]의 경우 퀵 정렬, 합병 정렬 등을 활용하여 (㉠)이 문제를 해결하는 원리를 이해하고, (㉠)을 활용하여 해결할 수 있는 문제를 탐색하여 해결 알고리즘을 설계할 수 있도록 합니다. 성취기준 [12정과03-05] 의 경우 배열 등을 활용하여 중복으로 계산되는 부분 문제들의 답을 저장하여 효율을 높이는 (㉡)의 원리를 설명하고, 이를 활용하여 문제를 해결하는 알고리즘을 설계하도록 합니다.

··· (중략) ···

A : 알고리즘을 적용한 프로그램의 평가에 어려움이 있습니다. 평가 시 주의사항으로 어떤 것이 있을까요?

B : 그렇습니다. 그런 경우 ⓑ알고리즘의 효과성과 효율성을 종합적으로 평가할 필요가 있습니다. 특히 다양한 프로그램 환경이나 데이터를 활용하여 설계한 알고리즘이 동일하게 효율적으로 작동하는지를 평가하여 학습 내용이 (㉢)되었는지를 확인할 필요가 있습니다.

A : 알고리즘을 평가할 때 가능하면 ⓒ컴퓨팅 시스템에서 실제로 구현되는 결과를 평가하도록 하며, 해당 방법을 활용하기 어려운 경우 ⓓ대표성을 지니는 데이터를 선정하여 평가 문항과 루브릭을 구성하고 공정한 평가를 진행하려고 합니다.

B : 좋은 생각입니다. 선생님은 서로 다른 ⓔ알고리즘의 성능을 비교할 때 어떤 방법을 사용하십니까?

··· (중략) ···

A : 그런데 이 영역 수업에서 학습자의 최소 성취수준을 보장하기 위해 어떤 것이 필요할까요?

B : 알고리즘을 경험할 수 있는 다양한 (㉣) 자료를 제공하고, 프로그래밍 언어가 제공하는 (㉤) 활용 방법을 안내하여 최소한의 알고리즘 적용 활동을 진행하는 것이 좋겠습니다.

(1) ㉠, ㉡에 적합한 내용을 쓰시오. 단, 제시된 성취기준의 '성취기준 해설'에 근거하여 답하시오.

(2) 밑줄 친 ⓐ에 해당하는 2가지를 나열하시오. 단, 성취기준 [12정과03-02]의 '성취기준 해설'에 근거하여 답하시오.

(3) ㉢~㉤에 적합한 내용을 쓰시오. 단, 위 영역의 '성취기준 적용 시 고려 사항'에 근거하여 답하시오.

(4) 밑줄 친 ⓑ를 개선하기 위한 알고리즘의 성능 분석 방법을 쓰시오. 단, 위 영역의 '핵심 아이디어'에 근거하여 답하시오.

(5) 밑줄 친 ⓒ를 할 때 활용 가능한 것을 1가지 쓰시오. 단, 위 영역의 '평가 방법'에 근거하여 답하시오.

(6) 밑줄 친 ⓓ에 적합한 평가 형태를 2가지 쓰시오. 단, 위 영역의 '평가 방법'에 근거하여 답하시오.

(7) 밑줄 친 ⓔ를 위해 알고리즘의 복잡도를 표현하는 방법을 1가지 쓰시오. 단, 위 영역의 성취기준에 근거하여 답하시오.

풀이 (1) ㉠ : 분할정복법, ㉡ : 동적계획법
(2) 분기한정법, 탐욕법
(3) ㉢ : 확장·전이, ㉣ : 시뮬레이션, ㉤ : 라이브러리
(4) 정량적 분석
(5) 프로그램 자동 평가시스템
(6) 지필평가, 수행평가
(7) 빅오 표기법

C H A P T E R 4

정보 교육 환경

4.1 교육환경 구성 및 수업 설계

4.1.1 기출문제 풀이

효과적인 수업의 열쇠는 교사의 수업 전문성에 있으며, 수업 전문성의 핵심 중 하나는 교과교육학 지식(PCK : Pedagogical Content Knowledge)이다. 컴퓨터 교과교육과 PCK에 관련된 설명으로 잘못된 것을 찾아 바르게 수정하시오.

> ㉠ 교과내용 지식은 PCK의 발달에 영향을 미치지 않는다.
> ㉡ PCK는 특정 교과내용과 수업방법을 학습자의 특성에 알맞게 조직하고, 적용하는 지식이다.
> ㉢ 슐만(Shulman)의 주장에 따르면, 교사의 지식에 대한 분류는 교과내용 지식(Content Knowledge), 일반교육학 지식(General Pedagogical Knowledge), 교과교육학 지식 등을 포함한다.
> ㉣ 디코더의 동작 원리에 대해 오개념이 형성된 학습자가 개념을 올바르게 형성할 수 있도록 교사가 새로운 도식을 제작하여 수업에 활용하는 것은 PCK의 한 예이다.

풀이 ㉠ 교과교육학은 교육내용으로서의 지식과 그것을 유용한 지식이 되도록 가르치는 방법으로서의 교육학을 통합한 실천적 교육학이다. 따라서 교과 내용 지식은 PCK 발달에 영향을 미친다.

컴퓨터 교과 내용의 선정과 조직에 관련된 설명으로 잘못된 것을 모두 찾아 바르게 수정하시오.

> ㉠ 교사들이 컴퓨터 교과 내용을 체계적으로 선정하고 조직함으로써, 컴퓨터 교육과정에 대한 교사의 전문성을 향상시킬 수 있다.
> ㉡ 교육내용 선정 원리 중 타당성의 원리는 사실, 개념, 원리, 이론들을 가리키는 학문의 구조와 합리적 탐구 방법을 포함해야 한다는 원리이다.
> ㉢ 교육내용의 조직 원리는 수평적 조직 원리와 수직적 조직 원리로 나뉘는데, 수평적 조직 원

리에는 연속성과 계열성이 있고, 수직적 조직 원리에는 범위와 통합성이 있다.
ⓔ 학생들이 장차 살아갈 사회에서 필요로 하는 지식, 기능, 가치를 컴퓨터 교과의 교육내용으로 선정한다면, 이것은 교육내용 선정 원리 중 '사회적 유용성의 원리'가 적용된 것이다

ⓛ 교육내용 선정 원리 중 타당성의 원리는 교육과정 내용 선정에 있어서 우리가 반드시 가르치고 배워야 할 모든 내용을 고르게 포함하고 있는지의 문제이다.

ⓒ 교육내용의 조직 원리에서 수평적 조직 원리에는 범위와 통합성이 있고, 수직적 조직 원리에는 연속성과 계열성이 있다.

중등교사 임용시험 2022-A-7

다음은 A 교사가 작성한 교육과정 재구성을 위한 자료의 일부와 이를 발표한 후 토의한 내용이다. 〈작성 방법〉에 따라 서술하시오.

영역	프로그래밍 / 컴퓨팅 시스템
성취기준	[9정04-05] 실생활 문제 해결을 위한 소프트웨어를 협력하여 설계, 개발, 비교 · 분석한다. [9정05-02] ㉠센서를 이용한 자료 처리 및 동작 제어 프로그램을 구현한다.

교육과정 재구성 사례 발표 자료

… (중략) …

• 실생활 문제와 관련된 프로젝트 수행 시 가급적 ㉡컴퓨팅 시스템 영역과 연계하여 지도하며, 학습자 수준에 적절한 교육용 프로그래밍 언어와 교구를 선택하기
• 학습자 간 유의미한 상호작용과 문제 해결을 위한 프로그램 개발 및 수정 등 협력적 프로젝트의 일련의 수행 과정을 종합적으로 평가하기
• 센서 보드의 동작 설계와 프로그램 작성 과정을 공유하는 활동을 통해 효율적인 프로그램을 개발하도록 지도하기

… (중략) …

A : ㉢일반적인 교수 체제 설계 모형과는 달리 교육 목적과 평가 요소들을 교육과정 설계에서 먼저 수립하고 교육용 프로그래밍 언어와 교구를 활용한 수업 활동을 계획하려고 합니다. 평가를 계획할 때 평가 요소로는 무엇을 고려해야 할까요?
B : 실생활 문제 해결을 위한 프로젝트 수행 과정을 관찰하고 ㉣포트폴리오를 활용하여 협력적 문제 해결의 과정을 종합적으로 평가할 수 있습니다. 이를 위해 ㉤프로그래밍 언어의 문법 이해 및 기능 습득과 관련한 평가가 중심이 되어야 합니다.

C : 센서 기반 프로그램을 구현하기 위해 ⓒ학습자 수준과 학습환경에 따라 센서의 종류와 개수를 결정하도록 해야 합니다. ⓓ동작 설계와 프로그램 작성 과정보다는 센서보드 장치의 구성에 중점을 두고 지도해야 합니다.

작성방법

(1) 2015 개정 정보과 교육과정(교육부 고시 제2020-236호)에 제시된 내용 체계에서 밑줄 친 ㉠의 성취기준에 해당하는 밑줄 친 ㉡영역의 핵심 개념을 쓸 것.
(2) 밑줄 친 ㉢에 해당하는 교수·학습 설계 모형을 쓸 것.
(3) 평가 요소를 고려할 때 밑줄 친 ⓐ~ⓓ 중에서 틀린 부분 2가지를 찾고, 그 이유를 각각 서술할 것.

풀이 (1) 피지컬 컴퓨팅

〈고등학교 정보 내용 체계〉

영역	핵심 개념	일반화된 지식	내용 요소
컴퓨팅 시스템	컴퓨팅 시스템의 동작 원리	다양한 하드웨어와 소프트웨어가 유기적으로 결합된 컴퓨팅 시스템은 외부로부터 자료를 입력받아 효율적으로 처리하여 출력한다.	· 컴퓨팅 기기의 구성과 동작 원리
	피지컬 컴퓨팅	마이크로컨트롤러와 다양한 입·출력 장치로 피지컬 컴퓨팅 시스템을 구성하고 프로그래밍을 통해 제어한다.	· 센서 기반 프로그램 구현

(2) 백워드 교육과정 설계모형

일반적인 교육과정 설계에서 가장 마지막 단계에 계획하는 것으로 인식되던 평가를 학습목표와 함께 설계의 첫 단계에서 먼저 계획한 후에 학습활동을 계획하는 교육과정 설계모형이다.

(3) ① ⓑ, 프로그래밍 언어의 문법 이해 및 기능 습득과 관련한 평가는 지양해야 한다.

② ⓓ, 피지컬 컴퓨팅 장치의 구성보다는 제어를 위한 동작 설계와 프로그램 작성 과정에 중점을 두고 지도해야 한다.

〈중학교 정보, 프로그래밍의 평가 방법 및 유의 사항〉
프로그래밍 언어의 문법 이해와 관련한 지엽적인 평가를 지양하고 문제 분석, 추상화, 알고리즘 설계, 프로그램 개발 및 수정 등 일련의 수행 과정을 종합적으로 평가한다.

〈중학교 정보, 컴퓨팅 시스템의 평가 방법 및 유의 사항〉
피지컬 컴퓨팅 장치의 구성보다는 제어를 위한 동작 설계와 프로그램 작성 과정에 중점을 두고 지도하며 가급적 '문제 해결과 프로그래밍' 영역에서 선택한 프로그래밍 언어를 사용하도록 한다.

4.1.2 요약 : 교육환경 구성 및 수업 설계

가. 교육목표

1 교육목표 분류법

(1) 교육목표와 학습

1) 교육목표 분류 기준

① 인지적 기능 : 언어 정보, 지식, 문제 해결 등과 같은 학습의 지적인 측면과 관련된 목표
② 정의적 기능 : 태도, 가치, 감정 등을 포함
③ 운동 기능 : 운동경기, 실행기술, 도구의 조작, 기구의 사용 등과 관련된 신체 기능
④ 대인관계 기능 : 팀웍, 상담 기법, 토론 참여 등 사람들 사이의 상호작용에 필요한 기능

2) 가네(Gagne)의 학습 영역

① 언어 정보 : 사실이나 사건에 대한 지식
② 지적 기능 : 상징적 기호를 사용하여 환경과 상호작용하는 능력
　　• 학습 위계 : 변별, 구체적 개념, 정의적 개념, 원리학습, 문제 해결학습
③ 인지 전략 : 학습자가 자신의 학습 과정이나 사고를 관리·조절·통제할 수 있는 능력
④ 운동 기능 : 일련의 심체적 운동을 수행하기 위한 능력과 실행계획
⑤ 태도 : 학습자가 어떤 특정사건, 사물, 사람에 대하여 나타내는 개인적 성향

(2) 교육목표 분류

1) 블룸(Bloom)의 인지적 영역 교육목표 분류

① 지식(기억) : 개념, 용어, 원리, 이론 등에 대한 기억
　　• 쓴다, 나열한다, 진술한다, 정의한다.
　　• 예 : 데이터 편향성의 의미를 말할 수 있다.
② 이해 : 개념, 원리, 이론 등을 이해하는 능력, 전달된 지식을 다른 용어로 설명하거나 번역, 해석, 추론할 수 있는 능력
　　• 설명한다, 요약한다, 묘사한다.

- 예 : 블록 기반 프로그래밍 언어의 특징을 제시할 수 있다.
③ 적용 : 학습한 지식이나 방법 등을 상황에 맞추어 문제를 해결하는 능력
   - 사용한다, 계산한다, 증명한다.
   - 예 : 다양한 응용소프트웨어를 생활에 활용하고 적용할 수 있다.
④ 분석 : 어떤 사실이나 현상을 하위 요소나 부분으로 분해하거나 분류하여 요소들의 구조를 이해하고 관계를 파악하는 능력
   - 분석한다, 비교하다. 분류한다.
   - 예 : 프로그래밍 언어의 종류를 용도에 맞게 분류할 수 있다.
⑤ 종합 : 여러 개의 요소나 부분을 결합하여 새로운 것을 형성하는 능력
   - 설계한다. 계획한다, 개발한다.
   - 예 : 제어문을 활용하여 프로그램을 작성할 수 있다.
⑥ 평가 : 어떤 사실이나 작품, 문제 해결 방법 등에 대한 가치를 평가하는 능력
   - 판단한다. 추천한다, 비평한다.
   - 예 : 채팅을 할 때 바른 용어 사용의 필요성을 말할 수 있다.

2) Krathwohl, Bloom, Masia의 정의적 영역 교육목표 분류

① 감수(수용, receiving) : 인간 심리에 영향을 주는 모든 사건에 관심 기울이기, 특정한 사건이나 활동에 주의를 기울이는 단계
② 반응(대응, responding) : 사건이나 현상에 반응하는 단계
③ 가치화(가치인정, valuing) : 여러 가지 사건이나 현사에 대해 어떤 것이 더 가치 있는 것인가를 판단
④ 조직화(organization) : 서로 다른 가치가 존재하는 여러 가지 사건이나 현상에 대하여 위계적으로 조직 및 분류
⑤ 인격화(성격화, characterization) : 가치체계가 내면화된 상태

3) 심슨(Simpson)의 심동적(심체적) 영역 교육목표 분류

① 지각(수용, perception) : 수업에 관심을 갖고 집중하는 단계
   - 예 : 프로그래밍 수업에 관심을 가진다.
② 태세(준비, set) : 행동을 위한 준비상태

- 예 : 프로그래밍을 하기 위해 교육용 프로그래밍 언어를 설치한다.
③ 유도반응(guide response) : 복잡한 기능을 배우는 초기 단계, 시범·실습에 많이 이루어지는 단계
  - 예 : 교사가 예제를 통해 프로그래밍 과정을 보면서 한 단계씩 따라 실습한다.
④ 기계화(mechanism) : 기능을 완전히 습득하여 시범 없이도 스스로 능숙하게 실습
  - 예 : 교사의 시범 없이도 스스로 능숙하게 프로그래밍 실습을 한다.
⑤ 복합 외현 반응(complex overt response) : 최소의 에너지로 신속하고 정확하게 일을 마무리함
  - 예 : 프로그래밍 개발환경에 능숙해져서 다른 학생들보다 적은 에너지로 빠르고 정확하게 프로그래밍을 끝내는 단계
⑥ 적응(adaption) : 문제 상황이나 조건에 맞게 숙달된 행위를 수정 또는 변화
  - 예 : 학습한 프로그래밍 기술이나 능력을 새로운 문제 상황에서 적절하게 수정하거나 변화시켜 해결할 수 있다.
⑦ 독창성(창조, origination) : 개인의 특이한 행동을 개발하는 단계
  - 예 : 자신만의 프로그래밍 기술이나 능력을 만들어 낸다.

4) 앤더슨(Anderson)의 교육목표 분류법

① 지식의 유형
  - 교육목표 진술에서 목표에 해당함
  - 사실적 지식 : 용어, 구체적 사실 및 요소
  - 개념적 지식 : 분류·유목, 원리·일반화, 이론·모형·구조
  - 절차적 지식 : 기능·알고리즘, 기술·방법, 방법을 사용하는 시기·기준
  - 메타인지 지식 : 전략적 지식, 과제에 대한 지식, 자신에 대한 지식
② 인지 과정
  - 기억하다 : 확인, 회상
  - 이해하다 : 해석, 예, 분류, 요약, 추출, 비교, 설명
  - 적용하다 : 수행, 실행
  - 분석하다 : 구별, 조직, 분해
  - 평가하다 : 점검, 비판

- 개발하다 : 개발, 계획

5) 풀러(Fuller)의 분류표

- 프로그래밍의 학습체계를 설명

생산	개발하다				
	적용하다				
		기억하다	이해하다	분석하다	평가하다
		해석(코드 해석 차원)			

- 프로그래밍 학습의 목표 : 기억하다, 이해하다, 적용하다, 개발하다 순서로 제시

6) 하이니히(Heinich)의 운동 기능 관련 교육목표 분류

① 모방(imitation) : 관찰한 행동 따라하기
② 조작(manipulation) : 행동의 수행
③ 정밀성(precision) : 행동의 정확한 수행
④ 명확한 표현(articulation) : 두 가지 이상의 근육을 활용하여 효율적인 방법으로 행동 수행

2 교육목표 진술 방법

(1) 타일러(Tyler)의 목표 진술 방법

① 학습 내용과 행동용어의 두 가지 요소를 포함하여 진술
   - 행동용어는 도착점 행동으로 수업의 결과 학생들이 하게 될 행동
   - 구체적인 행위 동사를 사용
② 진술 예
   - 운영체제의 기능을(내용) 열거할 수 있다(행동).
③ 행동주의 견해, 정의적 또는 심동적 영역 진술이 어려움

(2) 메이거(Mager)의 목표 진술 방법

① 조건, 기준, 행동이 함께 진술

- 조건 : 도착점 행동이 나타나기를 기대하는 조건
- 기준(평가기준/성취기준) : 학생의 학업이 성취되었는지 아닌지를 결정
- 성취 행동(도착점 행동) : 의도하고 있는 학생 행동의 변화

② 진술 예

- 학습자는 빛 센서, LED, 아두이노가 주어질 때(조건) 3시간 이내에(기준) 가로등을 감지하는 피지컬 컴퓨팅을 제작할 수 있다(성취수준).
- 스크래치를 사용하여(조건) 조건문이 포함된(기준) 프로그램을 작성할 수 있다(행동).

③ 학업성취 평가의 기준을 제시하고 있어서 형성평가의 기준으로 활용 가능

④ 행동주의 견해, 정의적 또는 심동적 영역 진술이 어려움

(3) 가네와 브릭스(Gagne & Briggs)의 목표 진술 방법

1) 상황, 도구, 행동, 대상, 학습능력을 진술

① 상황 : 어떤 상황에서 그러한 행동이 나타나기를 바라는지

- 현재 상태로 '~주어졌을 때'

② 도구 : 무엇을 가지고 그러한 행동을 나타낼 것인지

- 조건에 해당하며 '~를 이용하여'

③ 행동(행위 동사) : 제시된 학습능력의 변화가 있는지 알기 위해서

- 행위 동사로 '~함으로써'

④ 대상 : 그러한 행동을 나타내게 되는 대상

- 학습할 내용으로 '~을/를'

⑤ 학습능력 : 학생에게 요구되는 학습능력이 언어 정보, 지적 기능, 인지 전략, 운동 기능, 태도 중에서 어떤 것인지

- 학습 여부를 추론하는 것으로 '~할 수 있다'

2) 목표 진술의 예

① 주어진 노선도가 있을 때(상황) Dijkstra 알고리즘을 활용해(도구) 각 경로의 시간을 구하여(행동) 최단경로를(대상) 계산할 수 있다(학습능력).

② 손가락이 구부렸을 때를 0, 폈을 때를 1로 표현한다면(상황), 손가락을 이용하여(도

구) 구부리거나 펴서 숫자를 세는 것으로(행위 동사) 이진수 체계를(대상) 이해하고 활용할 수 있다(학습능력).

(4) 하이니히(Heinich) 등의 ABCD 진술

① ABCD 목표 진술 원칙
   - A(Audience, 대상) : 학습자가 무엇을 하는가에 초점을 맞춤
   - B(Behavior, 행동) : 도착점 행동을 관찰 가능한 행동 동사로 서술
   - C(Condition, 조건) : 관찰 가능한 행동에 대한 조건
   - D(Degree, 기준, 정도) : 학습 목표 달성 여부를 확인할 수 있는 기준
② 메이거(Mager)와 비교 : 조건(C) + 기준(D) + 성취 행동(B)

나. 학습 내용

■1 학습 내용 선정의 원리

(1) 자이스(Zais)

- 중요성 : 학문 또는 주제에 필수적이며 기본적인 학습 내용
- 타당성(기회의 원리) : 교육목표를 달성할 수 있는 학습 내용
- 사회적 적절성 : 개인이 속한 사회의 발달에 적절한 학습 내용
- 유용성(사회적 유용성) : 학생이 성인의 삶을 준비하는 데 유용한가를 묻는 기준
- 학습성(학습 가능성/기능성) : 학생들의 발달과정에 맞는 학습 내용
- 흥미(만족) : 학생들의 흥미와 필요를 반영한 학습 내용
- 협동 : 학생들이 함께 학습할 수 있는 기회
- 인간다운 발달 : 학생의 성장과 자아실현에 도움을 주는 것
- 획일성 : 지식으로 구성되는 교육내용은 가능한 '참'으로 밝혀진 것

(2) 테일러(Tyler)

- 기회 : 교육목표 달성에 필요한 학습경험의 기회 제공
- 만족 : 학습함에서 만족을 느끼는 경험

- 가능성 : 학생들이 현재 수준에서 경험이 가능한 것
- 일목표 다경험 : 하나의 목표 달성을 위해 다양한 경험을 제공
- 일경험 다목적(다성과) : 하나의 경험으로 동시에 여러 목표를 달성하도록 함

2 학습 내용 조직의 원리

(1) 테일러(Tyler)

1) 수평적 조직

① 범위(scope) : 특정 시점에 학습해야 할 내용의 폭과 깊이, 내용 체계
② 통합성(integration) : 관련 내용을 하나의 교과나 단원으로 묶거나, 관련 있는 내용들을 서로 연결하여 제시

2) 수직적 조직

① 계속성(연속성) : 교육내용을 배우는 순서 결정, 학습 내용을 반복적으로 조직
② 계열성(sequence) : 학습 내용의 수준을 점진적으로 높여가며 조직, 양적 확대성과 질적 심화성 강화
  - 선수학습, 인지발달 단계에 기초를 두고 깊이와 넓이가 심화되도록 조직
  - 학습 내용 계열화의 원리 : 전제조건, 친숙성, 난이도, 흥미, 발달 단계
  - 질적인 심화성, 양적인 확대성
③ 수직적 연계성/연속성(continuity) : 학기 및 학교급 간의 교육내용이 잘 연계되도록 조직

(2) 포스너(Posner)

1) 학습 순서에 따른 계열화의 원리

- 전제조건, 친숙성, 난이도, 흥미, 발달 단계

3 컴퓨팅 사고 교육

(1) 정의

- 해결해야 할 문제를 만났을 때 컴퓨터 과학자처럼 사고하는 것(Wing)
- 문제 해결 과정에서 추상화 과정을 통해 문제의 핵심 요소를 추출하고 모델링하여 컴퓨팅 기기를 통해 해법을 자동화하는 능력(Wing)
- 컴퓨팅의 기본적인 개념과 원리를 기반으로 문제를 효율적으로 해결할 수 있는 사고 능력(소프트웨어 교육 운영지침)

(2) 필요한 이유

사람이 실제적인 문제를 접했을 때 자신이 컴퓨터보다 잘 수행할 수 있는 능력이 무엇이고, 컴퓨팅 기기가 인간보다 잘 수행할 수 있는 능력이 무엇인지를 안다면 문제의 효과적인 해결 방법을 설계할 수 있음

(3) 유형 및 학습요소

1) 문제 해결을 위한 컴퓨팅 사고 단계 (CSTA, SW교육 운영지침)

문제 해결을 위한 컴퓨팅 사고 단계		
자료 수집		문제 해결에 필요한 자료 모으기
자료 분석		자료의 이해, 패턴 찾기, 결론 도출하기
구조화		문제를 그래프, 차트, 그림 등으로 시각화하기
추상화	분해	문제를 관리 가능한 수준의 작은 문제로 나누기
	모델링	문제 해결을 위한 핵심 요소를 추출하고 모델 만들기
	알고리즘	문제를 해결하기 위한 일련의 단계를 알고리즘으로 표현하기
자동화	코딩	프로그래밍 언어를 이용하여 문제 해결 과정을 자동화하기
	시뮬레이션	프로그램(소프트웨어) 실행하기
일반화		문제 해결 과정을 다른 문제에 적용하기

2) 컴퓨팅 사고력 세부 구성요소 (ISTE & CSTA)

컴퓨팅 사고력 세부 구성 요소	
자료 수집	문제와 관련된 알맞은 자료 수집하는 과정
자료 분석	자료를 이해하고, 패턴을 찾아 결론을 도출함
자료 표현	그래프, 차트, 글, 그림 등으로 자료 정리
문제 분해	문제를 해결 가능한 작은 문제로 나누기
추상화	핵심요소 파악하고, 복잡함을 단순화
알고리즘 & 절차	문제 해결이나 목표 달성을 위해 수행되는 일련의 단계
자동화	컴퓨팅 시스템이 수행할 수 있는 형태로 해결책 나타내기
시뮬레이션	자동화 결과, 문제 해결 위해 만든 모델 실행시켜 결과 파악
병렬화	목표 달성을 위한 작업 동시 수행하도록 자원 구성

(4) 컴퓨팅 사고 중요 구성요소

① 추상화 : 문제 해결을 위해 필요한 자료를 수집 및 분석하고, 필요한 표현방법(도표, 그래프 등)을 활용하여 보기 쉽게 나타내며, 복잡한 요소를 작은 단위로 분해하고 해결에 필요한 변수들을 추출하여 적절한 모델을 설계하는 과정

② 자동화 : 인간이 처리하기 어려운 많은 양의 반복된 작업이나 시뮬레이션을 수행하는 것

4 교육용 프로그래밍 언어

(1) 정의

알고리즘 및 프로그래밍 방법에 대한 학습을 목적으로 초보 프로그래머를 위해 개발된 특수 목적용 프로그래밍 언어

(2) 분류

① 스크래치(Scratch) : 그래픽 프로그래밍 언어, 블록 조립을 통해 이용

② 앱인벤터(App Inventor) : 안드로이드용 앱 개발 도구

③ 스냅!(Snap!) : 자바스크립트로 모든 프로그램 구현

④ 엔트리(Entry) : 블록형 프로그래밍 언어 기반, 파이썬, 자바스크립트와 같은 전문 프로그래밍 언어와의 연계 가능

⑤ 코두(Kodu) : 게임 제작용 3D 비주얼 프로그래밍 언어

⑥ 러플(Ruffle) : 파이썬 언어 이용, 로봇을 이용하여 프로그래밍 학습, 학습자 흥미 유발

⑦ 파이썬(Python) : 동적 객체지향 프로그래밍 언어, 표준라이브러리와 다른 언어 및 도구와의 강력한 통합 지원

⑧ 스퀵 이토이(Squeak eToys) : 프로그래밍 언어 문법과 용어의 암기나 입력이 아님, '타일 스크립팅'을 통해 비주얼한 타일을 다루면서 쉽게 프로그래밍

⑨ 플레이봇(PlayBot) : 블록 기반 언어와 텍스트 기반 언어 연결, 러플과 유사, 자바스 크립트와 유사한 형태의 명령어 활용

⑩ 앨리스(Alice) : 웹을 통해 공유하게 해주는 3D 프로그래밍 언어, 스토리텔링 앨리 스는 스토리를 중심으로 하여 여중생에게 효과적

(3) 적용

1) 프로그래밍 언어를 사용하지 않는 방식(Non-Programming Resources)

① 비용이 따로 들지 않음, 잘 구조화되면 학습 효과 극대화 가능

② 문제 해결 과정이 복잡하거나 불편할 수 있음

③ 언플러그드(Unplugged) 학습이 해당함

④ 놀이판을 이용한 게임, 알고리즘 학습을 돕는 프로그래밍 교육 방식

2) 프로그래밍 언어에 의존적인 방식(Programming Resources)

① 복잡하거나 반복적인 문제 해결에 유용

② 프로그래밍 언어에 대한 학습이 필요한 인지적 부담

③ 스크래치, 파이썬, 비주얼 베이식, C, 자바 등

3) 혼합 방식(Mixed Resources)

① 프로그래밍 언어를 사용하지 않으며, 계산기와 같은 특정 목적을 가진 도구 활용

② 스프레드시트 프로그램이 해당함

5 피지컬 컴퓨팅

(1) 정의

인간으로부터 물리적 형태로 정보를 입력받아 처리한 결과를 물리적 형태로 출력하여 인간 또는 환경과 상호작용하는 컴퓨팅

(2) 분류

① 블록형 프로그래밍 언어나 텍스트 기반 프로그래밍 언어로 프로그래밍하여 센서와 액츄에이터를 제어하는 형태
   • 레고 마인드스톰, 아두이노, 엔트리보드, 피코보드
② 별도의 프로그래밍 작업 없이 센서와 액츄에이터를 제어할 수 있는 방식
   • 리틀비츠(littleBits), 메이키 메이키(Makey Makey)

4.2 교재 선택 및 활용 방안

4.2.1 기출문제 풀이

중등교사 임용시험 2017-A-2

다음은 정보 교육을 위한 교과용 도서에 관한 교사들의 대화이다. 괄호 안의 ㉠, ㉡에 해당하는 용어를 쓰시오

> A : 교과용 도서에는 교과서와 지도서가 있다고 하는데, 교과서는 저작권자에 따라 어떻게 구분되는지요?
> B : 교육부가 저작권을 가진 교과용 도서를 (㉠)(이)라고 하고, 교육부 이외의 저작자가 저작권을 가진 교과용 도서에는 (㉡)와/과 인정도서가 있습니다. 정보(Informatics)라는 과목 명칭이 처음 사용된 2007 개정 교육과정에 근거하여 발행된 중학교 정보 교과서는 (㉡)입니다. 2009 개정 교육과정에 근거하여 발행된 중학교 정보 교과서와 2015 개정 교육과정에 근거하여 발행될 중학교 정보 교과서는 인정도서에 해당합니다.

> **풀이** ㉠ : 국정도서
> ㉡ : 검정도서

교사 L은 인터넷 입문을 가르치고 있는데, 현재 사용 중인 교재에 예시된 내용이 기술 변화에 뒤진 것들이었다. 이에 새로운 교재를 선정하기 위하여 다음과 같은 교재평가지를 만들어 사용하고자 한다. 물음에 답하시오.

교재평가지

· 평가교재 : 인터넷 입문
· 평가자/평가일 : 교사 L/_년_월_일
· 평가준거

	상	중	하
1. 교육과정과 수업목표와의 연관성	상	중	하
2. 학습자 동기 유발	상	중	하
3. 사용 용어의 난이도 수준	상	중	하
4. 저자의 전문성	상	중	하

---

(1) 이러한 평가 방법의 이름을 쓰시오. 그리고 해당 평가 방법을 설명하시오.

(2) 평가 준거 중 누락된 내용을 쓰시오.

> **풀이** (1) ① 평가 방법 : 평정척도법
> ② 설명 : 실험적 절차에 의하여 미리 만들어진 척도의 단계에 따라 평정하는 방법이다.
> (2) 정보의 정확성, 최신성, 신뢰성, 상호작용의 정도, 안내 및 도움말 제공, 관련 참고자료의 제시, 내용의 가치 및 정확성

4.2.2 요약 : 교재 선택 및 활용 방안

1 교재의 이해

(1) 정의

- 교수·학습 과정에서 학습 내용을 전달하는 매개체임
- 교수 자료, 교구, 교육 매체 등이 유사하게 사용됨

(2) 교재 활용 시 장점

- 학습 내용을 효율적이고 정확하게 전달할 수 있음
- 학습자의 흥미를 유지하여 주의 집중을 도와줌
- 교수·학습 과정을 표준화할 수 있음

(3) 교재 선정 시 고려사항

① 적절성 : 학습 목표 달성에 적합한 자료인가?
② 신뢰성 : 내용이 정확하고 최신인가?
③ 흥미 : 학습자의 흥미 또는 창의성이나 상상력을 유발시키는가?
④ 조직과 균형 : 내용이 논리적으로 전개되고 내용 전개에 편견은 없는가?
⑤ 기술적인 질 : 그림의 질, 색상이 적절한가?
⑥ 가격 : 비용·효과적인 측면이 배려되었는가?

2 교재의 종류

(1) 구체물

- 일정한 형상을 갖추고 있는 사물

(2) 인쇄 자료

① 장점
- 유용성 : 글, 그림, 도표 등 다양한 형태로 표현하여 제시 가능
- 적응성 : 어떤 환경에서도 쉽게 사용 가능
- 간편성 : 가벼우며 특별한 기구나 도구가 필요 없음
- 친숙성 : 교사와 학생 모두에게 친숙
- 경제성 : 비용이 싸고, 재활용 가능
- 비교적 쉽게 제작 가능

② 단점
- 독해력이 필요함
- 암기의 도구로 전락 가능성
- 지면이 한정되어 많은 내용 담으면 학생들에게 인지적 부담감을 줄 수 있음
- 일방적으로 전달하기 때문에 학생들이 수동적 입장을 취함

(3) 시청각 자료

- 빠르고 정확하게 전달, 동기를 유발, 정확하게 전달 가능함

(4) 디지털 자료

- 아날로그 형태의 자료가 변화함
- 멀티미디어 디지털 자료도 많이 활용됨

3 교재의 적용

(1) 데일(Dale)의 경험의 원추

- 상위 단계로 올라갈수록 교재의 추상성이 증대, 짧은 시간에 많은 정보를 전달
- 하위 단계로 내려올수록 구체적이고 직접 체험하는 활동으로 구성, 학습 결과가 좋아
  짐, 많은 시간과 노력이 필요함
- 상위 단계에서 하위 단계 순서(읽기, 듣기, 이미지 보기, 비디오 시청, 전시회/현장 참
  석, 사용법에 대한 설명보기, 참여실습(워크숍), 디자인 공동 수업, 시뮬레이션/모델/

학습체험, 디자인 및 프리젠테이션 수행)

(2) 브루너(Bruner)의 교재 표현 양식

① 행동적 → 영상적 → 상징적 경험으로 변화
② 행동적 : 운동이나 실제 활동을 통해 학습(구체적 사물 교재), 놀이
③ 영상적 : 이미지나 아이콘을 통해 학습(그림이나 동영상 교재), 보기
④ 상징적 : 추상적인 기호를 통해 학습(언어와 간단한 그림으로 구성된 교재), 읽기

4 교재 개발

(1) 하이니히(Heinich)의 ASSURE 모형

• 교수매체 설계 모형, 매체를 활용하기 위한 모형
• 교육 프로그램을 효과적으로 설계하기 위해 교사들이 교육매체와 자료를 효과적으로 활용할 수 있도록 개발된 모형

1) 학습자 분석(Analyze)

① 일반적 특성 : 연령, 학력, 지적 수준과 같은 특성
② 출발점 행동(능력) : 학습하기 전 학습자가 가지고 있는 지식이나 기술에 대한 선수 지식
③ 학습 양식 : 학습자가 학습 환경에서 어떻게 지각하고 상호작용에 반응하는지에 대한 것

2) 목표 진술(State)

① 행동 동사로 조건과 기준도 제시(Mager의 교육목표 진술)

3) 교수 방법과 교재 선택(Select)

① 교수·학습 방법 결정 ② 매체 유형 선택 ③ 자료 선택·수정 또는 제작

4) 매체와 교재 활용(Utilize)

① 자료에 대한 사전 검토 ② 자료준비 ③ 환경준비 ④ 학습자 준비 ⑤ 학습경험 제공

5) 학습자 요구(Require)

① 예시 제공 ② 복습기회 제공 ③ 피드백 제공

6) 평가 및 수정(Evaluate)

① 학습성취도 평가 ② 수업방법, 매체의 평가 ③ 교수·학습 과정의 평가

5 교과서

(1) 분류

1) 도서의 종류

- 국정도서가 있는 경우 반드시 사용
- 국정도서가 없는 경우 학교에서 검정도서를 선정하여 사용
- 국정도서와 검정도서가 없는 경우 또는 이를 사용하기 곤란하거나 보충할 필요가 있는 경우 인정도서 사용

	국정도서	검정도서	인정도서
정의	교육부가 저작권을 가진 도서	교육부장관의 검정을 받은 도서	교육부장관의 인정을 받은 도서
심의권자	장관(심의위원 위촉)	장관(검정심사기관에 위탁)	장관(시도교육감에게 위탁)
심사		한국교육과정평가원	시·도 교육감
절차	편찬→심의	개발→심의→선정	개발→신청→심의→선정
저작자	교육부장관	저작자(발행사)	저작자(발행사)

2) 정보 교과서

- 2007 개정 교육과정은 검정도서
- 2009 개정, 2015 개정, 2022 개정 교육과정은 인정도서

(2) 각 학교의 선정 절차

① 각 교과의 전 교사가 참여하는 교과협의회에서 도서를 심의하여 추천
② 학교운영위원회가 심의
③ 학교장이 학교운영위원회에서 심의한 도서를 최종적으로 결정

(3) 교과서의 기능

- 학습의욕 활기, 학습과제 제시, 학습방법 제시, 학습의 개별화 및 개성화, 학습의 정착 기능

6 디지털 교과서

(1) 정의

교과 내용을 담고 있는 다양한 멀티미디어 자료와 학습을 지원하는 기술적 지원 기능을 통합한 도구로서의 성격을 지닌 것

(2) 기능

1) 학습 지원, 촉진기능

- 멀티미디어 기능 : 이미지, 사진, 동영상, 음성 등 멀티미디어 자료를 통합 제공
- 참고자료 기능 : 자기주도적 학습에 필요한 참고자료
- 하이퍼링크 기능 : 자기주도적 학습에 필요한 다양한 연계
- 학습사전 기능 : 각종 용어 사전 기능

2) 상호작용, 다양한 정보자원과 연계 기능

- 정보자원과의 연계 기능 : 에듀넷, 국가 지식 데이터베이스를 갖는 기관 소유의 학습 용 콘텐츠와 연계
- 상호작용 기능 : 웹을 통한 전문가, 외부 기관과의 상호 교류

3) 학습 주자료 기능

- 교과서 기능 : 필기, 메모, 책갈피, 페이지 넘기기 등 기존 교과서의 기능

4) 학습관리, 도구 기능

- 평가 도구 기능 : 디지털 교과서 체제 내외부 평가 도구 연계, 수준별 보충/심화학습 자료 제공
- 학습관리 기능 : 학습자 포트폴리오 관리, 학습자 학습 진도 및 수준 진단

(3) AI 디지털교과서 도입

① 정의 : 학생 개인의 능력과 수준에 맞는 다양한 맞춤형 학습 기회를 지원하고자 인공지능을 포함한 지능정보기술을 활용하여 다양한 학습자료 및 학습 지원 기능 등을 탑재한 소프트웨어

② 특징

- AI에 의한 학습 진단과 분석
- 개인별 학습 수준과 속도를 반영한 맞춤형 학습
- 학생의 관점에서 설계된 학습 코스웨어

③ 적용 일정

- 2025년부터 수학, 영어, 정보, 국어(특수교육) 교과에 도입하여, 2028년까지 국어, 사회, 과학, 기술-가정 등의 교과로 단계적 확대 적용을 추진함
- 초등 정보는 인정도서로 2025년에 초등 3~4학년부터 적용하고, 중학교와 고등학교 정보는 검정도서로 2025년부터 적용함

７ 멀티미디어 자료

(1) 정의

글, 사진, 그래픽, 음향 등의 다양한 매체가 결합된 종합 매체

(2) 장단점

- 직접 경험하지 않더라도 최대한 사실적인 경험 가능

- 여러 감각을 이용하여 경험하여 흥미 유발
- 다양한 학습방법에 사용 가능
- 많은 비용과 시간이 소요됨
- 직접 제작하고 관리하는 데 시간과 자원 소모

8 교육용 콘텐츠 개발

(1) 단계 구성

① 기획 : 기획 아이디어 구안, 개발과정 및 일정 계획, 개발조직 구성, 개발 예산 산정, 기획서 작성
② 분석 : 요구분석, 학습내용 분석, 학습자 분석, 학습환경 분석, 학습목표 진술
③ 설계 : 설계 개요 작성, 학습흐름도 작성, 내용구성 원고 작성, 스토리보드 작성
④ 개발 : 설계자료 검토, 개발일정 계획, 자료제작 및 통합, 형성평가, 활용안내 자료제작
⑤ 평가 : 콘텐츠 평가 계획, 평가도구 제작 타당화, 평가 실시 및 결과처리, 평가분석 및 활용

9 교육용 멀티미디어 방식

(1) 컴퓨터, 인터넷 기반 교재의 유형

① 개인교수 유형
- 새로운 개념이나 지식을 가르치고자 할 때 사용
- 언어 정보/지식 기능 영역의 학습 내용에 적합함
② 반복연습 유형
- 학습자에게 질문이나 문제 상황을 제시하고 응답하도록 하고, 응답에 대한 피드백을 함
- 기능 숙달 측면에서 학습에 유용함
③ 시뮬레이션 유형
- 실제와 유사한 상황을 제공하며, 학습자의 반응에 만감하게 대처함
- 물리적/절차적/상황적/과정적 시뮬레이션

④ 교육용 게임 유형
- 목표, 규칙, 경쟁, 흥미, 도전, 호기심 등의 게임적인 요소를 교재에 첨가
- 학습자의 능동적인 참여 유도

⑤ 자료제시 유형
- 많은 분량의 자료를 저장하고, 학습자가 필요한 자료를 찾아볼 수 있도록 함

⑥ 문제 해결 유형
- 문제 상황이 주어졌을 때 문제의 요구사항과 주어진 조건을 분석하고 해결책을 도출, 수행, 수행과정의 평가가 이루어짐

🔟 교수·학습 자료의 개발 원리

① 타이포그라피 디자인의 원리
- 시각적인 돋보임
- 전경과 후경의 균형
- 정렬 : 여백 조적, 심미성, 가독성
- 제시 위치

② 시각디자인의 원리
- 방향성 : 정적인 시각자료에 화살표나 손가락 같은 방향성을 나타내는 아이콘 배치
- 일관성 : 배치, 색, 텍스트 처리의 일관성
- 적정한 추상성 : 현실적 vs 추상적

③ 칼라 디자인의 원리
- 최소한의 색 사용
- 색을 문화적 맥락 속에서 사용
- 컴퓨터에서의 색 사용

④ 소리 디자인의 원리
- 음성 : 정보 전달의 주체이므로 효과음보다 음질이 좋도록 함
- 그림(동영상)과 소리가 같이 나오는 경우 : 소리가 먼저 나오도록 함
- 음성이 시각자료와 함께 제시되는 경우 : 시각자료보다 음성의 완성도에 집중

4.3 연습 문제

4.3.1 2015 개정 교육과정

다음은 교과서를 분류하여 나타낸 것이다. ㉠~㉢에 적합한 내용은 무엇인가?

	(㉠)	(㉡)	(㉢)
정의	교육부가 저작권을 가진 도서	교육부 장관의 검정을 받은 도서	교육부 장관의 인정을 받은 도서
심의권자	장관(심의위원 위촉)	장관(검정심사기관에 위탁)	장관(시도교육감에게 위탁)
심사	–	한국교육과정평가원	시·도 교육감
절차	편찬→심의	개발→심의→선정	개발→신청→심의→선정
저작자	교육부 장관	저작자 (발행사)	저작자 (발행사)

풀이 ㉠ : 국정 도서, ㉡ : 검정 도서, ㉢ : 인정 도서

다음은 수업을 위한 시각 자료의 제작 원리와 관련된 내용이다. ㉠~㉽이 각각 어떤 제작 원리를 설명하는지 쓰시오.

> ㉠ 시각 자료에는 하나의 개념만을 표현하거나 핵심적인 정보만을 보여주도록 한다. 예를 들면, 하나의 그림에는 하나의 동작이 포함되도록 한다.
> ㉡ 화면의 가로와 세로를 삼등분하여 삼등분한 선이 만나는 곳에 중요한 내용을 배치한다. 그리고 서로 관련이 깊은 것들을 가까이 배열한다.
> ㉢ 시각물체는 무게, 질감, 크기, 공간배치 등의 관점에서 균형이 맞도록 한다.
> ㉣ 정적인 시각 자료에 화살표나 손가락과 같은 방향성을 나타내는 아이콘으로 자료에 역동성을 준다.
> ㉤ 시각요소의 배치, 색, 텍스트 등을 일관성 있게 처리한다.
> ㉽ 사물을 표현할 때 현실과 어느 정도 근접하게 할지 판단해야 한다. 회화적 상징, 그래픽 상징, 언어적 상징으로 구분하여 적용한다.

풀이 ㉠ : 단순성, ㉡ : 배열성, ㉢ : 균형성, ㉣ : 방향성, ㉤ : 일관성, ㉽ : 추상성

다음은 정보 교과 내용의 선정과 조직에 관련된 설명이다. 물음에 답하시오.

> ㉠ 교사들이 컴퓨터 교과 내용을 체계적으로 선정하고 조직함으로써, 컴퓨터 교육 과정에 대한 교사의 전문성을 향상시킬 수 있다.
> ㉡ 교육 내용 선정 원리 중 타당성의 원리는 사실, 개념, 원리, 이론들을 가리키는 학문의 구조와 합리적 탐구 방법을 포함해야 한다는 원리이다.
> ㉢ 교육 내용의 조직 원리는 수평적 조직 원리와 수직적 조직 원리로 분류되는데, 수평적 조직 원리에는 연속성과 계열성이 있고, 수직적 조직 원리에는 범위와 통합성이 있다.
> ㉣ 학생들이 장차 살아갈 사회에서 필요로 하는 지식, 기능, 가치를 컴퓨터 교과의 교육 내용으로 선정한다면, 이것은 교육 내용 선정 원리 중 '사회적 유용성의 원리'가 적용된 것이다.

(1) ㉠~㉣에서 잘못된 것을 모두 고르시오.

(2) ㉠~㉣에서 잘못 설명된 것을 바르게 수정하시오.

풀이 (1) ㉡, ㉢

(2) ㉡ 교육내용 선정 원리 중 타당성의 원리는 교육과정 내용 선정에 있어서 우리가 반드시 가르치고 배워야 할 모든 내용을 고르게 포함시키고 있느냐의 문제이다.

㉢ 교육 내용의 조직 원리는 수평적 조직 원리와 수직적 조직 원리로 나뉘는데, 수평적 조직 원리에는 범위와 통합성이 있고, 수직적 조직 원리에는 연속성과 계열성이 있다.

다음은 정보 담당 교사가 '탐색 알고리즘'의 교수·학습을 위해 켈러의 ARCS 이론을 토대로 작성한 동기유발 계획의 일부이다. 물음에 답하시오.

요소	범주	동기 유발 방법
관련성	친밀성	학생들에게 친숙한 사례를 탐색 알고리즘의 학습 소재로 사용한다.
	(㉠)	탐색 알고리즘을 활용할 수 있는 실생활의 문제들을 제시한다.
	동기 일치	학생들의 동기에 맞는 다양한 학습의 목표나 이유를 제시한다.
(㉡)	내재적 강화	(㉢)
	외재적 강화	(㉣)
	형평성 유지	(㉤)

(1) ㉠, ㉡에 해당하는 범주와 요소는 각각 무엇인가?

(2) ㉢~㉤에 적합한 내용을 아래 ㉮~㉰에서 각각 선택하시오.

> ㉮ 탐색 알고리즘의 학습 내용과 평가 내용을 일치시킨다.
> ㉯ 탐색 과제를 성공적으로 수행했을 때 칭찬, 격려 등의 피드백을 준다.
> ㉰ 수업의 마지막 단계에서 학생들이 배운 내용을 적용할 수 있도록 한다.

(1) ㉠ : 목표 지향성, ㉡ : 만족감

(2) ㉢ : ㉰, ㉣ : ㉯, ㉤ : ㉮

다음은 교육 매체를 효과적으로 활용하기 위한 수업 모형인 ASSURE 모형을 ①~⑥ 단계로 나타낸 것이다. 물음에 답하시오.

단계	명칭	내용
①	(㉠)	• 일반적 특성 • 구체적 출발점 행동(능력) • 학습 양식
②	목표 진술(State Objectives)	• 목표의 유형 분석 • (㉢)
③	(㉡)	• 수업전략 결정 • 자료의 선정, 수정, 설계 • 매체 유형 선택
④	매체 및 자료 활용 (Utilize media & materials)	• 매체, 자료의 사전 검토 및 준비 • 환경준비 • 학습자 준비 • (㉣)
⑤	학습자 참여요구 (Require learners participation)	• 학습자 연습기회 제공 • (㉤)
⑥	평가와 수정 (Evaluate & revise)	• (㉥) • 전략, 매체의 평가와 수정

(1) ㉠, ㉡에 적합한 명칭을 쓰시오.

(2) ㉢~㉥에 적합한 내용을 쓰시오.

(1) ㉠ 학습자 분석(Analyze learners)

　　　㉡ 전략, 매체, 자료 선택(Select method, media, & materials)

(2) ㉢ 구체적 수행목표 진술, ㉣ 학습경험 제공, ㉤ 피드백 제공, ㉥ 학습자의 성취도 평가

다음은 Bloom의 인지적 영역의 교육목표 분류법과 함께 정의적, 심동적(심리 행동적) 영역의 분류법을 설명한 것이다. ㉠~㉥에 적합한 내용은 무엇인가?

> - Bloom은 인지적 행동 특성을 서술하기 위해 지식의 수준을 단순한 것부터 복잡한 것으로 지식, 이해, 적용, 분석, 종합, 평가의 6개 단계로 분류하였다.
> - 정의적 영역의 교육목표 분류법에서는 정의적 특성을 개인이 내면화하는 정도에 따라 어떤 사건 또는 현상에 관심을 갖는 (㉠), 사건이나 현상에 반응하는 단계인 반응, 어떤 것이 더 가치있는 것인가를 판단하는 (㉡), 여러 가지 사건이나 현상에 대하여 위계적으로 분류하는 (㉢), 가치체계가 내면화된 상태의 (㉣)로 구분한다.
> - 심동적 영역의 교육목표 분류법에서는 신체 능력에 관한 행동 특성을 7개 단계로 제시하였다. 수업에 관심을 갖고 집중하는 수용(지각), 행동을 위한 준비상태인 태세, 복잡한 기능을 배우는 초기 단계인 (㉤), 기능을 완전히 습득하여 시범 없이도 스스로 능숙하게 실습하는 기계화, 최소의 에너지로 신속하고 정확하게 일을 마무리하는 (㉥), 문제 상황이나 조건에 맞게 숙달된 행위를 수정 또는 변화하는 적용, 개인의 특이한 행동 개발하는 독창성으로 분류된다.

 ㉠ : 감수(수용), ㉡ : 가치화, ㉢ : 조직, ㉣ : 인격화, ㉤ : 유도 반응, ㉥ : 복합 외현 반응

 Simpson이 제안한 심동적 영역의 교육목표 분류법은 Bloom의 교육목표 분류법을 발전시킨 것이다. 다음 ㉠~㉤은 피지컬 컴퓨팅 수업에서 센서를 장착한 로봇 조립 과정을 무작위로 나타낸 것이다. 각각이 Simpson이 제안한 심동적 영역의 7개 단계 중 어디에 해당하는지 이름을 쓰시오.

> ㉠ 로봇 조립하는 자세가 습관화되어 자신감 있고 안정감 있게 보이는 단계
> ㉡ 로봇 조립을 배우기 위하여 관심을 가지고 보는 행위
> ㉢ 새로운 센서나 프로그램을 사용하여 어려움 없이 로봇을 잘 조립하는 단계
> ㉣ 로봇 조립을 배우기 위한 센서, 프로그램, 도구를 준비하는 단계
> ㉤ 유도 반응, 기계화 단계에서 습관화된 로봇의 기본적인 조립뿐만 아니라 자신만의 완성도 높은 로봇을 조립하는 단계

> ⓑ 로봇 조립의 기본 기능을 배우는 단계
> ⓢ 최소한의 동작과 시간으로 로봇 본체 조립을 완성할 수 있는 단계

풀이 ㉠ : 기계화, ㉡ : 지각(수용), ㉢ : 적응, ㉣ : 태세, ㉤ : 독창성, ㉥ : 유도 반응, ㉦ : 복합 외현 반응

다음은 블룸(Bloom)의 교육목표 분류법을 적용하여 정보교육의 학습 목표를 설정한 것이다. 물음에 답하시오.

영역		학습 목표 설정
인지적(지적) 영역	지식	(㉣)
	이해	인터프리터 기반의 프로그래밍 언어에 대해 설명할 수 있다.
	(㉠)	재귀적 호출 기법을 사용할 수 있다.
	분석	컴파일러와 인터프리터 언어의 장·단점을 분석할 수 있다.
	(㉡)	C 언어를 사용하여 도서관리 프로그램을 설계할 수 있다.
	(㉢)	파이썬 프로그래밍 언어를 선정한 이유를 밝힐 수 있다.
정의적 영역		프로그래밍에 대해 긍정적인 태도를 갖는다.
심체적(기능적) 영역		컴퓨터에 C 컴파일러를 설치할 수 있다.

(1) 인지적 영역의 ㉠~㉢에 해당하는 용어를 쓰시오

(2) 아래 〈조건〉을 만족하도록 ㉣의 학습 목표를 1가지 쓰시오.

> **조건**
> '프로그래밍 언어'에 대한 교육목표를 "~할 수 있다"로 설정한다.

풀이 (1) ㉠ : 적용, ㉡ : 종합, ㉢ : 평가
(2) 인터프리터 기반 프로그래밍 언어를 나열할 수 있다.

교수(instruction)는 교육의 한 영역으로 어떻게 가르칠 것인가에 대한 학문 분야이다. 다음 그림은 교수설계에서 고려해야 할 3가지 범주의 상호 관계를 나타낸 것이다. 물음에 답하시오.

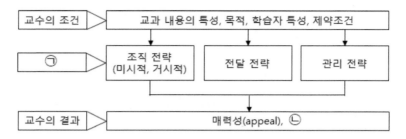

(1) 교수의 하위 영역 5가지를 나열하시오.

(2) 그림의 ㉠에 적합한 내용은 무엇인가?

(3) 그림의 ㉡에 적합한 내용을 2가지 나열하시오.

풀이 (1) 설계, 개발, 실행, 관리, 평가
(2) 교수의 방법
(3) 효과성(effectiveness), 효율성(efficiency)

Keller의 ARCS 이론은 교수 결과를 측정하는 효율성, 효과성, 매력성 중에서 매력성과 관련하여 학습자의 학습 동기를 유발·유지시키는 각종 전략을 제공한다. 다음 표는 ARCS 이론의 4가지 요소와 하위 범주를 나타낸 것이다. ㉠~㉣에 적합한 내용을 쓰시오.

요소		하위 범주
주의 집중 (Attention)	(㉠)	흥미를 끌 수 있는 외적인 자극은 무엇인가?
	인지적 주의 집중	탐구와 질문을 유발하는 것은 무엇인가?
	다양성	학습 내용을 어떻게 다양한 방식으로 제시하는가?
관련성 (Relevance)	친밀성	수업 내용과 학습자의 요구를 어떻게 연결시키는가?
	목표 지향성	(㉢)
	동기 일치	최적의 선택, 책임감을 언제 제공할 것인가?

요소	하위 범주	
자신감 (Confidence)	(ⓒ)	성공에 대한 긍정적인 기대감을 어떻게 신장시키는가?
	성공 기회 제공	성공적인 학습 경험을 어떻게 제공하는가?
	자기 규제감	성공이 자신의 노력, 능력과 연관됨을 어떻게 제공하는가?
만족감 (Satisfaction)	내재적 강화	(②)
	외재적 보상	성공에 대한 외적 기회를 어떻게 제공하는가?
	공정성 강조	학습 성취에 긍정적이 만족감을 어떻게 형성하는가?

풀이 ㉠ 감각적 주의 집중

ⓒ 학습 요건

ⓒ 학습자의 요구를 어떻게 만족시키는가?

② 새로운 지식과 기술을 사용할 기회를 어떻게 제공하는가?

4.3.2 2022 개정 교육과정

다음은 2022 개정 교육과정 적용과 관련된 AI 디지털교과서에 관한 설명이다. 물음에 답하시오.

> 2023년 2월 디지털 기반 교육혁신 방안(AI 디지털교과서)이 발표되었다. AI 디지털교과서는 2025년 3월 (㉠) 교과에 도입되며, (ⓒ)년까지 국어, 사회, 과학, 기술·가정 등의 교과로 단계적 확대 적용이 추진된다. '정보'는 2025년부터 초등학교 3, 4학년, 중학교, 고등학생에게 적용된다. AI 디지털 교과서는 교사에게 다양한 수업 자료를 제공하고 학생에게는 맞춤형 콘텐츠를 제공할 수 있다.

(1) ㉠에 적합한 4개 교과를 나열하시오.

(2) ⓒ에 적합한 년도를 쓰시오.

풀이 (1) 수학, 영어, 정보, 국어(특수교육)

(2) 2028

다음은 2022 개정 중학교 정보과 교육과정에서 '알고리즘과 프로그래밍' 영역의 수업을 위해 준비한 교수·학습 지도안과 활동지 일부를 나타낸 것이다. 물음에 답하시오.

학습 목표	1. 프로그램 작성에서 함수를 활용할 수 있다. 2. 지역변수와 전역변수의 (㉠)를 설명할 수 있다. 3. 프로그램 수행 결과를 (㉡)로 분석하여 오류를 수정할 수 있다.	
단계	교수·학습 활동	유의점
도입	… (중략) …	
전개	[활동 1] 함수의 개념과 필요성 이해하기 – 함수의 개념 이해하기 – 함수를 사용한 경우와 그렇지 않은 경우를 비교하기 – 함수의 필요성에 대한 의견 발표하기 [활동 2] 함수를 사용한 프로그램 작성하기 – 교사가 작성한 함수 프로그램을 보고 따라 작성하기 – 작성한 함수 코드의 일부를 바꾸기 – (㉡)을 사용하여 프로그램 오류 수정하기 [활동 3] 지역변수와 전역변수의 (㉠) 이해하기 – 활동지에 제시된 코드를 작성하여 실행하기 – 제시된 코드에서 변수 값의 변화 설명하기	효율적인 알고리즘 설계와 프로그램 작성은 시간, 에너지, (㉢)을 절약할 수 있는 방안임을 인식하도록 지도한다.
정리	… (하략) …	

[활동 3]에 대한 활동지

1. 변수의 선언 위치에 따라 서로 다른 값을 출력하는 파이썬 프로그램을 작성해 봅시다.

```python
a = 100

def f1(a) :
    print("매개변수 : ", a)
def f2(a) :
    a = 50
    print("지역변수 : ", a)
def f3(a) :
    print("전역변수 : ", a)

f1(10)
f2()
f3()
```

2. ⓐ위 프로그램을 실행하여 출력 결과를 쓰시오.
3. 프로그램에 사용된 변수 'a'의 (㉠)를 설명해봅시다.
4. 새로운 변수를 추가하고, 원하는 결과가 나올 때까지 (㉡)로 오류를 수정해봅시다.

(1) 활동지를 참고하여 교수·학습 지도안의 ㉠에 적합한 용어를 쓰시오.

(2) 성취기준 [9정03-07]에 근거하여 ㉡에 적합한 용어를 쓰시오.

(3) 위 영역의 '성취기준 적용 시 고려 사항'에 근거하여 ㉢에 적합한 내용을 쓰시오.

(4) 위 영역에 해당하는 지식·이해 범주의 내용 요소 1가지를 쓰시오. 단, 교수·학습 지도안의 '학습 목표'에 근거하여 답하시오.

(5) 다음은 위 영역에 해당하는 내용 요소를 과정·기능과 가치·태도 범주에서 나타낸 것이다. 교수·학습 지도안에 근거하여 다음 ㉠, ㉡에 적합한 내용을 쓰시오.

· 함수를 활용하여 프로그램을 (㉠)하고, (㉡)를 발견하여 수정하기
· 프로그램의 효과성을 분석하고, (㉡)를 해결하려는 자세

---

(6) 교수·학습 지도안에 근거하여 수업에 적합한 교수·학습 방법을 쓰시오.

(7) 밑줄 친 ⓐ에 대한 올바른 답을 쓰시오.

풀이 (1) 참조 범위
(2) 디버거
(3) 컴퓨팅 시스템 자원
(4) 함수와 디버깅
(5) ㉠ : 모듈화, ㉡ : 프로그램의 오류
(6) 시범·실습법
(7) 매개변수 : 10
　　지역변수 : 50
　　전역변수 : 100

다음은 2022 개정 중학교 정보과 교육과정의 성취기준과 성취기준 해설의 일부를 제시한 것이다. 그리고 이와 관련하여 수업에서 시범·실습을 위해 준비한 수업 자료의 일부이다. 물음에 답하시오.

	성취기준
㉮	데이터를 (㉠)으로 저장할 수 있는 구조를 활용하여 문제 해결 프로그램을 작성한다.
㉯	논리연산과 (㉡)를 활용하여 문제를 해결하는 프로그램을 작성한다.
㉰	프로그램 작성에서 함수를 활용하고, 프로그램 수행 결과를 ⓐ(㉢)로 분석하여 오류를 수정한다.

성취기준 ㉮의 해설
(㉣)된 데이터를 처리하여 (㉤) 데이터를 도출하는 형태로 프로그램이 제작된다는 개념을 이해하고, (㉥)이나 리스트 등 ⓑ데이터를 (㉠)으로 저장할 수 있는 구조를 활용하여 (㉦)를 효과적으로 처리할 수 있어야 한다.

수업 자료

[프로그래밍 실습] 주어진 예시를 참조하여 자연수를 정렬하는 스크래치 프로그램을 단계적으로 작성해 봅시다.
[단계 1] 예시 ①과 같이 데이터를 (㉠)으로 저장하는 리스트를 만든다.
[단계 2] 예시 ②와 같이 리스트를 초기화하는 스크립트를 작성한다. 스크립트를 실행하면 정렬할 데이터가 단계 1에서 만든 리스트에 저장된다.
[단계 3] 예시 ③과 같이 (㉡)를 사용하여 스크립트를 작성한다. 스크립트를 실행하면 정렬된 데이터가 단계 1에서 만든 리스트에 저장된다.

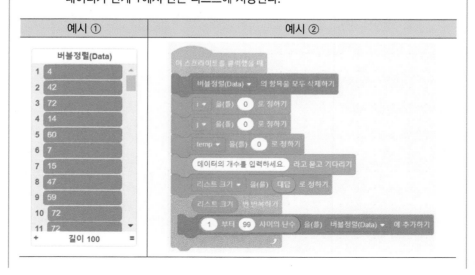

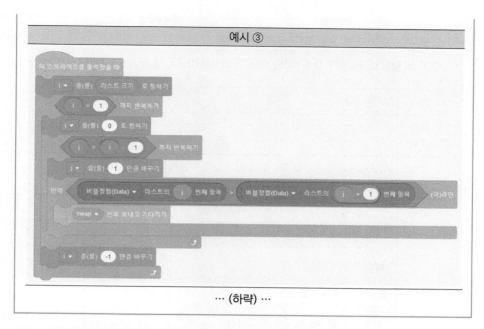

예시 ③

… (하략) …

(1) 교육과정에서 성취기준 ㉮~㉰가 포함된 영역의 이름을 쓰시오.

(2) 수업 자료에 근거하여 지식·이해 범주의 내용 요소 2가지를 쓰시오.

(3) ㉠, ㉡에 적합한 내용을 쓰시오. 단, 해당 영역에서 지식·이해 범주의 내용 요소에 근거하여 답하시오.

(4) ㉢에 적합한 용어를 쓰고, 프로그래밍 과정에서 밑줄 친 ⓐ를 지칭하는 용어를 쓰시오.

(5) 수업 자료에서 단계 2와 단계 3의 결과는 리스트에 저장되며 각각 정렬 전후의 데이터이다. 이와 관련하여 ㉣, ㉤에 적합한 용어를 쓰시오.

(6) ㉥에 적합한 용어를 쓰고, ㉥의 예를 1차원, 2차원에 대해서 각각 1개씩 쓰시오.

(7) 밑줄 친 ⓑ에 따른 장점인 Ⓐ에 적합한 내용을 쓰시오.

풀이 (1) 알고리즘과 프로그래밍
(2) 순차적인 데이터 저장, 중첩 제어 구조
(3) ㉠ : 순차적, ㉡ : 중첩 제어 구조
(4) 디버거, 디버깅
(5) ㉣ : 입력, ㉤ : 결과
(6) 배열, 1차원 배열 : 벡터 또는 목록, 2차원 배열 : 테이블 또는 행렬
(7) 많은 양의 데이터

다음은 2022 개정 정보과 교육과정에 따른 고등학교 정보 과목의 내용 체계 및 성취기준을 바탕으로 작성한 교수·학습 지도안의 일부이다. 물음에 답하시오.

영역	디지털 문화	
내용 요소	(㉠)	
학습 목표	1. 보호해야 할 정보와 공유해야 할 정보를 구분하여 설명할 수 있다. 2. 보안 기술을 활용하여 (㉡)를 실천할 수 있다.	
단계	교수·학습 활동	자료 및 유의점
도입	• 개인 정보 유출에 따른 피해 영상을 보고, 자신의 생각에 대해 자유롭게 발표하기 • 학습 목표 확인하기	… (생략) …
전개	[활동 1] 보호해야 할 정보 구분하기 – 정보의 종류에 어떤 것이 있는지 알아보기 – 보호해야 할 정보의 기준 설정하기 [활동 2] 정보 보호 및 보안의 중요성 알아보기 – 개인 암호 설정 및 변경, 기기 및 클라우드 접근제어, 바이러스 백신 체험하기 – (㉢)와 (㉣) 측면에서 정보 보호의 중요성 토론하기 [활동 3] 정보 보호 실천 규칙 만들기 – 개인 정보 보호 규칙 만들기 – 토론을 통해 우리 반의 개인 정보 보호 규칙 만들기	교육과정 내용 요소의 과정·기능 범주에서 제시된 '(㉠) 기술의 적용이 필요한 문제를 발견하고 해결 방법 적용하기'을 고려하여 각 활동을 지도함
정리	… (생략) …	(생략)

(1) 교수·학습 지도안의 내용에 근거하여 지식·이해 범주에서 ㉠에 적합한 내용 요소 1가지를 쓰시오.

(2) 성취 기준 [12정05-03]에 근거하여 ㉡에 적합한 내용을 쓰시오.

(3) '성취기준 적용 시 고려 사항'에 근거하여 ㉢, ㉣에 적합한 용어를 쓰시오.

(4) 위 영역이 핵심 아이디어에는 '디지털 사회를 안전하게 살아가기 위해서는 (㉠)의 규칙을 우리 모두가 지켜야 한다.'가 있다. ㉠에 적합한 내용을 쓰시오.

풀이 (1) 정보 보호와 보안
(2) 디지털 윤리
(3) 공급자, 사용자
(4) 정보 보호와 정보보안

다음은 2022 개정 정보과 교육과정에 따른 중학교 정보 과목에서 디지털 문화 영역에 대한 성취기준과 교사들의 대화 내용이다. 물음에 답하시오.

> [9정05-02] 디지털 사회의 구성원으로서 편리하고 안전한 생활을 위한 규칙에 대해 민주적으로 논의하고 실천 방안을 수립한다.

> A : 다음 차시에는 어떤 내용의 수업을 진행하려고 하나요?
> B : 지난 차시에는 디지털 사회의 특성을 탐구하고, 사회 변화에 따른 직업의 변화를 탐구하였습니다. 다음 차시에는 교육과정 성취기준 [9정05-02]에 맞추어 학습하게 됩니다. 디지털 문화 영역에 대한 핵심 아이디어인 '디지털 기술의 발전에 따라 디지털 사회에서 지켜야 할 규칙과 주의해야 할 위험 요소가 새롭게 등장한다.'를 반영하려고 합니다.
> A : 그렇다면 디지털 사회를 안전하고 편리하게 살아가는 데 필요한 정보 윤리, 사이버 폭력 및 범죄 예방에 대한 기본적인 소양을 갖추고 (㉠), 게임 과몰입 등의 구체적인 사례를 분석할 수 있어야 합니다. 분석 내용을 기반으로 개인과 사회가 각각 수행해야 하는 실천 방안을 도출하여 자신의 삶에 적용하려는 태도를 갖출 수 있도록 해야 합니다.
> B : 예. 그래서 이 영역의 내용 요소 중 과정·기능 범주에 있는 '디지털 공간에서 지켜야 하는 윤리 (㉡)'에 적합한 교수·학습 방법을 적용하려고 합니다.
> A : 그렇다면 수업에서 ⓐ민주시민 교육의 일환으로 디지털 사회에서 발생하는 여러 문제에 대한 다양한 견해가 있을 수 있음을 인정하고, 다른 사람의 의견을 존중하는 논의 환경을 조성하는 것이 중요할 것 같습니다.
> B : 이것은 2022 개정 교육과정 총론에서 제시한 학교 교육 전 과정에서 기르고자 하는 핵심역량인 ' 다른 사람의 관점을 존중하고 경청하는 가운데 자신의 생각과 감정을 효과적으로 표현하며 상호협력적인 관계에서 공동의 목적을 구현하는 (㉢)'과도 연계되겠네요.

(1) [9정05-02]의 성취기준 해설에 근거하여 ㉠에 적합한 중독 2가지를 쓰시오.

(2) ㉡에 적합한 내용을 쓰시오.

(3) 밑줄 친 ⓐ와 관련된 내용 요소를 가치·태도 범주에서 1가지 기술하시오.

(4) 위 대화 내용을 볼 때 가장 적합한 교수·학습 방법은 무엇인가?

(5) ㉢에 적합한 내용을 쓰시오.

풀이 (1) 스마트폰 중독, 인터넷 중독
(2) 토론하기
(3) 디지털 공간에서 함께 살아가기 위한 윤리적인 태도
(4) 토의·토론 학습
(5) 협력적 소통 역량

다음은 2022 개정 정보과 교육과정에 따른 고등학교 정보 과목에서 '디지털 문화' 영역의 수업을 위한 핵심 아이디어, 성취기준, 교수·학습 지도안의 일부를 나타낸 것이다. 물음에 답하시오.

핵심 아이디어	디지털 세상에서의 직업이나 진로는 기술의 발전에 따라 변화되므로, 기술과 (⊙)의 관계를 파악하는 것이 중요하다.

성취 기준	중	[9정05-01] 디지털 사회의 특성을 탐구하고, (⊙)에 따른 직업의 변화를 탐구한다.
	고	[12정05-01] 디지털 기술이 사회에 미치는 영향력을 분석하고 발전 방향을 예측하여 진로를 설계한다.

영역	디지털 문화		
내용 요소	지식·이해	과정·기능	가치·태도
	(ⓒ)	디지털 기술의 발전에 따른 (⊙)와 연계하여 진로 설계하기	미래 사회의 발전 방향에 대해 예측하고 통찰하는 자세
학습 목표	1. 디지털 사회의 특성을 탐구하고, (⊙)에 따른 직업의 변화를 탐구할 수 있다. 2. 디지털 기술이 사회에 미치는 영향력을 분석하고 발전 방향을 예측하여 진로를 설계할 수 있다.		
단계	교수·학습 활동		자료 및 유의점
도입	• 인공지능에 따른 사회 변화의 영상을 보고, 생각을 자유롭게 발표하기 • 학습 목표 확인하기		… (생략) …
전개	• [활동 1] 인공지능으로 결과물 산출하기 – ChatGPT로 시 쓰기 – ChatGPT로 그림 그리기 – ChatGPT로 음악 작곡하기 • [활동 2] 진로 설계하기 – ChatGPT에 따른 직업의 변화 탐구하기 – 디지털 기술을 고려한 진로 설계하기 • [활동 3] 진로 발표하기 – 직업의 변화 토론하기 – 자신의 진로 발표하기		(ⓒ), 인공지능 등 학습 과정을 통해 생성한 결과물을 바탕으로 정보과학기술과 자신의 진로와의 연관성을 탐색하고 진로설계 시 활용할 수 있도록 지도한다.
정리	… (생략) …		(생략)

(1) ⊙에 적합한 내용을 쓰시오.

(2) ⓒ에 적합한 내용을 중학교와 고등학교에 대해 각각 1가지를 쓰시오.

(3) 위 영역의 '성취기준 적용 시 고려 사항'에 근거하여 ⓒ에 적합한 용어를 3가지 나열하시오.

(4) 다음은 고등학교 정보 과목의 '교수・학습 방법'과 '평가 방법'의 일부를 나타낸 것이다. 밑줄 친 ⓐ를 위해 아래 ㉠, ㉡에 적합한 내용을 쓰시오.

> • 학습자 개인별로 학습하는 속도가 다양할 수 있음을 고려하고, ⓐ<u>최소 성취수준을 보장</u>할 수 있도록 학습관리시스템(LMS)을 활용하여 (㉠)함으로써 학습 격차를 최소화하도록 노력한다.
> • 학습 부진, 느린 학습자가 참여할 수 있고, 학습자의 ⓐ<u>최소 성취수준을 보장</u>할 수 있도록 (㉡)을 세분화하여 제시한다.

 (1) 사회 변화

(2) 중학교 : 디지털 사회와 직업, 고등학교 : 디지털 사회와 진로

(3) 사물인터넷, 클라우드, 빅데이터

(4) ㉠ : 온라인 학습자료를 제작 및 제공

    ㉡ : 난이도에 따른 평가기준

다음은 2022 개정 정보과 교육과정(교육부 고시 제2022-33호)에 따른 고등학교 정보 과목에서 인공지능 영역 수업에 대한 교사들의 대화 내용과 수업 자료이다. 물음에 답하시오.

> A : 정보 과목의 목표에서 인공지능 관련하여 '(㉠)의 관점에서 인공지능을 이해하고, 기계학습을 통한 인공지능으로 문제를 해결하는 방법을 체득하고 적용하는 능력을 기른다.'라고 명시되어 있습니다. 이 점을 고려할 때 다음 차시에는 어떤 내용의 수업을 진행해야 하나요?
> B : 지난 차시에는 기계학습의 개념을 이해하고, 지도학습과 비지도학습의 차이를 비교・분석하였습니다. 다음 차시에는 교육과정 성취기준 '[12정04-03] 기계학습을 활용하여 해결할 수 있는 문제와 그렇지 않은 문제를 구분하고, (㉡) 해결에 기계학습을 적용한다.'를 학습하게 됩니다.
> A : 그렇다면 ⓐ<u>기계학습 유형</u>을 이해하고, 이를 통해 해결할 수 있는 실생활 및 (㉡)를 선별하여 해결책을 적용할 수 있도록 해야 합니다.
> B : 예. 그래서 기계학습으로 해결 가능한 (㉢) 관련 문제를 탐색하여 인공지능이 (㉡) 해결에 도움이 되는 경험을 제공할 수 있도록 수업 자료를 만들었습니다.
> A : 기계학습 기반의 인공지능을 구현하기 위해서는 문제 해결에 적합한 데이터와 (㉣)을 활용하는 것이 중요할 것 같습니다.

수업 자료

1. 아래 그림은 2016년부터 2030년까지 인류의 보편적 문제를 포함하여 17가지 주목표와 169개 세부 목표를 설정하여 해결하고자 하는 유엔과 국제사회의 공동 목표인 (ⓒ)를 나타낸 것입니다. 그림에 제시된 17가지 문제 중 1개를 탐색하고 기계학습으로 해결 가능한 방안을 나열해 봅시다.

2. 기계학습 기반의 인공지능이 우리가 직면한 (ⓛ) 해결에 어떤 도움이 되는지 토론해 봅시다.

… (하략) …

---

(1) 정보 과목의 목표에 근거하여 ㉠에 적합한 용어를 쓰시오.

(2) 정보 과목의 성취기준과 성취기준 해설에 근거하여 ㉡에 적합한 용어를 쓰시오.

(3) 정보 과목의 성취기준 해설에 근거하여 밑줄 친 ⓐ를 3가지 나열하시오.

(4) 정보 과목의 '성취기준 적용 시 고려 사항'에 근거하여 ⓒ에 적합한 용어를 쓰시오.

(5) 위 영역의 '핵심 아이디어'에 근거하여 ㉣에 적합한 용어를 쓰시오.

(6) 성취기준 [12정04-03]와 관련된 내용 요소를 과정·기능 범주에서 1가지 기술하시오.

풀이 (1) 지능 에이전트
(2) 사회문제
(3) 회귀, 분류, 군집
(4) 지속가능발전목표(SDGs)
(5) 기계학습 모델
(6) 기계학습으로 해결할 수 있는 문제의 유형 비교하기

다음은 2022 개정 교육과정에 따른 고등학교 '데이터 과학' 과목에 관한 내용이다. ㉮~㉱는 성취기준을 나타낸 것이고, A~D는 '성취기준 적용 시 고려 사항'에서 교수·학습에 관한 내용을 나타낸 것이다. 물음에 답하시오.

> ㉮ 이상치와 결측치 탐색 및 정규화를 통해 (㉠)하여 오류 가능성을 최소화하고, 데이터 분석을 위해 시각화한다.
> ㉯ (㉡) 데이터와 (㉢) 데이터를 구분하고, 데이터 속성에서 데이터의 잠재적 가치를 파악한다.
> ㉰ 분석을 위한 목적부터 데이터 수집 및 분석에 이르는 전 과정을 성찰하고, (㉣)을 고려하여 분석 결과의 활용 방안을 탐색한다.
> ㉱ 데이터의 속성에 대한 (㉤)을 측정하고 분석하여 군집을 형성하고, 군집 분석 결과의 의미를 해석한다.

> A : 우리 사회의 다양한 분야에서 사용될 수 있는 데이터의 잠재적 가치를 이해하고, 데이터와 ⓐ데이터 분석이 활용된 문제 해결의 사례를 탐색할 수 있도록 한다.
> B : 일상 속 데이터를 수집, 전처리, 분석하는 모든 과정에서 (㉥), 오류 가능성을 최소화하기 위한 방법을 탐색하고, 관련 내용을 검증하는 과정을 포함하도록 한다.
> C : 여러 가지 데이터 분석 방법 중 (㉦)을 통한 분석 방법을 포함하여 분석 결과를 비교함으로써 디지털·인공지능 소양을 기를 수 있도록 한다.
> D : 데이터 모델링 과정에서 다양한 ⓑ데이터 분석 방법을 비교하여 활용하고, 데이터 해석 과정에서 등장하는 여러 견해를 상호 존중하고 비판적 시각으로 바라봄으로써 합리적으로 문제를 해결할 수 있도록 한다.

(1) ㉠~㉤에 적합한 용어를 쓰시오.

(2) ㉮~㉱의 각 성취기준이 속한 영역의 이름을 쓰시오.

(3) ㉥~㉦에 적합한 용어를 쓰시오.

(4) A~D의 교수·학습 관련 내용이 각각 ㉮~㉱의 어떤 성취기준에 해당하는 것인지 쓰시오.

(5) 밑줄 친 ⓐ를 위해 사용되는 데이터셋의 집합은 무엇인가? 성취기준 [12데과01-03]에 근거하여 답하시오.

(6) 위 성취기준 ㉱가 포함된 영역의 지식·이해 범주 내용 요소에 근거하여 밑줄 친 ⓑ를 3가지 나열하시오.

풀이 (1) ㉠ : 전처리, ㉡ : 정형, ㉢ : 비정형, ㉣ : 사회적 영향, ㉤ : 유사성

(2) ㉮ 데이터 준비와 분석, ㉯ 데이터 과학의 이해, ㉰ 데이터 과학 프로젝트, ㉱ 데이터 모델링과 평가

(3) ⒝ : 데이터 편향, ⒮ : 기계학습

(4) A : ⒩, B : ㉮, C : ㉰, D : ㉭

(5) 데이터베이스

(6) 회귀 분석, 군집 분석, 연관 분석

다음은 2022 개정 교육과정에 따른 고등학교 '소프트웨어와 생활' 과목에 관한 내용이다. ㉮~㉱는 성취기준을 나타낸 것이고, A~E는 '성취기준 적용 시 고려 사항'에서 교수·학습에 관한 내용을 나타낸 것이다. 물음에 답하시오.

㉮ ⓐ<u>소프트웨어 스타트업 프로젝트의 수행 과정을 이해하고, (㉠)를 분석하여 소프트웨어 스</u>타트업 아이디어를 구안한다.

㉯ 시뮬레이션 프로그램 구성 방법에 따라 복잡한 문제나 현상의 원리를 (㉡)로 표현한다.

㉰ 사회 현상을 분석할 수 있는 데이터의 중요성과 가치를 인식하고, 데이터를 탐색하여 활용 방안을 구상한다.

㉱ 소프트웨어를 통해 아이디어를 표현하는 데 필요한 센서와 (㉢)를 선택하여 피지컬 컴퓨팅 시스템을 구성한다.

㉲ 소프트웨어 융합을 통한 문제 해결 사례를 바탕으로, 다양한 학문 분야에서 소프트웨어와의 융합을 통해 문제를 해결하는 방법을 비교·분석한다.

A : 다양한 학문 분야 및 지역사회와 국가 차원의 다양한 이슈에 대해 소프트웨어 기술을 융합하여 문제를 해결한 사례를 구체적으로 살펴보도록 한다.

B : ⓑ<u>원격수업 등 피지컬 컴퓨팅 도구를 활용하기 어려운 경우 소프트웨어 기반의 (㉣)를 활용</u><u>한다.</u>

C : 개인정보가 포함된 데이터의 경우 개인정보가 식별되지 않도록 처리하고, 결과 예측에 편향이 생길 가능성을 사전에 점검하여 (㉤)이 최소한으로 일어날 수 있는 방향으로 활동을 구성한다.

D : (㉥)을 보장하기 위하여 시뮬레이션 프로그램을 제작하지 못하더라도 시뮬레이션이 활용될 수 있는 다양한 아이디어를 도출하도록 하고, 아이디어를 실제로 구현하는 데 필요한 기술적인 방안에 대해 고민할 수 있는 학습 과정을 제공하도록 한다.

E : 소프트웨어 스타트업 프로젝트의 주제 선정 시 사회적 필요성과 가치 등을 고려하여 (㉦) 내용을 융합할 수 있는 주제를 선정하도록 한다.

---

(1) ㉠~㉢에 적합한 용어를 쓰시오.

(2) ㉮~㉲의 각 성취기준이 속한 영역의 이름을 쓰시오.

(3) ㉣~㉥에 적합한 내용을 쓰시오.

(4) Ⓐ에 적합한 내용을 3가지 나열하시오.

(5) A~E의 교수 · 학습 관련 내용이 각각 ㉮~㉲의 어떤 성취기준에 해당하는 것인지 쓰시오.

(6) 밑줄 친 ⓐ의 단계는 '사용자 요구분석을 통한 주제 선정', '해결 아이디어 구안'을 포함한 4개로 구성된다. 이들을 제외한 2개 단계를 순서대로 나열하시오. 단, 위에 제시된 성취기준 ㉮의 '성취기준 해설'에 근거하여 답하시오.

(7) 밑줄 친 ⓑ의 경우 학습 환경 제공에서 주의할 점을 1가지 기술하시오.

(8) 각 영역의 핵심 아이디어를 습득하는 데 적절한 교수 · 학습 방법에는 디자인기반학습, 짝 프로그래밍, 탐구학습 등이 있다. 이들을 제외한 교수 · 학습 방법을 2가지 나열하시오. 단, 교육과정에 제시된 '소프트웨어와 생활' 과목의 교수 · 학습 방법에 근거하여 답하시오.

풀이 (1) ㉠ : 사용자 요구, ㉡ : 시뮬레이션 모델, ㉢ : 액추에이터
(2) ㉮ 가치를 창출하는 소프트웨어, ㉯ 모의 실험하는 소프트웨어, ㉰ 현장을 분석하는 소프트웨어, ㉱ 창작을 지원하는 소프트웨어, ㉲ 세상을 변화시키는 소프트웨어
(3) ㉣ : 가상 시뮬레이터, ㉤ : 데이터의 편향, ㉥ : 최소 성취수준
(4) 실생활, 교과 내, 교과 간
(5) A : ㉲, B : ㉱, C : ㉰, D : ㉯, E : ㉮
(6) 소프트웨어 설계 및 제작, 소프트웨어 평가
(7) 특정 디지털 기기에 의존하지 않도록 학습 환경을 제공한다.
(8) 문제기반학습, 프로젝트 기반학습

교육과정

100110

정보 평가
방법

정보 교육
환경

정보 윤리 교육

정보 교수·학습 방법

100110100111

1001101001

정보과
교육과정 요약

CHAPTER 5

정보윤리 교육

5.1 개인정보와 정보보호

5.1.1 기출문제 풀이

다음은 2015 개정 고등학교 정보 교육과정(교육부 고시 제2020-236호)에서 '정보문화' 영역의 '성취기준' 중 일부이다. 그리고 이를 활용한 고등학교 '정보' 수업의 활동지 중 일부를 나타낸 것이다. 괄호 안의 ㉠과 ㉡에 각각 공통으로 들어갈 용어를 쓰시오.

> [12정보01-03] 정보보호 제도 및 방법에 따라 올바르게 정보를 공유하는 방법을 실천한다.
> [12정보01-04] (㉠)의 필요성을 이해하고 암호 설정, 접근 권한 관리 등 (㉠)을/를 실천한다.

활동지

1. 자신이 사용하는 컴퓨터에서 (㉠)을/를 실천하기 위한 방안을 알아봅시다.
   - 암호를 설정하고 주기적으로 변경한다.
   - 컴퓨터 바이러스 예방을 위해 백신 프로그램을 설치한다.
   - (㉡)을/를 방지하기 위해서 의심스러운 이메일에 포함된 링크는 클릭하지 않는다

용어	의미
웜 바이러스	… (생략) …
스푸핑	… (생략) …
디도스(DDoS)	… (생략) …
(㉡)	'개인정보'와 '낚시'를 합성한 용어로서, 이메일 등을 통하여 불특정 다수로부터 개인정보를 불법적으로 습득하여 범죄에 이용하는 수법
파밍	… (생략) …
스미싱	… (생략) …
컴퓨터 바이러스	… (생략) …

2. (㉠)와/과 관련된 용어의 의미를 살펴봅시다.

풀이 ㉠ : 정보보안

> 〈고등학교 정보에서 정보문화 영역의 성취기준〉
> [12정보01-04] 정보보안의 필요성을 이해하고 암호 설정, 접근 권한 관리 등 정보보안을 실천한다.

㉡ : 피싱

다음은 정보보호와 관련된 기사이다. ㉠~㉢에 들어갈 용어를 쓰시오.

(㉠)는 인터넷 사용자가 소셜 네트워크 서비스나 포털 게시판 등에 올린 게시물의 (㉡)을/를 요청할 수 있는 권리이다. 인터넷에 올라간 사적인 정보는 개인의 것이지만, 그 정보를 (㉡)할 수 있는 권한은 해당 기관에 있기 때문에 문제가 발생한다. 인터넷에 공개된 정보로 인해 개인의 권리가 침해되는 경우, (㉢) 등에 관한 법률(법률 제17358호, 2020.6.9., 일부개정) 제44조의 2에 근거하여 정보의 (㉡)을/를 해당 기관에 요청할 수 있다. (㉠)와 관련하여 셰리 터클(Sherry Turkle)이 제시한 "인터넷은 절대 잊지 않는다."라는 금언을 마음에 담고 있어야 한다는 주장도 있다.

풀이 ㉠ : 잊힐 권리(the right to be forgotten), ㉡ : 삭제, ㉢ : 정보통신망 이용촉진 및 정보보호

5.1.2 요약 : 개인정보와 정보보호

1 교육과정별 내용 구성

(1) 2009 개정 교육과정

중학교	고등학교
• 개인정보의 침해와 대응 방안 • 지적재산의 보호와 정보 공유 • 인터넷 중독과 예방 • 악성 프로그램과 대응 방안 • 정보기기의 보호	• 정보보안과 대응기술 • 정보 윤리 관련 법과 제도 • 사이버 범죄와 대응 방안 • 유해정보 유통과 대응 방안

(2) 2015 개정 교육과정

1) 중학교

• 개인정보 유출로 인한 피해 사례를 조사하고, 사례별 문제점에 따른 개인정보 보호 실천방안을 수립하도록 한다.

• 인터넷에서 '저작물 이용 허락 표시(CCL)'를 표기한 저작물을 찾아 해당 저작물의

이용 범위에 적합한 사용법을 설명하도록 한다. 또한, 자신의 저작물에 CCL을 사용하여 이용 허가 범위를 표시한 뒤 저작물을 공유하도록 한다.
- 컴퓨팅 기기와 인터넷을 활용하여 사이버 폭력의 사례를 조사하고 사례별 예방 계획을 구체적으로 수립하도록 한다.
- 게임 중독, 인터넷 중독, 스마트폰 중독 등의 여부를 자가 진단하여 자신의 상태를 파악하고 진단 결과별 예방 계획을 구체적으로 수립하도록 한다.

2) 고등학교

- 정보보호 제도 및 방법을 조사하고, 보호해야 할 정보와 공유해야 할 정보를 구분하도록 한다. 또한, 개인정보 보호 방법에 따라 인터넷에 정보를 공유하는 방법을 실습하도록 한다.
- 정보보안을 실천하기 위해 자신이 사용하는 다양한 컴퓨팅 기기의 암호 설정, 운영체제 보안 설정, 바이러스 예방 등 다양한 정보보안 방법을 실습하도록 한다.
- 소프트웨어 저작권 보호 제도에 따른 소프트웨어 저작물 보호 방법을 조사하고, 상용 소프트웨어, 공개 소프트웨어, 오픈 소스 소프트웨어의 저작권을 준수하여 실천한 사례를 발표하도록 한다. 또한, 소프트웨어 저작권 보호의 필요성에 대해 토론하도록 한다.
- 정보사회 구성원으로서 지켜야 할 사이버 윤리 관련 법과 제도를 조사하고 사이버 윤리 실천 사례를 발표하도록 한다.

2 개인정보 생명주기

개인정보 침해는 당해 정보 주체와 관련된 정보가 도용, 변경, 유출, 훼손 등 오용되거나 남용됨으로써 정보 주체의 자기 정보 통제권이 침해되는 것임

단계	내용
수집	• 동의 없는 개인정보 수집 및 수집 시 고지사항 불이행 • 동의 및 고지 없는 개인정보 주체 외로부터의 수집 • 법정 대리인의 동의 없는 개인정보의 수집 • 서비스 이용과 관련 없는 과도한 개인정보의 수집 • 해킹 등 불법 수단에 의한 개인정보의 수집 • 기망에 의한 개인정보의 수집

단계	내용
저장 및 관리	• 내부 취급자에 의한 개인정보의 유출, 훼손, 변경 등 • 외부인의 불법적 접근에 의한 개인정보 유출 및 훼손, 변경 • 사업자의 인식 부족, 과실 등으로 인한 개인정보의 공개 • 기술적, 관리적 조치 미비로 인한 개인정보 유출 • 개인정보 관련 고객의 이의제기에 대한 불응 또는 미조치
이용 및 제공	• 동의 없는 개인정보의 무단 제공 및 공유 • 수집 시에 고지한 이용목적을 넘어서는 개인정보의 이용 • 타인의 개인정보를 무단으로 이용하는 경우
파기	• 수집 및 목적 달성 후 개인정보의 미파기 • 개인정보 삭제 요구의 불응

3 악성코드 및 컴퓨터 바이러스

(1) 악성코드

• 악성코드는 컴퓨터에의 정상적인 작동을 방해하기 위해 만든 악의적인 목적의 소프트웨어

• 악성코드에는 컴퓨터 바이러스, 트로이목마, 웜, 스파이웨어, 애드웨어, 하이제커 등이 있음

① 트로이목마(Trojan horse)
  • 자료삭제, 정보탈취 등 사이버테러의 목적으로 사용되는 자가 복제능력이 없는 악성 프로그램
  • 해킹 기능이 있어 인터넷을 통해 감염된 컴퓨터의 정보를 외부로 유출
② 웜(Worm)
  • 컴퓨터 시스템을 파괴하거나 작업을 지연 또는 방해하고 감염대상을 가지지 않으며, 네트워크를 통해 스스로 전파되는 악성 프로그램
  • 빠른 전파력을 가짐
③ 스파이웨어
  • 타인의 컴퓨터 시스템에 몰래 들어가 사용자의 동의 없이 정보를 유출시키는 악성코드

- 인터넷을 통해 공개 소프트웨어를 다운로드 하거나 인터넷을 검색할 때 자신도 모르는 사이에 설치
- 신용카드와 같은 금융정보, 신상정보, 패스워드 등 각종 정보를 수집

④ 애드웨어(Adware)
- 광고나 마케팅 목적으로 컴퓨터 사용 시 자동으로 광고가 표시되게 하는 프로그램
- 무료 소프트웨어 다운로드 시 사용자의 동의하에 광고를 보는 대가로 소프트웨어 사용을 허가함
- 동의하에 개인정보가 수집되므로 백신에서는 악성코드로 분류되지 않음

⑤ 하이재킹(hijaking)
- 사용자가 의도하지 않은 사이트로 실행 위치를 이동시키고 팝업창을 띄우는 악성 코드

(2) 컴퓨터 바이러스

- 컴퓨터 바이러스는 프로그램을 통해 감염되며, 실행프로그램 혹은 데이터에 손상을 입혀서 정상적인 작동을 방해함
- 컴퓨터 바이러스에는 파일 바이러스, 부트 바이러스, 부트&파일 바이러스 등이 있음

① 파일 바이러스
- 컴퓨터 시스템을 파괴하거나 작업을 지연 또는 방해하고 감염대상을 가지지 않는 악성 프로그램
- 파일의 용량이 갑자기 늘어나며, 파일의 생성 날짜나 시간이 변경됨
- 디스크의 불량 섹터가 늘어나거나 오류가 발생
- 작업과 관련 없는 문자열이나 소리 등이 나타남

② 부트 바이러스
- 부팅이 되지 않거나 디스크를 인식하지 못할 수 있음
- 부팅 시간이 평소보다 현저하게 오래 걸리거나, 시스템의 속도가 느려짐
- 메모리나 디스크의 용량이 갑자기 감소함

③ 부트&파일 바이러스
- 부트섹터와 파일이 동시에 감염되며, 심각한 피해를 줌

④ 매크로 바이러스

- 마이크로소프트의 엑셀, 워드와 같이 파일 안에 매크로를 포함하고 있는 파일을 실행 또는 종료할 때 자동으로 바이러스가 실행되어 작업한 문서를 위조 또는 변조시킴

5.2 저작권 보호 및 활용

5.2.1 기출문제 풀이

중등교사 임용시험 2010-12

다음은 저작권법과 저작권 보호 기술에 관한 설명이다. ⊙~⊜에서 잘못된 것을 모두 찾아 바르게 수정하시오.

> ⊙ 저작권의 보호를 받는 저작물에는 어문 저작물, 음악 저작물, 연극 저작물, 미술 저작물, 사진 저작물, 컴퓨터 프로그램 저작물 등이 있다.
> ⓛ 교사가 중학교에서 교육을 목적으로 교수·학습의 자료로 다른 사람의 저작물을 복사하여 사용하는 경우에는 저작 재산권이 침해되므로 사용할 수 없다.
> ⓒ 사실의 전달에 불과한 시사 보도도 저작물의 요건을 충족하기 때문에 저작권법의 보호를 받는다.
> ⓔ 그림, 음악, 동영상과 같은 디지털 콘텐츠에 육안으로 구별할 수 없는 디지털 워터마크(watermark)를 삽입함으로써 불법 사용을 방지할 수 있다.

풀이 ⓛ 학교 교육을 목적으로 이용하는 경우는 저작권자의 허락을 받지 않고도 저작물을 이용할 수 있다.

ⓒ 사실의 전달에 불과한 시사 보도는 보호받지 못하는 저작물이다.

다음은 온라인 실시간 수업 상황에서 진행한 고등학교 정보 과목 수업의 일부이다. 〈작성 방법〉에 따라 서술하시오.

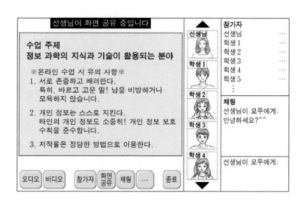

교사 : 오늘은 정보과학의 지식과 기술이 활용되는 분야를 조사하고 그 결과를 보고서로 작성해서 온라인 클래스에 업로드하는 활동을 하겠습니다. 수업에 필요한 참고자료와 보고서 형식은 온라인 클래스에 업로드해 놓았습니다.

학생1 : 선생님, 저는 온라인 클래스에 접속하려고 했더니 허가된 사용자가 아니라 접근이 제한되었다는 경고 문구가 나왔습니다. 저는 어떻게 하죠?

교사 : 혹시 온라인 클래스에 가입했나요?

학생1 : 아니요.

교사 : 온라인 수업에 활용되는 자료나 여러분이 작성해서 제출하는 자료는 저작물입니다. 저작물을 이용할 때는 정당한 방법으로 이용해야 해요. 학교 교육을 목적으로 저작물을 이용하는 경우 저작권법의 제약을 덜 받긴 하지만, 저작권법에 따라 학교나 교사는 ㉠저작물 보호 조치를 해야 해요. 로그인하고 온라인 클래스 가입을 요청하면 선생님이 학생 정보를 확인하고 이용을 허가할게요.

학생1 : 네, 감사합니다.

교사 : 오늘 보고서를 작성하면서 여러분은 다른 사람의 저작물을 많이 이용하게 될 겁니다. 다른 사람의 저작물을 이용할 때는 어떻게 해야 하죠?

학생2 : 저작권자의 허락을 받고 이용해야 합니다.

학생3 : 선생님, 그런데 저작권자에게 일일이 허락을 받고 사용하는 것은 현실적으로 너무 힘들지 않나요?

학생4 : 중학교 정보 시간에 배운 ㉡저작물 이용 허락 표시(CCL, Creative Commons License)를 표기한 저작물을 쓰면 되잖아요.

교사 : 네, 맞아요. 저작물에 표시된 라이선스는 모든 사람에게 이용을   허락하되, 지켜야 하는 조건을 부가한 것이기 때문에 표시를 보고 해당 저작물의 이용 범위에 적합하게 사용하면 됩니다.

(1) 수업에서 언급된 내용을 근거로 밑줄 친 ㉠ 중 온라인 클래스 관리자로서 교사가 취한 조치와 밑줄 친 ㉠에 해당하는 다른 조치 1가지를 순서대로 쓸 것.

(2) 밑줄 친 ㉡의 기본 구성 요소 4가지를 쓸 것.

풀이 (1) ① 인가된 사용자에 접근 권한을 부여하는 것으로 온라인 클래스에 가입한 학생만 수업에 참여하도록 허락한다.

② 파일에 암호를 사용하여 암호를 알고 있는 학습자 또는 관리자가 파일에 접근할 수 있도록 한다.

(2) 저작자 표시, 비영리, 동일조건 변경 허락, 변경금지

한국저작권위원회 사이트에서 CCL 조건의 문자 표기로 BY, NC, ND, SA를 사용하기도 한다.

중등교사 임용시험 2020-B-3

다음은 A 교사가 고등학교 정보 과목 수업의 토론 활동에서 활용한 읽기 자료와 2015 개정 고등학교 정보 과목 교육과정(교육부 고시 제2015-74호)의 '성취기준' 중 일부를 순서에 상관없이 제시한 것이다. 그리고 성취기준 [12정보01-05]에 대한 수업 후 학생이 작성한 조사 보고서의 일부이다. 〈작성 방법〉에 따라 서술하시오.

> • (㉠) 기술은 인간의 지능이 가지는 학습, 추론 등의 기능을 컴퓨터가 가질 수 있도록 하는 기술로, 최근 주목받고 있는 기계학습(machine learning)도 이 기술의 한 분야로 발전하고 있다.
> • (㉠) 기술을 핵심으로 활용하는 분야에는 전문가 시스템(expert system), 데이터 마이닝(data mining), 패턴인식(pattern recognition), 자연어 처리(natural language processing), 컴퓨터 비전(computer vision), 음성 인식(speech recognition), 로봇 공학(robotics) 등이 있다.

> ① 텍스트 기반 프로그래밍 언어의 개발 환경 및 특성을 이해한다.
> ② 정보사회에서 정보과학의 지식과 기술이 활용되는 분야를 탐색하고 영향력을 평가한다.
> ③ 동일한 정보가 다양한 방법으로 디지털로 변환되어 표현될 수 있음을 이해하고 정보 활용 목적에 따라 보다 효율적인 방법을 선택한다.
> ④ 운영체제의 개념과 기능을 이해하고 운영체제를 활용하여 컴퓨팅 시스템의 자원을 효율적으로 관리한다.
> ⑤ 유무선 네트워크의 특성을 이해하고 사용하는 컴퓨팅 시스템의 네트워크 환경을 설정한다.

교육과정 성취기준	[12정보01-05] (ⓛ) 보호제도 및 방법을 알고 올바르게 활용한다.
학습목표	(ⓛ) 보호 제도 및 방법을 알고 이를 올바르게 실천할 수 있다.

<table>
<tr><td colspan="2" align="center">○○ 조사 보고서</td></tr>
<tr><td colspan="2" align="center">… (중략) …</td></tr>
<tr><td colspan="2">4차 산업혁명 시대에는 소프트웨어의 역할이 점점 확대될 것이고, 나아가 그 가치를 보호하기 위한 제도가 강화될 것이다.</td></tr>
<tr><td colspan="2" align="center">… (중략) …</td></tr>
<tr><td colspan="2">조사한 주요 결과는 다음과 같다.
1. 소프트웨어의 종류
　소프트웨어에는 ⓒ상용 소프트웨어, 공개 소프트웨어, 오픈소스 소프트웨어 등이 있다.</td></tr>
<tr><td colspan="2" align="center">… (하략) …</td></tr>
</table>

> **작성방법**
> (1) 읽기 자료의 ㉠에 해당하는 용어를 쓰고, 위 내용을 읽기 자료로 활용한 A 교사의 수업과 가장 관련 깊은 성취기준의 번호를 ①~⑤에서 찾아 쓸 것.
> (2) 밑줄 친 ⓒ의 의미를 성취기준 [12정보01-05]의 ⓛ 관점에 근거하여 서술할 것.

풀이 (1) 인공지능, ②
(2) 저작자에게 저작권이 인정되는 상업적으로 매매가 이루어지는 소프트웨어이다.

〈고등학교 정보에서 정보문화 영역의 성취기준〉
[12정보01-05] 소프트웨어 저작권 보호 제도 및 방법을 알고 올바르게 활용한다.

5.3 연습 문제

다음은 인공지능 모델 관련 설명이다. 물음에 답하시오.

> (㉠)은/는 인공지능 분야에서 자연어 처리에 사용되는 대규모 언어 모델 중 하나이다. 이 모델은 인공 신경망을 사용하여 텍스트 데이터를 이해하고, 이를 바탕으로 새로운 텍스트를 생성하는 능력을 갖추고 있다. 이 모델은 트랜스포머(Transformer)라는 구조를 사용하며, 기존 모델인 RNN(Recurrent Neural Network)이나 LSTM(Long Short-Term Memory)보다 더욱 효율적으로 긴 시퀀스 데이터를 처리할 수 있다.
>
> 이 모델은 자연어 처리 작업, 대화형 인공지능 시스템, 대화형 챗봇, 가상 어시스턴트 등에서 사용된다. 예를 들면, OpenAI에서 개발된 대규모 언어 모델 중 하나인 (㉡)은/는 인공지능 기술을 이용하여 자연어 이해와 생성 능력을 향상시키기 위해 훈련되었다.

(1) ㉠에 적합한 용어는 무엇인가?

(2) ㉡에 적합한 용어는 무엇인가?

풀이 (1) GPT(Generative Pre-trained Transformer)　　　　(2) ChatGPT

다음은 2022 개정 교육과정에 따른 '인공지능 기초' 과목의 수업을 위한 교사들의 대화 내용이다. 물음에 답하시오.

> A : 최근 ChatGPT에 이어 구글 바드(Bard)의 등장으로 대화형 인공지능 챗봇에 관심이 높습니다. 이와 관련된 문제점도 노출되고 있습니다.
>
> B : 그렇습니다. 예를 들면, 주어진 맥락과 무관하거나 사실이 아닌 내용을 마치 올바른 답인 것처럼 내놓는 현상인 (㉠)이 있습니다.
>
> … (중략) …
>
> A : 저는 지식·이해 범주의 내용 요소인 ⓐ'인공지능과 윤리'에 근거하여 ⓑ인공지능 윤리와 관련된 내용을 수업에서 토론하고자 합니다. 이를 위해 ㉮법적 책임과 규제, ㉯인간 중심적 설계, ㉰개인정보 보호, ㉱직업적 영향, ㉲공정성과 투명성의 5가지 주제를 선정하였습니다.
>
> B : 좋습니다. 중학교 정보 과목에 있는 '디지털 문화' 영역의 (㉡)과 연계하여 재구성하는 것도 좋을 것 같습니다. 인공지능을 활용한 인간 이미지 합성 기술인 (㉢)를 실습한 후 ⓒ개인 정보 침해를 토론하거나, ChatGPT를 사용하여 수필을 작성한 후 저작권에 관해 논의함으로써 (㉣)에서 함께 살아가기 위한 윤리적인 태도를 갖도록 할 수 있습니다.
>
> … (하략) …

(1) 대화 내용의 ㉠에 적합한 용어는 무엇인가?

(2) 다음은 밑줄 친 ⓐ와 관련하여 과정 · 기능과 가치 · 태도 범주의 내용 요소를 각각 나타낸 것이다. 아래 ㉠~㉢에 적합한 내용은 무엇인가?

> · 인공지능과 관련된 (㉠) 상황에 대해 논의하기
> · 인공지능의 다양한 측면에 대한 (㉡) 자세와 (㉢) 태도

(3) 밑줄 친 ⓑ와 가장 관련성이 큰 1개 영역을 쓰시오.

(4) 밑줄 친 ⓒ와 관련하여 ㉡에 적합한 내용을 쓰시오. 단, 해당 영역에서 지식 · 이해 범주의 내용 요소로 답하시오.

(5) 대화 내용의 ㉢에 해당하는 용어는 무엇인가?

(6) ㉣에 적합한 내용을 쓰시오. 단, 해당 영역에서 가치 · 태도 범주의 내용 요소에 근거하여 답하시오.

(7) 위 교사의 대화에서 언급된 ㉮~㉲의 설명을 각각 ㉠~㉢에서 선택하시오.

> ㉠ 인공지능 시스템이 내린 결정이 공정하고 투명하게 이루어져야 한다. 특히, 인간의 인권 침해 가능성이 있는 경우 결정 과정은 더욱 투명하고 책임지는 방식이어야 한다.
> ㉡ 인공지능 시스템이 수집한 개인정보를 적절하게 보호해야 한다. 이를 위해서는 개인정보 처리와 보호에 대한 적절한 규제와 정책이 필요하다.
> ㉢ 인공지능 시스템은 인간들의 필요와 관심을 고려하여 설계되어야 한다. 예를 들어, 인공지능 시스템이 보건 의료 분야에서 사용되는 경우 환자의 이익과 건강을 최우선으로 고려하여 설계되어야 한다.
> ㉣ 인공지능 기술의 발전은 일부 직업을 자동화하고 새로운 직업을 창출할 수 있다. 따라서 직업적 안정성을 보장하기 위해서는 관련된 교육 및 직업 재교육 프로그램 등이 필요하다.
> ㉤ 인공지능 시스템이 사회적으로 책임을 지는 방식에 대한 규제와 법적 구조가 필요하다. 예를 들면, 자율주행 자동차의 사고 발생 시 법적 책임이 누구에게 있는지의 문제이다.

풀이
(1) AI 환각(Hallucination)

(2) ㉠ : 윤리적 딜레마, ㉡ : 비판적, ㉢ : 윤리적

(3) 인공지능의 사회적 영향

(4) 개인 정보와 저작권

(5) 딥페이크(deepfake)

(6) 디지털 공간

(7) ㉮ ㉤, ㉯ ㉢, ㉰ ㉡, ㉱ ㉣, ㉲ ㉠

다음은 고등학교 정보 윤리와 관련된 수업 자료의 일부이다. 물음에 답하시오.

컴퓨터 화면의 제어권을 빼앗거나, 개인 파일을 암호화하여 사용할 수 없도록 하고, 이를 해제해주는 대가로 금전을 요구하는 악성 프로그램의 일종이다. 이 악성 프로그램에 감염되면 아래와 같은 형태의 메시지가 화면에 나타난다.

> !!주의!!
> 당신의 모든 파일은 CryptoLocker로 암호화되었습니다.
> 당신의 파일을 복구하는 유일한 방법은 우리에게 189달러를 지불하는 것입니다. <u>파일 복원을 원하면 여기를 클릭하시오!</u>

모바일 기기에서도 나타나는 이러한 악성 프로그램에 대처하는 방법은 아래와 같은 보안 수칙을 지키는 것이다.
- 주기적인 데이터 백업
- (㉠)
- 신뢰할 수 없는 웹사이트 방문 자제
- 알 수 없는 메일의 첨부 파일을 열지 말 것

---

(1) 위 설명에 해당하는 악성코드의 명칭은 무엇인가?

(2) 백신과 관련된 보안 수칙으로 ㉠에 적합한 내용을 쓰시오.

풀이 (1) 랜섬웨어(ransomware)

(2) 백신 소프트웨어 설치 및 최신 버전 유지

다음은 악성 프로그램에 대한 설명이다. 물음에 답하시오.

㉮ 개인정보(private data)와 낚시(fishing)의 합성어이다. 금융기관을 가장한 이메일을 발송한 후 이메일에 있는 인터넷주소를 클릭하게 하여 가짜 은행사이트로 접속을 유도한다. 보안카드 번호를 전부 입력하도록 요구한 후 (㉠)를 탈취하여 범행계좌로 이체시킨다.

㉯ 네트워크의 중간에서 남의 (㉡) 정보를 도청하는 해킹 방법이다. 수동적 공격에 해당하며, 도청할 수 있도록 설치되는 도구를 스니퍼(Sniffer)라고 한다.

㉰ 문자메시지(SMS)와 피싱(phishing)의 합성어이다. '무료쿠폰 제공'과 같은 문자메시지에 포함된 (㉢)을 클릭하면 악성코드가 스마트폰에 설치된다. 그 결과 사용자가 모르는 사이에 소액결제 피해가 발생하거나 개인정보가 유출된다.

㉱ 악성코드에 감염된 사용자 컴퓨터를 조작하여 금융정보를 빼내는 금융사기의 범행 수단이다. 컴퓨터를 (㉣)로 감염시킨 후 피싱(가짜) 사이트로 유도하여 범행계좌로 이체 등 금융정보 입

> 력을 요구한다.
> ⑰ 의도적인 행위를 위해 타인의 (⑩)으로 위장하는 것으로 MAC 주소, IP 주소, 포트, 이메일 주소 등을 이용한다.
> ⑭ 사용자 컴퓨터에 저장된 문서, 그림 파일 등을 (⑭)하여 열지 못하도록 만들어 두고, 해커가 사용자에게 전자우편 주소 등으로 접촉해 돈을 보내주면 해독용 열쇠 프로그램을 전송해 준다며 금품을 요구하는 사이버 범죄이다.

> ⓐ : 스푸핑(Spoofing), ⓑ : 스미싱(Smishing), ⓒ : 스니핑(Sniffing), ⓓ : 파밍(Pharming),
> ⓔ : 피싱(Phishing), ⓕ : 랜섬웨어(Ransomware)

(1) ㉠~㉫에 적합한 내용을 쓰시오.

(2) ㉮~㉴의 각 설명에 해당하는 악성 프로그램을 ⓐ~ⓕ에서 찾아 쓰시오.

풀이 (1) ㉠ : 금융정보, ㉡ : 패킷, ㉢ : URL, ㉣ : 악성코드, ㉤ : 신분, ㉥ : 암호화
(2) ㉮ ⓔ, ㉯ ⓒ, ㉰ ⓑ, ㉱ ⓓ, ㉲ ⓐ, ㉳ ⓕ

다음은 정보 보안의 목표에 대한 설명이다. 물음에 답하시오.

> ㉮ 이것을 보장하기 위해서는 접근 통제나 (㉠) 등의 정보 보안 기술을 통해 (㉡)만이 정보에 접근할 수 있도록 해야 한다. 이렇게 되면 원하지 않는 정보의 공개를 막을 수 있다.
> ㉯ 이것을 보장하기 위해서는 비인가자에 의한 정보의 변경, 삭제, 생성 등으로부터 시스템을 보호해야 한다. 이렇게 되면 정보의 내용이 비인가자에 의해 훼손되지 않고, 정확성, 완전성, (㉢)을 유지할 수 있다.
> ㉰ 이것을 보장하기 위해서는 사용자가 시스템을 이용하려고 할 때 방해받지 않도록 해야 한다. 이렇게 되면 (㉡)는 언제라도 시스템을 사용할 수 있다.

(1) ㉠~㉢에 적합한 내용을 쓰시오.

(2) ㉮~㉰에 해당하는 용어는 무엇인가?

풀이 (1) ㉠ : 암호화, ㉡ : 인가받은 사용자, ㉢ : 일관성
(2) ㉮ 기밀성, ㉯ 무결성, ㉰ 가용성

다음은 소프트웨어 유형과 이와 관련된 지식재산권에 대한 설명이다. 물음에 답하시오.

㉮ 비용을 지불하고 소프트웨어 사용권을 구입하는 소프트웨어이다. (㉠)
㉯ 소비자의 반응을 보기 위해 일정 기간 무료로 사용할 수 있도록 하거나 프로그램의 중요한 부분을 제외하고 무료로 사용할 수 있도록 허용한 소프트웨어이다. (㉡)
㉰ 사용료 없이 무료로 배포되는 소프트웨어이다. 무료이기는 하지만 개인적인 용도로만 사용하도록 제한된다.
㉱ 소스코드를 공개한 상태에서 보급하며, 사용자가 필요에 따라 소프트웨어를 자신에 맞게 고쳐서 사용할 수 있다. (㉢)
㉲ 회사들이 프로그램을 개발하여 시판하기 전에 맛보기 용도로 배포하는 프로그램이다. (㉣)
㉳ 컴퓨터 또는 하드웨어 장치를 구매할 때 패키지의 일부로서 함께 제공되는 소프트웨어이다.
㉴ 하드웨어 생산 시 여기에 부착되어 같이 생산되는 소프트웨어이다. 이때 일반적으로 하드웨어 비용에 소프트웨어 비용이 포함되어 있다.

(1) ㉮~㉴의 각 설명에 해당하는 소프트웨어를 다음 ⓐ~ⓖ에서 찾아 쓰시오.

ⓐ : 데모 소프트웨어, ⓑ : 프리웨어, ⓒ : 셰어웨어, ⓓ : 공개소스 소프트웨어, ⓔ : 상용 소프트웨어, ⓕ : 번들 소프트웨어, ⓖ : OEM 방식 소프트웨어

(2) ㉠~㉣에 적합한 내용을 각각 다음 ⓐ~ⓓ에서 찾아 쓰시오.

ⓐ : 소프트웨어를 구입한 후 복사와 유통이 불가능하다.
ⓑ : 리눅스 운영체제나 공개 오피스가 여기에 해당한다.
ⓒ : 평가판이나 체험판이 여기에 해당한다.
ⓓ : 제품을 알리기 위한 것으로, 사용에 제한이 많다.

풀이 (1) ㉮ ⓔ, ㉯ ⓒ, ㉰ ⓑ, ㉱ ⓓ, ㉲ ⓐ, ㉳ ⓕ, ㉴ ⓖ
(2) ㉠ : ⓐ, ㉡ : ⓒ, ㉢ : ⓑ, ㉣ : ⓓ

다음은 2022 개정 교육과정에 따른 '인공지능 기초' 과목의 수업을 위해 작성한 교수·학습 지도안과 교사들의 대화 내용이다. 물음에 답하시오.

영역	인공지능의 사회적 영향		
내용 요소	지식·이해	과정·기능	가치·태도
	인공지능과 윤리	인공지능과 관련된 (㉠) 상황에 대해 논의하기	ⓐ인공지능의 다양한 측면에 대한 비판적 자세와 윤리적 태도
학습 목표	1. 인공지능의 활용 사례를 인공지능 윤리 관점에서 분석할 수 있다. 2. 인공지능의 (㉠) 상황을 인공지능 윤리 관점에서 분석할 수 있다.		
단계	교수·학습 활동		자료 및 유의점
도입	• 동기 유발 : 딥페이크의 영상을 보고, 생각 발표하기 • 학습 목표 확인		… (생략) …
전개 / 준비	• 문제 상황 인식 딥페이크(deepfake) 기반 기술로 만들어진 자신의 영상이 유포될 때 이에 대처하는 모의 상황을 시연해 보고, 인공지능에 의해 발생할 수 있는 윤리적 문제에 대해 생각해 봅시다. • 학습 진행 과정 및 활동 설명		현재까지 정의된 인공지능 윤리와 관련하여 인공지능 (㉡) 관점을 살펴보도록 함. 인공지능 기술 활용으로 발생 가능한 윤리적 쟁점에 대하여 사회적 책임과 (㉢)를 판단할 수 있도록 지도함
전개 / 시연자 선정	• 역할 소개 및 시연자 선정 • 역할 : 인공지능 (㉡)		
전개 / 활동 준비	• 역할별로 문제 상황에서 행동 계획 수립, 시연 연습 • 관찰자는 활동에 참여하도록 준비		
전개 / 시연	• 시연자는 역할에 따라 행동하고, 관찰자는 시연자가 느끼는 감정 및 관점 등을 생각하는 활동을 진행함		
전개 / 토론 및 성찰	• (㉣)		
전개 / 경험의 일반화	• 활동지를 통해 인공지능 (㉡)의 관점에서 사회적 책임과 (㉢)를 판단하는 기준 설정하기		
정리	… (생략) …		

A : 지난 차시에는 주어진 맥락과 무관하거나 사실이 아닌 내용을 마치 옳은 답처럼 내놓는 현상인 (㉤)을 ChatGPT에서 확인하고, 교수·학습 지도안의 밑줄 친 ⓐ를 습득하도록 하였습니다.
　다음 차시에는 역할놀이 교수·학습 모형을 바탕으로 성취기준 'ⓑ[12인기03-04] 인공지능의 활용 사례와 (㉠) 상황을 인공지능 윤리 관점에서 분석한다.'에 대한 교수·학습 지도안을 작성하였습니다. 수업에서 어떤 부분을 중점적으로 지도해야 합니까?

B : 인간의 편향성에 대한 이해를 바탕으로, 알고리즘과 데이터의 편향성으로 인해 인공지능이 사회에 끼치는 영향을 이해하고 ⓒ인공지능으로 인한 딜레마 상황에서 윤리적인 판단과 선택을 할 수 있도록 지도해야 합니다.

A : 교수·학습 지도안의 '토론 및 성찰' 단계의 ⓔ에서 필요한 활동에는 어떤 것이 있을까요?

B : 시연자는 시연을 통해 경험한 내용을 토론하고, 관찰자는 시연을 관찰한 후 생각한 내용을 공유하도록 합니다. 그리고 역할을 바꾸어 시연하고, 그 결과에 대한 (ⓗ)을 통해 새롭게 생각한 내용을 공유하도록 합니다.

A : 알겠습니다. 이 부분은 평가 기준을 설정하는 것도 어려운 것 같습니다. 어떤 관점에서 평가해야 할까요?

B : 인공지능 윤리의 중요성과 인공지능과 인간의 관계를 올바르게 설명할 수 있는지를 평가하도록 합니다. 이때 ⓓ근거를 바탕으로 자신의 주장을 펼치고 타인의 견해를 존중하는 성숙한 토론 문화를 조성하는 것이 중요합니다.

A : 그렇군요. 말씀하신 것은 의사를 소통하고 협업할 수 있는 능력으로 정보과 역량인 (Ⓐ)과 연계되며, ⓔ교육과정 총론에서 제시된 핵심역량과도 직접 연계되는 것이군요.

(1) 밑줄 친 ⓒ와 관련하여 ㉠에 적합한 내용을 쓰시오.

(2) 밑줄 친 ⓑ에 대한 성취기준 해설 관점에서 ㉡, ㉢에 적합한 내용을 쓰시오.

(3) ㉺에 적합한 용어를 쓰시오.

(4) 역할놀이 교수·학습 모형과 관련하여 ㉾에 적합한 내용을 쓰시오.

(5) 밑줄 친 ⓓ와 관련하여 Ⓐ에 적합한 내용을 쓰시오.

(6) 밑줄 친 ⓔ에 해당하는 2가지를 나열하시오.

풀이 (1) 윤리적 딜레마

(2) ㉡ : 개발자, 사용자, 운영·관리자, ㉢ : 공정성의 가치

(3) AI 환각(Hallucination)

(4) 재토론(재시연)

(5) 디지털 문화 소양

(6) 협력적 소통, 공동체 역량

다음은 지적재산권(지식재산권, Intellectual Property Rights, IPR), 저작권, 저작물에 관한 설명이다. 다음 물음에 답하시오.

> ① 저작자가 자기 저작물을 통제하고 그로부터 이익을 얻을 수 있는 권리이다. 여기에 해당하는 (㉠)은 공표권, 성명 표시권, 동일성 유지권을 포함한다. 그리고 (㉡)은 복제권, 배포권, 공중송신권, 공연권, 2차적 저작물 작성권, 전시권, 대여권을 포함한다.
> ② 어떤 아이디어를 독자적으로 표현한 (㉢)을 말한다. 지적·문화적 창작을 넓게 포괄하는데, 여기에는 문학작품, 논문, 강연, 작곡, 연극, 영화, 춤, 그림, 조각, 건축, 사진, 지도, 컴퓨터 프로그램 등이 포함된다. 이것으로 인정받기 위해서는 창작성이 있어야 하며, 인간의 (㉣)과 (㉤)의 표현이어야 한다.
> ③ 저작물을 만든 사람이 다른 사람에게 자신의 저작물을 자유롭게 이용하는 것에 대해 허락할 수 있는 권리이다.
> ④ 지적창작물에 부여된 재산권에 준하는 권리를 말한다. 이것은 산업 분야의 창작물과 관련된 ⓐ산업재산권 또는 공업소유권, 문화예술 분야의 창작물과 관련된 저작권으로 나눈다.
> ⑤ 자신이 생각이나 감정을 표현해 만든 창작물이다.
> ⑥ 지적인 창작 활동의 결과물을 법이 정하는 방식으로 다른 사람이 이용하는 것을 허락하는 모든 권리이다.

(1) 지적재산권, 저작권, 저작물에 해당하는 설명을 ①~⑥에서 각각 2개씩 선택하시오.

(2) ㉠~㉢에 적합한 용어를 쓰시오.

(3) ㉣, ㉤에 적합한 용어를 쓰시오.

(4) 밑줄 친 ⓐ에 해당하는 것을 4가지 나열하시오.

풀이 (1) 지적재산권 : ④, ⑥, 저작권 : ①, ③, 저작물 : ②, ⑤
(2) ㉠ : 저작인격권, ㉡ : 저작재산권, ㉢ : 창작물
(3) 사상, 감정
(4) 특허권, 실용신안권, 상표권, 디자인권

다음 ①~⑧의 저작물을 보호받는 것과 보호받지 못하는 것으로 구분하시오.

> ① 데이터베이스
> ② 편집저작물(백과사전, 신문, 잡지, 전화번호부 등)
> ③ 2차적 저작물(소설의 영화화, 외국어 번역 등 기존의 저작물을 토대로 작성된 새로운 저작물)
> ④ 헌법, 법률, 조약, 명령, 조례 및 규칙
> ⑤ 국가 또는 지방자치단체의 고시, 공고, 훈령 그 밖의 이와 유사한 것
> ⑥ 법원의 판결, 결정, 명령 및 심판이나 행정심판절차 그 밖의 이와 유사한 절차에 의한 의결 결정 등
> ⑦ 국가 또는 지방자치단체가 작성한 것으로서 제1호 또는 제3호에 규정된 편집물 또는 번역물
> ⑧ 사실의 전달에 불과한 시사 보도

풀이 · 보호받는 것 : ①, ②, ③
· 보호받을 수 없는 것 : ④, ⑤, ⑥, ⑦, ⑧

다음은 저작권에 관한 설명이다. 물음에 답하시오.

> ㉮ 저작물은 저작자의 정신적 창조물로서 저작자의 인격을 반영한 저작물에 대한 권리이다. 이 것의 종류에는 공표권, 성명표시권, 동일성유지권이 있으며, 양도나 상속이 (㉠)하다.
> ㉯ 저작물의 이용 허락과 그 대가를 받을 수 있는 재산적 권리이다. 이것에는 복제권, 공연권, 공중송신권, 전시권, 배포권, 대여권, 2차적저작물작성권 등이 있으며, 자유로운 양도 및 제한이 (㉡)하다.
> ㉰ 이것은 (㉢), (㉣), (㉤)에 해당하는 권리이다. (㉢)는 녹음 및 녹화하거나 사진을 촬영할 권리를 갖는다. (㉣)는 음반을 복제·배포할 권리를 갖는다. (㉤)는 방송을 녹음·녹화·사진 등의 방법으로 복제하거나 동시 중계방송할 권리를 갖는다.

(1) ㉠~㉤에 적합한 내용을 쓰시오.

(2) ㉮~㉰에 해당하는 저작권의 이름을 쓰시오.

풀이 (1) ㉠ : 불가능, ㉡ : 가능, ㉢ : 실연자, ㉣ : 음반제작자, ㉤ : 방송사업자
(2) ㉮ 저작 인격권, ㉯ 저작 재산권, ㉰ 저작 인접권

다음은 저작물의 형태에 따른 저작권의 존속기간(보호기간)을 나타낸 것이다. ㉠~㉢에 적합한 내용을 쓰시오.

저작물 형태	저작권 존속기간
저작자의 생존 여부가 명확한 공표된 저작물	공표된 때부터 (㉠)년간 존속
무명/이명 저작물	공표된 때부터 70년간 존속
(㉡)	마지막으로 사망한 저작자의 사후 70년간 보호
업무상 저작물	공표된 때부터 70년간 존속
창작 이후 (㉢)년 이내에 공표하지 않은 저작물	공표된 때부터 70년간 존속

풀이 ㉠ : 70
㉡ : 공동 저작물
㉢ : 50

> 저작권법 제29조 1항에 따르면 저작권은 저작자의 생존 여부가 명확하고 공표된 것에 한해서 그 저작자의 생존기간 및 사망 후 70년 동안 보호를 받는다.

다음 (가)는 2015 개정 중학교 정보과 교육과정에서 정보문화 영역의 성취기준을 나타낸 것이고, (나)와 (다)는 각각 이와 관련된 '교수·학습 방법 및 유의사항'과 '평가 방법 및 유의사항'을 나타낸 것이다. 그리고 (라)와 (마)는 각각 개인정보와 저작권에 대한 설명이다. 물음에 답하시오.

(가)	[9정01-02] 정보사회 구성원으로서 개인정보와 저작권 보호의 중요성을 인식하고 개인정보 보호, 저작권 보호 방법을 실천한다.
(나)	개인정보 유출로 인한 피해 사례를 조사하고 사례별 문제점에 따른 (㉠) 방안을 수립하도록 한다. 인터넷 상에서 (㉡)를 표기한 저작물을 찾아 해당 저작물의 이용 범위에 적합한 사용법을 설명하도록 한다. 또한, 자신의 저작물에 (㉡)를 사용하여 이용 허가 범위를 표시한 뒤 저작물을 공유하도록 한다.
(다)	개인정보 유출로 인한 최근의 피해 사례를 조사하도록 하고 발표 과정을 관찰하여 사례별 문제점에 따른 (㉠) 방안을 수립하였는지 평가한다. 발표 및 저작물을 공유하는 과정을 관찰하여 (㉡)에 따른 디지털 저작물 사용 방법을 정확하게 설명하고 자신의 저작물을 제작하여 공유할 때 이를 적용하였는지 평가한다.

(라)	2020년 확정된 것으로 개인정보 보호법, 정보통신망법, 신용정보법을 통합하여 일컫는 용어이다. 개인정보 보호법은 추가 정보의 결합 없이는 개인을 식별할 수 없도록 안전하게 처리된 가명 정보의 개념을 도입한 것이다. 가명 정보를 이용하면 개인정보를 활용해 새로운 서비스나 기술, 제품 등을 개발할 수 있어 기업들이 신사업을 전개할 수 있다.
(마)	공공저작물에 특화된 라이선스로 아래와 같은 유형이 있다. 공공저작물의 자유로운 이용을 촉진할 수 있는 표준화된 이용허락제도의 도입과 유통체계마련을 위해 도입되었다.

(1) ㉠에 적합한 용어는 무엇인가?

(2) ㉡에 적합한 용어는 무엇인가?

(3) ㉡과 관련하여 아래 표의 ⓐ, ⓑ에 적합한 내용을 쓰시오.

①	⑨	＝
저작자 표시 (Attribution)	비영리 (Noncommercial)	(ⓐ)
ⓒ	⑧	ⓒ
저작물 사용 허락	(ⓑ)	동일조건 변경 허락 (Share Alike)

(4) (라)의 설명에 해당하는 용어는 무엇인가?

(5) (마)의 설명에 해당하는 용어는 무엇인가?

풀이 (1) 개인정보 보호 실천

(2) 저작물 이용 허락 표시(CCL, Creative Commons License)

(3) ⓐ : 변경금지(No Derivative), ⓑ : 이차적 저작물 허락

(4) 빅데이터 3법(또는 데이터경제 3법)

(5) 공공누리(또는 공공저작물 자유이용허락 표시제)

다음은 공공누리(공공저작물 자유이용허락 표시제) 유형을 나타낸 것이다. ㉠~㉢에 적합한 내용을 쓰시오.

이것은 CCL(Creative Commons License) 같은 자유 이용 라이선스와 달리 공공저작물에 특화된 라이선스이다. 공공저작물의 자유로운 이용을 촉진할 수 있는 표준화된 이용허락제도의 도입과 유통체계 마련을 위해 도입되었다.

① 저작물의 출처 표시
　이용자는 이용 공공저작물의 출처를 표시해야 한다. 출처 표시는 (㉠)의 하나로 인정되고 있으며, 사용한 저작물이 신뢰할 수 있는 것이라는 것을 이용자가 알 수 있도록 한다.
② 비영리 목적의 저작물에 이용
　상업적 이용이 금지된 공공저작물은 영리 행위와 직간접으로 관련된 행위를 위하여 이용될 수 없다. 그러나 별도의 (㉡)을 받아 공공저작물을 상업적으로 이용하는 것은 가능하다.
③ 저작물 변경 및 2차적 저작물 금지
　공공저작물의 변경을 금지하도록 한다. 내용과 형식을 변경할 수 없으며, 원저작물을 번역/편곡/각색/영상제작 등을 통해 (㉢)을 작성하는 것도 금지 대상 행위에 포함된다.

풀이 ㉠ : 저작인격권, ㉡ : 이용허락, ㉢ : 2차적 저작물

다음은 2022 개정 중학교 정보 교육과정에서 디지털 문화 영역의 성취기준과 이를 반영한 중학교 정보 수업의 활동지 중 일부를 나타낸 것이다. 물음에 답하시오.

[9정05-03] 사례를 중심으로 ⓐ디지털 공간에서 함께 살아가기 위해 개인 정보 및 권리와 (㉠)을 보호하는 실천 방법을 탐구한다.

활동지

1. 디지털 문화 영역의 내용 요소에는 '개인 정보와 (㉠)'이 있습니다. 이와 관련하여 아래 활동을 수행합시다.

   ① 인터넷에서 아래와 같은 (㉡)을 표기한 저작물을 찾아 해당 저작물의 이용 범위에 적합한 사용법을 설명한다.

저작자 표시 (Attribution)	비영리 (Noncommercial)	변경금지 (No Derivative)
저작물 사용 허락	이차적 저작물 허락	(㉢)

   ② 자신의 저작물에 (㉡)을 사용하여 이용 허가 범위를 표시한 뒤 저작물을 공유한다.

2. 공공누리(또는 공공저작물 자유이용허락 표시제)를 찾아 (㉡)와의 차이점을 비교·분석해 봅시다.

… (하략) …

---

(1) ㉠~㉢에 적합한 용어를 쓰시오.

(2) 밑줄 친 ⓐ를 위해 필요한 태도를 '디지털 문화' 영역에서 가치 · 태도 범주의 내용 요소에 근거하여 기술하시오.

(3) 2015 개정 중학교 정보 교육과정에서는 위 활동지의 ①~② 활동에 대한 '평가 방법 및 유의 사항'을 다음과 같이 기술하였다. 여기서 ㉮, ㉯에 적합한 내용을 쓰시오.

발표 및 저작물을 공유하는 과정을 관찰하여 (㉮)에 따른 (㉯) 사용 방법을 정확하게 설명하고 자신의 저작물을 제작하여 공유할 때 이를 적용하였는지 평가한다.

풀이 (1) ㉠ : 저작권, ㉡ : 저작물 이용 허락 표시(CCL, Creative Commons License), ㉢ : 동일 조건 변경 허락(Share Alike)

(2) 디지털 공간에서 함께 살아가기 위한 윤리적인 태도

(3) ㉮ 저작물 이용 허락 표시(CCL, Creative Commons License), ㉯ 디지털 저작물

다음 내용은 수업목적의 저작물 이용과 관련된 내용이다. 물음에 답하시오.

> ⓐ초, 중등학교는 수업을 위한 목적이면 공표된 저작물 일부를 (㉠)의 허락이 없이 이용할 수 있다. ⓑ(㉡) 제25조 제2항에는 교육기관은 학교 수업 목적상 저작물을 일부 또는 부득이한 경우 전부를 이용할 수 있다고 명시되었다.
> ⓒ저작물의 전송은 홈페이지 블로그 등에 업로드하여, 다른 사람들이 자료를 내려받거나 스트리밍 방식으로 보거나 들을 수 있도록 제공하는 것을 말한다. ⓓ학교 선생님이 수업목적으로 개인적으로 운영하는 블로그에 자료를 업로드하여 제공하는 것은 이에 해당한다.

(1) ㉠, ㉡에 적합한 용어를 쓰시오.

(2) ⓐ~ⓓ 중에서 잘못된 것을 찾고, 그 판단 근거를 설명하시오.

풀이 (1) ㉠ : 저작권자, ㉡ : 저작권법

(2) ⓓ, 수업목적으로 타인의 저작물을 전송할 수 있는 환경은 교육기관이 직접 운영 또는 관리하는 인터넷 환경으로 제한한다.

CHAPTER 6

정보과 교육과정 요약

6.1 2015 개정 정보과 교육과정

6.1.1 정보 교육과정

1 성격

정보 (Informatics)	컴퓨터과학의 기본 개념과 원리 및 기술을 바탕으로 실생활과 다양한 학문 분야의 문제를 창의적이고 효율적으로 해결하기 위한 학문 분야
정보 교과	컴퓨터과학적 지식과 기술의 탐구와 더불어 실생활의 문제 해결을 위해 새로운 지식과 기술을 창출하고 이를 통합적으로 적용하는 능력과 태도를 함양하는 교과
교과 기능	• 정보사회 구성원으로서 갖추어야 할 정보윤리, 정보보호를 실천하며, 정보를 효율적으로 관리하고 생산하는 능력과 태도를 고취함 • 컴퓨터과학의 기본 개념과 원리를 습득하고 컴퓨팅 시스템을 활용하여 문제를 창의적으로 해결하는 능력을 신장함 • 문제 해결을 위한 해법을 컴퓨터과학의 관점에서 설계하고 이를 소프트웨어로 구현하는 프로그래밍 능력과 태도를 함양함 • 과학, 인문학, 예술 등 다양한 학문 분야의 문제를 컴퓨터과학의 관점에서 재해석하고 창의·융합적으로 해결하는 능력을 함양함 • 네트워크 컴퓨팅 기반 환경의 다양한 지식 공동체, 학습 공동체에서 협력적 문제 해결을 위한 지식과 정보의 공유, 효율적 의사소통, 협업 능력을 함양함
교과 역량	정보문화소양, 컴퓨팅 사고력, 협력적 문제해결력 • 정보문화소양 : 정보사회의 가치를 이해하고 정보사회 구성원으로서 윤리의식과 시민의식을 갖추고 정보기술을 활용하여 문제를 해결할 수 있는 능력 　- 정보윤리의식, 정보보호능력, 정보기술활용능력 • 컴퓨팅 사고력 : 컴퓨터과학의 기본 개념과 원리 및 컴퓨팅 시스템을 활용하여 실생활과 다양한 학문 분야의 문제를 이해하고 창의적으로 해법을 구현하여 적용할 수 있는 능력 　- 추상화 능력, 자동화 능력, 창의·융합 능력 • 협력적 문제해결력 : 네트워크 컴퓨팅 환경에 기반한 다양한 지식·학습 공동체에서 공유와 효율적인 의사소통, 협업을 통해 문제를 창의적으로 해결할 수 있는 능력 　- 협력적 컴퓨팅 사고력, 디지털 의사소통능력, 공유와 협업 능력
연계성	• 초등학교 : 실과(5~6학년군, SW 기초 소양 교육) • 중학교 : 정보(공통 교육과정) • 고등학교 : 정보(선택 중심 교육과정-일반 선택), 인공지능 기초(선택 중심 교육과정 - 진로 선택), 정보과학(과학계열 전문교과 Ⅰ)

2 목표

정보교과 목표	정보 교과의 교육 목표는 정보윤리의식, 정보보호능력, 정보기술활용능력을 기르고 컴퓨터과학의 기본 개념과 원리, 컴퓨팅 기술을 바탕으로 실생활 및 다양한 학문 분야의 문제를 창의적이고 효율적으로 해결하는 능력과 협력적 태도를 기르는 데 중점을 둔다. • 정보사회의 특성을 이해하고, 정보윤리 및 정보보호를 올바르게 실천할 수 있는 태도를 기름 • 정보기술을 활용하여 정보를 효율적으로 관리하고 생산하는 능력과 태도를 기름 • 컴퓨팅 원리에 따라 문제를 추상화하여 해법을 설계하고 프로그래밍 과정을 통해 소프트웨어로 구현하여 자동화할 수 있는 능력을 기름 • 컴퓨팅 시스템의 구성 및 동작 원리를 이해하고 실생활의 문제를 해결할 수 있는 창의적 컴퓨팅 시스템을 구현할 수 있는 능력을 기름
중학교 목표	중학교 정보에서는 기초적인 정보윤리의식과 정보보호능력을 함양하고 실생활의 문제 해결을 위해 정보기술활용능력과 컴퓨팅 사고력, 협력적 문제해결력을 기르는 데 중점을 둠 • 정보사회의 특성을 올바르게 이해하고 정보윤리를 실천할 수 있는 태도를 기름 • 정보기술을 활용하여 문제 해결에 필요한 자료와 정보를 수집하고 효율적으로 구조화하는 능력과 태도를 기름 • 컴퓨터과학의 기본 개념과 원리에 따라 실생활의 문제를 추상화하여 해법을 설계하고 프로그래밍 과정을 통해 소프트웨어로 구현하여 자동화할 수 있는 능력을 기름 • 컴퓨팅 시스템의 구성 및 동작 원리를 이해하고 다양한 입·출력 장치와 프로그래밍을 통해 문제 해결에 적합한 피지컬 컴퓨팅 시스템을 구성하는 능력을 기름
고등학교 목표	고등학교 정보에서는 정보윤리의식을 바탕으로 정보보호를 실천하기 위한 역량을 강화하고 실생활의 기초적인 문제뿐만 아니라 다양한 학문 분야의 복잡한 문제 해결을 위해 정보기술활용능력과 컴퓨팅 사고력, 협력적 문제해결력을 기르는 데 중점을 둠 • 정보사회에서 정보과학의 가치와 영향력을 인식하고 정보윤리, 정보보호 및 보안을 실천할 수 있는 태도 • 정보 활용 목적에 따라 효율적인 디지털 표현 방법을 이해하고 정보기술을 활용하여 자료와 정보를 수집, 분석, 관리하는 능력과 태도 • 컴퓨터과학의 기본 개념과 원리에 따라 다양한 학문 분야의 문제를 추상화하여 해법을 설계하고 프로그래밍 과정을 통해 소프트웨어로 구현하여 자동화할 수 있는 능력 • 컴퓨팅 시스템의 효율적인 자원 관리 방법을 이해하고 다양한 학문 분야의 복잡한 문제 해결을 위한 피지컬 컴퓨팅 시스템을 창의적으로 구현할 수 있는 능력

3 내용 체계

(1) 영역 및 핵심 개념

영역	핵심 개념	일반화된 지식
정보문화	정보사회	정보사회는 정보의 생산과 활용이 중심이 되는 사회이며, 정보와 관련된 새로운 직업이 등장하고 있다.
	정보윤리	정보윤리는 정보사회에서 구성원이 지켜야 하는 올바른 가치관과 행동 양식이다.
자료와 정보	자료와 정보의 표현	숫자, 문자, 그림, 소리 등 아날로그 자료는 디지털로 변환되어 컴퓨터 내부에서 처리된다.
	자료와 정보의 분석	문제 해결을 위해 필요한 자료와 정보의 수집과 분석은 검색, 분류, 처리, 구조화 등의 방법으로 이루어진다.
문제 해결과 프로그래밍	추상화	추상화는 문제를 이해하고 분석하여 문제 해결을 위해 불필요한 요소를 제거하거나 작은 문제로 나누는 과정이다.
	알고리즘	알고리즘은 문제 해결을 위한 효율적인 방법과 절차이다.
		다양한 제어구조를 이용하여 알고리즘을 설계하고, 수행시간 관점에서 알고리즘을 분석한다.
	프로그래밍	프로그래밍은 문제의 해결책을 프로그래밍 언어로 구현하여 자동화하는 과정이다.
컴퓨팅 시스템	컴퓨팅 시스템의 동작원리	다양한 하드웨어와 소프트웨어가 유기적으로 결합된 컴퓨팅 시스템은 외부로부터 자료를 입력받아 효율적으로 처리하여 출력한다.
	피지컬 컴퓨팅	마이크로 컨트롤러와 다양한 입 · 출력 장치로 피지컬 컴퓨팅 시스템을 구성하고 프로그래밍을 통해 제어한다.

(2) 영역별 내용 요소 및 학습 요소

영역	핵심 개념	중학교		고등학교	
		내용 요소	학습요소	내용 요소	학습요소
정보 문화	정보사회	• 정보사회의 특성과 진로	• 정보사회의 특성과 직업	• 정보과학과 진로	• 정보과학 • 정보과학 직업군
	정보윤리	• 개인정보와 저작권 보호 • 윤리	• 개인정보 보호 • 저작권 보호 • 디지털 저작물 • 소프트웨어 사용권 • 소프트웨어 가치 • 사이버 윤리	• 정보보호와 보안 • 저작권 활용 • 사이버 윤리	• 정보보호 제도 및 방법 • 정보 공유 • 정보 보안 • 소프트웨어 저작권 • 사이버 윤리

영역	핵심 개념	중학교		고등학교	
		내용 요소	학습요소	내용 요소	학습요소
자료와 정보	자료와 정보의 표현	• 자료의 유형과 디지털 표현	• 아날로그 • 디지털	• 효율적인 디지털 표현	• 부호화 • 빅데이터
	자료와 정보의 분석	• 자료의 수집 • 정보의 구조화	• 자료수집 • 자료분류 • 자료관리 • 자료공유 • 정보의 구조화	• 자료의 분석 • 정보의 관리	• 자료수집 • 자료분석 • 정보의 시각화 • 데이터베이스
문제 해결과 프로그래밍	추상화	• 문제 이해 • 핵심요소추출	• 문제분석 • 핵심요소추출	• 문제 분석 • 문제분해와 모델링	• 문제분석 • 현재상태 • 목표상태 • 핵심요소추출 • 문제분해 • 모델링
	알고리즘	• 알고리즘 이해 • 알고리즘 표현	• 알고리즘의 개념 • 알고리즘의 중요성 • 알고리즘 표현 방법	• 알고리즘 설계 • 알고리즘 분석	• 순차 구조 • 선택 구조 • 반복 구조 • 알고리즘 효율성
	프로그래밍	• 입력과 출력 • 변수와 연산 • 제어 구조 • 프로그래밍 응용	• 입력 • 처리 • 출력 • 변수 • 산술연산 • 비교연산 • 논리연산 • 순차 구조 • 선택 구조 • 반복 구조 • 프로그래밍 환경 • 프로그래밍 과정 • 소프트웨어 개발	• 프로그램 개발환경 • 변수와 자료형 • 연산자 • 표준입출력과 파일입출력 • 중첩 제어 구조 • 배열 • 함수 • 프로그래밍 응용	• 텍스트 기반 프로그래밍 환경 • 변수 • 자료형 • 산술연산 • 비교연산 • 논리연산 • 표준입출력 • 파일입출력 • 입출력 설계 • 중첩 제어 구조 • 1차원 및 2차원 배열 • 함수 • 소프트웨어 개발
컴퓨팅 시스템	컴퓨팅 시스템의 동작원리	• 컴퓨팅 기기의 구성과 동작 원리	• 하드웨어 • 소프트웨어 • 컴퓨팅 시스템의 동작 원리	• 운영체제 역할 • 네트워크환경 설정	• 운영체제 역할 • 자원 관리 • 유무선 네트워크 • IP 주소
	피지컬 컴퓨팅	• 센서 기반 프로그램 구현	• 피지컬 컴퓨팅 시스템 • 센서 입력 • 동작 제어 프로그램 • 결과 출력	• 피지컬컴퓨팅 구현	• 피지컬 컴퓨팅 시스템 설계 및 구현

4 성취기준

가. 중학교

(1) 정보 문화

정보문화 영역의 성취기준은 정보사회의 특성을 이해하고 정보사회 구성원으로서 갖추어야 할 정보윤리의식, 정보보호능력을 함양하는 데 중점을 두어 설정하였다. 이 영역에서는 정보기술의 발달로 인한 개인의 삶과 사회의 변화를 분석하여 관련 진로와 직업의 변화를 탐색하고, 정보사회에서의 소프트웨어의 중요성과 가치를 인식하도록 하는 것이 중요하다. 또한, 정보윤리의식과 정보보호능력을 함양하기 위해 개인정보 보호, 저작권 보호, 사이버 윤리 실천 방안을 탐색하고 실천하는 데 중점을 둔다.

성취기준	학습요소	교수·학습 방법 및 유의 사항	평가 방법 및 유의 사항
[9정01-01] 정보기술의 발달과 소프트웨어가 개인의 삶과 사회에 미친 영향과 가치를 분석하고 그에 따른 직업의 특성을 이해하여 자신의 적성에 맞는 진로를 탐색한다.	정보사회의 특성과 직업, 소프트웨어의 가치	• 직업 관련 정보 제공 사이트를 활용하여 정보사회의 특성에 따른 진로와 직업을 조사하고 미래사회 및 직업의 발전 방향을 분석한다. 분석 결과와 관련지어 자신의 적성에 적합한 직업을 선택하고 자신이 선택한 직업의 가치와 중요성을 설명하도록 한다. • 일상생활과 다양한 학문 및 직업 분야에서 활용되는 소프트웨어의 종류와 역할을 조사하고 분석하여 개인의 삶과 사회 변화에 미치는 소프트웨어의 역할과 중요성에 대해 토론하도록 한다.	• 정보사회 특성에 따른 진로와 직업을 조사하도록 하고 발표하는 과정을 관찰하여 미래사회 변화와 자신의 적성에 적합한 직업을 탐색하였는지 평가한다. • 일상생활과 다양한 학문 및 사회의 각 직업 분야에서 활용되는 소프트웨어의 종류와 역할을 조사하도록 하고, 토론하는 과정을 관찰하여 개인의 삶과 사회의 변화에 미치는 소프트웨어의 역할과 중요성에 대해 인식하였는지 평가한다.

[성취기준 해설] 정보기술의 발달로 인한 개인의 삶과 사회의 변화를 분석하여 미래사회와 직업의 발전 방향을 예측하고 자신의 적성에 맞는 다양한 진로를 탐색할 수 있어야 한다. 개인의 삶과 사회의 각 분야에서 활용되는 소프트웨어의 역할과 영향력 분석을 통해 소프트웨어의 가치와 중요성을 인식할 수 있어야 한다.

[9정01-02] 정보사회 구성원으로서 개인정보와 저작권 보호의 중요성을 인식하고 개인정보 보호, 저작권 보호 방법을 실천한다.	개인정보 보호, 저작권 보호, 디지털 저작물, 소프트웨어 사용권	• 개인정보 유출로 인한 피해 사례를 조사하고 사례별 문제점에 따른 개인정보 보호 실천 방안을 수립하도록 한다. • 인터넷 상에서 '저작물 이용 허락 표시(CCL, Creative Commons License)'를 표기한 저작물을 찾아 해당 저작물의 이용 범위에 적합한 사용법을 설명하도록 한다. 또한, 자신의 저작물에 '저작물 이용 허락 표시'를 사용하여 이용 허가 범위를 표시한 뒤 저작물을 공유하도록 한다.	• 개인정보 유출로 인한 최근의 피해 사례를 조사하도록 하고 발표 과정을 관찰하여 사례별 문제점에 따른 개인정보 보호 실천 방안을 수립하였는지 평가한다. • 발표 및 저작물을 공유하는 과정을 관찰하여 '저작물 이용 허락 표시'에 따른 디지털 저작물 사용 방법을 정확하게 설명하고 자신의 저작물을 제작하여 공유할 때 이를 적용하였는지 평가한다.

[성취기준 해설] 개인정보 유출로 인한 피해 사례 조사를 통해 개인정보 보호의 중요성을 인식하고 개인정보를 관리하고 보호하기 위한 방법을 알고 실천할 수 있어야 한다. 저작물의 개념과 저작물을 보호해야 하는 이유를 알고 디지털 저작물을 올바르게 이용하기 위한 방법을 찾아 실천할 수 있어야 한다.

| [9정01-03] 정보사회에서 개인이 지켜야 하는 사이버 윤리의 필요성을 이해하고 사이버 폭력 방지와 게임·인터넷·스마트폰 중독의 예방법을 실천한다. | 사이버 윤리 | • 컴퓨팅 기기와 인터넷을 활용하여 사이버 폭력의 사례를 조사하고 사례별 예방 계획을 구체적으로 수립하도록 한다.
• 게임 중독, 인터넷 중독, 스마트폰 중독 등의 여부를 자가 진단하여 자신의 상태를 파악하고 진단 결과별 예방 계획을 구체적으로 수립하도록 한다. | • 게임 중독, 인터넷 중독, 스마트폰 중독 등에 대한 자가 진단 방법을 찾아 자신의 상태를 파악하고 진단 결과에 따른 실천 가능한 예방 계획을 수립하였는지 평가한다.
• 학습자의 구체적인 실천 사례나 가치관, 흥미 등을 종합적으로 고려하여 정보 윤리와 관련된 정의적 능력을 평가한다. |

[평가 방법 및 유의 사항] 정보사회 구성원으로서 갖추어야 할 정보문화소양을 평가하기 위한 체크리스트를 개발하고, 교사의 관찰에 의한 평가뿐만 아니라, 동료 학생의 관찰 평가 시 객관적 평가 도구로 활용할 수 있도록 한다.

(2) 자료와 정보

자료와 정보 영역의 성취기준은 정보기술을 활용하여 정보를 효율적으로 관리하고 생산하는 능력과 태도를 함양하는 데 중점을 두어 설정하였다. 자료와 정보를 효율적으로 처리하기 위해 디지털 정보의 특성을 이해하고 실생활에 존재하는 다양한 형태의 자료와 정보를 디지털로 표현하도록 하는 것이 중요하다. 또한, 문제 해결에 필요한 자료를 컴퓨팅 도구를 활용하여 수집, 관리하고 정보를 효과적으로 전달하기 위해 구조화하는 데 중점을 둔다.

성취기준	학습 요소	교수·학습 방법 및 유의 사항	평가 방법 및 유의 사항
[9정02-01] 디지털 정보의 속성과 특징을 이해하고 현실 세계에서 여러 가지 다른 형태로 표현되고 있는 자료와 정보를 디지털 형태로 표현한다.	아날로그, 디지털	실생활에서 표현되는 디지털 정보의 사례를 찾아 아날로그 정보와의 차이를 분석하게 하고, 간단한 활동을 통해 문자나 그림을 디지털 변환 원리에 따라 표현해 보도록 한다.	아날로그 형태의 문자, 그림을 디지털로 변환하는 과정을 관찰하여 아날로그와 디지털 정보의 차이와 변환 원리를 이해하였는지 평가한다.
[9정02-02] 인터넷, 응용 소프트웨어 등을 활용하여 문제 해결을 위한 자료를 수집하고 관리한다.	자료 수집, 자료 분류, 자료 관리, 자료 공유	문제 해결을 위한 정보의 수집과 관리 계획 수립, 인터넷 검색을 활용한 자료의 수집, 응용 소프트웨어를 활용한 자료의 분류, 관리, 공유를 수행하도록 하고 이러한 과정을 보고서로 작성하도록 한다.	수행 과정 관찰 및 결과 보고서 평가를 통해 문제 해결에 적합한 정보의 수집과 관리 계획을 수립하고 이에 적합한 응용 소프트웨어를 활용하여 자료를 수집, 분류, 관리, 공유하였는지 평가한다.

[성취기준 해설] 문제 분석 과정을 거쳐 문제 해결을 위해 필요한 자료가 무엇인지 확인하고, 해당 자료를 인터넷을 통해 수집하도록 한다. 수집한 자료는 응용 소프트웨어를 활용하여 체계적으로 분류, 관리, 공유할 수 있어야 한다.

[9정02-03] 실생활 정보를 표, 다이어그램 등 다양한 형태로 구조화하여 표현한다.	정보의 구조화	실생활의 정보를 표, 다이어그램 등 다양한 시각적 형태로 구조화하여 표현하도록 하고 산출물을 서로 비교하여 정보 활용 목적에 효과적인 형태인지 토론하도록 한다.	정보를 구조화한 산출물을 시연하고 토론하는 과정을 관찰하여 정보를 효과적으로 전달할 수 있는 형태로 구조화하였는지 평가한다.

[성취기준 해설] 정보를 효과적으로 전달하기 위해 필요한 자료를 확인하고, 표, 다이어그램 등의 다양한 시각적 형태로 구조화하여 표현하도록 한다. 이러한 과정을 통해 정보의 종류와 특성, 문제 해결을 위한 정보 활용 목적에 따라 가장 효과적인 구조화 형태가 무엇인지 판단할 수 있어야 한다.

[평가 방법 및 유의 사항] 정보기술을 활용하여 자료와 정보를 수집하고 관리하는 능력을 평가하기 위한 체크리스트를 구체화하여 제시하고, 교사의 관찰에 의한 평가뿐만 아니라, 동료 학생의 관찰 평가 시 객관적 평가 도구로 활용할 수 있도록 한다.

(3) 문제 해결과 프로그래밍

① 추상화와 알고리즘

추상화와 알고리즘의 성취기준은 실생활의 문제를 추상화하여 해결하기 쉬운 형태로 만들고 문제 해결을 위한 알고리즘을 설계하는 능력과 태도를 함양하는 데 중점을 두어 설정하였다. 따라서 실생활의 문제를 분석하고 핵심요소를 추출하여 해결 가능한 형태로 만드는 추상화 과정을 경험하도록 하는 것이 중요하다. 또한, 문제 해결을 위한 방법과 절차인 알고리즘의 의미와 중요성에 대한 이해를 바탕으로 다양한 해법을 탐색하고 명확하게 표현하는 데 중점을 둔다.

성취기준	학습요소	교수·학습 방법 및 유의 사항	평가 방법 및 유의 사항
[9정03-01] 실생활 문제 상황에서 문제의 현재 상태, 목표 상태를 이해하고 목표 상태에 도달하기 위해 수행해야 할 작업을 분석한다.	문제분석	실생활에서 경험할 수 있는 친숙한 문제 상황을 제시하여 문제를 분석하게 하고 문제 해결을 위해 필요한 요소와 불필요한 요소를 분류하게 한다.	문제 분석 과정의 관찰을 통해 문제 상황을 정확하게 분석하고 문제 해결을 위한 핵심 요소를 구분하였는지 평가한다.

[성취기준 해설] 실생활의 다양한 문제 상황을 분석하여 문제의 현재 상태와 목표 상태를 명확히 정의하고, 현재 상태에서 목표 상태에 도달하기 위해 수행할 작업의 종류와 순서를 구체적으로 파악할 수 있어야 한다.

[9정03-02] 문제 해결에 필요한 요소와 불필요한 요소를 분류한다.	핵심요소 추출	모둠별 활동을 통해 문제 해결을 위해 필요한 요소와 불필요한 요소의 분류 기준과 이유를 토론하고 비교하도록 한다.	

[성취기준 해설] 문제 상황에 제시된 다양한 요소들을 분석하여 목표 상태에 도달하기 위해 필수적인 요소를 찾을 수 있어야 한다.

[9정03-03] 논리적인 문제 해결 절차인 알고리즘의 의미와 중요성을 이해하고 실생활 문제의 해결과정을 알고리즘으로 구상한다.	알고리즘의 개념, 알고리즘의 중요성		과제를 제시하고 문제 상황에 적합한 문제 해결 과정을 절차적으로 분석하였는지 평가한다.

[성취기준 해설] 알고리즘의 중요성을 인식하고 실생활에서 발생하는 문제의 해결 과정을 알고리즘으로 구상하여, 논리적인 문제 해결 방법을 탐색하는 기반을 마련할 수 있어야 한다. 알고리즘의 이론적 이해보다는 실생활 문제의 해결 과정을 절차적이고 명확하게 수립할 수 있어야 한다.

[9정03-04] 문제 해결을 위한 다양한 방법과 절차를 탐색하고 명확하게 표현한다.	알고리즘 표현 방법	• 실생활에서 경험할 수 있는 친숙한 문제 상황을 제시한 후 문제 해결 과정을 절차적으로 분석하여 글이나 그림으로 표현하도록 한다. • 추상화, 알고리즘 표현, 프로그래밍 과정이 연계될 수 있도록 자신이 해결하고 싶은 실생활의 문제를 선택하게 하고 문제 해결을 위한 수행 과정을 포트폴리오 형태로 누적하도록 한다. • 다양한 문제 해결 절차를 탐색하여 비교, 분석하는 데 중점을 두며 특정 알고리즘 표현 방법에 치중하기보다 학습자의 이해 수준에 맞는 글이나 그림 등을 이용하여 표현하고 산출물을 공유할 수 있도록 한다.	• 과제 산출물 평가 시 주어진 문제 해결을 위한 다양한 방법을 탐색하고 글이나 그림 등으로 이해하기 쉽게 표현하였는지 평가한다.

[교수·학습 방법 및 유의 사항] 학습자의 흥미와 동기 및 수준을 고려하여 알고리즘과 관련된 놀이 활동, 퍼즐 등을 활용하도록 한다.
[평가 방법 및 유의 사항] 문제를 해결하기 위한 방법과 절차를 다양한 형태로 표현하는 과제 평가에서는 표현 형태를 획일적으로 제한하지 않으며 절차적 사고가 논리적 표현되었는지에 중점을 둔다.

② 프로그래밍

프로그래밍의 성취기준은 추상화와 알고리즘을 통해 설계한 문제 해결 과정을 자동화하는 능력을 함양하는 데 중점을 두어 설정하였다. 따라서 프로그래밍 언어의 개발 환경 및 특성을 이해하고 입력과 출력, 변수와 연산, 실행 흐름 제어를 위한 제어 구조 등 프로그래밍의 기본 개념과 원리를 문제 해결에 적용하도록 하는 것이 중요하다. 또한, 프로그래밍 응용 분야의 프로젝트 수행 과정에서 협력적으로 과제를 수행하는 데 중점을 둔다.

성취기준	학습요소	교수·학습 방법 및 유의 사항	평가 방법 및 유의 사항
[9정04-01] 사용할 프로그래밍 언어의 개발 환경 및 특성을 이해한다.	프로그래밍 환경	학습자 수준에 적절한 교육용 프로그래밍 언어를 선택한다.	
[9정04-02] 다양한 형태의 자료를 입력 받아 처리하고 출력하기 위한 프로그램을 작성한다.	프로그래밍 과정, 입력, 처리, 출력	특정 프로그래밍 언어의 기능 습득에 치중하지 않도록 유의하고 문제 해결을 위한 프로그램 설계 및 개발 과정을 통해 컴퓨팅 사고력을 신장하는 데 초점을 둔다.	

[성취기준 해설] 다양한 형태의 자료를 외부로부터 입력 받아 처리한 후 출력하는 프로그램을 작성할 수 있어야 한다. 이 때, 사용자가 직접 키보드를 통해 문자열을 입력하거나, 외부와 연결된 다양한 장치로부터 입력된 값을 사용할 수 있어야 한다.

[9정04-03] 변수의 개념을 이해하고 변수와 연산자를 활용한 프로그램을 작성한다.	변수, 산술연산, 비교연산, 논리연산		단계별 프로그래밍 실습 과제를 제시하여 학습자가 개발한 프로그램의 정확성과 효율성을 평가하고, 문제 해결 목적에 적합한 변수, 연산자, 입력과 출력, 제어 구조 등을 사용하였는지 평가한다.
[성취기준 해설] 변수의 필요성과 역할을 이해하고, 문제 해결을 위해 필요한 변수를 만들고 연산자(산술, 비교, 논리)를 사용하여 변수의 값을 활용할 수 있어야 한다. 또한, 변수를 정의할 때, 변수명과 초깃값의 역할과 중요성을 이해할 수 있어야 한다.			
[9정04-04] 순차, 선택, 반복의 개념과 원리를 이해하고 세 가지 구조를 활용한 프로그램을 작성한다.	순차 구조, 선택 구조, 반복 구조,		
[성취기준 해설] 순차, 선택, 반복 구조의 명령 실행 과정이 어떻게 다른지를 이해하고, 이러한 제어 구조를 이용해 효율적인 프로그램을 작성한다. 이 때 변수, 연산자, 입력, 출력, 제어 구조를 종합적으로 활용할 수 있어야 한다.			
[9정04-05] 실생활 문제 해결을 위한 소프트웨어를 협력하여 설계, 개발, 비교·분석한다.	소프트웨어 개발	프로그램 개발 과정을 공유·비교·분석하는 활동을 통해 프로그램을 지속적으로 수정·보완하여 효율적인 프로그램을 완성할 수 있도록 지도한다.	
[성취기준 해설] 실생활의 다양한 문제 해결을 위한 소프트웨어를 협력적 프로젝트 수행을 통해 설계하고 개발한다. 이러한 과정을 통해 다양한 알고리즘과 프로그램의 동작 원리를 이해하고 비교·분석할 수 있어야 한다.			
[교수·학습 방법 및 유의 사항] 학습 초기 단계에서는 이미 작성된 프로그램의 코드를 동일하게 만들어 보거나 부분적으로 수정하는 활동을 통해 프로그래밍의 기본 개념과 원리를 습득하도록 한다. 프로그래밍을 통한 실생활 문제 해결 프로젝트를 협력적으로 수행할 수 있도록 지도하고, 협력과정에서 구성원의 적극적 참여를 유도하기 위해 프로젝트 계획 단계에서 구성원의 임무와 역할을 명확히 분담하도록 안내한다. 실생활 문제와 관련된 프로젝트 수행 시 가급적 컴퓨팅 시스템 영역과 연계하여 지도할 수 있는 주제를 선정한다. [평가 방법 및 유의 사항] 단계별 형성 평가를 통해 프로그래밍의 기본 개념과 원리를 이해하고 있는지 평가한다. 실생활 문제 해결을 위한 프로젝트 수행 과정을 관찰하는 동시에 포트폴리오를 평가함으로써 프로그래밍으로 해결 가능한 문제를 스스로 선정하였는지, 창의적 문제 해결 아이디어를 고안하였는지, 문제 해결에 적합한 알고리즘을 설계하고 프로그램으로 구현하였는지 등을 종합적으로 평가한다. 협력적 프로젝트의 수행 과정을 평가할 때는 학습자 간 유의미한 상호작용이 이루어졌는지, 그리고 구성원 각자의 역할을 책임감 있게 수행하였는지 등을 종합적으로 고려한다. 프로그래밍 언어의 문법 이해와 관련한 지엽적인 평가를 지양하고 문제 분석, 추상화, 알고리즘 설계, 프로그램 개발 및 수정 등 일련의 수행 과정을 종합적으로 평가한다.			

(4) 컴퓨팅 시스템

컴퓨팅 시스템 영역의 성취기준은 컴퓨팅 시스템의 구성과 동작 원리를 이해하고 창의적 컴퓨팅 시스템을 설계·구현할 수 있는 역량을 함양하는 데 중점을 두어 설정하였다. 따라서 이 영역에서는 컴퓨팅 기기의 구성과 동작 원리를 이해하고 실생활의 문제 해결을 위해 다양한 센서를 통한 자료의 입력과 처리, 동작 제어를 위한 프로그램을 설계·개발하는 데 중점을 둔다.

성취기준	학습요소	교수·학습 방법 및 유의 사항	평가 방법 및 유의 사항
[9정05-01] 컴퓨팅 시스템을 구성하는 하드웨어와 소프트웨어의 역할을 이해하고 유기적인 상호 관계를 분석한다.	하드웨어, 소프트웨어, 컴퓨팅 시스템의 동작 원리	실생활에서 컴퓨팅 시스템을 활용한 사례를 찾고 각 시스템을 구성하는 하드웨어와 소프트웨어의 유기적인 관계와 역할을 탐구하여 발표하도록 한다.	탐구 및 발표 과정의 관찰을 통해 컴퓨팅 시스템을 구성하고 있는 하드웨어와 소프트웨어의 유기적인 관계와 역할을 이해하고 이에 따라 실생활의 다양한 컴퓨팅 시스템의 동작 원리를 분석하였는지 평가한다.

[성취기준 해설] 컴퓨팅 시스템을 구성하고 있는 하드웨어 장치 간의 관계와 역할, 하드웨어와 소프트웨어 간의 관계와 역할을 이해하고 실생활에서 사용하고 있는 다양한 컴퓨팅 시스템의 구성과 동작 원리를 분석할 수 있어야 한다.

성취기준	학습요소	교수·학습 방법 및 유의 사항	평가 방법 및 유의 사항
[9정05-02] 센서를 이용한 자료 처리 및 동작 제어 프로그램을 구현한다.	피지컬 컴퓨팅 시스템, 센서 입력, 동작 제어 프로그램, 결과 출력	센서 기반 프로그램 구현 시, 학습자의 수준과 학습 환경을 고려하여 센서의 종류와 개수를 결정하고 피지컬 컴퓨팅의 흥미와 동기를 부여할 수 있는 주제를 선정하여 적용한다. 이 때, 학습자의 수준에 따라 이미 구현된 센서 보드를 활용할 수도 있다.	

[성취기준 해설] 주변 환경의 빛, 소리 등을 감지할 수 있는 센서를 이용하여 입력되는 값을 조건에 따라 처리하여 결과를 출력하거나, 입력 값에 따라 장치의 동작을 제어하는 프로그램을 작성할 수 있어야 한다.

[교수·학습 방법 및 유의 사항]
피지컬 컴퓨팅 장치의 구성보다는 제어를 위한 동작 설계와 프로그램 작성 과정에 중점을 두고 지도하며 가급적 '문제 해결과 프로그래밍' 영역에서 선택한 프로그래밍 언어를 사용하도록 한다.
피지컬 컴퓨팅 장치의 동작 설계에서부터 제어 프로그램 개발까지의 과정을 공유하고 비교·분석하는 활동을 통해 효율적인 프로그램을 개발할 수 있도록 지도한다.

[평가 방법 및 유의 사항]
실습 과제를 통해 문제 해결에 적합한 하드웨어를 구성하였는지, 개발한 프로그램에 의해 시스템이 정확하게 동작하는지 등을 평가한다.
동일한 문제 해결을 위해 구현한 피지컬 컴퓨팅 시스템이라 하더라도 다양한 형태의 하드웨어와 프로그램으로 구현될 수 있다. 따라서 학습자가 구현한 피지컬 컴퓨팅 시스템을 평가할 때는 동작 수행의 정확성과 더불어 하드웨어 구성과 프로그램 설계의 창의성과 효율성에 중점을 두고 평가한다.

나. 고등학교

(1) 정보 문화

성취기준	학습요소	교수·학습 방법 및 유의 사항	평가 방법 및 유의 사항
[12정보01-01] 정보사회에서 정보과학의 지식과 기술이 활용되는 분야를 탐색하고 영향력을 평가한다.	정보과학	개인의 삶과 사회에서 정보과학의 지식과 기술이 활용되는 구체적인 사례를 조사하도록 한다. 조사 결과를 토대로 정보과학이 다른 학문 영역과 융합되어 새로운 가치를 만들어 내는 과정을 분석하고 토론하도록 한다.	정보사회에서의 정보과학 지식과 기술의 활용 분야와 영향력을 분석하였는지 사례 조사 및 토론과정의 관찰을 통해 평가한다.
[성취기준 해설] 정보사회에서 정보과학의 지식과 기술이 활용되는 분야를 탐색하고 각 분야에서 정보과학이 미치는 영향력을 파악할 수 있어야 한다. 이를 위해 정보과학의 지식과 기술이 활용되는 다양한 분야를 구체적인 사례를 통해 탐색하고, 정보과학의 발전이 정보사회에 주는 사회·문화적 영향력을 분석하여 미래사회의 발전 방향을 예측할 수 있어야 한다.			
[12정보01-02] 정보과학 분야의 직업과 진로를 탐색한다.	정보과학 직업군	정보과학 전공 분야의 직업 특성과 다양한 전공 분야에 활용되는 정보과학의 영역에 대해 조사하고 미래사회 변화에 적합한 진로 선택을 위해 준비해야 할 사항에 대해 토론하도록 한다.	정보과학 전공 분야의 직업 특성에 따라 미래사회 변화에 적합한 진로를 선택하고 준비 사항을 제시하였는지 조사 및 토론 과정의 관찰을 통해 평가한다.
[12정보01-03] 정보보호 제도 및 방법에 따라 올바르게 정보를 공유하는 방법을 실천한다.	정보보호 제도 및 방법, 정보 공유	정보보호 제도 및 방법에 대해 조사하고 보호해야 할 정보와 공유해야 할 정보를 구분하도록 한다. 또한, 개인정보 보호 방법에 따라 인터넷 상에 정보를 공유하는 방법을 실습하도록 한다.	실습 과정 관찰을 통해 정보보호 제도 및 방법에 따라 보호해야 할 정보와 공유해야 할 정보를 구분하여 인터넷 상의 정보를 올바르게 공유하였는지 평가한다.
[성취기준 해설] 정보보호와 정보공유라는 두 가지 관점에 대해 올바르게 이해할 수 있어야 한다. 또한, 정보보호 제도에 따라 보호해야 할 정보와 공유해야 할 정보를 구분하고 정보 공유를 통해 얻을 수 있는 다양한 가치를 인식하여 올바르게 정보를 공유할 수 있어야 한다.			
[12정보01-04] 정보보안의 필요성을 이해하고 암호 설정, 접근 권한 관리 등 정보보안을 실천한다.	정보보안	정보보안을 실천하기 위해 자신이 사용하는 다양한 컴퓨팅 기기의 암호 설정, 운영체제 보안 설정, 바이러스 예방 등 다양한 정보보안 방법을 실습하도록 한다.	자신의 컴퓨팅 기기에 적합한 보안(암호 설정, 접근 권한 관리, 방화벽 설정, 보안 업데이트, 바이러스 예방 등) 설정을 실습하도록 하고 수행 과정의 적절성을 평가한다.
[성취기준 해설] 정보보안과 관련한 피해 사례를 탐색하여 정보보안의 중요성과 필요성을 이해할 수 있어야 한다. 또한, 자신이 사용하는 컴퓨팅 기기에서 제공하는 암호 설정, 접근 권한 관리 등을 통해 정보보안을 실천할 수 있어야 한다.			

성취기준	학습요소	교수·학습 방법 및 유의 사항	평가 방법 및 유의 사항
[12정보01-05] 소프트웨어 저작권 보호 제도 및 방법을 알고 올바르게 활용한다.	소프트웨어 저작권	소프트웨어 저작권 보호 제도에 따른 소프트웨어 저작물 보호 방법을 조사하고, 상용 소프트웨어, 공개 소프트웨어, 오픈 소스 소프트웨어의 저작권을 준수하여 실천한 사례를 발표하도록 한다. 또한, 소프트웨어 저작권 보호의 필요성에 대해 토론하도록 한다.	소프트웨어 저작권 보호 제도의 필요성에 대해 조사, 발표하도록 하고 상용 소프트웨어, 공개 소프트웨어, 오픈 소스 소프트웨어 등의 올바른 활용 방법을 제시하였는지 평가한다.
[성취기준 해설] 소프트웨어를 하나의 저작물로 인식하고 저작권에 위배되지 않게 사용할 수 있어야 한다. 이를 위해 소프트웨어 저작권 보호 제도를 이해하고 상용 소프트웨어, 공개 소프트웨어, 오픈소스 소프트웨어 등을 올바르게 활용할 수 있어야 한다.			
[12정보01-06] 사이버 공간에서 발생하는 사회적 문제를 예방하기 위한 제도를 이해하고 사이버 윤리를 실천한다.	사이버 윤리	정보사회 구성원으로서 지켜야 할 사이버 윤리 관련 법과 제도를 조사하고 사이버 윤리 실천 사례를 발표하도록 한다.	사이버 범죄와 관련된 법률 사례를 조사, 발표하도록 하고 사이버 윤리 실천 방안을 수립하였는지 평가한다.
[평가 방법 및 유의 사항] 정보사회 구성원으로서 갖추어야 할 정보문화 소양을 평가하기 위한 체크리스트를 구체화하여 개발하고, 교사의 관찰에 의한 평가뿐만 아니라, 동료 학생의 관찰 평가 시 객관적인 평가 도구로 활용할 수 있어야 한다. 학습자의 구체적인 실천 사례나 가치관, 흥미 등을 종합적으로 고려하여 정보 윤리와 관련된 정의적 능력을 평가한다.			

(2) 자료와 정보

성취기준	학습요소	교수·학습 방법 및 유의 사항	평가 방법 및 유의 사항
[12정보02-01] 동일한 정보가 다양한 방법으로 디지털로 변환되어 표현될 수 있음을 이해하고 정보 활용 목적에 따라 효율적인 방법을 선택한다.	부호화	특정 문자열이나 이미지를 표현하기 위한 다양한 디지털 변환 방법을 간단한 활동을 통해 수행하도록 한다. 각 방법에 따른 디지털 변환 결과를 비교하여 효율성을 비교·분석하도록 한다.	산출물 평가를 통해 특정 문자열이나 이미지를 다양한 디지털 변환 방법에 따라 표현하고 각 방법에 따른 변환 결과를 비교하여 효율적인 방법을 선택하였는지 평가한다.
[12정보02-02] 컴퓨팅 환경에서 생산되는 방대하고 복잡한 종류의 자료들을 수집, 분석, 활용하기 위한 컴퓨팅 기술의 역할과 중요성을 이해한다.	빅 데이터	빅 데이터를 분석하고 활용하는 구체적인 사례를 조사하여 개인의 삶과 사회에 영향을 주는 컴퓨팅 기술의 역할과 중요성에 대해 동료들과 토론하도록 한다.	빅 데이터 관련 사례에 대해 조사·토론하도록 하고, 컴퓨팅 기술이 개인의 삶과 사회에 주는 영향력을 인식하고 있는지 평가한다.
[성취기준 해설] 정보사회에서 생산되는 정형화되거나 비정형화된 데이터를 처리하는 빅 데이터 기술의 가치에 대해 이해할 수 있어야 한다. 정보사회에서 발생하는 방대하고 복잡한 자료를 처리하여 얻는 정보의 가치를 구체적인 사례를 통해 이해하고, 컴퓨팅 기술의 중요성을 설명할 수 있어야 한다.			

[12정보02-03] 인터넷, 응용 소프트웨어 등 컴퓨팅 도구를 활용하여 문제 해결을 위한 자료를 수집하고 분석한다.	자료 수집, 자료 분석, 정보의 시각화	문제 해결에 필요한 자료를 수집하고 분석하기 위해 인터넷 검색을 활용하고 스프레드시트와 같은 응용 소프트웨어를 활용하는 과정을 클라우드 서비스를 이용해 협업하여 수행하도록 한다.	클라우드 서비스를 활용하도록 유도하고 문제 해결에 적합한 자료를 수집하고 분석하였는지 관찰하여 평가한다.
[성취기준 해설] 실생활의 문제를 해결하기 위해 필요한 자료와 정보의 인터넷을 통해 수집하고 적합한 응용 소프트웨어를 사용하여 자료를 분석 및 시각화할 수 있어야 한다. 아울러 분석을 통해 가치 있는 정보를 활용하여 문제를 해결할 수 있어야 한다.			
[12정보02-04] 정보를 관리하는 데 적합한 컴퓨팅 도구를 선택하고 이를 활용하여 정보를 체계적으로 관리한다.	데이터베이스	수집한 자료 관리에 적합한 데이터베이스의 구조와 자료의 저장, 수정, 추출 과정을 설계하고 데이터베이스를 활용하도록 하며, 이러한 과정을 보고서로 작성하도록 한다.	수집한 자료를 관리하는 과정을 관찰하고, 보고서 작성 과제를 통해 데이터의 저장, 수정, 추출 과정을 이해하고 있는지 평가한다.
[성취기준 해설] 수집한 자료를 체계적으로 관리하기 위해 데이터베이스의 개념과 필요성을 이해하고 적합한 응용 소프트웨어를 활용하여 자료를 효율적으로 저장, 삭제, 수정, 검색할 수 있어야 한다.			
[교수·학습 방법 및 유의 사항] 자료와 정보를 분석하고 관리하는 방법을 통해 실생활의 자료들을 유의미한 정보로 가공하여 활용할 수 있도록 하고 컴퓨팅 도구가 여러 분야에서 활용될 수 있다는 것을 인식할 수 있도록 한다. 응용 소프트웨어를 사용하는 경우 공개 소프트웨어나 클라우드 서비스를 교수·학습에 활용하여 가정에서도 쉽게 실습해 볼 수 있도록 하며, 소프트웨어의 기능보다는 자료 분석과 관리의 과정에 집중할 수 있도록 지도한다.			
[평가 방법 및 유의 사항] 협력 수행 과제를 평가할 경우, 과제 수행 중 구성원의 역할을 사전에 구체적으로 안내하여 가능한 모든 구성원이 과제 수행에 참여할 수 있도록 독려하고 다른 구성원과의 상호작용 및 의사소통 과정을 관찰하여 평가한다.			

(3) 문제 해결과 프로그래밍

① 추상화와 알고리즘

성취기준	학습요소	교수·학습 방법 및 유의 사항	평가 방법 및 유의 사항
[12정보03-01] 복잡한 문제 상황에서 문제의 현재 상태, 목표 상태를 이해하고 목표 상태에 도달하기 위해 수행해야 할 작업을 분석한다.	문제 분석, 현재 상태, 목표 상태	해결 가능한 문제 상황을 제시하고 추상화 과정을 통해 핵심요소 추출, 문제 분해, 모델링 등의 기법을 적용하여 문제를 분석하고 해결하도록 한다.	문제 분석 과정에서 문제 상황에 적합한 추상화 기법(핵심요소 추출, 문제 분해, 모델링)을 적용하여 문제를 해결하였는지 관찰하여 평가한다.
[12정보03-02] 복잡한 문제 상황에서 문제 해결에 불필요한 요소를 제거하거나 필요한 요소를 추출한다.	핵심요소 추출		

[12정보03-03] 복잡하고 어려운 문제를 해결 가능한 작은 단위의 문제로 분해하고 모델링 한다.	문제 분해, 모델링		

[성취기준 해설] 문제를 쉽게 해결하기 위해 복잡한 문제를 작은 문제로 분해할 수 있어야 한다. 문제를 분석하는 단계에서 주어진 문제를 좀 더 작은 문제로 분해할 수 있는 가능성을 찾아낼 수 있어야 하고, 작은 문제로 분해한 후 작아진 문제를 해결하는 과정을 수행할 수 있어야 한다. 이러한 과정을 통해 문제를 보다 해결하기 용이한 형태로 구조화한다. 주의할 점은 작은 문제의 해결 결과를 종합하는 과정에서 문제 사이의 관계나 순서, 포함관계에 유의하여야 한다.

[12정보03-04] 순차 구조, 선택 구조, 반복 구조 등의 제어 구조를 활용하여 논리적이고 효율적인 알고리즘을 설계한다.	순차 구조, 선택 구조, 반복 구조	• 문제를 해결하는 다양한 알고리즘을 제시하여 구조를 분석하게 하고 순차 구조를 활용한 알고리즘과 선택 및 반복 구조를 활용한 알고리즘의 차이를 토론하도록 한다. • 제어 구조 활용이 요구되는 다양한 문제 상황을 제시하고 문제 해결을 위한 알고리즘을 설계하도록 한다.	알고리즘을 설계하는 과제를 제시하고, 자신의 결과물을 동료와 서로 토론하는 과정을 관찰하여 학습자가 문제 상황에 적합한 제어 구조를 활용한 알고리즘을 효율적으로 설계하였는지 평가한다.
[12정보03-05] 다양한 알고리즘의 성능을 수행 시간의 관점에서 분석하고 비교한다.	알고리즘 효율성	동일한 문제를 해결하는 다양한 알고리즘을 제시하고 각 알고리즘의 성능을 수행 시간의 관점에서 분석하여 가장 효율적인 알고리즘을 선택하도록 한다.	• 동일한 문제를 해결하는 다양한 알고리즘을 수행 시간의 관점에서 비교·분석하는 과제를 제시하고, 학습자가 효율적인 알고리즘을 선택하였는지 평가한다. • 알고리즘을 설계하는 과제에서는 알고리즘의 표현 형태보다 문제 해결 과정의 논리성과 효율성에 대해 중점을 두고 평가한다.

[성취기준 해설] 동일한 문제에 대해 다양한 문제 해결 전략과 방식이 있음을 경험할 수 있도록 한다. 각각의 문제 해결 전략과 방식에 의해 설계한 알고리즘을 수행 시간의 효율성 관점에서 분석하고 비교하여 어떤 방법이 더 효율적인지 설명할 수 있어야 한다.

[교수·학습 방법 및 유의 사항]
추상화, 알고리즘 설계 및 분석, 프로그래밍 과정이 연계될 수 있도록 자신이 해결하고 싶은 다양한 학문 분야의 문제를 선택하게 하고 문제 해결을 위한 수행 과정을 포트폴리오 형태로 누적하도록 한다.

② 프로그래밍

성취기준	학습요소	교수·학습 방법 및 유의 사항	평가 방법 및 유의 사항
[12정보04-01] 텍스트 기반 프로그래밍 언어의 개발 환경 및 특성을 이해한다.	텍스트 기반 프로그래밍 환경	텍스트 기반 프로그래밍 언어의 문법에 대한 학습을 최소화하고, 문제 해결을 위한 프로그램 설계 및 개발 과정을 통해 컴퓨팅 사고력을 신장하는 데 중점을 둔다.	
[12정보04-02] 자료형에 적합한 변수를 정의하고 이를 활용한 프로그램을 작성한다.	변수, 자료형		
[성취기준 해설] 프로그래밍 과정에서 다루는 다양한 자료형의 종류와 특성을 이해하고, 자료형에 적합한 변수를 정의하여 프로그램을 작성할 수 있어야 한다.			
[12정보04-03] 다양한 연산자를 활용한 프로그램을 작성한다.	산술연산, 비교연산, 논리연산		
[12정보04-04] 표준입출력과 파일입출력을 활용한 프로그램을 작성한다.	표준입출력, 파일입출력, 입·출력 설계		
[성취기준 해설] 표준입출력과 파일입출력의 개념과 필요성을 이해하고 문제 해결 과정에서 입·출력 설계와 관련지어 적용할 수 있어야 한다. 자료의 입·출력 설계 시 학습자가 직접 입·출력 방식을 선택하고 변수, 연산자, 입력, 출력 기능을 종합적으로 사용하여 프로그램을 작성할 수 있어야 한다.			
[12정보04-05] 순차, 선택, 반복 구조를 활용한 프로그램을 작성한다.			
[12정보04-06] 중첩 제어 구조를 활용한 프로그램을 작성한다.	중첩 제어 구조		
[12정보04-07] 배열의 개념을 이해하고 배열을 활용한 프로그램을 작성한다.	1차원 및 2차원 배열		
[성취기준 해설] 배열의 개념과 구조를 이해하고 배열을 활용한 프로그램을 작성할 수 있어야 한다. 문제 해결을 위한 프로그램 작성 시 문제 상황에 적합한 배열 구조를 선언하고 초깃값을 설정할 수 있어야 한다. 배열의 원소 값을 참조하는 방법을 이해하고 제어 구조를 활용하여 배열 값을 변경할 수 있어야 한다.			
[12정보04-08] 함수의 개념을 이해하고 함수를 활용한 프로그램을 작성한다.	함수		
[성취기준 해설] 함수의 개념과 필요성을 이해하고 함수를 활용한 프로그램을 작성할 수 있어야 한다. 특히 전역변수와 지역변수의 개념적 분류와 변수의 종류에 따른 참조 범위를 이해하여 정확하게 함수를 호출하고 값을 전달할 수 있어야 한다.			

[12정보04-09] 다양한 학문 분야의 문제 해결을 위한 알고리즘을 협력하여 설계한다.			

[성취기준 해설] 다양한 학문 분야의 문제 해결을 위한 소프트웨어를 협력적 프로젝트 수행을 통해 설계한다. 이러한 과정을 통해 문제를 추상화하고 문제 해결에 적합한 모델과 절차를 알고리즘으로 설계할 수 있어야 한다.

[12정보04-10] 다양한 학문 분야의 문제 해결을 위해 설계한 알고리즘을 프로그램으로 구현하고 효율성을 비교·분석한다.	소프트웨어 개발		

[성취기준 해설] 다양한 학문 분야의 문제 해결을 위한 소프트웨어를 협력적 프로젝트 수행을 통해 개발한다. 이러한 과정을 통해 동일한 문제 해결을 위한 다양한 알고리즘을 프로그램으로 구현하고 수행 시간의 관점에서 프로그램의 효율성을 비교·분석할 수 있어야 한다.

[교수·학습 방법 및 유의 사항]
① 학습 초기 단계에서는 이미 작성된 프로그램의 코드를 동일하게 만들어 보거나 부분적으로 수정하는 활동을 통해 프로그래밍의 기본 개념과 원리를 습득하도록 한다.
② 프로그램 개발 과정을 공유·비교·분석하는 활동을 통해 프로그램을 지속적으로 수정·보완하여 효율적인 프로그램을 완성할 수 있도록 지도한다.
③ 실생활 및 다양한 학문 분야에서 해결해야 하는 문제를 컴퓨팅 사고력을 기반으로 해결해 보는 활동에 중점을 둔다. 따라서 수학, 과학, 언어, 사회 등 다양한 분야와 관련된 사례를 기반으로 프로그래밍이 필요한 문제 상황을 제시하여 융합 탐구 활동이 이루어지도록 지도한다.
④ 프로그래밍을 통한 융합 문제 해결 프로젝트를 협력적으로 수행할 수 있도록 지도하고, 수행 과정에서 구성원의 적극적 참여를 유도하기 위해 프로젝트 계획 단계에서 구성원의 임무와 역할을 명확히 분담하도록 안내한다.
⑤ 실생활 문제와 관련된 프로젝트 수행 시 가급적 컴퓨팅 시스템 영역과 연계하여 지도할 수 있는 주제를 선정한다.
⑥ 프로그래밍 활동에서의 학습자 간 개인차를 고려하여 동료 간 코칭이나 팀 티칭 등의 방법을 적극적으로 활용한다.
⑦ 공개용 소프트웨어나 오픈 소스 통합 개발 환경을 선택함으로써 교수·학습 활동에 학습자의 접근성을 높일 수 있도록 한다.

[평가 방법 및 유의 사항]
① 단계별 형성 평가를 통해 프로그래밍의 기본 개념과 원리를 이해하고 있는지 평가한다.
② 단계별 프로그래밍 과제 실습 평가를 통해 학습자가 개발한 프로그램의 정확성과 효율성을 평가하고, 문제 해결 목적에 적합한 변수, 자료형, 연산자, 입력과 출력, 제어 구조, 배열, 함수를 사용하였는지 등을 평가한다.
③ 융합 문제 해결을 위한 프로젝트 수행 시 관찰 및 포트폴리오 평가를 통해 프로그래밍으로 해결 가능한 문제를 스스로 선정하였는지, 창의적 문제 해결 아이디어를 고안하였는지, 문제 해결에 적합한 알고리즘을 설계하고 프로그램으로 구현하였는지 등을 종합적으로 평가한다.
④ 협력적 프로젝트 수행 과정을 평가할 때는 학습자 간 유의미한 상호작용이 이루어졌는지, 구성원 각자의 역할을 책임감 있게 수행하였는지 등을 종합적으로 고려한다.
⑤ 프로그래밍 언어의 문법 이해 등과 관련한 지엽적인 평가를 지양하고 문제 분석, 추상화, 알고리즘 설계, 프로그램 개발 및 수정 등 일련의 수행 과정을 종합적으로 평가한다.

(4) 컴퓨팅 시스템

성취기준	학습요소	교수·학습 방법 및 유의 사항	평가 방법 및 유의 사항
[12정보05-01] 운영체제의 개념과 기능을 이해하고 운영체제를 활용하여 컴퓨팅 시스템의 자원을 효율적으로 관리한다.	운영체제 역할, 자원 관리	자신이 사용하는 개인용 컴퓨터, 스마트폰 등의 운영체제를 활용하여 각 시스템의 중앙처리장치, 메모리 등 주요 자원의 성능을 파악하고 모니터링하는 프로그램을 이용하여 자원을 관리하는 보고서를 작성하도록 한다.	운영체제의 자원을 관리하는 보고서를 작성하도록 하고, 학습자가 개인용 컴퓨터, 스마트폰 등의 주요 자원을 효율적으로 관리하였는지 평가한다.
[성취기준 해설] 운영체제의 개념과 역할을 이해하고 중앙처리장치, 메모리 등 자신이 사용하는 컴퓨팅 시스템의 하드웨어 성능을 파악하고 자원이 부족한 경우 자원을 모니터링하여 관리할 수 있어야 한다.			
[12정보05-02] 유무선 네트워트의 특성을 이해하고 사용하는 컴퓨팅 시스템의 네트워크 환경을 설정한다.	유무선 네트워크 IP 주소	자신이 사용하는 개인용 컴퓨터, 스마트폰 등의 유무선 컴퓨팅 시스템의 네트워크 환경을 설정하여 사용하도록 하고, 시스템별 네트워크 환경 설정 방법, 네트워크 공유, 유의 사항 등을 보고서로 작성하도록 한다.	네트워크 설정 과정을 보고서로 작성하도록 하고, 학습자가 개인용 컴퓨터, 스마트폰 등의 유무선 네트워크 환경을 적합하게 설정하였는지 평가한다.
[성취기준 해설] 컴퓨팅 기기 간의 연결과 상호작용 과정을 이해하고 유무선 네트워크 설정 방법에 따라 자신이 사용하는 컴퓨팅 시스템의 IP 주소, 네트워크 공유 등을 설정할 수 있어야 한다.			
[12정보05-03] 문제 해결에 적합한 하드웨어를 선택하여 컴퓨팅 장치를 구성한다.	피지컬 컴퓨팅 시스템 설계 및 구현	문제 해결 목적에 적합한 마이크로컨트롤러와 다양한 입·출력 장치를 선택하여 피지컬 컴퓨팅 시스템의 하드웨어 구성과 동작 순서를 설계하도록 하고, 설계에 따른 제어 프로그램을 구현하도록 한다.	모둠별 프로젝트 수행 과정을 관찰하고 결과 보고서를 평가하되, 문제 해결 목적에 적합한 하드웨어 구성과 동작 알고리즘을 설계하였는지, 개발한 프로그램으로 시스템이 정확하게 동작하는지 등을 중심으로 평가한다.
[성취기준 해설] 문제 해결 목적에 적합한 피지컬 컴퓨팅 구성 장치(마이크로컨트롤러, 다양한 입·출력 장치 등)를 선택하여 연결할 수 있어야 한다.			
[12정보05-04] 피지컬 컴퓨팅 장치의 동작을 제어하기 위한 프로그램을 작성한다.			실습 과제를 통해 피지컬 컴퓨팅으로 실생활의 문제를 해결하는 하드웨어를 설계하고, 이를 제어하는 프로그램을 구현하였는지 평가한다.
[성취기준 해설] 문제 해결 목적에 따라 구성한 피지컬 컴퓨팅 장치를 제어하기 위한 프로그램을 작성할 수 있어야 한다. 장치가 원하는 대로 동작하지 않을 경우, 각 장치의 연결 상태, 프로그램 코드 등을 분석하여 문제점을 찾아 해결할 수 있어야 한다.			

[교수·학습 방법 및 유의 사항]
① 프로그램 실행 시 장치가 원하는 대로 동작하지 않을 경우, 각 장치의 연결 상태, 프로그램 코드 등을 분석하여 문제점을 찾아 해결하도록 한다. 문제점이 쉽게 해결되지 않을 경우, 협력과 토론 과정을 통해 테스트와 디버깅 과정을 수행하도록 한다.
② 팀 프로젝트를 통해 협력적으로 피지컬 컴퓨팅 시스템을 구현하도록 지도하고, 협력 과정에서 구성원의 적극적 참여를 유도하기 위해 프로젝트 계획 단계에서 구성원의 임무와 역할을 명확히 분담하도록 안내한다.
③ 학습자 수준과 실습실 환경 등을 고려한 피지컬 컴퓨팅 도구와 프로그래밍 언어를 선정하되, 가급적 '문제 해결과 프로그래밍' 영역에서 활용한 프로그래밍 언어를 기반으로 동작하는 피지컬 컴퓨팅 도구를 선택하도록 한다.

[평가 방법 및 유의 사항]
① 협력적 프로젝트 수행 과정을 관찰할 때는 학습자 간 유의미한 상호작용이 원활히 이루어졌는지, 구성원 각자의 역할을 책임감 있게 수행하였는지 등의 태도를 고려하여 평가한다.
② 운영체제와 네트워크에 대한 개념적 이해보다 자신이 활용하는 컴퓨팅 시스템을 최적화하여 관리할 수 있는지에 중점을 두고 평가한다.
③ 동일한 문제 해결을 위해 구현한 피지컬 컴퓨팅 시스템이라 하더라도 다양한 형태의 하드웨어 구성과 프로그램 구현이 가능하다. 따라서 학습자가 구현한 피지컬 컴퓨팅 시스템을 평가할 때 동작 수행의 정확성과 더불어 하드웨어 구성과 프로그램 설계의 창의성과 효율성에 중점을 두고 평가한다.

5 학습 요소 설명

(1) 정보문화

① 중학교
정보사회의 특성과 직업, 개인정보 보호, 저작권 보호, 디지털 저작물, 소프트웨어 사용권, 소프트웨어 가치, 사이버 윤리

〈정보사회의 특성과 진로〉
• 직업 관련 정보 제공 사이트를 활용하여 정보사회의 특성에 따른 진로와 직업을 조사하고 미래사회 및 직업의 발전 방향을 분석한다. 분석 결과와 관련지어 자신의 적성에 적합한 직업을 선택하고 자신이 선택한 직업의 가치와 중요성을 설명하도록 한다. (평가 : 관찰)

〈개인정보 보호〉
• 개인정보 유출로 인한 피해 사례를 조사하고 사례별 문제점에 따른 개인정보 보호 실천 방안을 수립하도록 한다. (평가 : 관찰)

〈저작권 보호〉
• 인터넷 상에서 '저작물 이용 허락 표시(CCL, Creative Commons License)'를 표기한 저작물을 찾아 해당 저작물의 이용 범위에 적합한 사용법을 설명하도록 한다. 또한, 자신의 저작물에 '저작물 이용 허락 표시'를 사용하여 이용 허가 범위를 표시한 뒤 저작물을 공유하도록 한다. (평가 : 관찰)

〈소프트웨어 가치〉
• 일상생활과 다양한 학문 및 직업 분야에서 활용되는 소프트웨어의 종류와 역할을 조사하고 분석하여 개인의

삶과 사회 변화에 미치는 소프트웨어의 역할과 중요성에 대해 토론하도록 한다. (평가 : 관찰)

〈사이버 윤리〉
- 컴퓨팅 기기와 인터넷을 활용하여 사이버 폭력의 사례를 조사하고 사례별 예방 계획을 구체적으로 수립하도록 한다.
- 게임 중독, 인터넷 중독, 스마트폰 중독 등의 여부를 자가 진단하여 자신의 상태를 파악하고 진단 결과별 예방 계획을 구체적으로 수립하도록 한다.

② 고등학교
정보과학, 정보과학 직업군, 정보보호 제도 및 방법, 정보 공유, 정보보안, 소프트웨어 저작권, 사이버 윤리

〈정보과학〉
- 개인의 삶과 사회에서 정보과학의 지식과 기술이 활용되는 구체적인 사례를 조사하도록 한다. 조사 결과를 토대로 정보과학이 다른 학문 영역과 융합되어 새로운 가치를 만들어 내는 과정을 분석하고 토론하도록 한다. (평가 : 관찰)

〈정보과학 직업군〉
- 정보과학 전공 분야의 직업 특성과 다양한 전공 분야에 활용되는 정보과학의 영역에 대해 조사하고 미래사회 변화에 적합한 진로 선택을 위해 준비해야 할 사항에 대해 토론하도록 한다. (평가 : 관찰)

〈정보보호 제도 및 방법, 정보 공유〉
- 정보보호 제도 및 방법에 대해 조사하고 보호해야 할 정보와 공유해야 할 정보를 구분하도록 한다. 또한, 개인 정보 보호 방법에 따라 인터넷 상에 정보를 공유하는 방법을 실습하도록 한다. (평가 : 관찰)

〈정보보안〉
- 정보보안을 실천하기 위해 자신이 사용하는 다양한 컴퓨팅 기기의 암호 설정, 운영체제 보안 설정, 바이러스 예방 등 다양한 정보보안 방법을 실습하도록 한다. (평가 : 보안설정 실습, 적절성 평가)

〈소프트웨어 저작권〉
- 소프트웨어 저작권 보호 제도에 따른 소프트웨어 저작물 보호 방법을 조사하고, 상용 소프트웨어, 공개 소프트웨어, 오픈 소스 소프트웨어의 저작권을 준수하여 실천한 사례를 발표하도록 한다. 또한, 소프트웨어 저작권 보호의 필요성을 토론하도록 한다.

〈사이버 윤리〉
- 정보사회 구성원으로서 지켜야 할 사이버 윤리 관련 법과 제도를 조사하고 사이버 윤리 실천 사례를 발표하도록 한다.

③ 중학교, 고등학교

〈정보문화소양 평가〉
- 정보사회 구성원으로서 갖추어야 할 정보문화소양을 평가하기 위한 체크리스트를 개발하고, 교사의 관찰에 의한 평가분만 아니라, 동료 학생의 관찰 평가 시 객관적 평가 도구로 활용할 수 있도록 한다.

〈정의적 능력 평가〉
- 학습자의 구체적인 실천 사례나 가치관, 흥미 등을 종합적으로 고려하여 정보 윤리와 관련된 정의적 능력을 평가한다.

(2) 자료와 정보

① 중학교 아날로그, 디지털, 자료 수집, 자료 분류, 자료 관리, 자료 공유, 정보의 구조화
〈아날로그와 디지털〉 • 실생활에서 표현되는 디지털 정보의 사례를 찾아 아날로그 정보와의 차이를 분석하게 하고, 간단한 활동을 통해 문자나 그림을 디지털 변환 원리에 따라 표현해 보도록 한다. (평가 : 관찰)
〈자료 수집, 자료 분류, 자료 관리, 자료 공유〉 • 문제 해결을 위한 정보의 수집과 관리 계획 수립, 인터넷 검색을 활용한 자료의 수집, 응용 소프트웨어를 활용한 자료의 분류, 관리, 공유를 수행하도록 하고 이러한 과정을 보고서로 작성하도록 한다. (평가 : 수행 과정 관찰, 결과보고서 평가)
〈정보의 구조화〉 • 실생활의 정보를 표, 다이어그램 등 다양한 시각적 형태로 구조화하여 표현하도록 하고 산출물을 서로 비교하여 정보 활용 목적에 효과적인 형태인지 토론하도록 한다. (평가 : 산출물 시연, 토론, 관찰)
〈단원 평가〉 • 정보기술을 활용하여 자료와 정보를 수집하고 관리하는 능력을 평가하기 위한 체크리스트를 구체화하여 제시하고, 교사의 관찰에 의한 평가뿐만 아니라, 동료 학생의 관찰 평가 시 객관적 평가 도구로 활용할 수 있도록 한다.
② 고등학교 부호화, 빅 데이터, 자료 수집, 자료 분석, 정보의 시각화, 데이터베이스
〈부호화〉 • 특정 문자열이나 이미지를 표현하기 위한 다양한 디지털 변환 방법을 간단한 활동을 통해 수행하도록 한다. 각 방법에 따른 디지털 변환 결과를 비교하여 효율성을 비교·분석하도록 한다. (평가 : 산출물 평가)
〈빅 데이터〉 • 빅 데이터를 분석하고 활용하는 구체적인 사례를 조사하여 개인의 삶과 사회에 영향을 주는 컴퓨팅 기술의 역할과 중요성에 대해 동료들과 토론하도록 한다.
〈자료 수집, 자료 분석, 정보의 시각화〉 • 문제 해결에 필요한 자료를 수집하고 분석하기 위해 인터넷 검색을 활용하고 스프레드시트와 같은 응용 소프트웨어를 활용하는 과정을 클라우드 서비스를 이용해 협업하여 수행하도록 한다. (평가 : 관찰) • 자료와 정보를 분석하고 관리하는 방법을 통해 실생활의 자료들을 유의미한 정보로 가공하여 활용할 수 있도록 하고 컴퓨팅 도구가 여러 분야에서 활용될 수 있다는 것을 인식할 수 있도록 한다. • 응용 소프트웨어를 사용하는 경우 공개 소프트웨어나 클라우드 서비스를 교수·학습에 활용하여 가정에서도 쉽게 실습해 볼 수 있도록 하며, 소프트웨어의 기능보다는 자료 분석과 관리의 과정에 집중할 수 있도록 지도한다.
〈데이터베이스〉 • 수집한 자료의 관리에 적합한 데이터베이스의 구조와 자료의 저장, 수정, 추출 과정을 설계하고 데이터베이스를 활용하도록 하며, 이러한 과정을 보고서로 작성하도록 한다.
〈협력 수행 과제 평가〉 • 협력 수행 과제를 평가할 경우, 과제 수행 중 구성원의 역할을 사전에 구체적으로 안내하여 가능한 모든 구성원이 과제 수행에 참여할 수 있도록 독려하고 다른 구성원과의 상호작용 및 의사소통 과정을 관찰하여 평가한다.

(3) 추상화와 알고리즘

① 중학교 문제 분석, 핵심요소 추출, 알고리즘의 개념, 알고리즘의 중요성, 알고리즘 표현 방법
〈추상화〉 • 실생활에서 경험할 수 있는 친숙한 문제 상황을 제시하여 문제를 분석하게 하고 문제 해결을 위해 필요한 요소와 불필요한 요소를 분류하게 한다. (평가 : 관찰)
〈알고리즘〉 • 학습자의 흥미와 동기 및 수준을 고려하여 알고리즘과 관련된 놀이 활동, 퍼즐 등을 활용하도록 한다. • 모둠별 활동을 통해 문제 해결을 위해 필요한 요소와 불필요한 요소의 분류 기준과 이유를 토론하고 비교하도록 한다. • 추상화, 알고리즘 표현, 프로그래밍 과정이 연계될 수 있도록 자신이 해결하고 싶은 실생활의 문제를 선택하게 하고 문제 해결을 위한 수행 과정을 포트폴리오 형태로 누적하도록 한다.
〈알고리즘의 중요성〉 • 다양한 문제 해결 절차를 탐색하여 비교·분석하는 데 중점을 두며 특정 알고리즘 표현 방법에 치중하기보다 학습자의 이해 수준에 맞는 글이나 그림 등을 이용하여 표현하고 산출물을 공유할 수 있도록 한다. (평가 : 과제 산출물 평가 시 주어진 문제 해결을 위한 다양한 방법을 탐색하고 글이나 그림 등으로 이해하기 쉽게 표현하였는지 평가)
〈알고리즘 표현 방법〉 • 실생활에서 경험할 수 있는 친숙한 문제 상황을 제시한 후 문제 해결 과정을 절차적으로 분석하여 글이나 그림으로 표현하도록 한다.
〈알고리즘 평가〉 • 문제 해결 방법과 절차를 다양한 형태로 표현하는 과제 평가에서는 표현 형태를 획일적으로 제한하지 않으며 절차적 사고가 논리적으로 표현되었는지에 중점을 둔다.
② 고등학교 문제 분석, 현재 상태, 목표 상태, 핵심요소 추출, 문제 분해, 모델링, 순차 구조, 선택 구조, 반복 구조, 알고리즘 효율성
〈문제 분석, 현재 상태, 목표 상태〉 • 추상화, 알고리즘 설계 및 분석, 프로그래밍 과정이 연계될 수 있도록 자신이 해결하고 싶은 다양한 학문 분야의 문제를 선택하게 하고 문제 해결을 위한 수행 과정을 포트폴리오 형태로 누적하도록 한다.
〈핵심요소 추출, 문제 분해〉 • 해결 가능한 문제 상황을 제시하고 추상화 과정을 통해 핵심요소 추출, 문제 분해, 모델링 등의 기법을 적용하여 문제를 분석하고 해결하도록 한다. (평가 : 관찰)
〈모델링〉 • 제어 구조 활용이 요구되는 다양한 문제 상황을 제시하고 문제 해결을 위한 알고리즘을 설계하도록 한다. (평가 : 효율성)
〈순차 구조, 선택 구조, 반복 구조〉 • 동일한 문제를 해결하는 다양한 알고리즘을 제시하여 구조를 분석하게 하고 순차 구조를 활용한 알고리즘과 선택 및 반복 구조를 활용한 알고리즘의 차이에 대해 토론하도록 한다. (평가 : 관찰)

〈알고리즘 효율성〉
• 동일한 문제를 해결하는 다양한 알고리즘을 제시하고 각 알고리즘의 성능을 수행 시간의 관점에서 분석하여 가장 효율적인 알고리즘을 선택하도록 한다.

〈알고리즘 설계 평가〉
• 알고리즘을 설계하는 과제에서는 알고리즘의 표현 형태보다 문제 해결 과정의 논리성과 효율성에 대해 중점을 두고 평가한다.

(4) 프로그래밍

① 중학교
프로그래밍 환경, 프로그래밍 과정, 입력, 처리, 출력, 변수, 산술연산, 비교연산, 논리연산, 순차 구조, 선택 구조, 반복 구조, 소프트웨어 개발

〈프로그래밍 언어〉
• 학습자 수준에 적절한 교육용 프로그래밍 언어를 선택한다.

〈프로그래밍 실습〉
• 특정 프로그래밍 언어의 기능 습득에 치중하지 않도록 유의하고 문제 해결을 위한 프로그램 설계 및 개발 과정을 통해 컴퓨팅 사고력을 신장하는 데 초점을 둔다.

② 고등학교
텍스트 기반 프로그래밍 환경, 변수, 자료형, 산술연산, 비교연산, 논리연산, 표준입출력, 파일입출력, 입·출력 설계, 중첩 제어 구조, 1차원 및 2차원 배열, 함수, 소프트웨어 개발

〈텍스트 기반 프로그래밍〉
• 텍스트 기반 프로그래밍 언어의 문법에 대한 학습을 최소화하고, 문제 해결을 위한 프로그램 설계 및 개발 과정을 통해 컴퓨팅 사고력을 신장하는 데 중점을 둔다.

〈창의융합능력〉
• 실생활 및 다양한 학문 분야에서 해결해야 하는 문제를 컴퓨팅 사고력을 기반으로 해결해 보는 활동에 중점을 둔다. 따라서 수학, 과학, 언어, 사회 등 다양한 분야와 관련된 사례를 기반으로 프로그래밍이 필요한 문제 상황을 제시하여 융합 탐구 활동이 이루어지도록 지도한다.

〈학습자 간 개인차〉
• 프로그래밍 활동에서의 학습자 간 개인차를 고려하여 동료 간 코칭이나 팀 티칭 등의 방법을 적극적으로 활용한다.

〈프로그래밍 개발 환경〉
• 공개용 소프트웨어나 오픈 소스 통합 개발 환경을 선택함으로써 교수·학습 활동에 학습자의 접근성을 높일 수 있도록 한다.

③ 중학교, 고등학교

〈프로그래밍 학습〉
• 학습 초기 단계에서는 이미 작성된 프로그램의 코드를 동일하게 만들어 보거나 부분적으로 수정하는 활동을 통해 프로그래밍의 기본 개념과 원리를 습득하도록 한다.

〈협력적 문제해결력〉
• 프로그래밍을 통한 (실생활 문제/융합 문제) 해결 프로젝트를 협력적으로 수행할 수 있도록 지도하고, 수행 과정에서 구성원의 적극적 참여를 유도하기 위해 프로젝트 계획 단계에서 구성원의 임무와 역할을 명확히 분담하도록 안내한다.

〈프로젝트 주제〉
• 실생활 문제와 관련된 프로젝트 수행 시 가급적 컴퓨팅 시스템 영역과 연계하여 지도할 수 있는 주제를 선정한다.

〈프로그램 개발 과정〉
• 프로그램 개발 과정을 공유·비교·분석하는 활동을 통해 프로그램을 지속적으로 수정·보완하여 효율적인 프로그램을 완성할 수 있도록 지도한다.

④ 중학교, 고등학교

〈형성 평가〉
• 단계별 형성 평가를 통해 프로그래밍의 기본 개념과 원리를 이해하고 있는지 평가한다.

〈프로그래밍 평가〉
• 단계별 프로그래밍 과제 실습 평가를 통해 학습자가 개발한 프로그램의 정확성과 효율성을 평가하고, 문제 해결 목적에 적합한 변수, 자료형, 연산자, 입력과 출력, 제어 구조, 배열, 함수를 사용하였는지 등을 평가한다.
• (실생활 문제/융합 문제) 해결을 위한 프로젝트 수행 시 관찰 및 포트폴리오 평가를 통해 프로그래밍으로 해결 가능한 문제를 스스로 선정하였는지, 창의적 문제 해결 아이디어를 고안하였는지, 문제 해결에 적합한 알고리즘을 설계하고 프로그램으로 구현하였는지 등을 종합적으로 평가한다.
• 프로그래밍 언어의 문법 이해 등과 관련한 지엽적인 평가를 지양하고 문제 분석, 추상화, 알고리즘 설계, 프로그램 개발 및 수정 등 일련의 수행 과정을 종합적으로 평가한다.

〈협력적 프로젝트 평가〉
• 협력적 프로젝트의 수행 과정을 평가할 때는 학습자 간 유의미한 상호작용이 이루어졌는지, 그리고 구성원 각자의 역할을 책임감 있게 수행하였는지 등을 종합적으로 고려한다.

(5) 컴퓨팅 시스템

① 중학교
하드웨어, 소프트웨어, 컴퓨팅 시스템의 동작 원리, 피지컬 컴퓨팅 시스템, 센서 입력, 동작 제어 프로그램, 결과 출력

〈컴퓨팅 시스템의 동작 원리〉
• 실생활에서 컴퓨팅 시스템을 활용한 사례를 찾고 각 시스템을 구성하는 하드웨어와 소프트웨어의 유기적인 관계와 역할을 탐구하여 발표하도록 한다. (평가 : 관찰)

〈피지컬 컴퓨팅 시스템, 센서 입력〉
• 피지컬 컴퓨팅 장치의 동작 설계에서부터 제어 프로그램 개발까지의 과정을 공유하고 비교·분석하는 활동을 통해 효율적인 프로그램을 개발할 수 있도록 지도한다.
• 센서 기반 프로그램 구현 시, 학습자의 수준과 학습 환경을 고려하여 센서의 종류와 개수를 결정하고 피지컬 컴퓨팅의 흥미와 동기를 부여할 수 있는 주제를 선정하여 적용한다. 이 때, 학습자의 수준에 따라 이미 구현된 센서 보드를 활용할 수도 있다.

〈프로그래밍 언어 선택〉
• 피지컬 컴퓨팅 장치의 구성보다는 제어를 위한 동작 설계와 프로그램 작성 과정에 중점을 두고 지도하며 가급적 '문제 해결과 프로그래밍' 영역에서 선택한 프로그래밍 언어를 사용하도록 한다.

〈실습 과제 평가〉
• 실습 과제를 통해 문제 해결에 적합한 하드웨어를 구성하였는지, 개발한 프로그램에 의해 시스템이 정확하게 동작하는지 등을 평가한다.

② 고등학교
운영체제 역할, 자원 관리, 유무선 네트워크, IP 주소, 피지컬 컴퓨팅 시스템 설계 및 구현

〈운영체제 역할, 자원 관리〉
• 자신이 사용하는 개인용 컴퓨터, 스마트폰 등의 운영체제를 활용하여 각 시스템의 중앙처리장치, 메모리 등 주요 자원의 성능을 파악하고 모니터링하는 프로그램을 이용하여 자원을 관리하는 보고서를 작성하도록 한다.

〈유무선 네트워크〉
• 자신이 사용하는 개인용 컴퓨터, 스마트폰 등의 유무선 컴퓨팅 시스템의 네트워크 환경을 설정하여 사용하도록 하고, 시스템별 네트워크 환경 설정 방법, 네트워크 공유, 유의 사항 등을 보고서로 작성하도록 한다.

〈피지컬 컴퓨팅 시스템 설계 및 구현〉
• 문제 해결 목적에 적합한 마이크로컨트롤러와 다양한 입·출력 장치를 선택하여 피지컬 컴퓨팅 시스템의 하드웨어 구성과 동작 순서를 설계하도록 하고, 설계에 따른 제어 프로그램을 구현하도록 한다.
• 프로그램 실행 시 장치가 원하는 대로 동작하지 않을 경우, 각 장치의 연결 상태, 프로그램 코드 등을 분석하여 문제점을 찾아 해결하도록 한다. 문제점이 쉽게 해결되지 않을 경우, 협력과 토론 과정을 통해 테스트와 디버깅 과정을 수행하도록 한다.
• 팀 프로젝트를 통해 협력적으로 피지컬 컴퓨팅 시스템을 구현하도록 지도하고, 협력 과정에서 구성원의 적극적 참여를 유도하기 위해 프로젝트 계획 단계에서 구성원의 임무와 역할을 명확히 분담하도록 안내한다.
• 학습자 수준과 실습실 환경 등을 고려한 피지컬 컴퓨팅 도구와 프로그래밍 언어를 선정하되, 가급적 '문제 해결과 프로그래밍' 영역에서 활용한 프로그래밍 언어를 기반으로 동작하는 피지컬 컴퓨팅 도구를 선택하도록 한다.

〈모둠별 프로젝트 평가〉
• 모둠별 프로젝트 수행 과정을 관찰하고 결과 보고서를 평가하되, 문제 해결 목적에 적합한 하드웨어 구성과 동작 알고리즘을 설계하였는지, 개발한 프로그램으로 시스템이 정확하게 동작하는지 등을 중심으로 평가한다.

〈실습 과제 평가〉
• 실습 과제를 통해 피지컬 컴퓨팅으로 실생활의 문제를 해결하는 하드웨어를 설계하고, 이를 제어하는 프로그램을 구현하였는지 평가한다.

〈협력적 프로젝트 평가〉
• 협력적 프로젝트의 수행 과정을 관찰할 때는 학습자 간 유의미한 상호작용이 원활히 이루어졌는지, 구성원 각자의 역할을 책임감 있게 수행하였는지 등의 태도를 고려하여 평가한다.

〈컴퓨팅 시스템 평가〉
• 운영체제와 네트워크에 대한 개념적 이해보다 자신이 활용하는 컴퓨팅 시스템을 최적화하여 관리할 수 있는지에 중점을 두고 평가한다.

③ 중학교, 고등학교

〈피지컬 컴퓨팅 시스템 평가〉
• 동일한 문제 해결을 위해 구현한 피지컬 컴퓨팅 시스템이라 하더라도 다양한 형태의 하드웨어 구성과 프로그램 구현이 가능하다. 따라서 학습자가 구현한 피지컬 컴퓨팅 시스템을 평가할 때 동작 수행의 정확성과 더불어 하드웨어 구성과 프로그램 설계의 창의성과 효율성에 중점을 두고 평가한다.

6.1.2 인공지능 기초 교육과정

1 성격 및 목표

인공지능	컴퓨터과학의 한 영역으로 실생활 및 다양한 영역의 창의적 문제 해결에 활용
인공지능 기초	• 정보 교과 역량인 '정보문화 소양', '컴퓨팅 사고력', '협력적 문제해결력'을 바탕으로 인공지능의 원리와 기술을 탐구하고 지식·정보사회 구성원이 갖추어야 할 인공지능 기초 소양을 함양하기 위한 과목 • 성격 : 인공지능 기술의 발전에 따른 사회 변화를 올바르게 이해하고 인공지능 기반 지식·정보사회 구성원으로서의 윤리의식을 함양하며, 인공지능의 기본 개념과 원리, 기술을 활용하여 실생활 및 다양한 분야의 문제를 창의적으로 해결할 수 있는 기초 소양을 기르기 위한 과목 • 목표 : 인공지능 기술 발전에 따른 사회 변화를 올바르게 인식하고, 인공지능의 기본 원리와 기술에 관한 이해를 토대로 다양한 분야의 문제를 해결할 수 있는 역량을 함양하는 데 중점을 둔다. 이와 더불어 인공지능이 중심이 되는 지능정보사회에서 직면하게 될 인공지능의 윤리적 쟁점에 대한 올바른 가치관과 태도를 함양
기능	• 인공지능 기술의 발전에 따른 사회 변화에 유연하게 대처하는 태도를 함양함 • 인공지능의 기본 개념과 원리를 습득하고 다양한 인공지능 기술을 활용하여 실생활의 문제를 창의적으로 해결하는 능력을 신장함 • 인공지능의 관점에서 문제 해결을 위한 해법을 설계하고 이를 활용하는 능력과 태도를 함양함 • 다양한 분야의 데이터를 인공지능의 관점에서 재해석하고 창의·융합적으로 활용하는 능력을 함양함 • 인공지능이 개인의 삶과 사회에 미치는 영향을 이해하고 인공지능 윤리를 실천하는 능력과 태도를 함양함
영역	• '인공지능의 이해'와 '인공지능의 사회적 영향' 영역에서는 현대와 미래사회 구성원으로서 갖추어야 할 기본 소양을 함양하는 데 중점 • '인공지능의 원리와 활용', '데이터와 기계학습' 영역에서는 인공지능의 기본 개념과 원리, 기술 등을 활용하여 실생활 및 다양한 분야의 문제 해결 능력을 신장하는 데 중점
목표	교육 목표는 정보 교과에서 배운 컴퓨터과학의 기본 개념을 기반으로 인공지능 소양, 인공지능 윤리 의식, 인공지능 활용 능력을 함양하고 인공지능의 기본 개념과 원리, 기계학습 모델의 활용 방법을 바탕으로 실생활 및 다양한 분야의 문제를 창의적이고 효율적으로 해결하는 능력을 기름 ① 인공지능 기술 발전에 따른 사회 변화의 특성과 인공지능의 가치를 이해하고, 인공지능 기반 사회 변화에 적극적으로 대비하는 태도를 기름 ② 인공지능에 관한 이해를 토대로 인공지능의 원리와 기술을 활용하여 문제 상황에 적합한 해결 방법을 탐색하고 활용할 수 있는 능력과 태도를 기름 ③ 기계학습 모델을 활용하여 다양한 문제를 해결할 수 있는 능력과 태도를 기름 ④ 인공지능과의 공존으로 고려해야 할 윤리적 쟁점에 대해 비판적으로 사고하고, 인공지능에 대한 올바른 가치관을 함양하며 인공지능 윤리를 실천할 수 있는 태도를 기름

2 내용 체계

영역	핵심 개념	일반화된 지식	내용 요소	기능
인공지능의 이해	인공지능과 사회	인공지능은 4차 산업혁명의 핵심 기술로 사회와 직업의 변화를 이끌고 있다.	• 인공지능의 개념과 특성 • 인공지능 기술의 발전과 사회 변화	탐색하기 비교하기 분석하기
	인공지능과 에이전트	인공지능은 지능 에이전트의 형태를 통하여 외부 환경을 인식, 학습, 추론, 행동함으로써 문제를 해결한다.	• 지능 에이전트의 개념과 역할	
인공지능의 원리와 활용	인식	지능 에이전트는 시각, 청각 등의 인식을 통하여 세상과 상호작용 한다.	• 센서와 인식 • 컴퓨터 비전 • 음성 인식과 언어 이해	탐색하기 비교하기 분석하기 최적화하기 추론하기 지식생성하기 표현하기 설계하기
	탐색과 추론	문제 해결을 위해 해답에 이르는 다양한 경로를 탐색하거나, 세상의 지식과 정보를 구조화하여 표현하고 이를 이용하여 해를 도출한다.	• 문제 해결과 탐색 • 표현과 추론	
	학습	인공지능에서의 학습은 데이터로부터 분류, 군집, 예측 등에 관한 모델을 자동으로 만드는 것이다.	• 기계학습의 개념과 활용 • 딥러닝의 개념과 활용	
데이터와 기계학습	데이터	데이터는 기계학습 모델 구현에 사용되며, 정형 데이터와 비정형 데이터로 구분된다.	• 데이터의 속성 • 정형 데이터와 비정형 데이터	탐색하기 분석하기 비교하기 핵심요소추출하기 적용하기 목표 설정하기 평가하기
	기계학습 모델	기계학습 모델은 지능적 문제를 정의하고, 문제 해결에 필요한 데이터를 준비하여, 모델의 훈련과 테스트 과정을 통하여 구현된다.	• 분류 모델 • 기계학습 모델 구현	
인공지능의 사회적 영향	인공지능 영향력	인공지능은 개인의 삶과 사회에 긍정적·부정적 영향을 미친다.	• 사회적 문제 해결 • 데이터 편향성	탐색하기 분석하기 예측하기 의사결정하기 실천하기
	인공지능 윤리	인공지능 윤리는 사회의 구성원이 인공지능을 올바르게 활용하기 위해 갖추어야 하는 가치관과 행동 양식이다.	• 윤리적 딜레마 • 사회적 책임과 공정성	

③ 성취기준

(1) 인공지능의 이해

성취기준	학습요소	교수·학습 방법 및 유의 사항	평가 방법 및 유의 사항
[12인기01-01] 인공지능의 개념과 특성을 이해하고, 인공지능과 인공지능이 아닌 것을 비교·분석한다.	인공지능 개념, 인공지능 특성	• 인공지능(기계)과 자연지능(인간), 인공지능이 적용된 소프트웨어와 적용되지 않은 소프트웨어를 비교·분석하는 활동을 통해 인공지능의 특성을 설명할 수 있도록 지도한다.	• 인공지능의 특성을 학습하는 과정에서 인공지능인 것과 인공지능이 아닌 것을 비교·분석하도록 하고, 발표 과정을 관찰하여 차이점을 명확히 제시할 수 있는지 평가한다.
[성취기준 해설] 인공지능의 개념과 특성을 다양한 사례를 통해 이해하고 인공지능과 인간의 차이를 비교·분석할 수 있도록 한다. 또한, 인공지능이 적용된 소프트웨어와 적용되지 않은 소프트웨어의 차이점을 비교·분석할 수 있도록 한다.			
[12인기01-02] 인공지능이 개인의 삶, 사회와 직업을 어떻게 변화시키는지 탐색하고 인공지능 역할의 필요성과 중요성을 이해한다.	인공지능 역할, 인공지능과 사회 변화, 인공지능과 직업 변화	• 진로 정보 제공 사이트를 활용하여 인공지능 발전에 따른 직업 변화를 조사해 보도록 지도한다. • 인공지능 적용 분야의 직업 특성과 다양한 전공 분야에서 활용되는 인공지능을 조사하게 하고 진로를 위해 준비해야 할 사항에 관해 토론해 보도록 지도한다. • 일상생활에서 활용되는 인공지능의 역할을 조사하게 하고 개인의 삶과 사회 변화에 미치는 인공지능의 가치에 관해 토론해 보도록 지도한다.	• 직업의 변화를 조사하도록 하고 인공지능 발전과 연관을 지어 설명하는지 평가한다. • 일상생활 및 사회의 각 직업 분야에서 활용되는 인공지능의 종류와 역할을 조사하도록 하고, 토론하는 과정을 관찰하여 개인의 삶과 사회의 변화에 미치는 인공지능의 역할에 대해 이해하는지 평가한다.
[12인기01-03] 인공지능과 지능 에이전트와의 관계를 파악하고 지능 에이전트의 개념을 이해한다.	지능 에이전트 개념, 인공지능과 지능 에이전트의 관계	• 지능 에이전트가 활용되는 사례를 조사하게 하고 에이전트의 동작을 인식, 행동 관점에서 설명할 수 있도록 지도한다. • 인공지능과 지능 에이전트의 개념과 특성 등에 대한 지식 암기는 지양하고 다양한 사례를 통해 사회 맥락 속에서 충분히 이해할 수 있도록 지도한다.	
[성취기준 해설] 인공지능이 지능 에이전트 형태로 나타나는 관계와 개념을 이해하고 인공지능과 지능 에이전트를 구분하여 설명할 수 있도록 한다.			
[12인기01-04] 지능 에이전트가 실생활에 활용된 다양한 사례를 탐색하고, 지능 에이전트의 역	지능 에이전트의 역할		• 지능 에이전트 활용 사례와 작동 원리를 조사하도록 하고 발표 과정을 관찰하여 인공지능과 지능 에

| 할을 이해한다. | | | 이전트의 관계에 대해 명확히 제시할 수 있는지 평가한다. |

[교수·학습 방법 및 유의 사항]
이론 중심 수업을 지양하고 학습자가 직접 참여하는 활동 중심의 수업으로 구성한다.

(2) 인공지능의 원리와 활용

성취기준	학습요소	교수·학습 방법 및 유의 사항	평가 방법 및 유의 사항
[12인기02-01] 지능 에이전트가 다양한 센서를 통해 주변의 환경 및 상황 정보를 탐지하여 인식하는 방법과 원리를 설명한다.	센서		

[성취기준 해설] 다양한 센서를 통해 온도, 조도, 습도, 위치, 동작 등 주변의 환경 및 상황 정보를 탐지하여 인식하는 방법과 원리를 이해할 수 있어야 한다. 또한, 자율 주행 자동차 상황 정보 인식 시스템, 홈스마트 시스템 등을 활용한 인공지능 시스템의 다양한 활용 사례를 탐색하여 체험해 보는 과정을 통해 인공지능 시스템에서 센서의 역할과 중요성, 한계 등을 이해할 수 있어야 한다.

| [12인기02-02] 컴퓨터 비전의 활용 분야를 탐색하고, 컴퓨터 비전의 한계를 인간의 시각 처리와 비교하여 설명한다. | 이미지 인식, 컴퓨터 비전, 로봇 비전 | 인공지능 기법이 적용되는 다양한 실생활 사례를 탐색하는 과정에서 자율주행 자동차, 로봇 등이 주변 환경 및 상황 정보와 시각 정보를 어떻게 인식하고 처리하는지, 관련 기술들과 인간 인식의 차이는 무엇인지 논의하고 토론해 볼 수 있도록 지도한다. 또한, 음성 인식이나 컴퓨터 비전 등의 인공지능 인식 기술의 현재 수준을 탐색하고 미래 발전 방향에 대해 논의해 볼 수 있도록 지도한다. | |

[성취기준 해설] 이미지 인식, 로봇 비전 등 컴퓨터 비전의 활용 분야를 탐색하고 교육용 도구를 활용하여 직접 체험하거나 만들어보는 과정을 통해 컴퓨터 비전 기술의 중요성을 설명할 수 있어야 한다. 또한, 컴퓨터 비전 기술의 한계를 인간의 시각 처리 방법과의 비교를 통해 설명할 수 있어야 한다.

| [12인기02-03] 음성 인식과 언어 이해 기법의 활용 분야 및 동작 원리를 탐색하고, 인간과의 상호작용에 관련한 기술의 발전 방향을 제시한다. | 음성 인식, 인공지능 스피커, 챗봇 | • 센서를 활용한 이미지 인식, 음성 인식, 챗봇 등 간단한 인공지능 인식 프로그램을 체험하거나 만들어 보는 과정을 통해 다양한 인공지능 기법의 활용 분야를 탐색하고 동작 원리를 이해할 수 있도록 지도한다.
• 교육용 도구를 사용하여 간단한 인공지능 프로그램을 만들어 보는 실습 과정에서는 도구 사용법에 대한 학습을 지양하 | 실습 과제를 평가할 경우, 작성한 프로그램의 정확성과 효율성을 평가하기 보다는 프로그램 설계 과정의 논리성과 실습 과정을 통해 관련 인공지능 기법의 동 |

		고, 다양한 인공지능 기법의 동작 원리를 이해시키는데 중점을 둔다. • 실습 초기 단계에서는 이미 작성된 프로그램의 코드를 동일하게 만들어 보거나 부분적으로 수정하는 활동을 통해 인공지능 기법이 어떻게 구현되는지에 관한 기본적인 원리와 절차를 습득하는 데 중점을 둔다.	작 원리를 이해하고 있는지에 중점을 두고 평가한다.
[성취기준 해설] 인공지능 스피커, 챗봇, 기계 번역 등 음성 인식과 언어 이해 기법의 실생활 활용 분야를 탐색하고 교육용 도구를 활용하여 직접 체험하거나 만들어보는 과정을 통해 음성 인식과 언어 이해 기법의 동작 원리를 이해할 수 있어야 한다. 또한, 인공지능 시스템과 인간과의 상호작용에 있어서 관련 기술의 발전 방향에 대해 설명할 수 있어야 한다.			
[12인기02-04] 퍼즐 또는 게임 문제를 해결하기 위한 탐색 과정을 구조화하여 표현한다. [12인기02-05] 최상 우선 탐색 방법을 활용하여 문제 해결을 위한 최적의 경로를 찾고, 최적화 과정에서 정보 이용의 중요성을 인식한다.	탐색 트리, 최상 우선 탐색	인공지능 분야에서 다루는 다양한 퍼즐 및 게임 문제들(강 건너기 게임, 틱택토 게임, 8-퍼즐 등)의 해결 과정을 트리 또는 그래프로 구조화하여 표현해 볼 수 있도록 지도한다. 처음부터 문제 해결 과정을 모두 표현하게 하기보다 반 구조화된 트리나 그래프 구조를 완성해 보도록 지도한다.	
[성취기준 해설] [12인기02-04] 퍼즐 또는 게임 문제를 해결하기 위해, '현재 상태', '목표 상태', '현재 상태에서 목표 상태로 도달하기 위한 다양한 경로'를 탐색하고 구조화하여 표현할 수 있어야 한다. [12인기02-05] 정보 이용 탐색 방법인 최상 우선 탐색(best-first search) 방법을 활용하여 문제 해결을 위한 최적의 경로를 찾아보는 과정을 통해 탐색 과정에서의 정보 이용의 중요성을 인식하고 설명할 수 있어야 한다. 또한, 교육용 도구를 활용하여 직접 체험하거나 만들어 보는 과정을 통해 최상 우선 탐색의 원리와 맹목적 탐색의 차이를 설명할 수 있어야 한다.			
[12인기02-06] 규칙과 사실을 이용하여 지식을 표현하고, 추론을 통해 새로운 사실을 생성한다.	지식 표현, 추론	• 규칙 기반 표현 방법(예: IF-THEN 형태의 문장)에 따라 지식을 표현하게 하고, 추론을 통해 새로운 지식을 생성해 보도록 지도한다. 이러한 과정을 통해 컴퓨터를 통한 지식의 표현과 처리가 어떤 절차와 원리로 이루어지는지 경험할 수 있도록 지도한다. • 의료 진단, 약 처방, 스팸 필터 등의 간단한 인공지능 추론 프로그램을 체험하거나 만들어 보는 과정을 통해 지식 표현에 따른 추론 과정 및 원리를 이해할 수 있도록 지도한다.	
[성취기준 해설] 세상의 정보를 규칙과 사실로 표현하고, 추론 기법을 통해 새로운 사실을 생성하는 과정을 설명할 수 있어야 한다. 또한, 교육용 도구를 활용하여 직접 체험하거나 만들어 보는 과정을 통해 간단한 지식 표현과 추론 과정을 실습해 보고 전통적인 프로그래밍 언어의 구문 구조인 IF-THEN과의 차이를 이해할 수 있어야 한다.			

[12인기02-07] 기계학습의 개념을 이해하고, 지도학습과 비지도학습의 차이를 비교한다. [12인기02-08] 분류, 군집, 예측 등 기계학습의 활용 분야를 탐색한다.	기계학습, 분류, 군집, 예측	기계학습에서 데이터의 중요성을 인식하고, 기계학습 기법을 활용한 분류 시스템, 예측 시스템 등을 체험해 보도록 함으로써 기계학습 모델의 유형을 설명할 수 있도록 지도한다.	기계학습과 딥러닝의 개념 이해 수준을 평가하기 위해서는 인공지능 기술 구현에 있어서 학습의 중요성을 인식하고 있는지 평가한다. 특히, 인공지능 기술과 일반 자동화 기술의 차이가 학습으로 인해 발생한다는 사실을 인지하고, 이로 인해 인공지능의 적용 분야가 어떻게 확장되었는지 등을 이해하고 논리적으로 설명할 수 있는지에 중점을 두고 평가한다.
[성취기준 해설] [12인기02-07] 기계학습이 문제 해결 모델을 데이터로부터 자동적으로 생성하는 과정임을 이해하고, 기계학습의 주요 학습 방법인 지도학습과 비지도학습의 차이를 설명할 수 있어야 한다. [12인기02-08] 교육용 도구를 활용하여 기계학습의 활용 사례를 체험해 보는 과정을 통해 분류, 군집, 예측 등 기계학습의 활용 분야를 이해하고, 구분하여 설명할 수 있어야 한다.			
[12인기02-09] 딥러닝의 개념을 이해하고, 활용 분야를 탐색한다.	딥러닝	딥러닝의 개념과 딥러닝이 어떻게 발전되어 왔는지 실제 활용 분야와 사례를 중심으로 이해할 수 있도록 지도한다.	
[성취기준 해설] 교육용 도구를 활용하여 딥러닝의 활용 사례를 체험해 보는 과정을 통해 딥러닝 기술이 활용되는 분야를 이해하고 설명할 수 있어야 한다.			

(3) 데이터와 기계학습

성취기준	학습요소	교수·학습 방법 및 유의 사항	평가 방법 및 유의 사항
[12인기03-01] 데이터 속성의 개념을 이해하고, 기계학습에서 데이터 속성의 역할을 설명한다. [12인기03-02] 다양한 형태로 시각화된 데이터를 분석하고, 주어진 데이터가 갖는 속성의 역할과 필요성을 설명한다.	데이터 속성	데이터의 다양한 속성들 중에서 기계학습에 필요한 속성을 찾아내고 그 이유를 설명할 수 있도록 지도한다.	데이터의 속성을 파악하고 시각화한 데이터를 분석할 수 있는지 평가한다.
[성취기준 해설] [12인기03-01] 데이터가 가지는 속성의 의미와 역할을 이해하고, 데이터가 갖는 다양한 속성 중에 학습에 필요한 속성을 추출하여 기계학습에 사용됨을 설명할 수 있어야 한다.			
[12인기03-03] 정형 데이터와 비정형 데이터의 특성을 이해하고, 차이를 비교한다.	정형 데이터, 비정형 데이터	• 정형데이터와 비정형데이터의 개념을 이해하고 분류할 수 있도록 지도하며, 인공지능을 활용한 문제 해결에서 데이터가 유형에 따라 어떻게 적용될 수 있는지 비교해 보도록 지도한다.	

		• 정형 데이터와 비정형 데이터를 기계학습의 훈련데이터로 사용하기 위해서 먼저 수행되어야 하는 데이터 처리 과정의 필요성과 역할을 설명할 수 있도록 지도한다.	
[12인기03-04] 분류 모델의 개념을 이해하고, 분류 모델이 적용되는 사례를 탐색한다.	분류 모델		
[성취기준 해설] 교육용 도구를 활용하여 분류 모델의 동작을 체험하는 과정을 통해 분류 모델의 개념을 이해하고, 학습자에게 친숙한 주제와 연결 지어 분류 모델의 사례를 탐색해 볼 수 있어야 한다.			
[12인기03-05] 인공지능을 활용하여 해결할 수 있는 문제와 그렇지 않은 문제를 구분한다. [12인기03-06] 문제 해결에 필요한 데이터를 선정하고, 핵심 속성을 추출한다. [12인기03-07] 훈련 데이터와 테스트 데이터의 역할을 비교한다. [12인기03-08] 훈련 데이터를 분류 모델의 학습에 적용하고, 테스트 데이터를 이용하여 성능을 평가한다.	기계학습, 기계학습모델구현, 핵심 속성 추출, 훈련 데이터, 테스트 데이터, 모델 학습, 성능 평가	• 기계학습 구현의 전체 과정을 경험해 보고 이를 통해 기계학습의 동작 원리를 이해할 수 있도록, 알고리즘에 대한 설명은 최소화하고 실습을 중심으로 수업을 구성한다. • 교육용 도구와 플랫폼을 활용하여 기계학습 모델을 쉽게 구현할 수 있도록 지도한다. • 분류 모델의 학습 과정과 성능 평가를 설명할 때, 어려운 수식으로 설명하는 것을 지양한다.	토론, 협동 학습, 발표 등을 관찰하여 기계학습 모델 구현의 과정을 이해하고 있는지 평가한다.

[성취기준 해설]
[12인기03-05] 실생활에서 해결하고자 하는 문제를 탐색할 때, 인공지능의 문제 해결 방식이 전통적인 프로그래밍 방식과 어떤 차이점이 있는지 비교해 보고, 인공지능으로 해결할 수 있는 문제와 해결할 수 없는 문제를 구분할 수 있어야 한다.
[12인기03-06] 교육용 도구를 활용하여 데이터를 그래프로 표현하고, 그 과정을 통해 기계학습에 필요한 속성을 추출할 수 있어야 한다. 핵심 속성에 따라 분류 모델의 성능이 달라지는 것을 이해하고, 속성의 중요성을 설명할 수 있어야 한다.
[12인기03-08] 교육용 도구를 활용하여 분류 모델이 데이터를 학습하는 과정을 체험해 보고 훈련 데이터의 중요성을 인식하고 설명할 수 있어야 한다. 또한, 테스트 데이터를 이용하여 기계학습 모델의 성능을 평가할 수 있어야 한다.

[교수·학습 방법 및 유의 사항]
학습자의 진로와 연계된 주제의 프로젝트를 선택하도록 하여, 학습자가 인공지능 기술의 활용과 자신의 미래를 연결 지어 생각할 수 있도록 지도한다.

[평가 방법 및 유의 사항]
프로젝트 결과 보고서를 작성하고 발표하도록 하여 프로젝트 진행 과정 및 산출물을 종합적으로 평가한다.
학습 모델을 구현하기 위해 다양한 도구를 사용하되 도구 사용 방법에 중점을 두지 않도록 유의하여 평가한다.

(4) 인공지능의 사회적 영향

성취기준	학습요소	교수·학습 방법 및 유의 사항	평가 방법 및 유의 사항
[12인기04-01] 인공지능이 미래사회에서 해결하게 될 여러 가지 사회적 문제를 예측하고 인공지능의 역할을 제시한다.	인공지능 가치, 인공지능 영향력	미래사회에서 인공지능의 영향력을 순기능과 역기능의 관점에서 분석하고 인공지능의 가치와 중요성, 올바른 활용 방법을 설명하도록 지도한다. 인공지능 기술이 실생활 및 사회에 활용될 수 있는 사례를 탐색하고 긍정적, 부정적 영향을 분석하되 어느 한쪽으로 치우치지 않도록 지도하며, 인공지능의 가치를 설명할 수 있도록 지도한다.	미래사회에서 발생 가능한 사회적 문제를 예측하고 이를 해결하는 인공지능의 역할을 제시하는지 평가한다.

[성취기준 해설] 미래사회에서 발생할 수 있는 사회적 문제를 인공지능이 어떻게 해결할 수 있는지 그 역할에 대하여 논의하고, 인공지능의 특성을 바탕으로 인간은 어떤 역할을 하게 될지 제시할 수 있어야 한다.

[12인기04-02] 축적된 데이터의 질과 양, 인간의 편향적 성향이 인공지능의 수행 결과에 미치는 영향을 탐색하고, 올바른 데이터 활용의 중요성을 인식한다.	데이터 편향성	데이터 편향성의 문제를 경험해 볼 수 있는 활동을 수행하고 데이터 공정성의 중요성을 설명할 수 있도록 지도한다.	데이터 편향성이 인공지능 수행 결과에 미치는 영향을 사례 중심으로 조사하고 올바른 데이터 활용을 위해 유의해야 할 사항을 제시하는지 평가한다.

[성취기준 해설] 기계학습 모델을 학습시킬 때 활용되는 데이터의 편향이 인공지능의 학습에 반영되어 편향된 결과를 산출함을 이해하고, 데이터의 선택과 축적된 데이터의 활용에서 발생할 수 있는 편향성을 고려하여 공정성을 추구할 수 있어야 한다.

[12인기04-03] 인공지능 사회에서 고려해야 할 윤리적 딜레마에 대한 충분한 사회적 논의의 필요성을 인식한다.	인공지능 윤리, 윤리적 딜레마	인공지능 사회에서 고려해야 할 여러 가지 윤리적 딜레마를 살펴보고 사회적으로 논의가 필요한 사안을 토론하도록 지도한다.	인공지능의 윤리적 쟁점에 대한 여러 가지 사례를 조사·발표하도록 하고 인공지능 윤리의 필요성과 중요성을 충분히 설명할 수 있는지 평가한다. 윤리적 딜레마 상황을 조사하게 하고 사회적 논의가 필요한 사안을 설명할 수 있는지 평가한다.

[성취기준 해설] 인공지능이 딜레마 상황에서 윤리적인 판단과 선택을 하도록 학습시키려면 윤리적 딜레마에 대한 충분한 사회적 논의가 우선되어야 함을 이해할 수 있어야 한다.

[12인기04-04] 인공지능 사회의 구성원으로서 인공지능 윤리의 중요성을 인식하고, 사회적 책	사회적 책임, 인공지능 공정성	인공지능 기술의 도입에 따른 윤리적 쟁점이 되는 사례를 조사하고 인공지능 윤리의 중요성이 점차 강조되고 있는 이유와 실천 방안에 대해 토의·	

임감으로 공정성 추구 방안을 제시한다.	토론하도록 지도한다.	

[성취기준 해설] 인공지능의 활용에 따른 윤리적 쟁점을 인공지능 개발자, 사용자, 운영·관리자 관점에서 살펴보고 사회적 책임과 공정성 추구를 위해 노력해야 하는 실천 방안들을 제시할 수 있어야 한다.

6.1.3 정보과학 교육과정

1 역량 및 목표

역량	① 컴퓨팅 사고력 : 컴퓨터과학의 기본 개념과 원리 및 컴퓨팅 시스템을 활용하여 실생활 및 다양한 학문 분야의 문제를 이해하고 창의적으로 해법을 구현하여 적용할 수 있는 능력 　• 컴퓨팅 사고력은 추상화(abstraction) 능력, 자동화(automation) 능력, 창의·융합 능력을 포함 　• 추상화는 핵심요소 추출, 문제 분해, 모델링, 분류, 일반화 등의 방법으로 이루어짐 　• 추상화 과정을 통해 도출된 문제 해결 모델은 프로그래밍 과정을 통해 자동화됨 ② 협력적 문제해결력 : 네트워크 컴퓨팅 환경에 기반한 다양한 지식·학습 공동체에서 공유와 효율적인 의사소통, 협업을 통해 문제를 창의적으로 해결할 수 있는 능력 　• 협력적 문제해결력은 협력적 컴퓨팅 사고력, 디지털 의사소통능력, 공유와 협업능력을 포함
기능	① 컴퓨터과학의 개념과 원리를 습득하고 컴퓨팅 기기를 활용한 창의적이고 실제적인 문제 해결 능력을 신장한다. ② 실생활 및 다양한 학문 분야의 문제를 추상화하고 컴퓨팅 기기에서 자동화할 수 있는 알고리즘적 사고와 프로그래밍 역량을 함양한다. ③ 프로그래밍에 기반한 실험 및 실습을 통해 컴퓨터과학의 개념 및 원리를 깊이 있게 이해하고 실제적으로 구현하는 능력을 기른다. ④ 다양한 분야의 문제 해결 및 융합 프로젝트의 수행 과정을 통해 효과적인 의사소통 및 협업 능력을 배양하고 컴퓨터의 올바른 활용 방법을 이해하고 실천하는 능력을 함양한다
영역	프로그래밍, 자료 처리, 알고리즘, 컴퓨팅 시스템
목표	① 프로그래밍을 통해 소프트웨어를 개발하고 문제를 해결하는 역량을 기른다. ② 자료를 효율적으로 처리하는 방법을 이해하고 문제 해결에 활용하는 능력을 기른다. ③ 다양한 학문 분야의 복잡한 문제를 해결하기 위한 효율적인 알고리즘을 설계하고 구현하는 능력을 기른다. ④ 컴퓨팅 시스템의 구성 및 동작 원리를 이해하고 실생활의 문제를 해결할 수 있는 창의적 컴퓨팅 시스템을 구현할 수 있는 능력을 기른다.

2 내용 체계

영역	핵심 개념	일반화된 지식	내용 요소	기능
프로그래밍	연산 수행	변수와 상수, 연산자를 이용하여 연산을 수행한다.	• 변수와 상수 • 연산자	• 분석하기 • 설계하기 • 추상화하기 • 프로그래밍하기 • 개발하기
	자료 저장	자료 저장 및 처리에 효율적인 자료형을 선택하거나 정의하여 활용한다.	• 자료형 • 다차원 배열	
	흐름 제어	효율적인 프로그램을 설계하기 위해 프로그램의 실행 흐름을 제어한다.	• 순차, 선택, 반복 구조 • 중첩 제어 구조	
	모듈화	프로그램의 생산성과 최적화를 위해 프로그램 구조를 기능 단위로 분할한다.	• 함수 • 변수의 영역	
자료 처리	자료구조	자료와 정보를 효율적으로 처리하고 관리하기 위해 자료 간의 관계를 구조화하고 정의한다.	• 선형 자료구조 • 비선형 자료구조	• 비교하기 • 분석하기 • 표현하기 • 추상화하기 • 프로그래밍하기
	정렬과 탐색	정렬과 탐색은 컴퓨터 내부의 자료 처리를 위한 기본적인 방법이다.	• 자료의 정렬 • 자료의 탐색	
알고리즘	문제와 알고리즘	계산의 관점에서 문제를 분류하고, 문제 해결을 위한 알고리즘의 복잡도를 표현함으로써 성능을 비교하고 효율성을 분석한다.	• 문제 • 알고리즘 복잡도	• 분석하기 • 분류하기 • 설계하기 • 표현하기 • 추상화하기 • 프로그래밍하기 • 구현하기 • 협력하기
	탐색기반 알고리즘	컴퓨팅 시스템의 탐색 능력을 기반으로 해를 찾는 알고리즘을 설계하고 탐색 공간을 줄임으로써 효율성을 높인다.	• 전체 탐색 • 탐색 공간의 배제	
	관계기반 알고리즘	주어진 문제와 부분 문제와의 관계를 정의하고 동적 테이블을 구성하는 방법으로 최적해를 구한다.	• 관계 정의 • 동적 계획법	
컴퓨팅 시스템	시뮬레이션	모의실험을 설계하고 구현하기 위해 근사, 난수, 시각화 등의 방법을 이용한다.	• 시뮬레이션 설계 • 시뮬레이션 구현	• 분석하기 • 설계하기 • 시뮬레이션하기 • 프로그래밍하기 • 구현하기 • 협력하기
	피지컬 컴퓨팅	마이크로컨트롤러와 다양한 입·출력 장치로 피지컬 컴퓨팅 시스템을 구성하고 프로그래밍을 통해 제어한다.	• 피지컬 컴퓨팅 구성 • 피지컬 컴퓨팅 구현	

3 성취기준

(1) 프로그래밍

성취기준	학습요소	교수·학습 방법 및 유의 사항	평가 방법 및 유의 사항
[12정과01-01] 변수와 상수를 활용하여 프로그램을 작성한다.	변수와 상수		
[12정과01-02] 다양한 연산자를 활용하여 프로그램을 작성한다.	연산자		
[성취기준 해설] 다양한 연산자의 유형과 특징 및 사용 방법을 이해하고 이를 활용하여 수학, 과학 문제를 프로그래밍으로 해결할 수 있어야 한다.			
[12정과01-03] 기본 자료형과 사용자 정의 자료형을 활용하여 프로그램을 작성한다.	기본 자료형, 사용자 정의 자료형		
[성취기준 해설] 기본 자료형의 속성과 활용 방법을 알고, 문제 해결에 적합한 자료형을 선택하여 프로그램을 작성할 수 있어야 한다. 또한, 사용자 정의 자료형을 활용하는 프로그램을 작성할 수 있어야 한다.			
[12정과01-04] 다차원 배열을 활용하여 프로그램을 작성한다.	1차원 배열, 2차원 배열, 3차원 배열,		
[성취기준 해설] 동일한 형태의 자료들을 효율적으로 저장하고 활용하기 위해 배열을 사용할 수 있어야 하며, 문제 상황에 적합한 다양한 차원의 배열을 활용하여 프로그램을 작성할 수 있어야 한다.			
[12정과01-05] 순차, 선택, 반복 구조를 활용하여 프로그램을 작성한다.	순차 구조, 선택 구조, 다중 선택 구조, 반복 구조		
[12정과01-06] 중첩 제어 구조를 활용하여 프로그램을 작성한다.	중첩 제어 구조, 라이브러리 함수		
[12정과01-07] 함수를 정의하는 방법을 이해하고 문제 해결을 위해 필요한 함수를 모듈화하여 프로그램을 작성한다.	사용자 정의 함수, 재귀 함수, 전역변수와 지역변수		형성 평가를 통해 자료형, 함수, 변수의 영역 등과 같은 내용 요소의 개념과 필요성을 이해하고 있는지를 확인한다.
[성취기준 해설] 프로그램의 생산성과 최적화를 위해 모듈화된 함수를 정의하는 방법을 이해하고, 문제 해결을 위해 필요한 함수를 활용하는 프로그램을 작성할 수 있어야 한다.			
[12정과01-08] 변수의 적용 범위를 이해하고 효율적인 모듈화 프로그램을 작성한다.	변수의 적용 범위		
[성취기준 해설] 전역변수와 지역변수의 개념을 이해하고 변수의 적용 범위를 고려하여 효율적인 모듈화 프로그램을 작성할 수 있어야 한다.			
[교수·학습 방법 및 유의 사항] • 학습자의 수준에 적합한 텍스트 기반의 프로그래밍 언어를 선택하여 교수·학습을 전개한다. • 사용할 텍스트 기반 프로그래밍 언어의 문법에 대한 학습을 최소화하고 수학, 과학 등 다양한 학문 분야의 문			

제 해결을 위한 프로그래밍 활동 중심으로 교수·학습을 전개한다.
- 프로그래밍에 대한 학습 동기를 유지하기 위해 학습 초기 단계에서는 학습자의 상황이나 수준을 고려하여 쉽게 해결 가능한 문제를 제시하고, 점진적으로 문제의 수준을 높여 제시한다.
- 프로그래밍 영역의 프로젝트 학습 시 학습자의 수준을 고려하여 적절한 과제를 선택하고 해결할 수 있도록 지도한다.
- 프로그래밍 언어의 선행 조직자를 제시하기 위해 중학교 또는, 고등학교의 '정보' 과목에서 학습한 프로그래밍 언어를 사용하여 문제를 해결하게 한 후 사용할 텍스트 기반 프로그래밍 언어로 구현해보는 방법을 적용할 수 있다.

[평가 방법 및 유의 사항]
- 프로그래밍 언어의 핵심 개념을 이해하고 문제 해결에 활용할 수 있는지를 확인하기 위해 과제 수행 과정을 관찰하여 평가한다.
- 프로그래밍 영역의 프로젝트 학습 시 보고서 평가를 통해 과제 선정의 적합성에서부터 최종 산출물의 완성도까지 단계별로 평가한다.
- 프로그래밍 과제 평가 시 프로그램 자동 평가 시스템 등을 활용하여 평가의 효율을 높일 수 있다. 단, 프로그래밍 과정에서 발생한 오류에 대한 교정적 피드백을 제공하여 학습자가 프로그램을 수정·보완할 수 있도록 한다.

(2) 자료 처리

성취기준	학습요소	교수·학습 방법 및 유의 사항	평가 방법 및 유의 사항
[12정과02-01] 선형 자료구조의 종류와 특성을 이해하고 프로그래밍을 통해 구현한다.	스택, 큐, 리스트	선형 자료구조와 비선형 자료구조에 대한 이해를 바탕으로 문제 상황에 적합한 자료구조를 선택하고 그 이유에 대해 토론하도록 한다.	
[성취기준 해설] 스택, 큐, 리스트와 같은 선형 자료구조의 개념과 특성을 비교할 수 있어야 한다. 또한 다양한 선형 자료구조를 프로그래밍을 통해 구현할 수 있어야 한다.			
[12정과02-02] 비선형 자료구조의 종류와 특성을 이해하고 프로그래밍을 통해 구현한다.	트리, 그래프		토론 과정의 관찰을 통해 선형 자료구조와 비선형 자료구조의 특성을 이해하였는지 평가한다.
[성취기준 해설]			
[12정과02-03] 다양한 정렬 알고리즘을 구현하고 효율성을 비교·분석한다.	선택 정렬, 버블 정렬, 삽입 정렬, 퀵 정렬, 힙 정렬	프로젝트 학습을 통해 대표적인 정렬 및 탐색 알고리즘의 특징을 비교·분석하도록 한다.	
[성취기준 해설] 선택 정렬, 버블 정렬, 삽입 정렬, 퀵 정렬, 힙 정렬 같은 정렬 알고리즘의 개념과 특성을 비교·분석할 수 있어야 한다. 또한 다양한 정렬 알고리즘을 프로그래밍을 통해 구현할 수 있어야 한다.			

[12정과02-04] 순차 탐색과 이진 탐색 알고리즘을 구현하고 효율성을 비교·분석한다.	순차 탐색, 이진 탐색	복잡한 문제에 대해서는 모둠별 프로젝트 학습을 통해 효율적인 정렬 및 탐색 알고리즘을 선택하여 텍스트 기반 프로그래밍 언어로 구현하도록 한다.	산출물 평가를 통해 정렬과 탐색 알고리즘의 개념과 특성, 필요성을 이해하였는지 평가한다.
[성취기준 해설] 순차 탐색과 이진 탐색 알고리즘의 개념과 특성을 비교·분석할 수 있어야 한다. 또한 탐색 알고리즘을 프로그래밍을 통해 구현할 수 있어야 한다.			
[12정과02-05] 깊이 우선 탐색과 너비 우선 탐색, 알고리즘을 구현하고 효율성을 비교·분석한다.	깊이 우선 탐색, 너비 우선 탐색		
[평가 방법 및 유의 사항] •프로젝트 수행 과정의 관찰을 통해 문제를 해결하는 과정에서 효율적인 자료구조나 알고리즘을 선택하여 프로그램으로 구현하였는지 평가한다.			

(3) 알고리즘

성취기준	학습요소	교수·학습 방법 및 유의 사항	평가 방법 및 유의 사항
[12정과03-01] 문제를 계산 가능 문제와 불가능 문제로 나누고, 계산 가능 문제는 결정 문제, 탐색 문제, 계수 문제, 최적해 문제 등으로 분류한다.	문제의 분류		
[12정과03-02] 알고리즘을 자연어, 의사코드 등으로 표현하고 알고리즘의 수행시간을 측정하여 다양한 표기법을 이용하여 나타낸다.	알고리즘 성능 분석, 알고리즘 복잡도, 알고리즘 수행 시간		
[12정과03-03] 전체 탐색 방법을 이용하여 문제를 해결하는 알고리즘을 설계하고 프로그래밍을 통해 구현한다.	선형 전체 탐색, 비선형 전체 탐색		
[성취기준 해설] 해가 될 수 있는 대상들 중에서 주어진 조건을 만족하는 해를 탐색함으로써 탐색 기반 알고리즘의 특성과 설계 방법을 이해하고 프로그래밍을 통해 구현할 수 있어야 한다.			
[12정과03-04] 탐욕(욕심쟁이) 알고리즘을 이용하여 전체 탐색 방법의 효율을 높일 수 있는 알고리즘을 설계하고 프로그래밍을 통해 구현한다.	탐욕(욕심쟁이) 알고리즘		
[성취기준 해설] 전체 탐색 방법의 효율을 높이기 위해서는 자료 간의 관계를 단순화하는 탐욕(욕심쟁이) 알고리즘을 설계하고 프로그래밍을 통해 구현할 수 있어야 한다.			
[12정과03-05] 분기한정 알고리즘을 이용하여 전체 탐색 방법의 효율을 높일 수 있는 알고리즘을 설계하고 프로그래밍을 통해 구현한다.	분기한정 알고리즘		

[성취기준 해설] 전체 탐색 방법의 효율을 높이기 위해서는 탐색 경험을 바탕으로 탐색 공간의 크기를 줄이는 분기한정 알고리즘을 설계하고 프로그래밍을 통해 구현할 수 있어야 한다.			
[12정과03-06] 관계기반 알고리즘을 이해하고 전체 문제와 부분 문제의 재귀적 관계를 정의한다.	문제 분해, 관계 정의, 재귀적 관계		
[성취기준 해설] 주어진 문제를 전체 문제와 부분 문제로 분해하고 이들 간의 재귀적 관계를 이용하여 문제를 해결하는 관계 기반 알고리즘의 특성과 설계 방법을 이해하고 프로그래밍을 통해 구현할 수 있어야 한다.			
[12정과03-07] 하향식 동적 계획법을 이용한 알고리즘을 설계하고 프로그래밍을 통해 구현한다.	하향식 동적 계획법		
[성취기준 해설] 전체 문제와 부분 문제 간의 재귀적 관계를 바탕으로 효율적으로 문제를 해결하는 하향식 동적 계획법과 메모이제이션(memoization) 방법을 이용하여 알고리즘을 설계하고 프로그래밍을 통해 구현할 수 있어야 한다.			
[12정과03-08] 상향식 동적 계획법을 이용한 알고리즘을 설계하고 프로그래밍을 통해 구현한다.	메모이제이션, 상향식 동적 계획법		
[성취기준 해설] 전체 문제와 부분 문제 간의 재귀적 관계를 바탕으로 효율적으로 문제를 해결하는 상향식 동적 계획법을 이용하여 알고리즘을 설계하고 프로그래밍을 통해 구현할 수 있어야 한다.			

[교수·학습 방법 및 유의 사항]
- 문제 중심 학습을 통해 알고리즘 설계 기법의 개념과 필요성에 대해 정확하게 이해하고, 이를 바탕으로 실제 문제를 해결할 수 있도록 한다.
- 문제 해결 과정에서 학습자의 동기를 유발하기 위해 학습자의 환경 및 수준에 적합한 문제 상황을 제시한다.
- 공개용 소프트웨어나 오픈 소스 통합 개발 환경을 선택함으로써 교수·학습 활동에 학습자의 접근성을 높일 수 있도록 한다.
- 자기주도적 학습과 수준별 학습이 용이하도록 프로그램 자동 평가 시스템을 적극 활용한다.

[평가 방법 및 유의 사항]
- 질의응답 및 형성 평가 등을 통해 탐색 기반 알고리즘과 관계 기반 알고리즘의 설계 기법에 대한 개념 및 필요성을 정확하게 이해하였는지 평가한다.
- 토론 및 발표 과정을 관찰함으로써 알고리즘의 효율을 수행 시간의 관점에서 정확한 표기법을 이용하여 비교·분석하였는지 평가한다.
- 수학, 과학 등 다양한 학문 분야의 문제 해결 과제를 제시하고, 학습자가 효율적인 알고리즘 설계 기법을 적용하여 해결하였는지 평가한다.
- 프로그램 자동 평가 시스템을 적용할 때는 학습자가 개발한 프로그램의 수행 시간, 소스 코드의 길이 등을 종합적으로 평가한다.

(4) 컴퓨팅 시스템

성취기준	학습요소	교수·학습 방법 및 유의 사항	평가 방법 및 유의 사항
[12정과04-01] 문제 해결을 위한 시뮬레이션 프로그램을 설계한다.	근사, 난수, 시각화	다양한 수치해석 기법 등을 활용하여 근사, 난수 알고리즘에 대한 교수·학습을 전개한다.	
[성취기준 해설] 실세계 및 다양한 학문 분야의 복잡한 문제들을 해결하기 위해서는 컴퓨팅 시스템의 계산 능력에 기반한 시뮬레이션 방법을 이해할 수 있어야 한다. 이를 위해 근사, 난수, 시각화의 개념을 이해하고 이를 활용하여 시뮬레이션 알고리즘을 설계할 수 있어야 한다.			
[12정과04-02] 문제 해결을 위한 시뮬레이션 프로그램을 구현한다.	시뮬레이션 프로그램	시뮬레이션 영역의 교수·학습을 전개할 때는 시각화의 구현이 용이한 텍스트 기반의 프로그래밍 언어와 통합 개발 환경을 활용한다.	시뮬레이션 구현을 통한 문제 해결 과정을 평가하는 경우에는 발표 및 토론 과정을 관찰하고 다양한 시뮬레이션 알고리즘을 비교·분석하여 보다 효율적인 알고리즘을 선택하였는지에 중점을 둔다.
[12정과04-03] 문제 해결을 위한 피지컬 컴퓨팅 시스템을 설계하고 구성한다.	마이크로컨트롤러, 입·출력 장치, 피지컬 컴퓨팅 시스템의 구성	피지컬 컴퓨팅 영역의 교수·학습을 전개할 때는 학교의 상황과 학습자의 수준에 맞는 교구를 선택하여 활용할 수 있도록 한다. 마이크로컨트롤러와 다양한 입·출력 장치를 사용하여 학습자 스스로 컴퓨팅 시스템을 구성하고 제어 프로그램을 구현하도록 한다.	문제 해결을 위해 학습자가 구현한 피지컬 컴퓨팅 시스템을 평가하는 경우에는 동작 수행의 정확성과 더불어 하드웨어 구성과 설계의 창의성과 효율성에 중점을 둔다.
[성취기준 해설] 실세계 및 다양한 학문 분야의 융합 문제들을 해결하기 위해서는 피지컬 컴퓨팅 시스템을 설계할 수 있어야 한다. 따라서 문제 해결을 위해 적합한 마이크로컨트롤러와 다양한 입·출력 장치를 선택하고 피지컬 컴퓨팅 시스템을 구성할 수 있어야 한다.			
[12정과04-04] 피지컬 컴퓨팅 시스템을 제어하기 위한 프로그램을 구현한다.	제어 프로그램 작성, 피지컬 컴퓨팅 시스템 개발	피지컬 컴퓨팅 구성 및 구현 과정에서 문제 해결의 효율을 높이기 위해 선택한 방법들을 발표와 토론을 통해 공유할 수 있도록 한다.	
[성취기준 해설] 컴퓨팅 시스템을 구성한 후 실제로 문제를 해결하기 위해서는 하드웨어 장치를 제어할 수 있는 프로그램을 작성하고, 이를 통해 피지컬 컴퓨팅 시스템을 구현할 수 있어야 한다.			

[교수·학습 방법 및 유의 사항]
• 컴퓨팅 시스템의 설계와 구현을 위한 프로젝트 학습에서는 다양한 자료를 자기 주도적으로 찾아 활용할 수 있도록 한다.

[평가 방법 및 유의 사항]
• 프로젝트 수행과정을 관찰하고 보고서를 평가하여 산출물분만 아니라 문제 해결 과정에 대한 평가가 종합적으로 이루어지도록 한다.

6.1.4 교수·학습 방향 및 평가의 방향

■ 교수·학습 방향

(1) 중학교/고등학교 정보

① 컴퓨팅 사고력을 기반으로 문제를 해결할 수 있는 역량을 기를 수 있도록 교수·학습을 설계한다.
② 개념에 대한 정확한 이해를 바탕으로 이를 응용할 수 있도록 학습을 유도한다.
③ 내용 요소별 핵심 개념 및 원리를 안내하고 학습자가 새로운 문제 상황에서 핵심 개념과 원리를 적용하여 해결하는 풍부한 기회를 제공하도록 한다.
④ 중학교 : 교과 내에서의 영역 간 연계성, 초등학교 실과에서 이수한 소프트웨어 관련 내용, 타 교과와의 연계성까지 고려한 학습 경험을 할 수 있도록 조직하여 융합적 사고력을 기르도록 한다.
  고등학교 : 교과 내에서의 영역 간 연계성, 중학교 정보 교과에서 이수한 소프트웨어 관련 내용, 타 교과와의 연계성까지 고려한 학습 경험을 할 수 있도록 조직하여 융합적 사고력을 기르도록 한다.
⑤ 학습자의 수준과 진로 방향을 고려한 탐구 활동이나 프로젝트를 제시하여 학습자의 꿈과 재능이 발휘될 수 있도록 한다.
⑥ 프로그래밍, 피지컬 컴퓨팅 시스템 구현과 같은 문제 해결을 위한 협력적 프로젝트 수행을 통해 의사소통능력, 창의·융합적 사고능력, 정보처리능력을 함양할 수 있도록 한다.
⑦ 특정 정보기술이나 컴퓨팅 도구의 사용법 습득에 치중하지 않도록 유의하고 문제 해결을 위한 정보기술의 활용, 프로그램 설계 및 개발 프로젝트 수행을 통해 컴퓨팅 사고력을 신장하는 데 중점을 둔다.
⑧ 학습자의 수준과 실습실 환경에 적합한 교육용 프로그래밍 언어와 피지컬 컴퓨팅 장치를 선택하여 사용한다.
⑨ 학습자의 흥미와 동기를 유발할 수 있는 적절한 수준의 문제를 활용하되, 학습 전개 상황에 따라 계열화하여 제시한다.
⑩ 학습자 간 개인차를 고려하여 동료 간 코칭이나 팀 티칭 등의 방법을 적극적으로 활용한다.

(2) 인공지능 기초

① 인공지능에 대한 이해를 통해 인공지능과 공존하는 사회 변화에 적극적으로 대응할 수 있는 태도와 능력을 함양할 수 있도록 교수·학습을 설계한다.
② 인공지능 개념에 대한 정확한 이해를 바탕으로 문제 해결에 응용할 수 있도록 유도한다.
③ 내용 요소별 핵심 개념 및 원리를 안내하고 학습자가 새로운 문제 상황에서 핵심 개념과 원리를 적용하여 문제를 해결해 볼 수 있는 풍부한 기회를 제공하도록 한다.
④ 교과 내에서의 영역 간 연계성, 중학교 정보에서 이수한 내용, 타 교과와의 연계성까지 고려한 학습 경험을 할 수 있도록 교육 내용을 조직하여 융합적 사고력을 기르도록 한다.
⑤ 학습자의 수준과 진로 방향을 고려한 탐구 활동이나 프로젝트를 제시하여 학습자의 꿈과 재능이 발휘될 수 있도록 한다.

⑥ 기계학습 모델 구현과 같은 프로젝트형 실습은 협업을 통해 의사소통 능력, 창의·융합적 사고 능력, 정보처리 능력을 함양할 수 있도록 한다.

⑦ 특정 인공지능 기술이나 도구의 사용법 습득에 치중하지 않도록 유의하고 문제 해결을 위한 인공지능 기술의 활용, 프로젝트 설계 및 수행을 통해 인공지능 소양을 함양하는 데 중점을 둔다.

⑦ 학습자의 수준과 실습실 환경에 적합한 교육용 도구와 플랫폼을 선택하여 사용한다.

⑨ 학습자의 흥미와 동기를 유발할 수 있는 적절한 수준의 주제를 활용하되, 학습 전개 상황에 따라 계열화하여 제시한다.

⑩ 학습자 간 개인차를 고려하여 동료 학습, 팀 티칭 등의 다양한 방법을 적극적으로 활용한다.

(3) 정보과학

① 질의응답 및 형성 평가 등을 통해 탐색 기반 알고리즘과 관계 기반 알고리즘의 설계 기법에 대한 개념 및 필요성을 정확하게 이해하였는지 평가한다.

② 토론 및 발표 과정을 관찰함으로써 알고리즘의 효율을 수행 시간의 관점에서 정확한 표기법을 이용하여 비교·분석하였는지 평가한다.

③ 수학, 과학 등 다양한 학문 분야의 문제 해결 과제를 제시하고, 학습자가 효율적인 알고리즘 설계 기법을 적용하여 해결하였는지 평가한다.

④ 프로그램 자동 평가 시스템을 적용할 때는 학습자가 개발한 프로그램의 수행 시간, 소스 코드의 길이 등을 종합적으로 평가한다.

2 평가의 방향

(1) 중학교/고등학교 정보

① 평가 항목은 정보문화소양, 컴퓨팅 사고력, 협력적 문제해결력의 하위 요소를 기반으로 구체화한다.

② 학습자의 수준을 정확히 파악하고 교수·학습 설계에 반영할 수 있도록 형성평가를 적극적으로 활용한다.

③ 모둠별 탐구 활동의 성과물에 대한 평가뿐만 아니라 협업 및 발표, 토론 수행 등의 전 과정에서 합리적이고 객관적인 평가가 이루어질 수 있도록 평가 기준과 구체적인 체크리스트를 마련하고 교사 평가뿐만 아니라 동료 평가, 자기 평가를 위한 도구로 활용한다.

④ 토론과정 평가 시, 모든 구성원의 발언 내용과 태도를 평가하기 위해 소규모의 모둠별 토론이 진행되도록 하고 구성원들이 번갈아 가며 발언할 수 있도록 안내한다.

⑤ 학습자의 능력과 수준을 고려하여 다양한 평가 문항을 제시함으로써 학습자가 성취감을 경험할 수 있도록 한다.

(2) 인공지능 기초

① 평가 항목은 정보 교과 역량과 성취기준을 기반으로 구체화한다.
② 학습자의 수준을 정확히 파악하고 교수·학습 설계에 반영할 수 있도록 형성평가를 적극적으로 활용한다.
③ 모둠별 탐구 활동의 성과물에 대한 평가분만 아니라 협업 및 발표, 토론 수행 등의 전 과정에서 합리적이고 객관적인 평가가 이루어질 수 있도록 평가 기준과 구체적인 체크리스트를 마련하고, 이를 교사 평가분만 아니라 동료 평가, 자기 평가의 도구로 활용한다.
④ 토론 과정 평가 시, 모든 구성원의 발언 내용과 태도를 평가하기 위해 소규모의 모둠별 토론이 진행되도록 하고 구성원들이 번갈아 가며 발언할 수 있도록 안내한다.
⑤ 학습자의 능력과 수준을 고려하여 다양한 평가 문항과 긍정적인 피드백을 제시함으로써 학습자가 성취감을 경험할 수 있도록 한다.
⑥ 실습 과제를 평가할 경우, 산출물 평가와 더불어 학습자 간 상호작용 등 과제 해결 과정을 관찰하여 종합적으로 평가한다.

(3) 정보과학

① 컴퓨팅 사고력을 실생활이나 학문간 융합적 맥락 속에서 적용할 수 있는가에 초점을 두어 평가한다.
② 컴퓨팅 사고력과 협력적 문제해결력의 평가 항목은 각 역량의 하위 요소를 기반으로 구체화한다.
③ 학습자의 수준을 파악하고 교수·학습 설계에 반영할 수 있도록 형성평가를 적극 활용한다.
④ 모둠별 탐구 활동의 성과물에 대한 평가분만 아니라 협업 및 발표, 토론 수행 등의 전 과정에서 합리적이고 객관적인 평가가 이루어질 수 있도록 평가 기준과 구체적인 체크리스트를 마련하고 교사 평가분만 아니라 동료 평가, 자기 평가를 위한 도구로 활용한다.
⑤ 학습 내용의 정확한 이해를 바탕으로 학습자가 스스로 지식을 구조화하였는지 평가하기 위해 질의응답 및 퀴즈 등의 평가방법을 활용한다.
⑥ 영역별 종합적인 탐구 과제나 프로젝트를 제시하여 협업을 통한 창의적인 문제 해결 능력과 의사소통능력을 평가한다.

6.2 2022 개정 정보과 교육과정

6.2.1 중학교 정보(공통 교육과정)

1 교육과정 설계의 개요

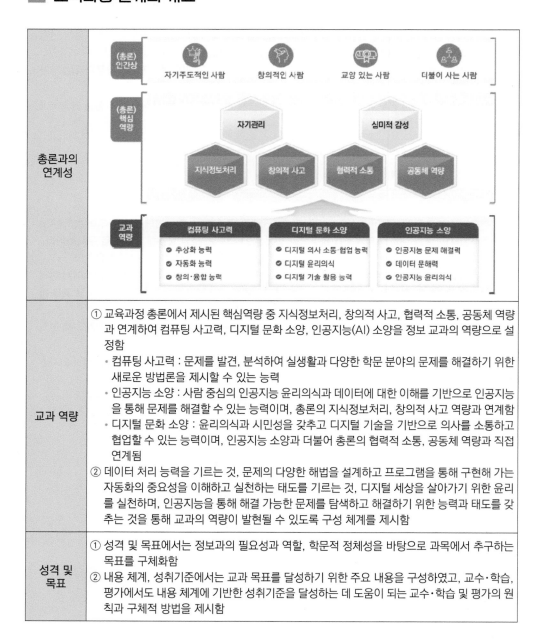

총론과의 연계성	
교과 역량	① 교육과정 총론에서 제시된 핵심역량 중 지식정보처리, 창의적 사고, 협력적 소통, 공동체 역량과 연계하여 컴퓨팅 사고력, 디지털 문화 소양, 인공지능(AI) 소양을 정보 교과의 역량으로 설정함 • 컴퓨팅 사고력 : 문제를 발견, 분석하여 실생활과 다양한 학문 분야의 문제를 해결하기 위한 새로운 방법론을 제시할 수 있는 능력 • 인공지능 소양 : 사람 중심의 인공지능 윤리의식과 데이터에 대한 이해를 기반으로 인공지능을 통해 문제를 해결할 수 있는 능력이며, 총론의 지식정보처리, 창의적 사고 역량과 연계함 • 디지털 문화 소양 : 윤리의식과 시민성을 갖추고 디지털 기술을 기반으로 의사를 소통하고 협업할 수 있는 능력이며, 인공지능 소양과 더불어 총론의 협력적 소통, 공동체 역량과 직접 연계됨 ② 데이터 처리 능력을 기르는 것, 문제의 다양한 해법을 설계하고 프로그램을 통해 구현해 가는 자동화의 중요성을 이해하고 실천하는 태도를 기르는 것, 디지털 세상을 살아가기 위한 윤리를 실천하며, 인공지능을 통해 해결 가능한 문제를 탐색하고 해결하기 위한 능력과 태도를 갖추는 것을 통해 교과의 역량이 발현될 수 있도록 구성 체계를 제시함
성격 및 목표	① 성격 및 목표에서는 정보과의 필요성과 역할, 학문적 정체성을 바탕으로 과목에서 추구하는 목표를 구체화함 ② 내용 체계, 성취기준에서는 교과 목표를 달성하기 위한 주요 내용을 구성하였고, 교수·학습, 평가에서도 내용 체계에 기반한 성취기준을 달성하는 데 도움이 되는 교수·학습 및 평가의 원칙과 구체적 방법을 제시함

영역	① 정보 교과의 영역은 컴퓨팅 시스템, 데이터, 알고리즘과 프로그래밍, 인공지능, 디지털 문화임 ② 초등학교 5~6학년 실과(정보)는 디지털 사회와 인공지능 영역으로 구성되었고, 중학교 정보와 연계성을 갖도록 함 ③ 컴퓨팅 시스템을 구성하는 기본적인 요소에 대한 이해와 인공지능의 기초가 되는 데이터에 대한 문해력 형성을 기반으로 알고리즘과 프로그래밍, 인공지능을 통해 문제를 해결하도록 함
내용 체계	① 정보 교과의 핵심 아이디어는 교과의 역량을 고려해서 구성한 영역의 목표를 달성하고, 학습자가 깊이 있는 학습을 통해 습득, 일반화하여 학습의 전이를 도모할 수 있는 내용을 선정함 • 지식·이해 : 교과 지식 중 핵심이 되는 내용을 선정 • 과정·기능 : 절차적 지식이 중요하게 고려되는 교과의 특성을 고려함 • 가치·태도 : 디지털 사회의 핵심역량을 기르는 정보 교과의 전 과정을 통해 내면화되는 내용을 선정
수업 설계	① 정보 교과는 학습자의 디지털 역량 수준에 따라 학습 내용에 대한 이해가 달라질 수 있으므로 학습자의 디지털 역량을 파악하여 수업 설계에 반영하는 것이 중요함 ② 학습의 결과가 실생활 및 여러 학문 분야로 전이될 수 있는 특성을 고려하여, 과목의 영역별 내용과 다른 교과 내용의 융합 등 연계를 통한 학습이 가능하도록 교육과정을 설계하도록 함
연계성	• 초등학교 : 실과(5~6학년, 정보) • 중학교(공통 교육과정) : 정보 • 고등학교(선택 중심 교육과정) : 정보(일반 선택), 인공지능 기초(진로 선택), 데이터 과학(진로 선택), 소프트웨어와 생활(융합 선택), 정보과학(과학계열 정보과 진로 선택),

2 성격 및 목표

성격	① 정보(Informatics)과는 데이터와 정보로 인한 디지털 세상의 변화를 인식하고, 정보의 사회적 가치를 탐구하며, 정보를 처리하는 다양한 원리와 기술에 기반한 컴퓨팅 사고력을 바탕으로 실생활 및 다양한 학문 분야의 문제를 해결하는 능력과 태도를 기르는 교과임 ② 정보의 학문적 기저는 컴퓨터에서 처리되는 데이터와 정보의 원리, 컴퓨팅 시스템을 설계하고 구현하는 기술과 방법, 정보를 다루는 인간 사회에 대한 이해 등을 포괄함 ③ 정보는 학생들이 미래사회가 요구하는 컴퓨팅, 디지털에 대한 역량과 자기주도성을 갖춘 인간으로 성장하게 함. 컴퓨팅 사고력에 기반한 지식정보처리, 창의적 사고, 타인과 협업하고 공유하는 협력적 소통 역량과 공동체 역량 등을 갖춘 디지털 민주시민으로 성장하게 함 ③ 컴퓨팅과 인공지능 기술 및 디지털 문화에 대한 이해를 기반으로 미래사회의 문제를 해결하는 데 필요한 기초적인 능력과 태도를 함양하도록 함 ④ 중학교 초등학교 실과 내의 디지털 사회와 인공지능 영역 및 고등학교 정보 교과의 모든 과목과 연계성을 갖고 있음
목표	컴퓨팅 사고력을 기반으로 인공지능을 포함하는 컴퓨팅 기술을 활용하여 미래사회에서 다양한 분야의 문제를 발견하고 해결할 수 있는 기초적인 능력을 함양하도록 하는 데 중점을 둠 ① 디지털 세상의 데이터와 정보를 다루는 컴퓨팅 장치를 이해하고, 실생활에서 정보를 다루는 시스템에 의해 처리된 결과의 영향력을 판단하는 능력 ② 컴퓨터로 처리되는 정보의 원리를 이해하고, 다양한 현상의 의미를 해석하는 데 도움이 되는

데이터의 중요성을 고려하여 데이터의 수집 및 분석, 처리를 위한 능력
③ 컴퓨팅을 활용한 실생활의 문제 해결을 위해 문제를 발견, 분석, 추상화하여 해결책을 구상하고, 프로그램을 설계·구현하는 과정에서 자동화의 필요성과 중요성을 이해하고 실천하는 태도
④ 인공지능으로 인한 세상의 변화를 이해하고, 기초 지식을 기반으로 인공지능을 활용한 문제 해결의 가능성을 탐색하는 태도와 능력
⑤ 정보를 다루는 디지털 사회에 대한 특성을 이해하고, 미래사회에서 디지털 기술의 영향력을 탐색하며, 디지털 사회를 살아가는데 필요한 디지털 윤리를 실천할 수 있는 태도

3 내용 체계 및 성취기준

(1) 컴퓨팅 시스템

	지식·이해	과정·기능	가치·태도
내용 요소	• 컴퓨팅 시스템의 동작 원리 • 운영 체제의 기능 • 피지컬 컴퓨팅의 개념	• 컴퓨팅 시스템의 구성요소를 파악하고, 동작 원리를 운영 체제와 관계짓기 • 생활 속에서 피지컬 컴퓨팅이 적용된 사례 조사하기 • 피지컬 컴퓨팅 시스템 구성하기	• 컴퓨팅 시스템의 필요성과 가치를 판단하는 자세 • 피지컬 컴퓨팅 시스템의 구성요소를 목적에 맞게 선택하는 유연한 태도

	성취기준	성취기준 해설
성취기준	[9정01-01] 컴퓨팅 시스템의 구성요소와 동작 원리를 이해하고, 운영 체제의 기능을 분석한다.	컴퓨팅 시스템은 컴퓨터라는 특정한 기기에서 더욱 큰 범위의 시스템으로 확장되었음을 인식하고, 현실 세계에서 볼 수 있는 다양한 컴퓨팅 시스템이 문제를 해결하는 방식을 설명할 수 있어야 한다. 컴퓨팅 시스템이 올바르게 동작하기 위해 운영 체제라는 특수한 형태의 소프트웨어가 필요함을 이해하고, 운영 체제가 컴퓨팅 시스템을 효율적으로 활용하기 위해 수행하는 작업을 설명할 수 있어야 한다.
	[9정01-02] 피지컬 컴퓨팅의 개념을 이해하고, 생활 속에서 적용된 사례 조사를 통해 컴퓨팅 시스템의 필요성과 가치를 판단한다.	다양한 구성요소가 컴퓨팅 시스템에서 고유한 역할을 담당하고 있음을 이해하고, 목적에 맞는 물리적인 장치와 소프트웨어를 결합하여 피지컬 컴퓨팅 시스템을 구현하는 과정을 통해 사회의 다양한 영역에서 피지컬 컴퓨팅 시스템이 유용하게 사용될 수 있음을 판단할 수 있어야 한다.
	[9정01-03] 문제 해결 목적에 맞는 피지컬 컴퓨팅 구성요소를 선택하여 시스템을 구상한다.	
성취기준 적용 시 고려 사항	• 실생활에서 관찰할 수 있는 구체적인 컴퓨팅 시스템의 예시를 적극적으로 활용하여 나의 삶과 컴퓨팅 시스템이 괴리되어 있지 않음을 인식하도록 유도하고, 컴퓨팅 시스템이 사회에서 담당하는 역할을 탐색하여 사회에 주는 영향력을 진술할 수 있는 구체적인 과제를 제공하는 방식으로 교수·학습을 구성하도록 한다. • 피지컬 컴퓨팅 시스템을 구현하는 활동은 하드웨어 구성과 소프트웨어 제작을 함께 진행하게 되어 복잡해질 수 있으므로, 초등학교 실과에서 학습한 수준의 프로그래밍 활동으로 수행할 수 있	

	도록 미리 구성되어 있는 피지컬 컴퓨팅 시스템을 동작하거나 간단한 피지컬 컴퓨팅 시스템을 구현하는 난이도로 교수·학습을 구성하여 하드웨어와 소프트웨어가 통합적으로 동작함을 인식하는 데 초점을 맞출 수 있도록 한다. • 피지컬 컴퓨팅 시스템을 구현하기 위한 탐구 중심의 활동을 진행하고, 프로젝트 형태의 수업을 통해 학생이 피지컬 컴퓨팅 시스템을 구성하는 종합적인 활동 경험을 제공하도록 한다. • 초등학교 수준에서 프로그래밍 학습이 충분히 이루어지지 않은 학생의 경우 피지컬 컴퓨팅 활동을 통해 물리적인 도구를 활용하여 기초적인 프로그래밍 역량을 충분히 함양할 수 있게 활동을 구성하도록 한다.
핵심 아이디어	• 하드웨어와 소프트웨어의 유기적 연결을 통해 동작하는 컴퓨팅 시스템은 사회적, 기술적 가치를 높이는 데 활용된다. • 컴퓨팅 시스템을 설계하는 것은 시스템에 대한 전체 흐름과 자원 할당의 가치를 이해하는 데 도움을 준다.

(2) 데이터

	지식·이해	과정·기능	가치·태도
내용 요소	• 디지털 데이터 표현 방법 • 데이터 수집과 관리 • 데이터 구조화 및 해석	• 다양한 데이터를 디지털 데이터로 표현하기 • 데이터를 목적에 맞게 수집·분류·저장하기 • 데이터를 구조화하고 의미 해석하기	• 실생활의 많은 데이터가 디지털 형태로 변환되어 활용되는 긍정적 측면의 인식 • 데이터에 기반하여 현상을 바라보는 관점
	성취기준	**성취기준 해설**	
성취기준	[9정02-01] 실생활의 데이터가 디지털 형태로 변환되어 활용되는 긍정적 가치를 탐색하고, 다양한 데이터를 디지털 형태로 표현한다.	디지털 형태의 데이터가 갖는 특징과 장점을 탐색하고, 문자, 이미지, 소리, 동영상 등의 데이터를 컴퓨팅 시스템에서 표현하기 위해 사용하는 기법을 활용하여 실제로 데이터를 디지털 형태로 표현할 수 있어야 한다.	
	[9정02-02] 문제 해결에 적합한 데이터를 수집하고, 목적에 맞게 구분하여 관리한다.	여러 가지 문제 상황을 해결하는 데 활용 가능한 데이터를 다양한 방식으로 수집하고 분류하여 활용도를 높일 수 있어야 한다. 데이터의 종류, 데이터의 의미, 공통점 등 데이터가 가지고 있는 의미나 형식에 따라 데이터를 구분하여 저장하고 활용할 수 있어야 한다.	
	[9정02-03] 실생활의 데이터를 표, 다이어그램 등 다양한 형태로 구조화한다.		
	[9정02-04] 사례를 중심으로 데이터 간의 관계를 파악하고, 데이터에 기반하여 의미를 해석한다.	수집, 관리하는 데이터를 분석하기 용이한 형태로 나타내고, 이를 소프트웨어나 프로그래밍으로 분석하여 얻은 결과의 가치를 인식하고, 데이터를 기반으로 자신의 주장을 논리적으로 설명할 수 있어야 한다.	
	[9정02-05] 여러 학문 분야의 사례를 중심으로 데이터를 수집·분석하여 융합적으로 문제를 해결한다.		

성취기준 적용 시 고려 사항	• 실습 환경에 따라 다양한 운영 체제와 파일 시스템을 운용할 수 있으므로 실습 환경에 비교적 독립적인 소프트웨어를 활용하여 디지털 데이터를 탐색하고 저장하여 활용하는 능력이 여러 기기로 전이될 수 있게 교수·학습을 구성하도록 한다. • 학생의 수준에 따라 데이터를 다양한 시각적 형태로 나타내는 기초적인 활동부터 스프레드시트 등과 같은 소프트웨어를 활용하여 데이터의 의미를 분석하는 활동까지 단계적으로 교수·학습을 설계하도록 한다. • 학생이 다양한 형태의 데이터를 경험하고, 분석할 수 있도록 활동 중심으로 교수·학습을 구성한다. 즉, 데이터 분석 활동의 전 과정이 프로젝트 기반의 문제 해결 활동, 혹은 문제기반 학습의 맥락에서 수행되어 데이터를 기반으로 문제를 해결하는 실제적인 경험을 제공하도록 한다.
핵심 아이디어	• 데이터를 관리하기 위해서는 아날로그 데이터를 컴퓨터에서 처리할 수 있는 디지털 형태로 변환하는 과정이 필요하다. • 문제 해결을 위해서는 필요한 데이터를 수집하고, 분석하여 의미를 해석하는 것이 필요하다. • 수집된 데이터 간의 관계를 파악하고, 구조화하는 것은 데이터를 통해 새로운 지식을 찾는 데 도움을 준다.

(3) 알고리즘과 프로그래밍

	지식·이해	과정·기능	가치·태도
내용 요소	• 문제 추상화 • 알고리즘 표현 방법 • 순차적인 데이터 저장 • 논리연산 • 중첩 제어 구조 • 함수와 디버깅	• 문제의 초기 상태, 현재 상태, 목표 상태를 정의하고 해결 가능한 형태로 구조화하기 • 문제 해결을 위한 다양한 알고리즘을 설계하고 적용하기 • 논리 연산, 중첩 제어 구조, 순차적인 데이터 저장을 활용하여 프로그램 작성하기 • 함수를 활용하여 프로그램을 모듈화하고, 프로그램의 오류를 발견하여 수정하기	• 문제 분석을 통한 추상화의 중요성을 이해하고, 실생활 문제 해결을 실천하는 자세 • 문제 해결을 위한 다양한 해법을 탐색하고, 명확하게 알고리즘으로 표현하는 자세 • 소프트웨어를 통한 협력과 공유의 가치 • 프로그램의 효과성을 분석하고, 프로그램의 오류를 해결하려는 자세

	성취기준	성취기준 해설
성취기준	[9정03-01] 문제의 상태를 정의하고 수행 가능한 형태로 구조화한다.	
	[9정03-02] 문제 해결을 위한 추상화의 중요성을 이해하고, 핵심요소를 중심으로 알고리즘을 표현한다.	
	[9정03-03] 알고리즘의 중요성을 이해하고, 문제를 해결하는 다양한 알고리즘을 비교·분석한다.	문제를 해결하는 알고리즘은 여러 가지 방식으로 나타날 수 있으나 정보 과목에서 추구하는 목표는 문제를 효과적이고 효율적으로 해결하는 알고리즘임을 인식하고, 하나의 문제를 해결하는 여러 알고리즘에 어떠한 장단점이 존재하는지를 비교·분석하여 논리적으로 설명할 수 있어야 한다.

	[9정03-04] 사례를 중심으로 문제 해결에 적합한 전략을 선택하여 알고리즘을 설계한다.	문제를 해결하기 위해 정보 분야에서 활용하는 문제 해결 전략을 이해하고, 문제 해결 과정에 적절한 전략을 활용하여 문제를 해결할 수 있어야 한다.
	[9정03-05] 데이터를 순차적으로 저장할 수 있는 구조를 활용하여 문제 해결 프로그램을 작성한다.	입력된 데이터를 처리하여 결과 데이터를 도출하는 형태로 프로그램이 제작된다는 개념을 이해하고, 배열이나 리스트 등 데이터를 순차적으로 저장할 수 있는 구조를 활용하여 많은 양의 데이터를 효과적으로 처리할 수 있어야 한다.
	[9정03-06] 논리연산과 중첩 제어 구조를 활용하여 문제를 해결하는 프로그램을 작성한다.	
	[9정03-07] 프로그램 작성에서 함수를 활용하고, 프로그램 수행 결과를 디버거로 분석하여 오류를 수정한다.	
	[9정03-08] 실생활의 문제를 탐색하여 발견하고, 프로그래밍을 통해 해결한다.	
	[9정03-09] 다양한 학문 분야의 문제 해결을 위해 협력하여 소프트웨어를 개발한다.	
성취기준 적용 시 고려 사항	• 문제를 해결하는 과정에서 문제 발견, 상태 정의, 핵심요소 추출 등의 추상화 단계를 거쳐 알고리즘을 설계하는 과정을 자연스럽게 경험할 수 있도록 교수·학습 절차를 설계하고, 문제 해결 과정 전반을 평가할 수 있도록 보고서나 포트폴리오 등을 활용하여 학생의 사고 과정을 누적하여 기록하도록 한다. • 학생의 수준을 고려하여 적합한 프로그래밍 언어를 선정하고, 초등학교 실과 과목에서 학습한 기초적인 프로그래밍 기능을 바탕으로 데이터를 순차적으로 저장하는 구조, 논리연산, 중첩 제어 구조를 활용할 수 있도록 프로젝트의 수준을 적절하게 설정하도록 한다. • 프로젝트 활동에서는 실생활의 문제를 해결하기 위한 알고리즘을 설계하고 이를 적용한 소프트웨어를 개발하는 활동을 중점으로 교수·학습을 설계하도록 한다. 필요에 따라서는 '컴퓨팅 시스템' 영역과 연계하여 피지컬 컴퓨팅 시스템을 설계, 제작하고 이를 동작하게 하는 소프트웨어를 결합하는 형태의 프로젝트도 제공할 수 있다. • 효율적인 알고리즘 설계와 프로그램 작성은 시간, 에너지, 컴퓨팅 시스템 자원을 절약하는 방안임을 학생들이 인식할 수 있도록 안내한다.	
핵심 아이디어	• 알고리즘은 다양한 설계 전략을 통해 일상생활의 문제를 해결하는 데 활용된다. • 자동화를 고려해 설계된 알고리즘은 컴퓨터가 이해할 수 있는 언어로 구현되어 생활을 더욱 편리하게 하는 데 활용된다. • 프로그램 개발은 협력이 필요하며, 공유하는 문화를 통해 더 좋은 프로그램이 개발된다.	

(4) 인공지능

	지식·이해	과정·기능	가치·태도
내용 요소	• 인공지능의 개념과 특성 • 인공지능 시스템	• 인공지능 소프트웨어 구별하기 • 인공지능 학습에 필요한 데이터를 수집하여 활용하기 • 인공지능 시스템을 활용하여 해결할 수 있는 문제 발견하기 • 인공지능 시스템을 선택하여 문제 해결하기	• 인공지능 시스템에서 적용 가능한 문제를 발견하는 자세 • 인공지능 학습에서 데이터로 인한 문제 가능성을 최소화하는 태도

	성취기준	성취기준 해설
성취기준	[9정04-01] 인공지능의 개념과 특성을 설명하고 인공지능 소프트웨어를 구별한다.	인공지능의 기초적인 개념을 이해하고 모델, 학습, 데이터 등 인공지능 시스템이 구성되는 원리와 문제를 해결하는 과정에 대해 설명할 수 있어야 한다. 이러한 이해를 기반으로 소프트웨어가 문제를 해결할 때 인공지능 시스템을 사용하는 부분을 구체적인 방식으로 설명할 수 있어야 한다.
	[9정04-02] 인공지능 학습에서 데이터의 중요성을 이해하고, 학습에 필요한 데이터를 수집하여 분류한다.	
	[9정04-03] 다양한 데이터를 활용하여 인공지능 시스템을 구성하고 적용한다.	이미지, 소리, 글자 등의 데이터를 활용하여 인공지능 시스템을 학습시키고 학습한 시스템을 활용하여 문제를 해결하는 과정을 수행할 수 있어야 한다.
	[9정04-04] 인공지능 시스템으로 해결 가능한 문제를 발견하고, 문제 해결에 적합한 인공지능 시스템을 적용한다.	
	[9정04-05] 인공지능 학습에 필요한 데이터의 수집과 활용에서 발생하는 윤리적인 문제의 해결 방안을 구상한다.	인공지능 학습에 필요한 데이터의 수집과 활용에서 나타날 수 있는 여러 가지 현실적인 문제들에 대해 법적, 사회적, 윤리적으로 타당성을 가지는 해결 방안을 제시할 수 있어야 한다. 하나의 문제를 바라보는 여러 측면에 대해 고려하고 각각의 해결 방안이 가지는 장단점을 정리한 후 결론을 도출하는 과정을 경험하면서 인공지능의 사회적 역할과 가치를 판단할 수 있어야 한다.
성취기준 적용 시 고려 사항	• 인공지능 시스템 적용 시, 학생이 익숙하게 활용할 수 있는 프로그래밍 언어를 사용하여 학습에 인지적 부하가 적은 형태로 교수·학습 활동을 구성하도록 한다. • 인공지능 윤리는 개인의 성향이나 문제에 대한 관점에 따라 서로 다른 주장을 펼칠 수 있다. 학생의 개별적인 의견을 최대한 존중하고 근거를 가지고 논리적으로 자신의 의견을 주장할 수 있도록 활동을 구성하도록 한다. • 인공지능과 관련된 여러 사례를 경험하게 하고 활동을 통해 학습자의 인공지능에 대한 깊이 있는 이해가 내면화될 수 있도록 교수·학습을 구성한다.	
핵심 아이디어	• 인공지능 기술로 구현된 에이전트는 외부와의 상호 작용을 통해 기존에 해결할 수 없었던 복잡하고 어려운 문제를 해결하는 데 활용된다. • 인공지능은 데이터를 기반으로 문제 해결을 가능하게 하므로, 인공지능에 사용되는 데이터는 윤리적 편향성이 없도록 하는 것이 중요하다.	

(5) 디지털 문화

	지식·이해	과정·기능	가치·태도
내용 요소	• 디지털 사회와 직업 • 디지털 윤리 • 개인 정보와 저작권	• 디지털 사회의 특성에 따른 직업의 변화 탐구하기 • 디지털 공간에서 지켜야 하는 윤리 토론하기 • 디지털 공간에서 나와 다른 사람을 보호하는 방법 탐구하기	• 디지털 사회로의 변화가 나의 삶과 진로 결정에 미치는 영향력을 탐색하는 자세 • 디지털 공간에서 함께 살아가기 위한 윤리적인 태도

	성취기준	성취기준 해설
성취기준	[9정05-01] 디지털 사회의 특성을 탐구하고, 사회 변화에 따른 직업의 변화를 탐구한다.	
	[9정05-02] 디지털 사회의 구성원으로서 편리하고 안전한 생활을 위한 규칙에 대해 민주적으로 논의하고 실천 방안을 수립한다.	디지털 사회를 안전하고 편리하게 살아가는 데 필요한 정보 윤리, 사이버 폭력 및 범죄 예방에 대한 기본적인 소양을 갖추고 스마트폰 중독, 인터넷 중독, 게임 과몰입 등의 구체적인 사례를 분석할 수 있어야 한다. 분석 내용을 기반으로 개인과 사회가 각각 수행해야 하는 실천 방안을 도출하여 자신의 삶에 적용하려는 태도를 갖출 수 있어야 한다.
	[9정05-03] 사례를 중심으로 디지털 공간에서 함께 살아가기 위해 개인 정보 및 권리와 저작권을 보호하는 실천 방법을 탐구한다.	

성취기준 적용 시 고려 사항	• 정보 과목의 다른 내용 영역에서 자신이 실제로 학습한 내용을 바탕으로 디지털 사회를 이해하고 자신의 진로 계획을 수립할 수 있도록 진로 연계 교육을 고려한 교수·학습을 구성하도록 한다. • 민주시민 교육의 일환으로 디지털 사회에서 발생하는 여러 문제에 대한 다양한 견해가 있을 수 있음을 인정하고, 다른 사람의 의견을 존중하는 논의 환경을 조성하도록 한다.
핵심 아이디어	• 디지털 기술의 발전에 따라 디지털 사회에서 지켜야 할 규칙과 주의해야 할 위험 요소가 새롭게 등장한다. • 디지털 세상에서의 직업이나 진로는 기술의 발전에 따라 변화되므로, 기술과 사회 변화의 관계를 파악하는 것이 중요하다.

6.2.2 고등학교(선택 중심 교육과정)

1 교육과정 설계의 개요

교과 역량	① 교육과정 총론에서 제시된 핵심역량 중 지식정보처리, 창의적 사고, 협력적 소통, 공동체 역량과 연계하여 컴퓨팅 사고력, 디지털 문화 소양, 인공지능(AI) 소양을 정보 교과의 역량으로 설정함 • 컴퓨팅 사고력 : 문제를 발견, 분석하여 실생활과 다양한 학문 분야의 문제를 해결하기 위한 새로운 방법론을 제시할 수 있는 능력

	• 인공지능 소양 : 사람 중심의 인공지능 윤리의식과 데이터에 대한 이해를 기반으로 인공지능을 통해 문제를 해결할 수 있는 능력이며, 총론의 지식정보처리, 창의적 사고 역량과 연계함 • 디지털 문화 소양 : 의사를 소통하고 협업할 수 있는 능력이며, 인공지능 소양과 더불어 총론의 협력적 소통, 공동체 역량과 직접 연계된 역량임 ② 데이터 처리 능력을 기르는 것, 문제의 다양한 해법을 설계하고 프로그램을 통해 구현해 가는 자동화의 중요성을 이해하고 실천하는 태도를 기르는 것, 디지털 세상을 살아가기 위한 윤리를 실천하며, 인공지능을 통해 해결 가능한 문제를 탐색하고 해결하기 위한 능력과 태도를 갖추는 것을 통해 교과의 역량이 발현될 수 있도록 구성 체계를 제시함
성격 및 목표	① 성격 및 목표에서는 정보 교과의 필요성과 역할, 학문적 정체성을 바탕으로 각 선택 과목에서 추구하는 목표를 구체화함 ② 내용 체계, 성취기준은 각 과목의 목표를 달성하기 위한 주요 내용으로 구성하였고, 교수·학습, 평가의 원칙 및 중점은 과목의 성격과 성취기준 달성에 도움이 되는 방법을 구체적으로 제시함
영역	① 일반 선택 과목 • 정보 : 중학교 정보와 동일한 영역으로 구성하여 일관성을 유지하며, 진로 선택 과목의 기초 공통이 되도록 내용을 구성함 ② 진로 선택 과목 • 과목의 성격과 학문적 기저를 고려하여 아래 각 지식에 대해 해당 내용이 필요한 진로와 연계될 수 있는 내용을 구성함 • 인공지능 기초 : 컴퓨터과학, 데이터 과학, 정보시스템 분야의 지식 • 데이터 과학 : 컴퓨터과학, 데이터 과학 분야의 기초 지식 • 정보과학 : 컴퓨터과학, 소프트웨어 공학 분야에 관한 지식 ③ 융합 선택 과목 • 소프트웨어와 생활 : 다양한 학문 분야와의 융합을 통해 문제 해결을 경험할 수 있는 프로젝트 형태로 각 영역을 구성함
내용 체계	① 정보 교과의 핵심 아이디어는 각 과목을 구성하고 있는 학문 분야의 기초 지식에 근거하여 학습자의 깊이 있는 학습을 도모하고, 학습의 전이를 통해 해당 내용이 필요한 진로와 연계되도록 선정함 • 지식·이해 : 구체적 지식 관점에서 핵심이 되는 내용을 선정 • 과정·기능 : 절차적 지식이 중요하게 고려되는 교과의 특성을 고려함. 지식·이해와 더불어 깊이 있는 학습을 지원할 수 있는 탐구적 성향의 절차적 지식을 선정 • 가치·태도 : 인공지능, 데이터 과학 등 신기술 분야의 지식을 습득하는 과정에서 내면화되는 내용을 선정
수업 설계	① 교사는 학습자의 진로 진학과 연계되는 실천적 역량이 함양되도록 교육과정을 구성함 • 인공지능 기초나 데이터 과학 등의 내용이 많은 분야에 적용됨에 따라 해당 지식이 필요한 분야로 진학하는 학습자의 깊이 있는 학습을 도모함 • 모든 분야에서 소프트웨어와 인공지능이 필요한 만큼 소프트웨어와 생활 과목을 통해 학습자가 자신의 역량을 확장하고, 학습의 전이를 경험하여 삶의 주도성을 갖춘 인재로 성장할 수 있도록 함

2 일반 선택 과목

가. 정보

(1) 성격 및 목표

성격	① 정보(Informatics)과는 데이터와 정보로 인한 디지털 세상의 변화를 인식하고, 정보의 사회적 가치를 탐구하며, 정보를 처리하는 다양한 원리와 기술에 기반한 컴퓨팅 사고력을 바탕으로 실생활 및 다양한 학문 분야의 문제를 해결하는 능력과 태도를 기르는 교과임 ② 정보의 학문적 기저는 컴퓨터에서 처리되는 데이터와 정보의 원리, 컴퓨팅 시스템을 설계하고 구현하는 기술과 방법, 정보를 다루는 인간 사회에 대한 이해 등을 포괄함 ③ 정보는 학생들이 미래사회가 요구하는 데이터에 대한 이해를 기반으로 소프트웨어와 인공지능에 대한 기본 역량과 자기주도성을 갖도록 함 ④ 컴퓨팅을 통한 문제 해결을 전제로 문제를 발견, 분석, 해결해 가는 컴퓨팅 사고력에 기반하여 지식 정보처리, 창의적 사고, 타인과 협업하고 공유하는 협력적 소통 역량과 공동체 역량 등을 갖춘 디지털 민주시민으로 성장하게 함 ⑤ 중학교 정보와 연계해 불확실한 미래사회의 문제를 해결하기 위한 사고력을 강화하고, 정보 과목의 내용이 필요한 분야의 진로를 탐색하여 자신을 성장시키는 데 도움이 되는 능력과 태도를 함양함
목표	인공지능과 더불어 살아가게 될 미래사회에서 독립적으로 살아가는 데 필요한 정보 관련 능력을 함양하여, 다양한 학문 분야 및 실생활에 필요한 컴퓨팅 장치, 정보처리, 인공지능 등과 같은 정보과의 전문 지식을 기반으로 컴퓨팅 사고력을 함양할 수 있도록 하는 데 중점을 둠 ① 디지털 세상을 연결하는 컴퓨팅 시스템 간의 연결 원리를 파악하고, 정보를 다루는 시스템에 의해 처리·생성된 결과가 공유되도록 하는 시스템 제어 능력 ② 컴퓨팅을 활용한 문제 해결을 위해 목적에 맞는 데이터를 수집하고, 데이터 간의 관계를 파악하여 구조화하고, 빅데이터를 처리하고 시각화할 수 있는 능력 ③ 다양한 학문 분야의 문제 해결에 필요한 데이터의 관계를 모델링하고 알고리즘을 효율적으로 설계하여 프로그램으로 구현, 평가, 개선하는 과정에서 협력과 공유의 문화를 실천하는 태도 ④ 지능 에이전트의 관점에서 인공지능을 이해하고, 기계학습을 통한 인공지능으로 문제를 해결하는 방법을 체득하고 적용하는 능력 ⑤ 디지털 기술로 인한 사회의 발전과 변화를 이해하고, 정보보호와 정보보안의 중요성을 인식하여 실천하는 태도와 능력

(2) 내용 체계 및 성취기준

1) 컴퓨팅 시스템

	지식·이해	과정·기능	가치·태도
내용 요소	• 네트워크의 구성 • 사물인터넷 시스템의 구성 및 동작 원리	• 컴퓨팅 시스템 간 네트워크를 구성하고 공유 설정하기 • 문제 해결에 적합한 사물인터넷 시스템 설계하기	• 협력적 의사 소통을 위해 네트워크 환경을 적극적으로 활용하는 자세 • 사물인터넷 시스템으로 인한 사회 변화에 대처하는 능동적 태도

	성취기준	성취기준 해설
성취기준	[12정01-01] 유무선 네트워크의 특성을 이해하고, 컴퓨팅 시스템 간 공유, 협력, 소통을 위한 네트워크 환경을 구성한다.	네트워크의 개념과 구성요소, 유·무선 통신의 특성 등을 구체적인 예를 들어 설명하고, 다양한 컴퓨팅 시스템 및 사물인터넷 장치에서 활용 가능한 유·무선 네트워크 환경을 구성할 수 있어야 한다.
	[12정01-02] 사물인터넷의 구성과 동작 원리를 분석하고, 사물인터넷 기술로 인한 개인의 삶과 사회의 변화를 예측한다.	
	[12정01-03] 문제 해결에 적합한 피지컬 컴퓨팅 시스템 장치를 선택하여 사물인터넷 시스템을 설계한다.	

성취기준 적용 시 고려 사항	• 중학교에서 학습한 피지컬 컴퓨팅 시스템 및 프로그래밍 언어를 활용하거나 '알고리즘과 프로그래밍' 영역과 연계하는 등 학습자의 수준과 학습 환경을 고려하여 교육과정을 재구성할 수 있다. • 네트워크 이론이나 유·무선 통신 등의 개념적인 내용보다는 사물인터넷 장치를 이해하고 구성하기 위한 관점에서 유·무선 네트워크를 활용할 수 있도록 교수·학습을 구성하도록 한다. • 사물인터넷 시스템 구현 시 복잡한 통신 및 회로 설계 등 피지컬 컴퓨팅 시스템의 하드웨어를 구성하는 내용보다는 네트워크를 통한 데이터의 이동과 이를 활용한 창의적인 아이디어를 구현하는 과정에 중점을 두어 활동을 구성하고, 설계 과정과 구현 결과를 다양한 방식으로 누적한 후 평가하여 최소 성취수준을 보장하도록 한다.
핵심 아이디어	• 하드웨어와 소프트웨어의 유기적 연결을 통해 동작하는 컴퓨팅 시스템은 사회적, 기술적 가치를 높이는 데 활용된다. • 네트워크는 여러 개의 컴퓨팅 시스템 간 연결의 원리를 파악하고, 통신을 통해 데이터 공유를 가능하게 한다.

2) 데이터

내용 요소	지식·이해	과정·기능	가치·태도
	• 디지털 데이터 압축과 암호화 • 빅데이터 개념과 분석	• 디지털 데이터 압축의 효율성을 분석하고 평가하기 • 암호화 활용사례 탐색하기 • 빅데이터 기술을 활용하여 데이터를 분석하고 시각화하기	• 효율적인 데이터 표현의 긍정적 측면을 활용하려는 자세 • 데이터를 안전하게 관리하고 보호하는 태도 • 빅데이터 분석의 가치에 대한 사회적, 윤리적 측면의 성찰

성취기준	성취기준	성취기준 해설
성취 기준	[12정02-01] 디지털 데이터 압축의 개념과 필요성을 이해하고, 압축의 효율성을 분석하여 평가한다.	문자, 이미지, 소리 데이터 등의 기본적인 압축 원리를 이해하고 간단한 데이터에 압축 기법을 적용하여 원본 데이터와 품질 및 용량 분석, 압축 방법 간의 효율성을 비교·분석할 수 있어야 한다.
	[12정02-02] 암호화의 개념을 이해하고, 암호화를 활용하여 데이터를 안전하게 관리하는 사례를 비교·분석한다.	비교적 간단한 치환형, 전치형 등의 암호 기법을 활용하여 암호화, 복호화의 과정을 이해하고, 데이터 암호화를 활용하는 사례 분석을 통해 개인과 사회를 보호하기 위한 수단으로 암호화의 중요성과 필요성을 설명할 수 있어야 한다.
	[12정02-03] 빅데이터의 개념과 특징에 대한 이해를 바탕으로, 문제 해결에 적합한 데이터를 수집한다.	
	[12정02-04] 빅데이터 분석 도구를 활용하여 데이터를 시각화하고 그 의미와 가치를 해석한다.	

성취기준 적용 시 고려 사항	• 압축이나 암호화가 실제로 구현되는 과정을 프로그래밍 과정에서 확인할 수 있도록 '알고리즘과 프로그래밍' 영역과 연계하여 교수·학습 과정을 설계하도록 한다. 최소 성취수준을 보장하기 위하여 학습자의 수준에 따라 미리 작성된 코드에 데이터를 입력하고 출력되는 결과를 분석하는 활동을 제시할 수 있다. • 피지컬 컴퓨팅이나 스마트 기기를 활용한 센서 데이터 수집, 설문조사 등을 통한 직접 수집, 공개된 공공 데이터나 민간 데이터 활용 등 다양한 데이터 수집 방법을 경험할 수 있도록 활동을 구성하며, 빅데이터를 통해 다양한 해석이 가능하도록 프로젝트 방식으로 과제를 수행하고 평가하도록 한다. • 데이터의 생성, 저장, 송·수신, 활용 등의 활동에 디지털 자원과 전기 에너지가 소요됨을 인식하고, 데이터 압축 및 암호화를 통해 컴퓨팅 자원 절약과 탄소중립 실천에 영향을 미칠 수 있음을 안내하도록 한다. • 수집한 데이터와 분석 방법에 따라 특정 문제에 대한 해석이 다를 수 있음을 인정하고, 다른 사람의 의견을 존중하면서 데이터에 기반하여 자신의 주장을 펼치는 민주적인 토의·토론 문화를 조성하도록 한다.
핵심 아이디어	• 데이터의 압축과 암호화는 데이터를 효율적으로 관리하고 보호하는 데 도움을 준다. • 수집된 데이터 간의 관계를 파악하여 구조화하는 것은 데이터를 통해 새로운 지식을 찾는 데 도움을 준다. • 빅데이터 기술을 활용하여 데이터를 수집, 처리, 관리하는 과정에서 윤리적인 문제를 고려해서 수행해야 올바른 결과가 도출된다.

3) 알고리즘과 프로그래밍

	지식·이해	과정·기능	가치·태도
내용 요소	• 문제 분해와 모델링 • 정렬, 탐색 알고리즘 • 자료형 • 표준입출력과 파일입출력 • 다차원 데이터 활용 • 제어 구조의 응용 • 클래스와 인스턴스	• 문제를 분해하고 모델링하기 • 알고리즘의 수행 과정 및 효율성 비교·분석하기 • 문제 해결에 적합한 자료형과 입출력 구조를 활용하여 프로그램 작성하기 • 복잡한 문제를 해결하기 위해 제어 구조와 다차원 데이터 구조를 복합적으로 활용하기 • 클래스를 정의하고 인스턴스를 생성하여 문제 해결에 적합한 객체를 구현하기	• 문제 해결 모델을 구성하고 적극적으로 표현하는 자세 • 알고리즘 효율의 가치와 영향력을 인식하고 적극적으로 탐구하는 태도 • 다양한 학문 분야의 문제 해결을 위해 설계한 알고리즘을 프로그램으로 구현하는 실천적 자세 • 디지털 사회의 민주시민으로서 협력적 문제해결력의 중요성을 인식하는 자세

	성취기준	성취기준 해설
성취 기준	[12정03-01] 복잡한 문제를 해결 가능한 작은 문제로 분해하고 모델링한다.	복잡한 문제를 분석하는 단계에서 좀 더 작은 문제로 분해하는 과정을 수행하며, 해결하기 용이하도록 단순화나 구조화하는 모델링 단계를 수행할 수 있어야 한다. 작은 문제의 해결 결과를 종합하는 과정에서 작은 문제를 모두 수행했을 때 전체 문제 해결이 원활하게 이루어지는지, 오류가 없는지를 확인할 수 있어야 한다.
	[12정03-02] 데이터를 정렬하는 다양한 알고리즘의 특징과 효율을 비교·분석한다.	여러 가지 정렬, 탐색 알고리즘을 적용하여 실생활의 간단한 데이터의 정렬, 탐색 문제를 해결할 수 있어야 한다. 정렬, 탐색 알고리즘의 수행 과정을 분석해보고 문제에 따라 알고리즘의 효율성이 다를 수 있음을 설명할 수 있어야 한다.
	[12정03-03] 데이터를 탐색하는 다양한 알고리즘의 특징과 효율을 비교·분석한다.	
	[12정03-04] 자료형의 종류와 특성을 알고, 적합한 자료형을 선택하여 프로그램을 작성한다.	
	[12정03-05] 표준입출력과 파일입출력을 활용한 프로그램을 작성한다.	
	[12정03-06] 다차원 데이터 구조를 활용한 프로그램을 작성한다.	
	[12정03-07] 다양한 제어 구조를 복합적으로 활용한 프로그램을 작성한다.	
	[12정03-08] 객체를 구현하는 클래스와 인스턴스를 활용하여 프로그램을 작성한다.	실생활의 사례를 활용하여 객체 지향의 기본 개념을 이해하고 필요성을 설명할 수 있어야 한다. 클래스와 객체를 생성하고 문제 해결을 위한 프로그램 구현에 활용할 수 있어야 한다.
	[12정03-09] 실생활 및 다양한 학문 분야의 문제 해결을 위한 프로그램을 협력적으로 설계·구현한다.	
	[12정03-10] 문제 해결을 위한 프로그램의 성능을 평가하고 공유한다.	

성취기준 적용 시 고려 사항	• 제시된 문제 상황을 컴퓨팅 시스템으로 해결할 수 있도록 문제 분해, 모델링, 알고리즘 설계 등의 추상화 과정 및 프로그램 작성, 실행 결과 평가, 오류 수정 등의 자동화 과정이 유기적으로 연결되도록 나선형으로 교수·학습을 제시하고 과정 전반을 평가하도록 한다. • 정렬, 탐색 알고리즘 학습 과정에서 정렬, 탐색의 효율적인 부분을 효과적으로 이해할 수 있도록 실제 대규모 데이터를 정렬하고 탐색하는 과정을 교수·학습 과정에 충분히 포함하도록 한다. • 다차원 데이터 구조 학습 과정에서 프로그래밍 언어에 따라 2차원 혹은 그 이상의 배열이나 리스트를 활용하도록 하며, 다차원 데이터를 활용하는 이유를 이해하기 쉽도록 실제로 사용되는 데이터의 예시를 충분히 제공하도록 한다. • 프로그래밍 학습 시 최소 성취수준을 보장하기 위하여 프로그래밍 관련 학습 개념을 우선 이해할 수 있도록 미리 제작된 코드를 제공하거나, 프로그래밍 언어에서 활용할 수 있는 여러 라이브러리를 활용하는 방안을 구상하도록 한다. 기본적인 프로그래밍 개념이 부족한 학생을 위해 수준에 맞게 스스로 학습을 진행할 수 있는 추가적인 교육 내용을 제공하는 것도 고려하도록 한다.
핵심 아이디어	• 문제를 효율적으로 해결하기 위해서는 문제를 추상화하고, 프로그래밍을 위한 알고리즘을 설계한다. • 데이터 모델링을 하기 위해 문제 해결에 필요한 데이터 간의 관계를 분석하고, 정의한다. • 프로그래밍을 통한 자동화는 다양한 학문 분야의 문제를 해결하는 데 도움을 준다.

4) 인공지능

내용 요소	지식·이해	과정·기능	가치·태도
	• 지능 에이전트의 역할 • 기계학습의 개념과 유형	• 인공지능 제품이나 서비스에서 지능 에이전트의 역할 탐색하기 • 기계학습으로 해결할 수 있는 문제의 유형 비교하기	• 인간과 인공지능의 관계에 대한 올바른 인식 • 사회문제를 해결하기 위해 기계학습을 적극적으로 활용하는 자세

	성취기준	성취기준 해설
성취 기준	[12정04-01] 지능 에이전트의 개념과 특성을 이해하고, 인간과 인공지능의 관계를 분석한다.	에이전트와 지능 에이전트를 인식, 학습, 추론, 행동 등 인공지능 관점에서 구분하고, 인공지능 발전 현황에 비추어 인간과 인공지능의 역할에 대해 탐색할 수 있어야 한다.
	[12정04-02] 기계학습의 개념을 이해하고, 지도학습과 비지도학습의 차이를 비교·분석한다.	
	[12정04-03] 기계학습을 활용하여 해결할 수 있는 문제와 그렇지 않은 문제를 구분하고, 사회문제 해결에 기계학습을 적용한다.	회귀, 분류, 군집 등 기계학습 유형을 이해하고, 이를 통해 해결할 수 있는 실생활 및 사회문제를 선별하여 해결책을 적용할 수 있어야 한다.
성취기준 적용 시 고려 사항	• 프로그래밍으로 자동화하기 어려웠던 문제를 해결하기 위해, 문제 해결의 방법으로 인공지능을 적용해 볼 수 있도록 교수·학습을 구성하도록 한다. • 인공지능 에이전트를 학습자가 직접 프로그래밍하기는 어려우므로 학습자가 접근하기 쉬운 인공지능 플랫폼이나 기계학습 라이브러리를 활용하여 기계학습 모델을 구현하도록 한다. 인공지		

	능 개념을 설명하는 수식이나 프로그래밍 코드에 대한 설명보다는 인공지능을 활용한 실생활의 문제 해결 사례를 통해 인공지능의 개념과 동작 원리를 자연스럽게 학습할 수 있도록 한다. • 기계학습으로 해결 가능한 지속가능발전목표(SDGs) 관련 문제를 탐색하여 인공지능이 사회문제 해결에 도움이 되는 경험을 제공하도록 한다.
핵심 아이디어	• 지능 에이전트는 외부와의 상호작용을 통해 기존에 해결할 수 없었던 복잡하고 어려운 문제를 해결하는 데 활용된다. • 기계학습 기반의 인공지능을 구현하기 위해서는 문제 해결에 적합한 데이터와 기계학습 모델을 활용한다.

5) 디지털 문화

	지식·이해	과정·기능	가치·태도
내용 요소	• 디지털 사회와 진로 • 정보 보호와 보안	• 디지털 기술의 발전에 따른 사회 변화와 연계하여 진로설계하기 • 정보 보호와 보안 기술의 적용이 필요한 문제를 발견하고 해결 방법 적용하기	• 미래 사회의 발전 방향에 대해 예측하고 통찰하는 자세 • 올바른 정보 보호 및 보안 의식
	성취기준	성취기준 해설	
성취 기준	[12정05-01] 디지털 기술이 사회에 미치는 영향력을 분석하고 발전 방향을 예측하여 진로를 설계한다.		
	[12정05-02] 보호해야 할 정보와 공유해야 할 정보를 구분하고, 올바른 정보 보호 방법을 실천한다.	정보 보호와 정보공개의 가치와 영향력을 인식할 수 있어야 하며, 자신뿐만 아니라 타인의 정보 역시 중요함을 이해하고, 개인 정보 보호, 오·남용 방지 대책 등 실사례를 탐색하며 개인 정보를 포함하여 정보 보호 방법을 실천할 수 있어야 한다.	
	[12정05-03] 정보보안의 필요성을 이해하고, 보안 기술을 활용하여 디지털 윤리를 실천한다.		
성취기준 적용 시 고려 사항	• 사물인터넷, 클라우드, 빅데이터, 인공지능 등 학습 과정을 통해 생성한 결과물을 바탕으로 정보과학기술과 자신의 진로와의 연관성을 탐색할 수 있는 활동을 제시하고 진로설계 시 활용할 수 있도록 한다. • 개인 정보를 포함하여 정보 보호 및 보안의 중요성을 이해하기 위해 공급자 측면과 사용자 측면을 두루 살펴보고, 개인 암호 설정 및 변경, 기기 및 클라우드 접근제어, 바이러스 백신 등 학습자가 실천할 수 있는 활동을 제시하여, 학습 과정을 누적하여 기록하거나 서·논술형으로 평가하도록 한다. • 디지털 사회에서 발생하는 여러 문제에 대한 다양한 견해가 있을 수 있음을 인식하고, 디지털 환경에서 지켜야 할 규칙을 민주적인 방식으로 함께 수립해 볼 수 있는 활동을 제시하도록 한다.		
핵심 아이디어	• 디지털 세상에서의 직업이나 진로는 기술의 발전에 따라 변화되므로, 기술과 사회 변화의 관계를 파악하는 것이 중요하다. • 디지털 사회를 안전하게 살아가기 위해서는 정보 보호와 정보보안의 규칙을 우리 모두가 지켜야 한다.		

3 진로 선택 과목

가. 인공지능 기초

(1) 성격 및 목표

성격	① 정보(Informatics)과는 데이터와 정보로 인한 디지털 세상의 변화를 인식하고, 정보의 사회적 가치를 탐구하며, 정보를 처리하는 다양한 원리와 기술에 기반한 컴퓨팅 사고력을 바탕으로 실생활 및 다양한 학문 분야의 문제를 해결하는 능력과 태도를 기르는 교과임 ② 정보의 학문적 기저는 컴퓨터에서 처리되는 데이터와 정보의 원리, 컴퓨팅 시스템을 설계하고 구현하는 기술과 방법, 정보를 다루는 인간 사회에 대한 이해 등을 포괄함 ③ 인공지능 기초는 학문의 분야 중 컴퓨터과학, 데이터 과학, 정보시스템의 내용을 기반으로, 개인의 삶과 다양한 분야에서 직접적인 영향을 미치고 있는 인공지능에 대한 깊은 이해를 제공함 ④ 미래사회의 변화와 불확실성 등으로 인한 진로와 직업의 변화에 능동적으로 대처하며, 인공지능의 주체적 사용자인 학습자가 인공지능을 인간 중심으로 안전하고 책임 있게 사용하는 자기주도성을 갖춘 디지털 민주시민으로 성장하게 함 ⑤ 프로젝트 기반의 프로그래밍을 통한 직접 구현, 모델에 대한 평가 등 인공지능에 대한 깊이 있는 학습을 기반으로 대학의 전공과 연계된 기초경험을 제공함
목표	인공지능의 발전에 따른 사회의 변화를 파악하고, 인공지능의 원리에 대한 이해를 바탕으로 인공지능을 다양한 분야의 문제를 창의적으로 해결하기 위한 핵심 도구로서 프로그래밍할 수 있으며, 인공지능의 윤리적 쟁점에 관한 올바른 가치관과 태도를 함양하는 데 중점을 둠 ① 인공지능에 대한 이해를 바탕으로 실생활의 문제를 인공지능의 관점에서 파악하고, 지능적 판단을 구현하기 위해 탐색과 추론 방식을 적용하는 능력과 태도 ② 기계학습을 활용하여 해결할 수 있는 문제를 정의하고, 문제 해결 과정에서 필요한 데이터와 모델을 활용하여 문제를 효과적으로 해결하는 능력과 태도 ③ 인공지능의 발전에 따른 인간의 삶과 진로의 변화를 탐색하고, 인공지능의 다양한 측면에 대한 비판적인 자세를 바탕으로 인공지능과 관련된 윤리적 문제에 대해 올바른 가치관을 형성할 수 있는 태도 ④ 인공지능이 다양한 분야와 융합하여 새로운 가치를 창출할 수 있다는 점을 인식하고, 인류가 직면해 있는 문제를 인공지능을 활용하여 해결할 수 있는 능력과 태도

(2) 내용 체계 및 성취기준

1) 인공지능의 이해

내용 요소	지식·이해	과정·기능	가치·태도
	• 인공지능의 원리 • 인공지능과 탐색 • 지식의 표현과 추론	• 인공지능 기반 문제 해결 사례 탐색하기 • 탐색 알고리즘을 문제 해결에 적용하기 • 추론을 통해 새로운 지식을 생성하는 방법 탐색하기	• 인공지능의 필요성과 적용 가능성 인식 • 인공지능을 활용하여 실생활 및 다양한 학문 분야의 문제를 해결하는 자세

	성취기준	성취기준 해설
성취 기준	[12인기01-01] 인공지능의 지능적 판단에 대한 이해를 바탕으로 인공지능을 활용한 실생활 및 다양한 학문 분야의 문제 해결 사례를 비교·분석한다.	인공지능의 개념과 특성을 이해하고, 튜링 테스트를 통해 인공지능의 지능적 판단에 대해 고찰하며, 인공지능이 활용된 최신 사례를 분석하여 인공지능의 활용 범위와 중요성을 설명할 수 있어야 한다.
	[12인기01-02] 인공지능에서 탐색의 중요성을 이해하고 문제 해결을 위한 탐색 과정을 설계한다.	
	[12인기01-03] 맹목적 탐색과 정보 이용 탐색의 차이를 중심으로 지능적 탐색의 원리를 파악한다.	
	[12인기01-04] 지능적 탐색이 필요한 문제를 찾아보고 문제 해결을 위해 정보 이용 탐색 알고리즘을 적용한다.	지능적 탐색을 적용할 수 있는 퍼즐이나 길찾기 문제를 탐색하고, 최상 우선, A* 알고리즘 등의 정보 이용 탐색 방법을 적용한 인공지능 프로그램을 개발할 수 있어야 한다.
	[12인기01-05] 규칙과 사실을 활용하여 지식을 표현하고, 새로운 지식을 추론하여 생성한다.	

성취기준 적용 시 고려 사항	• 인공지능의 다양한 사례를 탐색하여 실제로 많은 분야에 인공지능이 활용되고 있음을 인식하고, 인공지능 구현 방법으로서 탐색과 추론 방식에 대한 이해를 바탕으로 문제를 해결할 수 있는 능력을 함양하도록 교수·학습을 계획한다. 특히 탐색 방식으로 문제를 해결하는 과정에서는 탐색 알고리즘을 적용한 프로그램을 개발하는 방식으로 활동을 구성하도록 한다. • 실제 사례를 통해 인공지능의 개념을 정확하게 이해하고 있는지, 인공지능의 중요성을 설명할 수 있는지를 평가한다. 또한, 문제 해결에 적합한 탐색 알고리즘을 선택하여 적용하였는지, 개발한 인공지능 프로그램이 문제를 해결하는 데 효과적이었는지에 중점을 두어 평가하도록 한다.
핵심 아이디어	• 인공지능은 인간의 지능적인 행동을 모방하는 것으로 실생활에 도움을 준다. • 탐색과 추론으로 문제를 해결하는 인공지능을 구현하는 것은 다양한 학문 분야에 활용된다.

2) 인공지능과 학습

	지식·이해	과정·기능	가치·태도
내용 요소	• 기계학습과 데이터 • 기계학습 알고리즘 • 인공신경망과 딥러닝	• 기계학습을 적용할 문제 정의하기 • 해결하고자 하는 문제에 적합한 데이터 탐색하기 • 문제에 적합한 기계학습 알고리즘을 선정하고, 모델 구현하기 • 딥러닝을 활용한 문제 해결 방법 탐색하고 구현하기	• 기계학습에 적용하는 데이터의 중요성 판단 • 학습을 통한 인공지능의 효과성과 효율성 인식

	성취기준	성취기준 해설
성취 기준	[12인기02-01] 기계학습을 적용할 문제를 정의하고, 문제 해결에 필요한 데이터를 선정하여 수집한다.	전통적 프로그래밍과 대비되는 기계학습의 특성을 이해하여 기계학습 기반의 인공지능을 적용할 문제를 판단하고, 문제 해결에 적합한 데이터를 수집할 수 있어야 한다. 이 과정에서 나타날 수 있는 데이터의 편향이 인공지능의 학습에 영향을 미칠 수 있음을 고려하여 데이터의 수집과 활용에 공정성을 추구할 수 있어야 한다.
	[12인기02-02] 수집한 데이터를 가공하여 핵심 속성을 추출한다.	기계학습에 사용할 데이터를 수집한 후, 결측치와 이상치의 유무를 파악하고 문제 해결에 필요한 속성이 무엇인지 선별한 다음 문제 해결에 적합한 형태로 전처리할 수 있어야 한다.
	[12인기02-03] 문제 해결에 적합한 기계학습의 유형과 알고리즘을 선정한다.	기계학습의 유형을 지도학습과 비지도학습, 강화학습 등으로 구분하고, 해결해야 하는 문제의 특성을 고려하여 문제 해결에 적합한 유형을 선정할 수 있어야 한다. 또한, 분류, 예측, 군집 등에 활용하는 기계학습 알고리즘을 이해하여 문제 해결에 적합한 알고리즘을 선정할 수 있어야 한다.
	[12인기02-04] 훈련 데이터를 이용하여 학습을 진행하고, 테스트 데이터를 사용하여 성능을 평가한다.	
	[12인기02-05] 인공신경망과 딥러닝의 특성에 대한 이해를 바탕으로 활용 분야를 탐색한다.	
	[12인기02-06] 딥러닝을 활용하여 실생활 및 다양한 학문 분야의 문제를 해결하고, 성능을 평가한다.	딥러닝을 기반으로 하는 컴퓨터 비전, 음성 인식, 자연어처리 기술을 구현하는 방식을 이용하고, 적합한 딥러닝 기술을 활용하여 실생활 및 다양한 학문 분야의 문제를 해결할 수 있어야 한다. 문제 해결에 있어 딥러닝을 활용해 문제를 해결하는 경우와 다른 방법으로 문제를 해결한 경우의 차이점을 설명할 수 있어야 한다.
성취기준 적용 시 고려 사항	• 해결하고자 하는 문제에 따라 기계학습의 사용이 적합한지를 판단할 수 있도록 적절한 문제 상황을 선정하도록 하며, 기계학습에서 데이터의 중요성을 인식하고, 데이터의 수집 과정에서 데이터가 편향되지 않게 충분히 안내하도록 한다. • 기계학습과 딥러닝을 구현하는 과정에서 학습자의 수준에 따라 코드 작성의 방식을 달리 구성할 수 있다. 프로그래밍 역량이 낮은 학생은 이미 작성된 코드를 실행시켜 코드를 이해한 후 차츰 코드 일부를 수정하는 방식으로 학습할 수 있도록 하고, 프로그래밍 역량이 높은 학생은 작성이 완료되지 않은 코드를 스스로 완성하여 실행시킬 수 있도록 하는 등 교수·학습 단계를 세부적으로 구성하여 학습자의 흥미가 유지되도록 한다. 또한, 기계학습과 딥러닝을 코드로 구현하는 학	

	습을 원활하게 진행하기 위해, 다양한 라이브러리 활용 방법을 충분히 안내한다. • 문제 해결에 사용된 데이터와 기계학습 유형, 기계학습 알고리즘이 해결하고자 하는 문제의 특성에 비추어 적합한지를 평가한다. 또한, 이미 개발된 딥러닝 프로그램 코드의 활용을 권장하되 실생활 및 다양한 학문 분야의 문제를 스스로 생각하여 해결할 수 있도록 교수·학습을 구성하고, 학생의 학습 과정과 창의적인 아이디어를 중심으로 평가 루브릭을 작성하여 평가하도록 한다.
핵심 아이디어	• 기계학습 기반의 인공지능을 구현하기 위해서는 문제 해결에 적합한 데이터와 기계학습 모델을 활용한다. • 딥러닝은 다중의 은닉층으로 구성된 인공신경망으로 복잡한 문제를 효과적으로 해결하는 데 활용된다.

3) 인공지능의 사회적 영향

	지식·이해	과정·기능	가치·태도
내용 요소	• 인공지능의 발전과 사회 변화 • 인공지능과 진로 • 인공지능과 윤리	• 인공지능으로 해결할 수 있는 사회적 문제 탐색하기 • 인공지능에 의해 변화하는 인간의 삶과 직업의 양상 파악하기 • 인공지능과 인간의 공존 방안에 대해 탐색하기 • 인공지능과 관련된 윤리적 딜레마 상황에 대해 논의하기	• 진로 및 직업 관점에서 인공지능의 중요성 인식 • 인공지능의 다양한 측면에 대한 비판적 자세와 윤리적 태도

	성취기준	성취기준 해설
성취 기준	[12인기03-01] 인공지능의 발전으로 인한 사회 변화를 살펴보고, 인공지능으로 해결할 수 있는 사회적 문제를 분석한다.	
	[12인기03-02] 인공지능에 의해 변화하는 인간의 삶과 직업의 양상에 대해 이해하고 진로를 탐색한다.	
	[12인기03-03] 인공지능에 대한 비판적 자세를 바탕으로 인공지능과 인간의 공존 방안을 도출한다.	인공지능에 대한 일방적인 수용 또는 거부보다는, 비판적인 자세를 바탕으로 인간과 공존해야 하는 존재로서 인공지능의 역할을 제시할 수 있어야 한다. 인공지능을 대하는 인간의 태도에 대한 윤리적 고찰을 통해 바람직한 공존 방식을 규정할 수 있어야 한다.
	[12인기03-04] 인공지능의 활용사례와 윤리적 딜레마 상황을 인공지능 윤리 관점에서 분석한다.	인간의 편향성에 대한 이해를 바탕으로, 알고리즘과 데이터의 편향성으로 인해 인공지능이 사회에 끼치는 영향을 이해하고 인공지능으로 인한 딜레마 상황에서 윤리적인 판단과 선택을 할 수 있어야 한다. 현재까지 정의된 인공지능 윤리(지침)와 관련하여 인공지능 개발자, 사용자, 운영·관리자 관점을 살펴보고, 인공지능 기술 활용으로 발생 가능한 윤리적 쟁점에 대하여 사회적 책임과 공정성의 가치를 판단할 수 있어야 한다.
성취기준 적용 시 고려 사항	• 인공지능의 사회적 가치와 영향력이 중요하다는 것과 새롭게 고려해야 할 윤리적 쟁점에 대한 충분한 사회적 논의 과정이 필요하다는 것을 전제로, 인공지능 사회의 구성원으로서 갖추어야	

	할 인공지능 윤리의식과 가치 판단 능력을 함양하여 인공지능 시대의 사회적 책임과 공정성을 실천할 수 있도록 하는 데 중점을 두고 교수·학습을 구성하도록 한다. • 인공지능의 발전으로 인한 사회의 변화를 조사하고 인공지능에 의해 변화할 미래사회의 모습을 예측하는 과정에서 자신의 진로를 구체적으로 설계하기 위해 충분한 자료를 제공하도록 한다. • 인공지능과 관련한 윤리적 쟁점 사례를 조사하고, 구체적인 사안을 주제로 하는 토론 활동의 과정에서 인공지능 윤리의 중요성과 인공지능과 인간의 관계를 올바르게 설명할 수 있는지를 평가하도록 한다. 이 과정에서 근거를 바탕으로 자신의 주장을 펼치고 타인의 견해를 존중하는 성숙한 토론 문화를 조성하도록 한다.
핵심 아이디어	• 인공지능이 현대 사회에 끼치는 영향력이 커지고 있고, 이에 따라 직업의 변화 속도가 빨라지고 있다. • 인공지능을 올바르게 활용하기 위해서는 인공지능에 의해 발생할 수 있는 윤리적 문제에 대한 이해가 필요하다.

4) 인공지능 프로젝트

	지식·이해	과정·기능	가치·태도
내용 요소	• 인공지능과 지속가능발전목표 • 인공지능 문제 해결 절차	• 인공지능 프로젝트 주제 탐색하기 • 인공지능 프로젝트 수행 계획 구안하기 • 인공지능 소프트웨어 개발 및 평가 방법 설정하기	• 인류의 지속가능발전에서 인공지능의 중요성 및 가치를 판단하는 태도 • 인공지능 프로젝트를 수행하는 과정에서 협력적으로 문제를 해결하는 자세 • 프로젝트를 수행하는 과정에서 윤리 문제 등 사회적 영향 인식
	성취기준	성취기준 해설	
성취 기준	[12인기04-01] 지속가능발전목표를 해결하기 위해 인공지능을 적용할 수 있는 방안을 탐색하고, 인공지능 프로젝트 활동에 적합한 주제를 도출한다.	지속가능발전목표는 2015년 유엔 총회에서 결의한 것으로 총 17개의 주요 목표와 169개의 세부 목표로 구성되어 있다는 것을 이해하고, 17개의 주요 목표를 통해 현재 인류가 직면하고 있는 위기가 무엇인지 인식할 수 있어야 한다. 인공지능을 활용하여 달성할 수 있는 목표에는 어떤 것이 있는지를 살펴보고 인공지능 프로젝트 활동에 적합한 주제를 도출할 수 있어야 한다.	
	[12인기04-02] 인공지능 문제 해결 과정에 기반하여 프로젝트 수행 계획을 구안한다.	문제 정의, 문제 해결에 적합한 데이터 수집 및 전처리, 기계학습 유형과 알고리즘 선정, 기계학습을 통한 모델 생성, 성능 평가 및 수정 등의 인공지능 문제 해결 과정에 따라 프로젝트 수행 계획을 구안할 수 있어야 한다.	
	[12인기04-03] 인공지능 프로젝트를 수행하는 과정에서 협력적인 문제 해결 자세를 바탕으로 인공지능 소프트웨어를 개발한다.		
	[12인기04-04] 인공지능의 사회적 영향을 고려하여 인공지능 소프트웨어를 개발하고, 평가 결과를 반영하여 성능을 개선한다.		

성취기준 적용 시 고려 사항	• 인공지능 프로젝트를 위한 주제 선정 과정에서 인류가 직면해 있는 다양한 위기를 충분히 인식할 수 있도록 하고, 이러한 위기를 극복하는 다양한 방법 중 하나로 인공지능이 중요한 역할을 수행할 수 있다는 점을 강조하도록 한다. 또한, 인공지능을 활용하는 방법적인 측면에서 직접 구현하기가 어려운 부분이 있더라도 학습자의 아이디어를 존중하여 다양한 생각이 발산될 수 있는 활동을 구성하도록 한다. • 인공지능 프로젝트를 수행하는 과정에서 인공지능 소프트웨어의 완성도뿐만 아니라 주제의 적절성, 문제 해결 방식의 창의성, 다른 사람과의 협업 능력 등 다각적인 측면을 골고루 반영하여 평가할 수 있는 루브릭을 제작하도록 한다.
핵심 아이디어	• 인공지능은 다양한 분야와 융합하여 새로운 가치를 창출하는 데 도움을 준다. • 인공지능은 지속가능발전목표를 달성하는 데 도움을 준다.

나. 데이터 과학

(1) 성격 및 목표

성격	① 정보(Informatics)과는 데이터와 정보로 인한 디지털 세상의 변화를 인식하고, 정보의 사회적 가치를 탐구하며, 정보를 처리하는 다양한 원리와 기술에 기반한 컴퓨팅 사고력을 바탕으로 실생활 및 다양한 학문 분야의 문제를 해결하는 능력과 태도를 기르는 교과임 ② 정보의 학문적 기저는 컴퓨터에서 처리되는 데이터와 정보의 원리, 컴퓨팅 시스템을 설계하고 구현하는 기술과 방법, 정보를 다루는 인간 사회에 대한 이해 등을 포괄함 ③ 데이터 과학은 데이터와 데이터 처리에 대한 다양한 방법론을 기반으로 통계와 기계학습 등을 활용하여 다양한 학문 분야의 문제 해결과 의사 결정에서 통찰력을 제공함 ④ 학생들은 데이터 과학의 기초적인 원리를 이해하고 데이터 문해력을 함양함으로써 급증하는 데이터를 비판적으로 분석할 수 있으며, 미래사회와 환경변화 등에 대한 통찰력과 책임감 있는 자기주도성을 갖춘 디지털 민주시민으로 성장함
목표	컴퓨팅 사고력을 기반으로 디지털 사회에서 데이터의 역할 및 잠재적 가치와 데이터 과학에 기반한 문제 해결 과정의 중요성을 인식하며, 다양한 분야의 문제를 해결하고 합리적 의사 결정을 위한 통찰의 역량을 키우는 데 중점을 둠 ① 데이터 과학의 발전에 따른 사회의 특성과 데이터의 가치를 이해하고, 데이터에 기반한 합리적인 의사 결정을 실천하는 태도 ② 데이터 분석과 관련된 효과적인 방법을 이해하고, 문제상황에 따라 데이터의 관계를 파악하여 다양한 분석 방법을 적용할 수 있는 능력 ③ 문제를 합리적으로 해결하기 위한 모델을 구성하고, 문제 해결 과정에서 발생할 수 있는 여러 쟁점을 비교하며, 분석된 결과의 의미를 찾아 비판적으로 해석하는 능력과 태도 ④ 데이터 과학을 기반으로 한 문제 해결이 합리적 의사 결정에 효과적임을 인식하고, 데이터 과학의 방법으로 문제를 해결하는 능력과 태도

(2) 내용 체계 및 성취기준

1) 데이터 과학의 이해

내용 요소	지식·이해	과정·기능	가치·태도
	• 데이터 과학의 개념 • 데이터의 형태와 속성 • 데이터셋과 데이터베이스	• 데이터 과학의 문제 해결 사례 탐색하기 • 데이터의 형태와 속성 파악하기 • 데이터 통합의 의미 파악하기	• 데이터 기반 의사 결정의 중요성 인식 • 데이터의 잠재적 가치 내면화 • 데이터 과학을 통한 진로 설계 참여

성취 기준	성취기준	성취기준 해설
	[12데과01-01] 데이터 과학의 개념을 이해하고, 문제 해결 사례를 데이터 기반 의사 결정 상황에 적용한다.	
	[12데과01-02] 정형 데이터와 비정형 데이터를 구분하고, 데이터 속성에서 데이터의 잠재적 가치를 파악한다.	데이터의 형태를 바탕으로 정형 데이터와 비정형 데이터를 구분하고, 정형 데이터에서 데이터 속성별 의미와 속성 간 관계를 파악하여 수집된 데이터가 분석 대상으로서 가치가 있는지 판단할 수 있어야 한다.
	[12데과01-03] 데이터셋의 집합인 데이터베이스를 이해하고, 서로 다른 데이터셋의 데이터를 분석이 가능한 형태로 통합하는 것의 의미를 파악한다.	서로 다른 데이터셋 간 공통된 속성을 기준으로 데이터를 통합할 수 있음을 이해하고, 데이터셋 간의 관계를 바탕으로 데이터베이스의 개념을 설명할 수 있어야 한다. 대규모의 데이터를 여러 사람이 공유하기 위해서는 체계적인 시스템이 필요하다는 점을 바탕으로 데이터베이스의 필요성을 설명할 수 있어야 한다.
	[12데과01-04] 데이터로 인한 사회 변화를 인식하고, 진로 및 직업과 관련한 데이터 기반 문제 해결 사례를 분석한다.	

성취기준 적용 시 고려 사항	• 실제 활용 분야와 사례를 중심으로 데이터 과학이 어떻게 발전되어 왔는지 이해할 수 있도록 하며, 지속 가능한 발전을 통한 미래사회를 만들기 위한 데이터의 역할 및 중요성을 파악할 수 있도록 교수·학습을 구성한다. • 우리 사회의 다양한 분야에서 사용될 수 있는 데이터의 잠재적 가치를 이해하고, 데이터와 데이터 분석이 활용된 문제 해결의 사례를 탐색할 수 있도록 교수·학습을 구성한다. • 데이터 과학에 기반한 여러 가지 문제 해결 사례를 탐색하기 어려워하는 학습자의 경우, 교수자가 제시한 사례에서 사용된 데이터가 무엇인지, 문제 해결에 어떠한 역할을 하였는지를 기반으로 데이터의 잠재적 가치를 설명할 수 있는지를 평가하도록 한다.

핵심 아이디어	• 디지털 사회의 시민에게는 데이터에 기반한 합리적인 의사 결정이 필요하다. • 데이터 과학에 대한 이해는 데이터를 활용하여 복잡한 문제를 해결하는 데 도움을 준다.

2) 데이터 준비와 분석

내용 요소	지식·이해	과정·기능	가치·태도
	• 데이터 전처리 • 데이터 분석 방법	• 데이터 시각화하고 분석하기 • 이상치와 결측치 처리하고 정규화 활용하기 • 데이터 속성 간의 관계를 파악하고 통합하여 탐색하기 • 서로 다른 데이터 분석 방법 비교하기	• 데이터가 편향되지 않도록 수집하는 자세 • 불확실성과 오류 가능성 인식

성취기준	성취기준	성취기준 해설
	[12데과02-01] 데이터를 편향되지 않도록 수집하고, 수집된 데이터의 특성을 분석한다.	데이터의 선택과 수집된 데이터를 활용하는 과정에서 발생할 수 있는 편향성을 최소화하고, 수집된 데이터의 출처, 규모, 데이터 속성별 자료형, 간단한 통계적 특성 등 데이터의 특성을 분석하고 파악할 수 있어야 한다.
	[12데과02-02] 이상치와 결측치 탐색 및 정규화를 통해 전처리하여 오류 가능성을 최소화하고, 데이터 분석을 위해 시각화한다.	
	[12데과02-03] 데이터를 분석하기 위해 데이터 속성 간의 관계를 파악하고 통합한다.	
	[12데과02-04] 동일한 데이터를 서로 다른 분석 방법을 적용하여 분석 결과를 비교한다.	동일한 데이터에 서로 다른 분석 방법을 적용하는 경우 분석 결과가 달라질 수 있음을 이해하고, 분석 방법과 연관지어 서로 다른 결과가 나온 이유를 분석하고 비교할 수 있어야 한다.

성취기준 적용 시 고려 사항	• 데이터를 수집할 때 다양한 경로로 접근할 수 있는 공공 데이터 포털, 출처가 명확한 민간 데이터 포털을 통해 정확하고 신뢰할 수 있는 데이터를 수집하도록 활동을 구성하여 데이터 문해력을 기를 수 있도록 한다. • 일상 속 데이터를 수집, 전처리, 분석하는 모든 과정에서 데이터 편향, 오류 가능성을 최소화 하기 위한 방법을 탐색하고, 관련 내용을 검증하는 과정을 교수·학습에 포함하도록 한다. • 데이터 전처리에 어려움을 겪는 학습자의 경우, 전처리가 비교적 간단한 데이터를 제시하여 이상치와 결측치를 탐색하고, 데이터 특성에 적합한 분석 방법을 제시할 수 있는지 평가하도록 한다.
핵심 아이디어	• 데이터 분석을 위해서는 데이터를 수집, 전처리하는 과정이 필요하다. • 데이터 처리는 데이터를 분석에 효과적인 형태로 변환하며, 지식을 추출하는 데 도움을 준다.

3) 데이터 모델링과 평가

내용 요소	지식·이해	과정·기능	가치·태도
	• 데이터 모델의 개념 • 회귀 분석 • 군집 분석 • 연관 분석	• 분석을 위한 도구 탐색하기 • 분석 결과 평가하기 • 분석 결과에 대한 의미 해석하기	• 데이터에 대한 다양한 해석을 수용하는 태도 • 적절한 분석 방법을 선택하여 적용하는 자세

	성취기준	성취기준 해설
성취 기준	[12데과03-01] 데이터 모델 개념을 이해하고 데이터 분석에 활용할 수 있는 도구를 탐색한다.	
	[12데과03-02] 동일한 데이터를 통계적 회귀모델과 기계학습을 통한 회귀모델로 분석하여 결과 해석 내용을 비교한다.	
	[12데과03-03] 데이터의 속성에 대한 유사성을 측정하고 분석하여 군집을 형성하고, 군집 분석 결과의 의미를 해석한다.	데이터의 속성을 바탕으로 유사도가 높은 데이터끼리 묶어 다수의 군집으로 나누고 군집 내 유사성과 군집 간 상이성을 설명할 수 있어야 한다.
	[12데과03-04] 데이터 간의 관계를 분석하고 상호 연관성을 파악하여 결과의 의미를 해석한다.	장바구니 분석의 사례를 통해 연관 분석의 원리를 이해하고, 데이터 속성 간 지지도, 신뢰도, 향상도를 측정하며 데이터 속성 간 연관 규칙을 찾아낼 수 있어야 한다.
	[12데과03-05] 데이터 분석 방법에 따른 데이터 모델의 분석 결과를 비교하고 평가한다.	데이터 특성과 분석 목적에 적합한 평가 방법(예측률, 정확도 등)을 선정하고, 이를 바탕으로 데이터 분석 결과를 해석하고 그 의미를 판단할 수 있어야 한다.
	[12데과03-06] 다양한 분석 방법을 비교하고 평가하여 분석 목적에 가장 적합한 분석 방법을 적용한다.	
성취기준 적용 시 고려 사항	• 데이터 모델링 과정에서 다양한 데이터 분석 방법을 비교하여 활용하고, 데이터 해석 과정에서 등장하는 여러 견해를 상호 존중하고 비판적 시각으로 바라봄으로써 합리적으로 문제를 해결할 수 있도록 교수·학습을 구성하도록 한다. • 데이터 분석을 위한 도구는 학습자의 디지털 역량을 사전에 파악하여 학습자의 인지적인 부담이 적은 방향으로 선정하도록 한다. 학습에 사용하는 기기나 운영 체제에 비교적 독립적인 소프트웨어나 프로그래밍 언어를 활용하여 다양한 학습 환경에서 학습자의 접근성을 보장하도록 한다. • 최소 성취수준을 보장하기 위하여 교수자가 제시한 데이터 분석 과정을 바탕으로 데이터 모델의 개념을 제시하고, 여러 가지 분석 방법을 구별하여 설명할 수 있는지 평가한다. 또한, 비교적 명확하게 해석 결과가 도출되는 데이터셋을 제공하여 학습자가 최소한의 데이터 분석 과정을 체험하고 의미를 인식할 수 있는 학습 과정을 제공하도록 한다.	
핵심 아이디어	• 데이터 모델은 문제를 합리적으로 해결할 수 있도록 도움을 준다. • 데이터 기반의 합리적 의사 결정을 위해 데이터를 분석해서 새로운 지식을 추출하고, 의미를 해석한다.	

4) 데이터 과학 프로젝트

	지식·이해	과정·기능	가치·태도
내용 요소	• 데이터 과학의 주제 • 탐색적 데이터 분석 • 결과의 의미 해석	• 분야별 데이터 과학의 주제 조사 하기 • 탐색적 데이터 분석으로 데이터 속 의미 파악하기 • 기계학습 방법으로 분석하기 • 결과를 활용하는 방법 탐색하기	• 문제를 해결하기 위한 창의 적인 방법을 고민하는 자세 • 복잡하고 어려운 문제를 끝 까지 해결하기 위해 노력하 는 자세 • 일반화 및 공유 과정에서 윤 리 문제 등 사회적 영향 인식

	성취기준	성취기준 해설
성취 기준	[12데과04-01] 분야별 데이터 과학의 적용 사례를 조사하여 분석하고, 데이터로 해결 가능한 주 제를 찾아 적합성을 판단한다.	
	[12데과04-02] 수집된 데이터를 탐색적으로 분석하여 데이터 속 의미를 파악하고, 문제 해결을 위한 창의적인 방법을 구상한다.	
	[12데과04-03] 데이터 분석 을 진행할 때, 2개 이상의 방 법을 사용하여 분석하고 결과 를 비교한다.	동일한 데이터를 기반으로 서로 다른 데이터 전처리, 데이터 분석 방법을 적용한 결과를 비교하여 가장 적절한 데이터 모델링 방법 을 설계할 수 있어야 한다.
	[12데과04-04] 복잡하고 어려운 문제라도 끝까지 해결하기 위한 자세를 갖추고 분석하여, 분석 결과에 대한 의미를 해석한다.	
	[12데과04-05] 분석을 위한 목적부터 데이터 수집 및 분석 에 이르는 전 과정을 성찰하고, 사회적 영향을 고려하여 분석 결과의 활용방안을 탐색한다.	데이터 분석을 통한 문제 해결 과정에서 파생되는 사회적인 영향, 윤리적인 문제를 성찰하고 데이터 모델을 수정한 후, 문제 해결 결 과를 일반화하고 공유할 수 있어야 한다.

성취기준 적용 시 고려 사항	• 기후위기, 환경 문제, 에너지 문제 등의 주제를 가정, 학교, 지역 및 지구 차원에서 프로젝트 주 제로 고려하여, 인류가 당면한 여러 가지 생태적 문제를 데이터 과학 프로젝트를 통해 심층적으 로 탐구하도록 한다. • 여러 가지 데이터 분석 방법 중 기계학습을 통한 분석 방법을 포함하여 분석 결과를 비교함으로 써 디지털·인공지능 소양을 기를 수 있도록 교수·학습을 구성하도록 한다. • 프로젝트 과정에서 온라인 공유 환경을 제공하여 온·오프라인의 협업이 모두 일어날 수 있도록 하고, 협업 과정이 온라인 문서에 기록될 수 있도록 한다. 특히, 주제 선정, 데이터 수집 등에서 아이디어를 발산하고 수렴하는 과정이 기록되도록 하여 프로젝트 내 문제 해결 과정이 드러나는 데에 중점을 두도록 한다. • 민주시민으로서 데이터 과학 프로젝트를 통해 생산한 정보의 사회적 영향 및 파급력에 대하여 논의할 수 있도록 문제기반학습을 구성하고, 협력학습을 통해 학생들이 토론이나 토의 과정의 기회를 갖도록 한다.
핵심 아이디어	• 데이터 기반 문제 해결을 위해 데이터 과학의 기본 개념과 원리를 바탕으로 탐구 과정을 수행한다. • 데이터 과학으로 문제를 해결할 때, 통계적 방법이나 기계학습 등 다양한 방법을 활용한다.

다. 정보과학

(1) 성격 및 목표

성격	① 정보(Informatics)과는 인공지능으로 정의되는 사회에서 데이터와 정보로 인한 디지털 세상의 변화를 인식하고, 정보의 사회적 가치를 탐구하며, 정보를 처리하는 다양한 원리와 기술에 기반한 컴퓨팅 사고력을 바탕으로 실생활 및 다양한 학문 분야의 문제를 해결하는 능력과 태도를 기르는 교과임 ② 정보는 디지털 대전환 시대의 국가・사회적 요구에 부응하여, 컴퓨팅을 활용한 문제 해결을 위해 사회 구성원이 갖추어야 할 필수 역량을 제공함 ③ 정보의 학문적 기저는 컴퓨터에서 처리되는 데이터와 정보의 원리, 컴퓨팅 시스템을 설계하고 구현하는 기술과 방법, 정보를 다루는 인간 사회에 대한 이해 등을 포괄함. 즉, 정보는 컴퓨터과학분 아니라 데이터 과학, 인공지능, 정보기술, 정보시스템, 소프트웨어 공학 등의 분야를 포괄하는 정보학에 대한 기본 개념과 원리를 기반으로 다양한 학문 분야와 미래 사회의 문제를 해결하는 데 도움이 되는 지식과 기술을 함양함 ④ 교과의 이러한 특성은 사회 각 분야에서 요구되는 소프트웨어와 인공지능에 대한 기본 소양을 갖추고, 공학분만 아니라 자연과학, 인문・사회과학, 예술과 체육 등 다양한 학문 분야에서 문제를 창의적으로 해결하는 인재 양성에 도움을 줌 ⑤ '정보과학'은 컴퓨터과학과 소프트웨어 공학에 대한 깊이 있는 학문적 이해를 바탕으로 디지털 사회의 복잡한 문제를 이해하고, 미래 사회에 발생 가능한 문제를 해결하는 데 도움이 되는 문제 분석, 구조화, 해결을 위한 알고리즘 설계가 프로그래밍을 통해 구체화되는 과정을 경험할 수 있게 함 ⑥ 소프트웨어에 대한 깊이 있는 학습을 기반으로 대학의 소프트웨어 관련 다양한 전공과 연계되는 기초 지식을 습득하고, 컴퓨팅의 기본 개념과 원리, 컴퓨팅 시스템 등을 활용한 심도 있는 문제 해결 역량을 함양함. 이를 통해 실세계 및 타 학문 분야의 문제를 융합적이고 창의적으로 해결할 수 있는 역량을 갖춘 디지털 민주시민으로 성장하게 됨
목표	컴퓨터과학의 기본 개념과 원리, 컴퓨팅 기술을 기반으로 디지털 사회를 살아가는 데 필요한 기본 역량을 함양하고, 실생활에서 발생하는 문제와 다양한 학문 분야의 문제를 융합적으로 해결하기 위한 정보과학적 방법론을 습득하여 해결할 수 있는 능력을 기르는 데 중점을 둠 ① 문제를 해결하기 위한 프로그래밍 과정을 통해 정확하고 효율적으로 작동하는 소프트웨어를 개발할 수 있는 능력 ② 데이터의 처리를 위해 선행되어야 할 데이터의 구조에 대해 파악하고 효율적인 문제 해결을 위한 데이터 구조화의 가치를 파악하는 태도 ③ 실생활 및 다양한 학문 분야의 문제를 해결하는 과정을 통해 알고리즘 설계 및 구현 능력 ④ 컴퓨터과학의 기본 개념과 원리에 기반하여 타 학문 분야의 문제를 해결하기 위한 융합적 설계, 새로운 방법론 활용 등의 능력

(2) 내용 체계 및 성취기준

1) 프로그래밍

	지식·이해	과정·기능	가치·태도
내용 요소	• 함수 정의와 호출 • 재귀관계와 재귀함수	• 매개변수를 활용한 함수 프로그램 작성하기 • 문제 해결을 위한 재귀관계 파악 및 재귀함수 구현하기	• 재귀구조의 가치를 이해하고 적극적으로 활용하는 자세 • 문제 해결에 새로운 아이디어를 적용하는 자세

	성취기준	성취기준 해설
성취 기준	[12정과01-01] 함수 정의와 호출의 원리를 이해하고, 매개변수를 활용한 함수 프로그램을 작성한다.	
	[12정과01-02] 주어진 문제에서 적용할 수 있는 재귀관계를 파악하고, 재귀구조를 활용하여 프로그램을 작성한다.	많은 알고리즘의 코드가 재귀적으로 구성되어 있고 재귀구조를 통해 높은 수준의 생산성을 기대할 수 있다. 문제 내에서 재귀관계를 파악할 때는 수학적 귀납법을 활용할 수 있음을 이해하고, 문제 해결책을 재귀구조를 활용하여 설계하고 프로그래밍할 수 있어야 한다. 또한, 이후의 학습 내용이 많은 부분 재귀구조와 관련되어 있음을 판단할 수 있어야 한다.
	[12정과01-03] 반복구조와 재귀구조를 활용하여 문제를 해결하고, 두 방식의 차이를 비교·분석한다.	재귀구조와 반복구조는 문제 해결책을 설계하는 방법이나 코드의 표현에 있어서 서로 다른 지향점을 갖는다. 특정한 문제를 해결할 때 재귀구조를 사용하여 프로그래밍하는 것과 반복구조를 사용하여 프로그래밍하는 방식의 차이를 구체적으로 비교하여 설명할 수 있어야 한다.
성취기준 적용 시 고려 사항	• 수학적 귀납법을 적용할 때 주어진 명제를 수학적으로 증명하는 과정을 설명하는 방법보다는 귀납 가정 부분이 재귀함수 호출과 어떤 관계가 있는지를 다양한 예를 통해서 이해할 수 있도록 하여 실제 문제를 해결할 때 재귀구조를 활용할 수 있음을 인식하도록 한다. • 최소 성취수준을 보장하기 위해 주어진 문제로부터 재귀관계를 파악하지 못하더라도 반복구조로 작성된 프로그램을 재귀함수로 변환하여 구현하는 방식의 활동을 제공하도록 한다.	
핵심 아이디어	• 프로그래밍을 통한 자동화는 다양한 학문 분야의 문제를 해결하는 데 도움을 준다. • 효율적인 프로그래밍을 가능하게 하는 함수는 프로그램의 간결화, 재사용성 측면에서 활용된다. • 프로그램 개발은 협력이 필요하며, 공유하는 문화를 통해 더 좋은 프로그램이 개발된다.	

2) 데이터 구조

	지식·이해	과정·기능	가치·태도
내용 요소	• 스택과 큐 • 트리와 그래프	• 순차적인 데이터 구조를 이용하여 스택, 큐 구현하기 • 스택, 큐를 활용하여 해결할 수 있는 문제 탐색하기 • 인접행렬과 인접리스트로 트리, 그래프 구현하기 • 트리, 그래프를 활용하여 해결할 수 있는 문제 탐색하기	• 데이터 구조화를 통해 문제를 해결하는 태도 • 효율적 문제 해결을 위한 데이터 구조화의 중요성 인식

	성취기준	성취기준 해설
성취 기준	[12정과02-01] 스택과 큐의 원리를 이해하고, 순차적인 데이터 구조를 이용하여 스택과 큐를 구현한다.	선입선출, 후입선출 구조를 활용하면 복잡한 문제를 간단하게 해결할 수 있음을 이해할 수 있어야 한다. 프로그래밍 언어의 특성에 따라 배열이나 리스트를 활용하여 대표적인 선입선출, 후입선출 구조인 스택과 큐를 구현하고 문제를 해결하는 데 활용할 수 있어야 한다.
	[12정과02-02] 스택, 큐를 활용하여 문제를 효율적으로 해결하는 프로그램을 작성한다.	
	[12정과02-03] 인접행렬과 인접리스트를 활용하여 트리와 그래프를 구현한다.	
	[12정과02-04] 트리, 그래프를 활용하여 문제를 효율적으로 해결하는 프로그램을 작성한다.	

성취기준 적용 시 고려 사항	• 스택과 큐를 배열이나 리스트로 구현하는 활동을 통하여 원리를 이해할 수 있도록 하고, 이후 진행되는 문제 해결 활동에서는 프로그래밍 언어별로 활용 가능한 스택과 큐의 라이브러리를 활용하여 구현하는 방법도 활용하도록 한다. • 인접리스트는 트리와 그래프를 만드는 도구로서의 활용이 목적이므로 구조체와 포인터 등으로 직접 구현하는 방법보다는 프로그래밍 언어별로 제공하는 벡터(vector)와 같은 라이브러리를 이용하여 구현하는 방법도 활용하도록 한다. • 데이터 구조의 원리를 이해하고 구현하는 과정이 궁극적으로는 문제를 효율적으로 해결하는 방법임을 이해하고 학습을 진행하는 것이 필요하다. 따라서 데이터 구조를 활용한 실생활의 문제 해결 활동과 예제를 제공하는 방식으로 교수·학습을 구성하고 해당 맥락에서 데이터 구조를 활용하는 능력을 향상하도록 한다.
핵심 아이디어	• 문제에 따라 해결에 적합한 데이터 구조를 선택하는 것이 중요하다. • 데이터들의 관계를 파악하고, 특성에 맞도록 구조화하는 것은 문제를 효율적으로 해결하는 데 도움을 준다.

3) 알고리즘

내용 요소	지식·이해	과정·기능	가치·태도
	• 탐색기반 알고리즘 • 관계기반 알고리즘 • 알고리즘 복잡도	• 문제 상태 공간을 탐색하고, 알고리즘 설계하기 • 문제를 분해하고, 모델링하기 • 빅오 표기법으로 알고리즘 성능 비교하기	• 문제 해결 상황에 적절한 알고리즘을 적용하는 유연한 태도 • 정량적인 분석을 통해 알고리즘의 성능을 객관적으로 평가하는 자세

	성취기준	성취기준 해설
성취 기준	[12정과03-01] 문제를 분석하여 상태 공간으로 구조화하고, 상태 공간을 모두 탐색하여 문제를 해결하는 알고리즘을 설계한다.	
	[12정과03-02] 문제의 상태 공간 일부를 배제하는 알고리즘을 설계하고, 기존의 탐색기반 알고리즘과 비교·분석한다.	상태 공간 일부를 배제하고도 정확한 답을 구할 수 있는 분기한정법과 탐욕법 등의 알고리즘 설계 방법이 상태 공간을 배제하는 원리를 설명하고, 이를 활용하여 문제를 해결할 수 있는 알고리즘을 설계할 수 있어야 한다.
	[12정과03-03] 전체 문제를 부분 문제로 분해하고, 전체 문제와 부분 문제의 관계를 발견한다.	
	[12정과03-04] 부분 문제를 해결한 결과를 이용하여 전체 문제를 해결하는 알고리즘을 설계한다.	퀵 정렬, 합병 정렬 등을 활용하여 분할정복법이 문제를 해결하는 원리를 이해하고, 분할정복법을 활용하여 해결할 수 있는 문제를 탐색하여 해결 알고리즘을 설계할 수 있어야 한다.
	[12정과03-05] 부분 문제가 중복으로 적용되지 않는 알고리즘을 설계하고 기존의 관계기반 알고리즘과 비교·분석한다.	배열 등을 활용하여 중복으로 계산되는 부분 문제들의 답을 저장하여 효율을 높이는 동적계획법의 원리를 설명하고, 이를 활용하여 문제를 해결하는 알고리즘을 설계할 수 있어야 한다. 동적계획법과 분할정복법을 기반으로 한 알고리즘 간의 차이를 여러 측면에서 설명할 수 있어야 한다.
	[12정과03-06] 알고리즘의 복잡도를 빅오 표기법으로 표현하고 다른 알고리즘과 비교한다.	
성취기준 적용 시 고려 사항	• 탐색으로 알고리즘을 설계하는 방법은 인공지능 분야의 탐색과 추론영역과 연계됨을 인식하고 교수·학습을 구성할 때 관련된 용어가 명확하게 사용되는지 유의하도록 한다. • 알고리즘 영역에서 제시되는 구체적인 알고리즘은 정보학의 문제 해결 과정에서 중요하게 활용되고 있음을 이해할 수 있도록 실제적인 예시를 통해 교수·학습을 구성하도록 한다. 이때 실제 알고리즘이 적용된 프로그램이나 시각적인 자료를 통해 학습자가 더욱 직관적으로 효율성을 인식하도록 구성하는 방식도 고려할 수 있다. • 알고리즘을 적용한 프로그램의 평가 시 알고리즘의 효과성과 효율성을 종합적으로 평가하도록 한다. 특히 다양한 프로그램 환경이나 데이터를 활용하여 설계한 알고리즘이 동일하게 효율적으로 작동하는지를 평가하여 학습 내용이 확장·전이되었는지를 확인하도록 한다. • 최소 성취수준을 보장하기 위하여 알고리즘을 경험할 수 있는 다양한 시뮬레이션 자료를 제공하고, 프로그래밍 언어가 제공하는 라이브러리 활용 방법을 안내하여 최소한의 알고리즘 적용 활동을 진행할 수 있도록 한다.		

핵심 아이디어	• 자동화를 고려해 설계된 알고리즘은 컴퓨터가 이해할 수 있는 언어로 구현되어 문제 해결에 도 움을 준다. • 문제를 효율적으로 해결하기 위해서는 적합한 알고리즘 설계 전략을 선택하는 것이 중요하다. • 알고리즘 효율을 개선하기 위해 알고리즘의 성능을 정량적으로 분석한다.

4) 정보과학 프로젝트

	지식·이해	과정·기능	가치·태도
내용 요소	• 문제 발견 • 프로젝트 설계 • 오픈소스와 공유 • 테스트와 디버깅	• 다양한 학문 분야에서 컴퓨터과 학의 원리를 바탕으로 해결 가능 한 문제 탐색하기 • 문제를 분석하고, 문제 해결을 위 한 프로젝트 설계하기 • 공유된 오픈소스를 활용하여 문제 를 해결하는 프로그램 작성하기 • 프로젝트 산출물을 평가하고 공 유하기	• 협력적으로 문제를 해결하 고 공유하는 태도 • 프로젝트를 수행하는 과정 에서 윤리 문제 등 사회적 영향 인식
성취 기준	성취기준		성취기준 해설
	[12정과04-01] 다양한 학문 분야에서 컴퓨터과학의 기본 개념과 원리를 바탕으로 해결할 수 있 는 실생활의 문제를 발견한다.		
	[12정과04-02] 발견한 문제 를 분석하고, 문제를 해결하기 위한 프로젝트 수행 과정을 설 계한다.	프로젝트 수행 과정은 프로그래밍을 활용한 문제 해결 절차 즉, 문 제 분석 및 구조화, 효율적으로 해결할 수 있는 알고리즘 설계, 프로 그래밍을 통한 자동화, 그리고 검증하는 단계까지 포함하고 있음을 이해하고, 절차에 맞게 문제 해결 과정을 설계할 수 있어야 한다.	
	[12정과04-03] 다양한 오픈소스 및 라이브러리를 활용하여 협력적으로 문제를 해결하기 위한 프로그램을 작성한다.		
	[12정과04-04] 완성도 높은 프로그램을 구현하기 위하여 테스트와 디버깅 과정을 통해 검증한다.		
	[12정과04-05] 프로젝트의 산출물을 기능적, 윤리적 관점에서 평가하고 결과를 공유한다.		
성취기준 적용 시 고려 사항	• 실생활의 다양한 문제를 발견하는 활동에서는 환경, 생태, 자연의 위기 등 생태 관련 주제도 포 함될 수 있음을 안내하고, 이를 효율적으로 해결하는 것은 에너지 절약을 비롯한 환경을 보호하 는 것과 관계가 있음을 인식할 수 있도록 한다. • 프로젝트 활동은 주어진 문제를 해결하기 위한 알고리즘 설계 및 프로그래밍 과정을 포함하도록 교수·학습을 구성하며 주제 선정, 프로그래밍 언어 선정 등의 절차는 학습자 간의 협의를 통하 여 민주적 절차로 이루어질 수 있도록 한다. • 프로젝트를 해결하는 과정은 가능한 모둠별로 진행하고, 자신이 맡은 역할에 충실한 방식으로 협업이 원활하게 진행되도록 교사가 중재하도록 한다. 프로그래밍 과정에서는 세부적인 기능들 을 모두 구현하는 것보다는 공개된 프로그램 코드나 프로그래밍 언어에서 제공하는 라이브러리 를 적극적으로 활용하여, 목표로 하는 기능을 충분히 구현하고 프로젝트 과제를 해결할 수 있도 록 한다.		

	• 프로젝트 주제에 따라 목적에 맞는 소프트웨어를 제작하는 활동이나 특정 문제를 해결하는 알고리즘을 설계하는 등 다양한 수준의 활동이 가능함을 이해하고 학생들의 역량과 환경에 따라 적절한 형태로 운영할 수 있도록 다양한 사례를 제시하고 활용하도록 한다.
핵심 아이디어	• 정보과학 프로젝트를 수행하는 것은 다양한 학문 분야의 문제를 컴퓨팅 관점에서 해결하는 데 필요하다. • 프로젝트를 수행할 때, 오픈소스의 활용, 수행된 프로젝트의 공유, 다양한 사람들과의 협업 등은 더 좋은 사회를 만드는 데 도움을 준다.

4 융합 선택 과목

가. 소프트웨어와 생활

(1) 성격 및 목표

성격	① 정보(Informatics)과는 데이터와 정보로 인한 디지털 세상의 변화를 인식하고, 정보의 사회적 가치를 탐구하며, 정보를 처리하는 다양한 원리와 기술에 기반한 컴퓨팅 사고력을 바탕으로 실생활 및 다양한 학문 분야의 문제를 해결하는 능력과 태도를 기르는 교과임 ② 정보의 학문적 기저는 컴퓨터에서 처리되는 데이터와 정보의 원리, 컴퓨팅 시스템을 설계하고 구현하는 기술과 방법, 정보를 다루는 인간 사회에 대한 이해 등을 포괄함 ③ 소프트웨어와 생활은 소프트웨어에 대한 기본 개념과 원리를 실생활 및 다양한 학문 분야의 문제 해결에 융합적이고 협력적으로 적용하는 과정을 경험할 수 있게 함 ④ 학생들은 소프트웨어와 각 분야와의 융합에 대한 가치와 중요성을 인식하고, 소프트웨어를 적용한 표현 및 데이터 분석과 활용, 소프트웨어를 통한 시뮬레이션 구현 등을 경험함으로써 실생활 및 다양한 학문 분야의 문제를 융합적이고 창의적으로 해결하는 능력을 갖춘 디지털 민주시민으로 성장함
목표	디지털 사회에서 실생활 및 다양한 학문 분야의 문제 해결에 융합되어 새로운 가치를 창출하는 소프트웨어의 가치와 필요성을 인식하고, 직면한 문제를 융합의 관점에서 효과적이고 창의적으로 해결하는 능력을 함양하여 사회에 기여할 수 있는 가치관과 태도를 기르는 데 중점을 둠 ① 실생활이나 다양한 학문 분야에서 활용되는 소프트웨어의 가치와 필요성을 파악하고, 소프트웨어를 통해 해결 가능한 문제를 발견하기 위한 능력과 태도 ② 소프트웨어와 하드웨어를 활용한 표현 방법에 대한 이해를 바탕으로, 생각이나 현상을 효과적으로 전달하는 데 적합한 방법을 선택하여 표현할 수 있는 능력 ③ 사회 각 분야에서 발생하는 데이터를 목적에 맞게 수집·가공·분석하고, 그 의미를 소프트웨어와의 융합적인 관점에서 해석할 수 있는 능력을 함양 ④ 실생활이나 다양한 학문 분야의 문제를 해결하기 위한 소프트웨어 구현의 필요성을 인지하고, 시뮬레이션하여 프로그램을 구현 및 개선할 수 있는 능력 ⑤ 소프트웨어 스타트업 사례를 탐색하고, 창의적인 아이디어를 바탕으로 사회에 기여할 수 있는 소프트웨어를 개발하는 프로젝트를 수행하는 능력과 태도

(2) 내용 체계 및 성취기준

1) 세상을 변화시키는 소프트웨어

	지식·이해	과정·기능	가치·태도
내용 요소	• 소프트웨어와 사회 변화 • 소프트웨어 융합과 문제 해결	• 소프트웨어를 통해 세상을 변화시킨 사례 탐색하기 • 소프트웨어의 발전에 따른 미래 사회 예측하기 • 소프트웨어와 융합을 통한 문제 해결이 가능한 사례 탐색하기	• 문제와 현상을 소프트웨어의 관점으로 바라보는 자세 • 실생활 및 다양한 학문 분야의 문제 해결에 소프트웨어를 적용하는 자세

	성취기준	성취기준 해설
성취 기준	[12소생01-01] 소프트웨어가 세상을 변화시킨 사례를 탐색하고 소프트웨어가 사회 변화에 미치는 영향을 분석한다.	
	[12소생01-02] 실세계의 문제와 현상을 소프트웨어의 관점으로 바라보고 소프트웨어 발전에 따른 미래사회의 변화를 예측한다.	세상의 문제와 현상에 대한 구체적 사례와 특징을 소프트웨어 기술을 도입하기 전과 후로 구분하여 분석하고 이를 바탕으로 사회 변화의 흐름을 파악할 수 있어야 한다.
	[12소생01-03] 소프트웨어 융합을 통한 문제 해결 사례를 바탕으로, 다양한 학문 분야에서 소프트웨어와의 융합을 통해 문제를 해결하는 방법을 비교·분석한다.	인문, 사회, 과학, 예술 등 다양한 학문 분야에서 소프트웨어와 융합으로 문제가 해결되거나 발전한 구체적인 사례를 탐색하여 소프트웨어와의 융합을 통한 문제 해결이 가지는 장점을 설명할 수 있어야 한다.

성취기준 적용 시 고려 사항	• 일반적인 자료(인터넷 기사, 동영상 등) 및 전문 자료(보고서, 논문 등) 검색을 통해 세상을 변화시킨 소프트웨어의 사례에 대해 학생들이 비판적으로 탐색 및 분석할 수 있는 활동을 제공한다. 또한, 학생들이 인식한 세상의 변화에 대해 논의하는 활동을 중심으로 교수·학습을 구성하여 학생들이 근거를 기반으로 민주적으로 의사 소통하는 능력을 함양하도록 한다. • 다양한 학문 분야 및 지역사회와 국가 차원의 다양한 이슈에 대해 소프트웨어 기술을 융합하여 문제를 해결한 사례를 구체적으로 살펴보도록 교수·학습을 구성한다. 또한, 문제 해결에 소프트웨어 융합을 위해 필요한 역량이 무엇인지 학습자가 스스로 인식하고 있는지를 평가에 포함하도록 한다.

핵심 아이디어	• 디지털 기술의 발전에 따라 소프트웨어는 인간의 삶과 사회 전반을 변화시키고 있다. • 학문 분야와 소프트웨어의 융합은 세상의 문제와 현상을 효과적으로 탐구하고 해결하는 데 도움을 준다.

2) 창작을 지원하는 소프트웨어

	지식·이해	과정·기능	가치·태도
내용 요소	• 피지컬 컴퓨팅 도구 • 미디어 아트 • 웨어러블 장치	• 피지컬 컴퓨팅 시스템의 구성 및 작동 원리 분석하기 • 목적에 맞는 센서와 액추에이터 탐색하기 • 피지컬 컴퓨팅을 통해 작품 구현하기	• 소프트웨어를 통한 아이디어 표현의 다양성과 유연성 • 다양한 분야에서 활용된 소프트웨어의 가치 성찰
	성취기준	성취기준 해설	
성취 기준	[12소생02-01] 피지컬 컴퓨팅 도구로 구현된 작품의 구성 및 작동 원리를 분석한다.	피지컬 컴퓨팅 도구로 구현된 작품 또는 장치를 분석하여 센서나 액추에이터의 기능과 역할을 설명하고, 센서나 액추에이터를 다양한 용도로 유연하게 활용할 수 있음을 인식할 수 있어야 한다.	
	[12소생02-02] 소프트웨어를 통해 아이디어를 표현하는 데 필요한 센서와 액추에이터를 선택하여 피지컬 컴퓨팅 시스템을 구성한다.		
	[12소생02-03] 피지컬 컴퓨팅을 통해 미디어아트 작품을 창작하고, 창작에 활용된 소프트웨어의 가치를 파악한다.		
	[12소생02-04] 웨어러블 장치 작품을 창작하고 공유하는 과정을 통해 소프트웨어의 가치를 확산한다.		
성취기준 적용 시 고려 사항	• 원격수업 등 피지컬 컴퓨팅 도구를 활용하기 어려운 경우 소프트웨어 기반의 가상 시뮬레이터를 활용하여 교수·학습을 구성하도록 한다. 가상 시뮬레이터를 활용하는 경우 학습자가 다양한 컴퓨팅 환경을 사용할 수 있음을 인식하고 되도록 특정 디지털 기기에 의존하지 않는 학습 환경을 제공하여 교수·학습이 원활하게 이루어지도록 한다. • 예술 분야와 피지컬 컴퓨팅이 융합될 때 두 분야의 표현 범위가 확장될 수 있음을 이해하도록 하고, 표현하려는 아이디어에 대한 설계와 구현 결과가 오류 없이 실행되어 의도한 바를 충분히 표현할 수 있는지 평가하도록 한다. • 최소 성취수준을 보장하기 위하여 학습자의 수준에 맞는 피지컬 컴퓨팅 활동을 계획하고, 피지컬 컴퓨팅 시스템을 구현하기 위한 아이디어와 설계 계획, 구현 계획을 충분히 기록할 수 있는 환경을 제공하여 물리적인 구현이 이루어지지 않더라도 아이디어 발산, 설계 계획 수립 등 학습 과정에 대한 평가가 이루어지도록 한다.		
핵심 아이디어	• 다양한 장치와 센서를 소프트웨어를 통해 작품과 결합함으로써 작품의 창작을 지원한다. • 피지컬 컴퓨팅을 통한 작품 창작은 생각을 현실화하고, 문제를 해결하는 데 도움을 준다.		

3) 현장을 분석하는 소프트웨어

내용 요소	지식·이해	과정·기능	가치·태도
	• 데이터 유형별 수집 방법 • 데이터 시각화와 분석	• 다양한 분야의 데이터 탐색하기 • 데이터 처리하고 관리하기 • 데이터를 분석하여 의미 파악하기	• 데이터의 사회적 가치 인식 • 데이터 분석 결과를 윤리적으로 활용하는 태도

	성취기준	성취기준 해설
성취 기준	[12소생03-01] 사회 현상을 분석할 수 있는 데이터의 중요성과 가치를 인식하고, 데이터를 탐색하여 활용 방안을 구상한다.	데이터를 활용하는 다양한 사회 현상을 탐색하여 데이터 분석의 필요성을 인식할 수 있어야 한다. 공공 및 민간 데이터 제공 플랫폼을 통해 문제 해결에 필요한 데이터를 탐색하고, 탐색한 데이터의 활용방안을 파악할 수 있어야 한다.
	[12소생03-02] 데이터 유형에 따라 적합한 방법으로 데이터를 수집하고, 목적에 맞게 처리하고 관리한다.	수집 의도에 맞는 데이터 유형(정형 데이터, 비정형 데이터 등)에 따라 알맞은 데이터 수집 방법이나 도구를 선택하고, 수집한 데이터에서 필요한 부분과 필요하지 않은 부분을 구분하여 데이터를 정제하고 저장할 수 있어야 한다.
	[12소생03-03] 데이터를 분석하고 시각화하여 다양한 사회 현상의 의미를 해석한다.	
	[12소생03-04] 데이터의 사회적 가치에 대한 이해를 토대로 데이터를 분석하고 의미를 파악한 후, 결과를 윤리적으로 활용한다.	

성취기준 적용 시 고려 사항	• 개인정보가 포함된 데이터의 경우 개인정보가 식별되지 않도록 처리하고, 결과 예측에 편향이 생길 가능성을 사전에 점검하여 데이터의 편향이 최소한으로 일어날 수 있는 방향으로 활동을 구성하도록 한다. • 현상을 분석하기 위한 문제 상황, 해결 동기 및 목적, 데이터의 수집 및 관리, 분석 방법 및 과정, 결과 해석 등 일련의 수행 과정을 보고서, 포트폴리오 등으로 누적하도록 하고, 가치 있는 데이터를 선택하였는지, 데이터 유형에 따라 적절한 방법을 선택하여 목적에 맞게 가공하였는지, 올바른 시각화 방법을 선택하였는지, 결과 해석이 분석 데이터를 토대로 객관적으로 도출되었는지 등을 종합적으로 평가하도록 한다.
핵심 아이디어	• 데이터를 다루는 소프트웨어는 사회 각 분야에서 발생하는 방대한 데이터를 효율적으로 수집, 가공, 분석하는 데 활용된다. • 데이터 분석은 다양한 분야의 현상을 합리적으로 해석할 수 있도록 도움을 준다.

4) 모의 실험하는 소프트웨어

내용 요소	지식·이해	과정·기능	가치·태도

	• 시뮬레이션의 개념과 구성
	  요소
	• 시뮬레이션 활용 분야
	• 시뮬레이션 모델
		• 시뮬레이션 프로그램 활용하기
		• 시뮬레이션 모델 구성하기
		• 시뮬레이션을 위한 소프트웨어
		  구현하기
			• 시뮬레이션의 가치 인식
			• 소프트웨어를 활용한 현실
			  세계 모델링에 적극적으로
			  도전하는 태도

성취 기준	성취기준	성취기준 해설
	[12소생04-01] 시뮬레이션 프로그램의 개념과 구성요소를 이해하고 가치를 파악한다.	시뮬레이션 프로그램 제작을 위해 화면 구성, 구현 기능 등의 요소를 파악하고 시뮬레이션의 실제적 활용을 통해 시뮬레이션의 필요성과 역할을 인식할 수 있어야 한다.
	[12소생04-02] 다양한 시뮬레이션 프로그램의 활용 분야를 탐색하고 활용 방안을 구상한다.	예측, 실험, 게임 등 다양한 분야에서 시뮬레이션 프로그램이 활용된 목적과 방법을 바탕으로 구현하려는 시뮬레이션의 화면 및 기능을 계획할 수 있어야 한다.
	[12소생04-03] 시뮬레이션 프로그램 구성 방법에 따라 복잡한 문제나 현상의 원리를 시뮬레이션 모델로 표현한다.	
	[12소생04-04] 소프트웨어를 적극적으로 활용하여 시뮬레이션 모델을 구현한다.	

성취기준 적용 시 고려 사항	• 수학적 원리, 과학적 현상, 항공우주 등 다양한 학문 분야의 현상이나 원리를 탐구하거나, 운전, 길찾기, 가상현실 등 실생활에서 활용되는 다양한 사례에서 시뮬레이션 프로그램의 역할을 분석하여 시뮬레이션의 필요성을 인식하도록 한다. 이 과정에서 시뮬레이션 프로그램의 활용이 현실의 자원 사용을 절약하게 함으로써 궁극적으로 지속가능한 발전에도 기여할 수 있음을 안내하도록 한다. • 목적에 맞는 시뮬레이션 모델을 설계하여 현상이나 원리를 탐구하는 시뮬레이션을 오류 없이 구현하였는지, 시뮬레이션 프로그램의 목표에 부합하도록 기능이 수행되는지 등을 평가하도록 한다. • 최소 성취수준을 보장하기 위하여 시뮬레이션 프로그램을 제작하지 못하더라도 시뮬레이션이 활용될 수 있는 다양한 아이디어를 도출하도록 하고, 아이디어를 실제로 구현하는 데 필요한 기술적인 방안에 대해 고민할 수 있는 학습 과정을 제공하도록 한다.
핵심 아이디어	• 실제와 비슷한 모형을 소프트웨어로 구현한 시뮬레이션은 복잡한 문제나 현상의 원리를 탐구하고, 개념을 이해하는 데 도움을 준다. • 소프트웨어 시뮬레이션을 통해 실세계에서 실행하기에 어렵거나 불가능한 대상을 모의적으로 실행한다.

5) 가치를 창출하는 소프트웨어

	지식·이해	과정·기능	가치·태도
내용 요소	• 소프트웨어 스타트업의 개념 • 소프트웨어 스타트업 프로젝트	• 소프트웨어 스타트업 사례 탐색하기 • 사용자의 요구 분석하기 • 스타트업 아이디어 표현하기 • 스타트업 프로젝트에 적합한 소프트웨어 구현하기	• 소프트웨어와 융합을 통해 새로운 가치를 창출하는 자세 • 협력적으로 문제를 해결하고 공유하는 태도 • 개발한 소프트웨어의 가치에 대한 성찰

	성취기준	성취기준 해설
성취 기준	[12소생05-01] 소프트웨어 스타트업의 개념을 이해하고 새로운 가치를 창출하는 소프트웨어 스타트업 사례를 분석한다.	창업과 스타트업의 차이를 파악하고 소프트웨어 스타트업의 성공 사례와 실패 사례를 바탕으로 스타트업 프로젝트 기획 방법, 스타트업 운영 시 고려 사항 등을 분석할 수 있어야 한다.
	[12소생05-02] 소프트웨어 스타트업 프로젝트의 수행 과정을 이해하고, 사용자 요구를 분석하여 소프트웨어 스타트업 아이디어를 구안한다.	사용자 요구 분석을 통한 주제 선정, 해결 아이디어 구안, 소프트웨어 설계 및 제작, 소프트웨어 평가의 절차로 수행되는 소프트웨어 스타트업 프로젝트의 수행 과정을 이해하고 적용할 수 있어야 한다.
	[12소생05-03] 스타트업 프로젝트에 적합한 소프트웨어를 협력적으로 설계하고 구현한다.	
	[12소생05-04] 개발한 소프트웨어의 가치를 사회적, 기능적, 윤리적 관점에서 평가한다.	

성취기준 적용 시 고려 사항	• 소프트웨어 스타트업 프로젝트를 협력적으로 수행할 수 있도록 활동을 구성하고, 수행 과정에서 구성원의 적극적 참여를 유도하기 위해 프로젝트 계획 단계에서 구성원의 임무와 역할을 명확히 분담하도록 하여 민주적으로 논의할 수 있는 환경을 조성하도록 한다. • 소프트웨어 스타트업 프로젝트의 주제 선정 시 사회적 필요성과 가치 등을 고려하여 실생활, 교과 내, 교과 간 내용을 융합할 수 있는 주제를 선정하도록 한다. • 융합 문제 해결을 위한 소프트웨어 스타트업 프로젝트 수행 시 관찰 및 포트폴리오 평가를 통해 프로그래밍으로 해결 가능한 주제를 스스로 선정하였는지, 창의적 문제 해결 아이디어를 고안하였는지, 문제 해결에 적합한 알고리즘을 설계하고 프로그램으로 구현하였는지 등을 종합적으로 평가한다. 협력적 프로젝트의 수행 과정을 평가할 때는 학습자 간 유의미한 상호작용이 이루어졌는지, 구성원 각자의 역할을 책임감 있게 수행하였는지 등을 종합적으로 고려하도록 한다.
핵심 아이디어	• 소프트웨어 스타트업은 창의적인 아이디어를 실제로 구현하고, 사회적 경제적 가치를 창출한다. • 소프트웨어 스타트업 프로젝트는 윤리적이고 협력적인 문제 해결 과정이 필요하다.

6.2.3 교수·학습 방향 및 방법

(1) 중학교 정보

교수·학습 방향
• 실제적인 삶의 맥락에서 컴퓨팅을 통해 문제를 해결하도록 하는 학습 과제를 제시하여 학습자가 과제를 스스로 해결하는 과정에서 자연스럽게 컴퓨팅 사고력, 디지털 문화 소양, 인공지능 소양을 함양할 수 있도록 지도한다. • 학습자의 흥미와 다양성을 고려하여 학습 소재, 학습 환경 및 학습 과정에 대한 선택의 기회를 제공하고, 교수·학습의 설계 과정에 학습자 참여 기회를 증진하는 등 학습자 맞춤형 교수·학습을 통해 역량 함양을 위한 깊이 있는 학습 지도 방안을 구성한다. 예를 들어, 영역별 교수·학습에 필요한 디지털 역량을 탐색하고 학생의 디지털 역량 수준을 파악하여 교수·학습을 진행하는 데 어려움이 없도록 추가적인 교육 기회를 제공한다. • 정보 과목의 지식·이해, 과정·기능을 활용하여 민주시민교육, 생태전환 교육 등 현 시대가 당면한 여러 사회 문제와 더불어 지속가능발전 등의 범교과 주제를 교수·학습 과제로 제시하여 주도성 있는 문제 해결 경험을 제공한다. • 정보 과목 내의 영역, 다른 교과 및 비교과 활동과의 통합을 통해 정보 관련 역량의 확장을 꾀하고 학생의 역량이 다양한 분야에 전이되도록 한다. • 내용 영역의 배열순서가 반드시 교수·학습의 순서를 의미하는 것은 아니므로, 교수·학습 계획을 수립하거나 평가를 준비할 때는 학생에게 제공할 문제 상황, 문제의 난이도, 학생의 준비 상태, 학습 환경 등을 고려하여 내용이나 순서 등을 재구성할 수 있다. • 학습자의 선행 지식과 총체적인 과제 진행을 고려하여 하위 학년군과 상위 학년군의 성취기준을 적절히 활용할 수 있다.
교수·학습 방법
• 교과 역량을 함양하기 위해 문제기반학습, 프로젝트 기반학습, 디자인기반학습, 짝 프로그래밍, 탐구학습 등 각 영역의 핵심 아이디어를 습득하는 데 적절한 교수·학습 방법을 선택하여 활용한다. • 디지털 교육 환경에 적응할 수 있도록 온·오프라인 연계 수업, 다양한 디지털 도구의 활용 등을 통해 디지털 도구에 대한 인지적 부담은 최소화하고, 활용에 대한 경험은 높일 수 있도록 활동을 구성한다. • 온라인 교실, 다양한 커뮤니티 서비스 등을 활용하여 학생이 수업 현장에 있지 않더라도 학습 결손이 발생하지 않도록 교수·학습을 제공한다. • 내용 영역별로 프로그래밍을 통한 문제 해결 과정을 포함하도록 하여 컴퓨팅 시스템을 문제 해결에 적용하는 충분한 경험을 하도록 교수·학습을 구성한다. • 학습 목표를 효과적으로 달성하기 위해 학급 내에서 개인차를 고려한 소집단을 구성하여 교수·학습을 전개할 수 있다.

(2) 고등학교 정보

교수·학습 방향
• 실제적인 삶의 맥락에서 컴퓨팅을 통해 문제를 해결하도록 하는 학습 과제를 제시하여 학습자가 과제를 스스로 해결하는 과정에서 자연스럽게 컴퓨팅 사고력, 디지털 문화 소양, 인공지능 소양을 함양할 수 있도록 지도한다. • 학습자의 흥미와 다양성을 고려하여 학습 소재, 학습 환경 및 학습 과정에 대한 선택의 기회를 제공하고, 교수–학습의 설계 과정에 학습자 참여 기회를 증진하는 등 학습자 맞춤형 교수·학습을 통해 역량 함양을 위한 깊이 있는 학습 지도 방안을 구성한다. • 정보 과목의 지식·이해, 과정·기능을 활용하여 민주시민교육, 생태전환 교육 등 현 시대가 당면한 여러 사회 문제와 더불어 지속가능발전 등의 범교과 주제를 교수·학습 과제로 제시하여 주도성 있는 문제 해결 경험을 제공한다. • 내용 영역의 배열순서는 예시의 성격으로 중학교에서 이수한 학생의 수준, 학교의 학습 환경 등을 고려하여 교육과정을 자율적으로 재구성한다. • 온라인 학습 플랫폼을 활용하는 디지털 기반 학습 이력을 활용하여 언제 어디서나 학습의 연장이 가능하도록 하며, 네트워크 기반의 온라인 활동을 통해 협력적으로 문제를 해결할 수 있는 역량을 함양하도록 활동을 구성한다.
교수·학습 방법
• 정보 교과 역량을 함양하기 위해 문제기반학습, 프로젝트 기반학습, 디자인기반학습, 짝 프로그래밍, 탐구학습 등 각 영역의 핵심 아이디어를 습득하는 데 적절한 교수·학습 방법을 선택하여 활용한다. • 학습자 개인별로 학습하는 속도가 다양할 수 있음을 고려하고, 최소 성취수준을 보장할 수 있도록 학습관리시스템(LMS)을 활용하여 온라인 학습자료를 제작 및 제공함으로써 학습 격차를 최소화하도록 노력한다. • 영역 간 교육과정 재구성을 통해 제시된 문제를 해결하는 문제기반학습과 학습자가 주제를 선정하고 탐구하는 프로젝트 기반학습 방법을 활용하여 의미 있는 학습자 중심의 활동 경험을 제공한다. • 디지털 교육 환경에 적응할 수 있도록 온·오프라인 연계 수업, 다양한 디지털 도구의 활용 등을 통해 디지털 도구에 대한 인지적 부담은 최소화하고, 활용에 대한 경험은 높일 수 있도록 수업을 구성한다. • 프로그래밍에서 언어를 암기하여 습득하는 데 집중하기보다는 문제를 해결하는 과정에 초점을 두며, 학습자가 흥미롭게 느낄 실생활이나 교과 관련 주제를 선정하여 과제로 제시하고, 이를 학습자가 스스로 해결하도록 교수·학습을 구성한다.

(3) 인공지능 기초

교수·학습 방향
• 실제적인 삶의 맥락에서 컴퓨팅을 통해 문제를 해결하도록 하는 학습 과제를 제시하여 학습자가 과제를 스스로 해결하는 과정에서 자연스럽게 컴퓨팅 사고력, 디지털 문화 소양, 인공지능 소양을 함양할 수 있도록 지도한다. • 학습자의 흥미와 다양성을 고려하여 학습 소재, 학습 환경 및 학습 과정에 대한 선택의 기회를 제공하고, 교수·학습의 설계 과정에 학습자 참여 기회를 증진하는 등 학습자 맞춤형 교수·학습을 통해 역량 함양을 위한 깊이 있는 학습 지도 방안을 구성한다. • 인공지능 기초 과목의 지식·이해, 과정·기능을 활용하여 민주시민교육, 생태전환 교육 등 현 시대가 당면한 여러 사회문제와 더불어 지속가능발전 등의 범교과 주제를 교수·학습 과제로 제시하여 주도성 있는 문제 해결 경험을 제공한다. • 인공지능의 원리에 대한 이해를 바탕으로 문제를 효율적으로 해결하는 역량을 향상하는 데 중점을 둔다. '인공지능 기초' 과목 내의 내용 영역, 다른 교과 및 비교과 활동과의 융합을 통해 학생의 인공지능 소양이 다양한 분야에 전이될 수 있도록 한다.

교수·학습 방법
• 교과 역량을 함양하기 위해 문제기반학습, 프로젝트 기반학습, 디자인기반학습, 짝 프로그래밍, 탐구학습 등 각 영역의 핵심 아이디어를 습득하는 데 적절한 교수·학습 방법을 선택하여 활용한다. • 학습자 개인별로 학습하는 속도가 다양할 수 있음을 고려하고, 최소 성취수준을 보장할 수 있도록 학습관리 시스템(LMS)을 활용하여 온라인 학습자료를 제작 및 제공함으로써 학습 격차를 최소화하도록 노력한다. • 학습자의 디지털·인공지능 소양에 대해 선제적으로 파악하고 학생의 현재 수준에 맞는 방식으로 교수·학습 활동을 구성한다. 프로그래밍을 통한 인공지능 프로그램의 개발 활동을 중심으로 하되, 인공지능 개념 이해에 도움이 되는 소프트웨어나 인공지능 관련 라이브러리를 적극적으로 활용하여 최소 성취수준을 보장하도록 한다. • 디지털 교육 환경에 적응할 수 있도록 온·오프라인 연계 수업, 다양한 디지털 도구의 활용 등을 통해 디지털 도구에 대한 인지적 부담은 최소화하고, 활용에 대한 경험은 높일 수 있도록 수업을 구성한다. • '인공지능 기초' 과목과 연계된 진로 및 직업을 안내하고 학생이 자신의 진로를 탐색할 수 있도록 교수·학습 과정을 구성한다.

(4) 데이터 과학

교수·학습 방향
• 실제적인 삶의 맥락에서 컴퓨팅을 통해 문제를 해결하도록 하는 학습 과제를 제시하여 학습자가 과제를 스스로 해결하는 과정에서 자연스럽게 컴퓨팅 사고력, 디지털 문화 소양, 인공지능 소양을 함양할 수 있도록 지도한다.
• 학습자의 흥미와 다양성을 고려하여 학습 소재, 학습 환경 및 학습 과정에 대한 선택의 기회를 제공하고, 교수-학습의 설계 과정에 학습자 참여 기회를 증진하는 등 학습자 맞춤형 교수·학습을 통해 역량 함양을 위한 깊이 있는 학습 지도 방안을 구성한다.
• 데이터 과학 과목의 지식·이해, 과정·기능을 활용하여 민주시민교육, 생태전환 교육 등 현재 시대가 당면한 여러 사회문제와 더불어 지속가능발전 등의 범교과 주제를 교수·학습 과제로 제시하여 주도성 있는 문제 해결 경험을 제공한다.
• 디지털 교육 환경에 적응할 수 있도록 온·오프라인 연계 수업, 다양한 디지털 도구의 활용 등을 통해 디지털 도구에 대한 인지적 부담은 최소화하고, 활용에 대한 경험은 높일 수 있도록 수업을 구성한다.
• 데이터 과학에 대한 이해를 통해 디지털 사회에서 데이터 기반의 사회 변화에 적극적으로 대응할 수 있는 태도와 능력을 함양할 수 있도록 교수·학습을 설계한다.
• 프로젝트형 실습은 협업을 통해 의사소통 능력, 협력적 문제해결력, 공유의 가치 인식 등을 함양하도록 한다.
• 특정 데이터 과학 기술이나 도구의 사용법 습득에 치중하지 않도록 유의하고, 문제 해결을 위한 데이터 과학 기술의 활용, 프로젝트 설계 및 수행을 통해 데이터 문해력과 인공지능 소양을 함양하는 데 중점을 둔다.
교수·학습 방법
• 교과 역량을 함양하기 위해 문제기반학습, 프로젝트 기반학습, 디자인기반학습, 짝 프로그래밍, 탐구학습 등 각 영역의 핵심 아이디어를 습득하는 데 적절한 교수·학습 방법을 선택하여 활용한다.
• 학습자 개인별로 학습하는 속도가 다양할 수 있음을 고려하고, 최소 성취수준을 보장할 수 있도록 학습관리 시스템(LMS)을 활용하여 온라인 학습자료를 제작 및 제공함으로써 학습 격차를 최소화하도록 노력한다.
• 데이터를 수집하고 분석하는 과정에서 토의·토론을 통해 데이터 편향성, 윤리 문제 등 사회적 영향력을 판단하여 의사 결정할 수 있는 과정을 포함한다. 데이터 모델링 과정에서는 토의·토론을 통해 다양한 데이터 분석 방법을 비교하여 선정하고 비판적 시각으로 결과를 해석할 수 있도록 안내한다.
• 학습자의 진로와 연계된 주제의 프로젝트를 선택하도록 하여, 학습자가 데이터 과학 기술의 활용과 자신의 미래를 연결하여 생각할 수 있도록 수업을 구성한다.
• 프로젝트 활동 과정에서 협업에 필요한 다양한 디지털 도구를 활용할 수 있으며, 학생들이 손쉽게 활용할 수 있는 디지털 도구를 도입하여 원격수업이나 협업 활동에서 디지털 도구 활용 방법을 익히는 데 인지적 부담을 최소화한다.

(5) 정보과학

교수·학습 방향
• 실제적인 삶의 맥락에서 컴퓨팅을 통해 문제를 해결하도록 하는 학습 과제를 제시하여 학습자가 과제를 스스로 해결하는 과정에서 자연스럽게 컴퓨팅 사고력, 디지털 문화 소양, 인공지능 소양을 함양할 수 있도록 지도한다. • 학습자의 흥미와 다양성을 고려하여 학습 소재, 학습 환경 및 학습 과정에 대한 선택의 기회를 제공하고, 교수·학습의 설계 과정에 학습자 참여 기회를 증진하는 등 학습자 맞춤형 교수·학습을 통해 역량 함양을 위한 깊이 있는 학습 지도 방안을 구성한다. • 정보과학 과목의 지식·이해, 과정·기능을 활용하여 민주시민교육, 생태전환 교육 등 현 시대가 당면한 여러 사회문제와 더불어 지속가능발전 등의 범교과 주제를 교수·학습 과제로 제시하여 주도성 있는 문제 해결 경험을 제공한다. • 컴퓨터과학 분야의 깊이 있는 이해를 바탕으로 문제를 효율적으로 해결하는 역량을 향상하는 데 중점을 둔다. 또한 '정보과학' 과목 내의 내용 영역, 다른 교과 및 비교과 활동과의 융합을 통해 정보 관련 역량의 확장을 꾀하고 학생의 역량이 다양한 분야에 전이될 수 있도록 한다.

교수·학습 방법
• 컴퓨팅 사고력 및 인공지능 소양을 함양하기 위해 문제기반학습, 프로젝트 기반학습, 디자인기반학습, 탐구학습 등 각 영역의 핵심 아이디어를 습득하는 데 적절한 교수·학습 방법을 선택하여 활용한다. • 학습자 개인별로 학습하는 속도가 다양할 수 있음을 고려하고, 최소 성취수준을 보장할 수 있도록 학습관리시스템(LMS)을 활용하여 온라인 학습자료를 제작 및 제공함으로써 학습 격차를 최소화하도록 노력한다. • 개인적인 발전과 함께 협력적인 문제해결력을 기르기 위해 프로젝트 학습 시에는 모둠 프로젝트, 짝 프로그래밍, 집단 탐구(GI) 등 목표 달성을 위한 적절한 협력적 교수·학습 방법을 선택하여 활용한다. • 디지털 교육 환경에 적응할 수 있도록 온·오프라인 연계 수업, 다양한 디지털 도구의 활용 등을 통해 디지털 도구에 대한 인지적 부담은 최소화하고, 활용에 대한 경험은 높일 수 있도록 수업을 구성한다. • '정보과학' 과목에 포함된 내용 영역과 연계된 진로 및 직업을 안내하고 학생이 자신의 진로를 탐색할 수 있도록 교수·학습 과정을 구성한다.

(6) 소프트웨어와 생활

교수·학습 방향
• 삶의 맥락에서 컴퓨팅을 통해 문제를 해결하도록 하는 학습 과제를 제시하여 학습자가 과제를 스스로 해결하는 과정에서 자연스럽게 컴퓨팅 사고력, 디지털 문화 소양, 인공지능 소양을 함양할 수 있도록 지도한다. • 학습자의 흥미와 다양성을 고려하여 학습 소재, 학습 환경 및 학습 과정에 대한 선택의 기회를 제공하고, 교수-학습의 설계 과정에 학습자 참여 기회를 증진하는 등 학습자 맞춤형 교수·학습을 통해 역량 함양을 위한 깊이 있는 학습 지도 방안을 구성한다. • '소프트웨어와 생활' 과목의 지식·이해, 과정·기능을 활용하여 민주시민교육, 생태전환 교육 등 현 시대가 당면한 여러 사회문제와 더불어 지속가능발전 등의 범교과 주제를 교수·학습 과제로 제시하여 주도성 있는 문제 해결 경험을 제공한다. • 디지털 교육 환경에 적응할 수 있도록 온·오프라인 연계 수업, 다양한 디지털 도구의 활용 등을 통해 디지털 도구에 대한 인지적 부담은 최소화하고, 활용에 대한 경험은 높일 수 있도록 수업을 구성한다. • 교과 간, 교과 내 영역 간의 연계성을 고려하여 학습 경험을 조직함으로써 융합적 사고력을 함양할 수 있도록 하며, 융합적 문제 해결이 단편적인 경험을 넘어 의미 있는 문제 해결이 되도록 함으로써 삶 속에서 학습의 전이가 일어날 수 있도록 한다.

교수·학습 방법
• 교과 역량을 함양하기 위해 문제기반학습, 프로젝트 기반학습, 디자인기반학습, 짝 프로그래밍, 탐구학습 등 각 영역의 핵심 아이디어를 습득하는 데 적절한 교수·학습 방법을 선택하여 활용한다. 특히, '소프트웨어와 생활' 과목은 전 영역에서 실생활 체험 및 응용을 위한 프로젝트 활동을 적극적으로 활용할 수 있다. • 학습자 개인별로 학습하는 속도가 다양할 수 있음을 고려하고, 최소 성취수준을 보장할 수 있도록 학습관리 시스템(LMS)을 활용하여 온라인 학습자료를 제작 및 제공함으로써 학습 격차를 최소화하도록 노력한다. • 프로젝트 활동에 있어 주제 선정을 어려워하는 경우, 주제 선정의 범위를 구체적으로 제한하여 제시할 수 있다. 예시) 자유주제를 제시하는 대신 '생태계 보호'와 같은 구체적인 주제를 제시한다. • 프로젝트 활동을 위한 모둠을 구성할 때 다양한 방법을 활용할 수 있으나 모둠을 구성하기 전에 프로젝트에 관련된 공통 주제를 논의하고, 공통 주제를 중심으로 모둠을 구성함으로써 활동에 몰입할 수 있도록 한다. 예시) '해양 생태계 보호' 프로젝트에 대해 '해양 생물 멸종', '해양 산성화', '바다 쓰레기' 등의 주제가 도출되었다면, 같은 주제에 관심 있는 학생들끼리 모둠을 구성하도록 한다. • 협업 프로젝트 활동에서 학습 과정과 결과를 쉽게 공유할 수 있도록 공유 문서, 메신저, 이메일 등 디지털 기술을 적극적으로 활용하고, 학습자 간 상호 소통할 때 언어 예절을 지키고 긍정적인 표현으로 소통하도록 안내한다.

6.2.4 평가의 방향 및 방법

(1) 중학교 정보

평가 방향
• 평가 항목은 컴퓨팅 사고력, 디지털 문화 소양, 인공지능 소양의 하위 요소를 기반으로 구체화한다. • 평가 내용은 지식·이해뿐 아니라, 과정·기능, 가치·태도의 측면 등을 다면적으로 반영하고 과정을 중시하는 평가를 통해 학생의 성장과 발달을 돕는 평가를 실현한다. • 구체적인 평가 루브릭을 학생과 함께 구성하는 과정을 통해 학생이 자신의 학습 수준을 파악하고 스스로 학습을 성찰할 수 있는 기회를 제공하여, 적극적이고 능동적인 학습이 이루어지도록 한다. • 단순하고 지엽적인 지식의 평가보다는 문제를 해결하는 과정을 통합적으로 관찰하고 평가할 수 있는 계획을 수립한다.

평가 방법
• 성취기준을 분석하고 재구성하여 지필 평가에 국한하지 않고, 학생의 성장에 기여할 수 있는 평가 포트폴리오를 계획한다. 예를 들어, 관찰 평가, 서술형 평가, 수행평가 등을 활용하거나, 자기 평가, 동료 평가 등과 같은 다면적 평가를 실행한다. • 평가 내용이나 방법에 따라 다양한 디지털 도구(프로그램 자동 평가시스템, 학습관리시스템(LMS) 등)를 활용할 수 있으며, 평가 이전에 학생이 디지털 도구를 다룰 수 있도록 교육하여 평가의 불이익이 없도록 계획한다. • 개념적이거나 기능적으로 명확하게 파악할 수 있는 부분은 정량적 평가를, 결과물의 품질이나 심미적 부분을 평가할 때는 정성적 평가를 실시한다.

(2) 고등학교 정보

평가 방향
• 평가 항목은 컴퓨팅 사고력, 디지털 문화 소양, 인공지능 소양의 하위 요소를 기반으로 구체화한다. • 평가 내용은 지식·이해뿐 아니라, 과정·기능, 가치·태도의 측면 등을 다면적으로 반영하고 과정을 중시하는 평가를 통해 학생의 성장과 발달을 돕는 평가를 실현한다. • 구체적인 평가 루브릭을 학생과 함께 구성하는 과정을 통해 학생이 자신의 학습 수준을 파악하고 스스로 학습을 성찰하는 기회를 제공하여, 적극적이고 능동적인 학습이 이루어지도록 한다. • 성취기준의 도달 수준을 파악하기 위한 평가뿐만 아니라 학습한 내용의 전이를 통해 학습한 내용을 적용할 수 있는 과제를 제시하여 이해와 사고를 통합적으로 평가한다.

평가 방법
• 성취기준을 분석하고 재구성하여 지필 평가에 국한하지 않고, 학생의 성장에 기여할 수 있는 평가 포트폴리오를 계획한다. 예를 들면, 관찰 평가, 서술형 평가, 수행평가 등을 활용하거나, 자기 평가, 동료 평가 등과 같은 다면적 평가를 실행한다. • 평가 내용이나 방법에 따라 다양한 디지털 도구(프로그램 자동 평가시스템(online judge 등), 학습관리시스템(LMS) 등)를 활용할 수 있으며, 평가 이전에 학생이 디지털 도구를 다룰 수 있도록 교육하여 평가의 불이익이 없도록 계획한다. • 실생활 및 다양한 학문 분야에서 해결할 수 있는 문제를 스스로 발견하도록 하고, 학생이 해결하는 수행 과정을 보고서나 포트폴리오 형태로 누적하여 평가가 지속적으로 이루어지고 과정에 초점을 맞추도록 한다. • 학습 부진, 느린 학습자가 참여할 수 있고, 학습자의 최소 성취수준을 보장할 수 있도록 난이도에 따른 평가기준을 세분화하여 제시한다. • 해결에 적합한 소프트웨어를 활용하여 데이터 수집, 가공, 분석 등 컴퓨팅 시스템을 통한 과정평가로 디지털 문해력을 함양하도록 한다.

(3) 인공지능 기초

평가 방향
• 평가 항목은 컴퓨팅 사고력, 디지털 문화 소양, 인공지능 소양의 하위 요소를 기반으로 구체화한다. • 평가 내용은 지식·이해뿐 아니라, 과정·기능, 가치·태도의 측면 등을 다면적으로 반영하고 과정을 중시하는 평가를 통해 학생의 성장과 발달을 돕는 평가를 실현한다. • 구체적인 평가 루브릭을 학생과 함께 구성하는 과정을 통해 학생이 자신의 학습 수준을 파악하고 스스로 학습을 성찰할 수 있는 기회를 제공하여, 적극적이고 능동적인 학습이 이루어지도록 한다. • 인공지능 프로그램 구현에 프로그래밍 활동이 포함되나 프로그래밍 내용보다는 인공지능의 구현과 활용, 인공지능 활용에 대한 인식에 초점을 맞추어 평가한다.

평가 방법
• 성취기준을 분석하고 재구성하여 지필 평가 및 수행평가, 관찰 평가, 서·논술형 평가 등을 활용하는 종합적인 평가 포트폴리오를 계획하고, 교사 평가, 자기 평가, 동료 평가 등과 같은 다면적 평가를 실행하여 학생 성장에 기여할 수 있는 결과를 제공한다.

- 평가 내용이나 방법에 따라 다양한 디지털 도구(프로그램 자동 평가시스템(online judge 등), 학습관리시스템(LMS) 등)를 활용할 수 있으며, 평가 이전에 학생이 디지털 도구를 다룰 수 있도록 교육하여 평가의 불이익이 없도록 계획한다.
- 인공지능에 관련된 평가는 다양한 방식으로 나타날 수 있으므로 정량적 평가와 정성적 평가 내용을 명확하게 구분한다. 특히 모델 학습과 적용이 반복적으로 이루어지는 프로젝트의 경우 평가 결과가 학생 활동에 즉시 피드백되어 결과물의 개선으로 나타날 수 있도록 평가를 계획한다.

(4) 데이터 과학

평가 방향
• 평가 항목은 컴퓨팅 사고력, 디지털 문화 소양, 인공지능 소양의 하위 요소를 기반으로 구체화한다. • 평가 내용은 지식·이해분 아니라, 과정·기능, 가치·태도의 측면 등을 다면적으로 반영하고 과정을 중시하는 평가를 통해 학생의 성장과 발달을 돕는 평가를 실현한다. • 구체적인 평가 루브릭을 학생과 함께 구성하는 과정을 통해 학생이 자신의 학습 수준을 파악하고 스스로 학습을 성찰의 기회를 제공하여, 적극적이고 능동적인 학습이 이루어지도록 한다. • 작성한 프로그램의 정확성, 효율성과 더불어 프로그램 설계 과정의 논리성과 실습 과정을 통해 데이터 모델링의 과정을 이해하고 있는지에 중점을 두고 평가한다. • 모둠별 탐구 활동의 성과물에 대한 평가분만 아니라 협업 및 발표, 토론 수행 등의 전 과정에서 합리적이고 객관적인 평가가 이루어질 수 있도록 평가기준과 구체적인 체크리스트를 마련하고, 이를 교사 평가분만 아니라 자기 평가, 동료 평가의 도구로 활용한다.
평가 방법
• 성취기준을 분석하고 재구성하여 지필 평가에 국한하지 않고, 학생의 성장에 기여할 수 있는 평가 포트폴리오를 계획한다. 예를 들면, 관찰 평가, 서술형 평가, 수행평가 등을 활용하거나, 자기 평가, 동료 평가 등과 같은 다면적 평가를 실행한다. • 평가 내용이나 방법에 따라 다양한 디지털 도구(프로그램 자동 평가시스템(online judge 등), 학습관리시스템(LMS) 등)를 활용할 수 있으며, 평가 이전에 학생이 디지털 도구를 다룰 수 있도록 교육하여 평가의 불이익이 없도록 계획한다. • 실습 과제를 평가할 경우, 산출물 평가와 더불어 과제 해결 과정을 꾸준히 관찰하여 학생의 학습 과정을 종합적으로 평가한다. 특히 프로젝트형 과제 수행 시 학습자의 수행 과정을 온·오프라인 상에 누적하도록 하여 전반적인 과정을 종합적으로 평가하도록 한다. • 협업 프로젝트를 평가할 때는 학습자별 역할을 구체적으로 기록하고, 동료 평가를 통해 모둠원에서 활동했던 비중을 논의하여 제시하도록 함으로써 최대한 공정성을 확보한다. • 효율적인 평가를 위하여 다양한 디지털 도구를 활용할 수 있으나 학생이 디지털 도구 활용의 미숙으로 인해 평가에 불이익을 받지 않도록 디지털 도구의 사용법을 익히는 데 부담을 최소화하거나 충분히 익힐 기회를 제공한다.

(5) 정보과학

평가 방향
• 평가 항목은 컴퓨팅 사고력, 디지털 문화 소양, 인공지능 소양의 하위 요소를 기반으로 구체화한다. • 평가 내용은 지식·이해뿐 아니라, 과정·기능, 가치·태도의 측면 등을 다면적으로 반영하고 과정을 중시하는 평가를 통해 학생의 성장과 발달을 돕는 평가를 실현한다. • 구체적인 평가 루브릭을 학생과 함께 구성하는 과정을 통해 학생이 자신의 학습 수준을 파악하고 스스로 학습을 성찰할 수 있는 기회를 제공하여, 적극적이고 능동적인 학습이 이루어지도록 한다. • 단순하고 지엽적인 지식의 평가보다는 문제를 해결하는 과정을 통합적으로 관찰하고 평가할 수 있는 계획을 수립한다. • 개념적이거나 기능적으로 명확하게 파악할 수 있는 부분은 정량적 평가를 실시하고, 결과물의 품질이나 심미적 부분을 평가할 때는 정성적 평가를 실시한다.

평가 방법
• 성취기준을 분석하고 재구성하여 지필평가에 국한하지 않고, 학생의 성장에 기여할 수 있는 평가 포트폴리오를 계획한다. 예를 들면, 관찰 평가, 서술형평가, 수행평가 등을 활용하거나, 자기 평가, 동료 평가 등과 같은 다면적 평가를 실행한다. • 평가 내용이나 방법에 따라 다양한 디지털 도구(프로그램 자동 평가시스템(online judge 등), 학습관리시스템(LMS) 등)를 활용할 수 있으며, 평가 이전에 학생이 디지털 도구를 다룰 수 있도록 교육하여 평가의 불이익이 없도록 계획한다. • 알고리즘을 평가할 때 가능하면 프로그램 자동 평가시스템을 활용하여 컴퓨팅 시스템에서 실제로 구현되는 결과를 평가하도록 하며, 해당 방법을 활용하기 어려운 경우 대표성을 지니는 데이터를 선정하여 평가 문항과 루브릭을 구성하고, 지필평가나 수행평가의 형태로 평가를 진행하여 공정한 평가가 되도록 한다.

(6) 소프트웨어와 생활

평가 방향
• 평가 항목은 컴퓨팅 사고력, 디지털 문화 소양, 인공지능 소양의 하위 요소를 기반으로 구체화한다. • 평가 내용은 지식·이해뿐 아니라, 과정·기능, 가치·태도의 측면 등을 다면적으로 반영하고 과정을 중시하는 평가를 통해 학생의 성장과 발달을 돕는 평가를 실현한다. • 평가 루브릭을 학생과 함께 구성하는 과정을 통해 학생이 자신의 학습 수준을 파악하고 스스로 학습을 성찰하는 기회를 제공하여, 적극적이고 능동적인 학습이 이루어지도록 한다. • 효율적인 평가를 위하여 다양한 디지털 도구를 활용할 수 있으나 학생이 디지털 도구 활용의 미숙으로 인해 평가에 불이익을 받지 않도록 디지털 도구의 사용법을 익히는 데 부담을 최소화하거나 충분히 익힐 수 있는 기회를 제공하도록 한다.

평가 방법
• 성취기준을 분석하고 재구성하여 지필 평가에 국한하지 않고, 학생의 성장에 기여할 수 있는 평가 포트폴리오를 계획한다. 예를 들면, 관찰 평가, 서술형 평가, 수행평가 등을 활용하거나, 자기 평가, 동료 평가 등과 같은 다면적 평가를 실행한다. • 평가 내용이나 방법에 따라 다양한 디지털 도구(프로그램 자동 평가시스템(online judge 등), 학습관리시스템(LMS) 등)를 활용할 수 있으며, 평가 이전에 학생이 디지털 도구를 다룰 수 있도록 교육하여 평가의 불이

익이 없도록 계획한다.
- 모둠별 프로젝트 활동의 과정 및 성과물에 대해 전반적으로 평가할 분 아니라 협업 및 발표, 토론, 의사 소통, 협력적 태도 등을 합리적으로 평가할 수 있도록, 구체적이고 객관적인 평가기준과 체크리스트를 마련한다. 이 기준을 교사 평가분 아니라 자기 평가, 동료 평가를 위한 도구로 활용한다.
- 토의·토론 평가 시 주장, 근거, 토의 결과를 통한 결론 등이 포함된 토의·토론 기록지를 활용하여 어떤 주장을 하고자 했는지, 객관적인 근거를 제시하였는지, 토론 후 생각 정리를 통해 어떤 결론을 내렸는지 등을 평가한다.

참고문헌

- 정보·컴퓨터 중등 임용고사 기출문항, 한국교육과정평가원 자료실, 평가원 홈페이지
- 2015 개정 교육과정, 초·중등학교 교육과정 총론, 교육부 고시 제2015-74호 [별책 1], 2015
- 2015 개정 정보과 교육과정, 실과(기술·가정)/정보과 교육과정, 교육부 고시 제 2015-74호 [별책 10], 2015
- 실과(기술·가정)/정보과 교육과정, 인공지능 기초 교육과정, 교육부 고시 제 2020-236호 [별책 10], 교육부, 2020
- 초·중등학교 교육과정 총론, 교육부 고시 제2022-33호 [별책 1], 교육부, 2022
- 실과(기술·가정)/정보과 교육과정, 교육부 고시 제2022-33호 [별책 10], 교육부, 2022
- 과학 계열 선택 과목 교육과정, 교육부 고시 제2022-33호 [별책 20]
- 국가교육과정정보센터, http://www.ncic.re.kr/nation.dwn.ogf.inventoryList.do? orgAttNo=10000078
- 이양락, 표시과목별 중등교사 자격 기준과 평가 영역 및 평가 내용 요소 개발·보완 연구. 한국교육과정평가원 연구보고 CRO 2016-3-1, 2016
- 2015 개정 교육과정 교수·학습 자료, 중학교 정보, 김재현 외3, 교육부·대전광역시 교육청·한국교육학술정보원, 2016
- AI 디지털교과서 개발 가이드라인, 한국교육학술정보원 교육자료 GM 2023-11, 2023
- 정보교과교육론 3판, 최현종, 전용주 공저, 한빛아카데미, 2023
- 정보과 교과교육론, 김자미 저, 휴먼싸이언스, 2021년
- 정보·컴퓨터 전공 A, 강오한 저, 21세기사, 2023

저자 약력

강오한(ohkang@anu.ac.kr)

- 경북대학교 전자계열 전산학 학사
- 한국과학기술원 전산학과 석사·박사
- ㈜큐닉스컴퓨터 선임/책임 연구원
- 현). 안동대학교 컴퓨터교육과 교수

정보 · 컴퓨터 중등교사 임용시험을 위한 교과교육학

1판 1쇄 인쇄 2023년 11월 06일
1판 1쇄 발행 2023년 11월 13일
저   자 강오한
발 행 인 이범만
발 행 처 **21세기사** (제406-2004-00015호)
　　　　 경기도 파주시 산남로 72-16 (10882)
　　　　 Tel. 031-942-7861　　 Fax. 031-942-7864
　　　　 E-mail : 21cbook@naver.com
　　　　 Home-page : www.21cbook.co.kr
　　　　 ISBN 979-11-6833-089-4

정가 36,000원